Leitungshaftung bei der geschlossenen Kapitalgesellschaft

Europäische Hochschulschriften
Publications Universitaires Européennes
European University Studies

Reihe II
Rechtswissenschaft

Série II Series II
Droit
Law

Bd./Vol. 3346

PETER LANG
Frankfurt am Main · Berlin · Bern · Bruxelles · New York · Oxford · Wien

Claus-Henning Tillner

Leitungshaftung bei der geschlossenen Kapitalgesellschaft

Ein Vergleich der zivilrechtlichen Haftung in England und Deutschland unter besonderer Berücksichtigung des Jahr-2000-Problems

PETER LANG
Europäischer Verlag der Wissenschaften

Die Deutsche Bibliothek - CIP-Einheitsaufnahme

Tillner, Claus-Henning:

Leitungshaftung bei der geschlossenen Kapitalgesellschaft : ein Vergleich der zivilrechtlichen Haftung in England und Deutschland unter besonderer Berücksichtigung des Jahr-2000-Problems / Claus-Henning Tillner. - Frankfurt am Main ; Berlin ; Bern ; Bruxelles ; New York ; Oxford ; Wien : Lang, 2002
(Europäische Hochschulschriften : Reihe 2, Rechtswissenschaft ; Bd. 3346)
Zugl.: Düsseldorf, Univ., Diss., 2001
ISBN 3-631-38305-3

D 61
ISSN 0531-7312
ISBN 3-631-38305-3

www.peterlang.de

Meinen Eltern
Hannelore und Wilhelm Tillner

Vorwort

Die vorliegende Arbeit wurde im Jahr 2000 von der Juristischen Fakultät der Heinrich-Heine-Universität Düsseldorf als Dissertation angenommen. Neuere Rechtsprechung und Literatur konnten nur noch bis Ende März 2000 Berücksichtigung finden.

Für die Betreuung und Erstellung des Erstgutachtens danke ich herzlich Herrn Prof. Dr. Heinrich Dörner. Frau Prof. Dr. Petra Pohlmann danke ich für die Erstellung des Zweitgutachtens.

Mein Dank gilt auch dem DAAD für die Gewährung eines Stipendiums für einen Forschungsaufenthalt an der London School of Economics and Political Science (LSE) und dem Institute of Advanced Legal Studies in London.

Besonderer Dank gebührt aber meinen Eltern, die mich in meiner Ausbildung und meinem Werdegang stets nach Kräften unterstützt haben und denen ich diese Arbeit widme.

Düsseldorf, im Mai 2001 *Claus-Henning Tillner*

Inhaltsverzeichnis

Abkürzungen

a.A.	andere Ansicht
A.A.L.R.	Anglo-American Law Review
Abs.	Absatz
AC	Law Reports, Appeal Cases (ab 1891)
ACSR	Australian Corporations and Securities Report
AcP	Archiv für civilistische Praxis
AG	Die Aktiengesellschaft
AktG	Aktiengesetz
ALJR	Australian Law Journal Reports
All E.R.	All England Law Reports
App.Cas.	Law Reports, Appeal Cases (1875-1890)
Art./art.	Artikel bzw. article
A.2d	Atlantic Reporter, Second Series
BayObLG	Bayerisches Oberstes Landesgericht
BB	Der Betriebs-Berater
BCC	British Company Law Cases
BCLC	Butterworths Company Law Cases
B.C.L.P.	British Company Law and Practices
BGB	Bürgerliches Gesetzbuch
BGH	Bundesgerichtshof
BGHZ	Entscheidungen des Bundesgerichtshofs in Zivilsachen
B.L.R.	Business Law Review
BT-Drucks.	Drucksache des Deutschen Bundestages
bzw.	beziehungsweise
C.B. (N.S.)	Common Bench, New Series (140-4 E.R.)
Ch	Law Reports, Chancery (ab 1891)
Ch App	Law Reports, Chancery Appeal Cases (1865-1875)
Ch D	Law Reports, Chancery Division (1875-1890)
CI	Computerrecht Intern
c.i.c.	culpa in contrahendo
Cir.	Circuit
C.L.J.	Cambridge Law Journal

CLR	Canada Law Reports
Cmnd.	Command Papers
Co.	Company
CR	Computer und Recht
Cr.App.Rep.	Criminal Appeal Reports
DB	Der Betrieb
Del.	Delaware
Ders.	Derselbe
d.h.	das heißt
Dies.	Dieselbe
Diss.	Dissertation
DLR	Dominion Law Reports
DM	Deutsche Mark
DNotZ	Deutsche Notar-Zeitschrift
DStR	Deutsches Steuerrecht
DTI	Department of Trade and Industry
DZWir	Deutsche Zeitschrift für Wirtschafts- und Insolvenzrecht
E&B	Ellis & Blackburn's Queen's Bench Reports (118-120 E.R.)
EDV	Elektronische Datenverarbeitung
EG	Europäische Gemeinschaft
EGInsO	Einführungsgesetz zur Insolvenzordnung
Eq.	Law Reports, Equity
E.R.	English Reports
EWiR	Entscheidungen zum Wirtschaftsrecht
EuGH	Europäischer Gerichtshof
Exch	Exchquer Reports (154-6 E.R.)
f.	folgende
F.	Federal Reporter
FK	Frankfurter Kommentar
F.Supp.	Federal Supplement
Fn.	Fußnote
Geo.Wash.L.R.	George Washington Law Review
ggf.	gegebenenfalls
GmbH	Gesellschaft mit beschränkter Haftung
GmbHG	Gesetz betreffend die Gesellschaften mit beschränkter Haftung

GmbHR	GmbH-Rundschau
GRUR	Gewerblicher Rechtsschutz und Urheberrecht
HGB	Handelsgesetzbuch
H.L.	House of Lords
H.L.Cas	Clark's House of Lords Cases (9-11 E.R.)
h.M.	herrschende Meinung
Hrsg.	Herausgeber
ICR	Industrial Reports
Inc.	Incorporation
INF	Die Information über Steuer und Wirtschaft
InsO	Insolvenzordnung
IRLR	Industrial Relations Law Reports
i.S.v.	im Sinne von
J	Judge
J.B.L.	Journal of Business Law
John.	Johnson's Chancery Reports (70 E.R.)
JuS	Juristische Schulung
JZ	Juristenzeitung
K.B.	Law Reports, King's Bench
KBSt	Kooerdinierungs- und Berstungsstelle der Bundesregierung für Informationstechnik in der Bundesverwaltung im Bundesminis- terium des Innern
KO	Konkursordnung
KonTraG	Gesetz zur Kontrolle und Transparenz im Unternehmensbereich
LC	Lord Chancellor
LG	Landgericht
liq.	Liquidation
Lloyd's Rep	Lloyds Law Reports
LJ	Lord Justice
LJPC	Law Journal Reports, New Series, Privy Council
L.R.	Law Reports
L.R.Ch.	Law Reports, Chancery Division
L.R.Ch.App	Law Reports, Chancery Appeal Cases
L.R.C.P.	Law Reports, Common Pleas

L.R.Eq	Law Reports, Equity Cases
L.R.H.L.	Law Reports, English & Irish Appeals
L.R.Q.B.	Law Reports, Queen's Bench (1865-1875)
LT	Law Times Reports
Ltd.	Limited
Macq	Macqueen's Scotch Appeal Cases
Mio.	Millionen
Mrd.	Milliarden
MitbestG	Mitbestimmungsgesetz
MittRhNotK	Mitteilungen der Rheinischen Notarkammer
M.L.R.	The Modern Law Review
M&W	Meeson & Welsby's Exchequer Reports (150-3 E.R.)
m.w.H.	mit weiteren Hinweisen
m.w.N.	mit weiteren Nachweisen
Neb.	Nebraska
N.I.L.Q.	Northern Ireland Legal Quarterly
NJW	Neue Juristische Wochenschrift
No.	Number
NStZ	Neue Zeitschrift für Strafrecht
NSWLR	New South Wales Law Reports
N.W.	North Western Reporter
N.W.2d	North Western Reporter, Second Series
NZG	Neue Zeitschrift für Gesellschaftsrecht
NZI	Neue Zeitschrift für das Recht der Insolvenz und Sanierung
N.Z.L.R.	New Zealand Law Reports
OLG	Oberlandesgericht
para	paragraph
P&C Exch	Prideaux & Coles Reports
Ph	Phillip's Chancery Reports (41 E.R.)
plc.	public company
Q.B.	Law Reports, Queen's Bench
R	Rex/Regina
RegE	Regierungsentwurf
Rdnr.	Randnummer

RGZ	Entscheidungen des Reichsgericht in Zivilsachen
RIW	Recht der Internationalen Wirtschaft
RPC	Canadian Patent Reporter
S.	Seite
s./ss.	Section(s)
S.I.	Statutory Instrument
SLT	Scots Law Times Reports
StGB	Strafgesetzbuch
Taunt.	Taunton's Common Pleas Reports (127-129 E.R.)
TLR	Times Law Reports
v	versus
Ves	Vesey Junior's Cjancery Reports (30-4 E.R.)
Ves. & B	Vesey & Beames' Chancery (35 E.R.)
vgl.	vergleiche
VersR	Versicherungsrecht
Vol.	Volume
VW	Versicherungswirtschaft
WiB	Wirtschaftsrechtliche Beratung
Wistra	Zeitschrift für Wirtschafts- und Steuerstrafrecht
WLR	Weekly Law Reports
WM	Wertpapier-Mitteilungen
W.N.	Weekly Notes (Law Reports)
WPg	Die Wirtschaftsprüfung
Y.L.J.	Yale Law Journal
z.B.	zum Beispiel
ZfB	Zeitschrift für Betriebswirtschaft
ZfRV	Zeitschrift für Rechtsvergleichung, internationales Privatrecht und Europarecht
ZGR	Zeitschrift für Unternehmens- und Gesellschaftsrecht
ZHR	Zeitschrift für das gesamte Handels- und Wirtschaftsrecht
ZIP	Zeitschrift für Wirtschaftsrecht
ZPO	Zivilprozeßordnung
ZVglRWiss	Zeitschrift für vergleichende Rechtswissenschaft

Einleitung

I. Inhalt der Untersuchung

Die geschlossene Kapitalgesellschaft[1] weist aufgrund ihrer geringen Eigenkapitaldecke eine erhöhte Insolvenzanfälligkeit auf. So fielen im Jahr 1998 in Deutschland von 27.828 Unternehmensinsolvenzen 16.413 auf Gesellschaften m.b.H..[2] Vergleichbar sieht das Bild in England aus. Im Jahr 1999 war dort ein Anstieg der Unternehmensinsolvenzen von über 20% zu verzeichnen.[3] Bei Quoten von unter 10% für ungesicherte Gläubiger mag es daher nicht überraschen, daß Insolvenzverwalter und Gläubiger zunehmend Unternehmensleiter für ihr pflichtwidriges Handeln persönlich in Anspruch nehmen. Gleichwohl ist die Haftung von Leitungsorganen erst in den letzten Jahren in das Bewußtsein der Öffentlichkeit und Jurisprudenz getreten. Spektakuläre Fälle von Mißmanagement, wie z.B. Vulkan, Schneider, Barings Bank, Hypo-Vereinsbank und Holzmann sind Teil der öffentlichen Diskussion. Dies flankierend wird durch eine stetig wachsende Zahl von publizierten Urteilen und Fachbeiträgen zur Haftung von Unternehmensleitern eindrücklich ein gesteigertes Interesse an der persönlichen Inanspruchnahme der verantwortlichen Leitungsorgane illustriert.

Neben der zunehmenden Befassung der Gerichte mit Fragen der Leitungshaftung hat sich auch der Gesetzgeber dieser Thematik angenommen. Während hierbei in Deutschland insbesondere das Gesetz zur Kontrolle und Transparenz im Unternehmensbereich (KonTraG) zu nennen ist, erließ das englische Parlament mit dem Company Directors Disqualification Act 1986 und ss. 213ff. Insolvency Act 1986 gleich zwei Normen, welche eine direkte Disziplinierung der Leitungsorgane zur Intention hatten.

Ein für die Unternehmensleitung nur schwer kalkulierbares Haftungspotential ergab sich in der jüngsten Vergangenheit aus dem Jahr-2000-Problem. Aufgrund dessen Auswirkungspotenzials auf das gesamte Unternehmen, ja sogar auf dessen Bestand, kam der Unternehmensplanung und -kontrolle eine herausragende Bedeutung zu. Häufig war jedoch bei den Leitungsorganen von kleineren und mit-

---

1 Der Begriff der „geschlossenen Kapitalgesellschaft" wurde zur Umschreibung der Rechtsfigur der deutschen GmbH und englischen *private limited company* sowie zur Abgrenzung zur AG und *public limited company* gewählt.

2 Statistisches Bundesamt, Statistisches Jahrbuch 1999, S. 138.

3 Vgl. Frankfurter Allgemeine Zeitung vom 2.2.2000.

telständischen Unternehmen ein fehlendes Problembewußtsein und Untätigkeit vorherrschend. Diese Unternehmen firmieren zumeist in der Rechtsform einer Kapitalgesellschaft, wobei die Anteile nicht frei gehandelt werden. Dementsprechend stellt sich die Frage der Verantwortlichkeit des Geschäftsführers einer GmbH bzw. des *directors*[4] einer *private limited company* für Schäden, die durch eine unterlassenen oder ungenügende Vorbereitung des Unternehmens auf das Jahr-2000-Problem entstanden sind.

II. Das Jahr-2000-Problem

Beim Jahr-2000-Problem handelte es sich um das bisher größte Projekt, mit dem sich die Informationstechnologie zu beschäftigen hatte. Weltweit wurden 1,5 Billionen DM für die Vorbereitung und Beseitigung des Jahr-2000-Problems ausgegeben, wobei die deutsche Wirtschaft c.a. 150 Milliarden und die englische rund 80 Milliarden DM aufwandten.[5] Vielerorts waren düstere Vorhersagen zu vernehmen. So ging Ed Jardeni, Chef-Analyst von Deutsche Bank Securities in New York von einer Depression der Weltwirtschaft aus[6], und selbst die Europäische Kommission befürchtete, daß aufgrund des Jahr-2000-Problems bis zu 15% aller Unternehmen ihre Geschäftstätigkeit aufgeben müssen.[7] Unzählige Artikel in Printmedien und Internet waren dem Datumswechsel gewidmet. Aber auch die nationalen Regierungen bereiteten sich durch die Aufstellung von Krisenstäben auf mögliche Komplikationen mit dem Jahrtausendwechsel vor und betrieben weit angelegte Informationskampagnen.[8] Doch schon im Vorfeld ließen unzähli-

4 Auf den Unterschied zwischen zwischen executive und non-executive director wird an geeigneter Stelle im Rahmen dieser Abhandlung eingegangen werden.

5 Vgl. die Angaben des Bundesministeriums des Innern und des Bundesministeriums für Wirtschaft und Technologie in einer gemeinsamen Broschüre „Sind Sie fit fürs nächste Jahrtausend?

6 Lamberti, WM 1999, 266, 266, vgl. auch die Studie der Credit Suisse (CS) Group, Zürich zum Jahr-2000-Problem, vorgestellt in der Frankfurter Allgemeinen Zeitung vom 27.3.1999, S. 26.

7 Mitteilung der EU-Kommission vom 25.2.1998, Kom 1998, 102; vgl. auch The British Computer Society, The Year 2000, Vol. 3, S. 15 mit dem Hinweis auf eine Aussage der Gartner Group: „As many as 20% of companies will go out of business due to Year 2000 problem related failures."

8 Vgl. nur Bundesministerium für Wirtschaft und Technologie, Datum 2000, Sonderveröffentlichung/Beilage in Die Welt vom 16.12.1998; Bundesministerium des Innern, Jahr-2000-Problem in der IT, KBSt-Brief 3/97; dass., Leitfaden zum Jahr-2000-Problem in der Bürokommunikation, KBSt-Brief 5/97; dass. und das Bundesministerium für Wirtschaft und Technologie in einer gemeinsamen Broschüre „Sind Sie fit fürs nächste Jahrtausend?; HM Government, The Millenium Bug, Facts not Fiction, (Broschüre als Beilage in allen größeren Tageszeitungen).

ge softwarebedingte Systemzusammenbrüche für den Datumswechsel zum Jahr 2000 hin nicht Gutes verheißen, wie die folgenden Beispiele dokumentieren:

- Im Dezember 1999 verschickte die Stadt München über 400 Gebührenrechnungen über ursprünglich 5031 DM, in denen für das Überschreiten des Fälligkeitsdatums 11.1.1900 noch ein Säumniszuschlag von 60.000 DM berechnet wurde.[9]
- Ein Jahr-2000-Test auf dem Containerschiff APL „Singapore" legte die Maschinen lahm, so daß das 58.000 Tonnen-Schiff steuerlos auf den Hafen von Los Angeles zutrieb.
- Wegen eines Softwarefehlers konnte die computergesteuerte Gepäckverteilungsanlage des Flughafens Denver/Colorado erst mit einem Jahr Verspätung den Dienst aufnehmen, was einen Schaden von c.a. $ 1 Milliarde zur Folge hatte.

Seinen Ursprung hat das Jahr-2000-Problem in der vereinfachten Darstellung von Datums- und Zeitangaben. In der Vergangenheit war es üblich, bei der Programmierung für die Angabe von Jahreszahlen nur die beiden letzten Stellen des Datums zu verwenden. Das Jahr 1997 wurde daher z.B. programmintern nur mit „97" gekennzeichnet, und das System addierte jeweils bei der Anwendung die Zahl 1900, um die korrekte Jahreszahl 1997 zu erhalten. Folgerichtig mußte sich das Jahr 2000 als das Jahr 1900 darstellen, da datenverarbeitende Programme und Systeme nicht in der Lage waren, das Jahr 2000 anhand der Jahresdarstellung „00" zu erkennen. Zusätzlich handelt es sich beim Jahr 2000 ausnahmsweise um ein Schaltjahr. Zwar fallen nach dem 1582 eingeführten Gregorianischen Kalender alle Jahre, die durch 100 teilbar sind, als Schaltjahr aus, jedoch gilt zu dieser Ausnahme die Ausnahme von Jahren, die durch 400 teilbar sind. Dies trifft auf das Jahr 2000 zu und wurde von vielen Programmierern nicht berücksichtigt. Der 29. Februar 2000 konnte daher nicht als solcher erkannt werden. Infolge dieser Erkennungsfehler wurden Daten falsch berechnet und sortiert, verfälscht bzw. inkorrekte Daten übernommen, was zu Systemabbrüchen oder Fehlfunktionen führte. Zu Komplikationen konnte es auch kommen, da bei der Verwendung von zweistelligen Jahresangaben die Belegung „00" häufig zur Steuerung von Programmabläufen verwendet wurde und daher die Datumsinformation im Jahr 2000 als Steuerungsfunktion mißinterpretiert wurde.

Das Jahr-2000-Problem betraf jedoch nicht nur elektronische Datenverarbeitungsanlagen im engeren Sinne. So war fast jeder Unternehmensbereich betrof-

---

9 Bertold Neff, Der Jahrhundert-Zuschlag, Süddeutsche Zeitung vom 17.12.1999, S. 47; vgl. auch Schneider/Hartmann, CI 1998, 181, 182 mit möglichen Folgeerscheinungen des Jahr-2000-Problems in Unternehmen; Halberstam/Turner, Countdown to 2000, S. 189 mit Beispielen von bereits eingetretenen Jahr-2000-bedingten Funktionsstörungen bzw. -ausfällen in den Vereinigten Staaten und Großbritannien.

fen. Angefangen im kommerziellen Bereich (Planung, Kundeninformation, Rechnungen, Verwaltung, Verträge/Aufträge, Unternehmenskommunikation), über die Produktion (Produktionsplanung/-steuerung, Prozeßleitsysteme, Lager, Materialwesen) bis hin zur Haustechnik, wo u.a. Heizung, Aufzüge und Zugangskontrollen prozessorgesteuert sind. Durch den hohen Grad der Vernetzung in physischen und logischen Prozeßketten konnte schon ein einziger Ausfall/Fehler zum Zusammenbruch eines ganzen Systems führen, so daß auch das Problem der Lieferantenbeziehungen in die Vorbereitung miteinbezogen werden mußte.

Durch den enormen Aufwand der Großindustrie sowie der öffentlichen Verwaltung blieb zur Datumsumstellung 2000 der große Zusammenbruch aus. Doch insbesondere kleinere und mittelständische Unternehmen, welche zumeist in der Rechtsform der GmbH bzw. *private limited company* betrieben werden, schienen die Auswirkungen des Jahr-2000-Problems auf ihren Betriebsablauf unterschätzt zu haben. Mit einer juristischen Aufarbeitung der Folgeschäden und der Verantwortlichkeit der Leitungsorgane ist daher zu rechnen. Darüber hinaus eignet sich die weltweit aufgetretene Datumsproblematik für eine rechtsvergleichende Darstellung des deutsch - englischen Rechts, da die objektiven Parameter in beiden Ländern vergleichbar waren, sich die Haftungsituation jedoch bisher erheblich unterschied.

III. Gang der Untersuchung

Die vorliegende Untersuchung hat daher die Jahr-2000-Problematik zum Anlaß genommen, die grundlegenden zivilrechtlichen Haftungsrisiken, denen sich ein Leitungsorgan in beiden Ländern zunehmend ausgesetzt sieht, rechtsvergleichend darzustellen. Hierbei bedient sich die Arbeit der funktionalen Rechtsvergleichung und macht die Ähnlichkeit der rechtlichen Problemlagen zur Grundlage des Vergleichs. Am Anfang eines jeden Kapitels erfolgt eine allgemeine Darstellung der Haftungssituation, an die sich eine Auseinandersetzung mit dem Jahr-2000-Problem sowie eine rechtsvergleichende Bewertung anschließt.

Der erste Teil der Untersuchung beschäftigt sich mit der Haftung des Leitungsorgans gegenüber der Gesellschaft und stellt den grundlegenden Pflichteninhalt eines Leitungsorgans dar. Ein Schwerpunkt liegt auf dem anzuwendenden Sorgfaltsmaßstab. Während das deutsche GmbH-Recht hierbei schon seit über 100 Jahren auf einen objektiven Maßstab abstellt, wandte die englische Rechtsprechung rechtshistorisch bedingt bisher einen subjektiven Standard an. Eine Umorientierung ist jedoch zu erwarten. Die Arbeit wird sich daher eingehend mit dem Ursprung und der Entwicklung der *common law duty of care and skill* auseinandersetzen. Durch die (wahrscheinliche) Verschärfung der Haftung und die hierdurch bedingte Gefahr eines risikoaversen Verhaltens des Leitungsorgans stellt sich in beiden Rechtsordnungen die Frage nach der Anwendung und dem Umfang eines „justizfreien" Handlungsspielraums.

Das zweite Kapitel widmet sich der Haftung des Leitungsorgans gegenüber den Gesellschaftern und Außenstehenden. Sowohl in England als auch in Deutschland befindet sich die unerlaubte Handlung eines Leitungsorgans im Spannungsfeld zwischen den gesellschaftsrechlichen und den deliktischen Grundsätzen. Sehr unterschiedliche Wege werden jedoch bei der Auflösung dieser Konfliktsituation beschritten. Funktional vergleichbar sind hingegen die Lösungsansätze bei der materiellen Unterkapitalisierung der Gesellschaft.

Haftungspotentiale führen regelmäßig auch zu der Frage, ob die Möglichkeit von Haftungserleichterungen und -freistellungen zugunsten der Leitungsorgane besteht. Hierbei interessiert insbesondere die Alternative einer Versicherungslösung, welche in den letzten Jahren in beiden Ländern eine verstärkte Verbreitung gefunden hat.

Ist eine Enthaftung nicht zu erreichen, so stellt sich im 4. Kapitel die Frage, ob Verstöße gegen die dem Unternehmensleiter auferlegten Pflichten eine gerichtliche Überprüfung erfahren können. Von besonderer Bedeutung ist hierbei die Verhaltenskontrolle anhand von verbandsinternen Rechtsmitteln, wenn der innergesellschaftliche Willensbildungsprozeß gestört ist und dadurch die Gefahr besteht, daß pflichtwidrige Leitungsmaßnahmen sanktionslos bleiben.

Ziel dieser Abhandlung ist es nicht, alle Ansprüche, die sich aus dem Jahr-2000-Fehler ergeben, darzustellen.[10] Keine Behandlung finden des weiteren Konzernbezüge, Umwelt- und Prospekthaftung sowie Ansprüche aus wettbewerbs-, immaterialgüter- und kartellrechtlicher Haftung.

10 Für einen umfassenden Überblick über die allgemeine Haftungsituation im Zusammenhang mit dem Jahr-2000-Problem vgl. nur v. Westphalen/Langheid/Steitz, Der Jahr 2000 Fehler, S. 1ff..

Kapitel I.
Die Haftung des Leitungsorgans gegenüber der Gesellschaft

Die Haftung des Leitungsorgans gegenüber der Gesellschaft (Innenhaftung) hat sowohl in Deutschland als auch in England eine herausragende Stellung bei der Frage nach der persönlichen Verantwortlichkeit des Geschäftsführers bzw. *directors*. Inhalt des folgenden Kapitel ist es daher, die grundlegenden Züge der zivilrechtlichen Innenhaftung in beiden Rechtsordnungen aufzuzeigen und am Schluß der jeweiligen Länderdarstellung auf die Haftungsituation im Hinblick auf die Jahr-2000-Problematik einzugehen.

§ 1 Die Haftung des Geschäftsführers gegenüber der GmbH in Deutschland

A) Organpflichten eines Geschäftsführers

Zum Organ der Gesellschaft wird der Geschäftsführer durch die Gesellschafterversammlung mit einfacher Mehrheit bestellt, sofern sich nicht das Erfordernis einer anderen qualifizierten Mehrheit aus der Satzung ergibt (§§ 46 Nr. 5, 47, 48 Abs. 1 GmbHG). Seine organschaftliche Stellung ergibt sich hierbei aus §§ 35ff. GmbHG. So wird die Gesellschaft z.B. nach § 35 Abs. 1 GmbHG durch die Geschäftsführer gerichtlich und außergerichtlich vertreten. Inhaltlich folgen die Pflichten eines Organmitglieds in erster Linie aus der Aufgabenstellung selbst sowie aus dem Gesetz, der Satzung, Gesellschafterbeschlüssen und schließlich aus § 43 GmbHG. Hierbei beinhaltet diese Norm mit der allgemeinen Regelung über die Verantwortung und die Pflichten des Geschäftsführers den zentralen Haftungstatbestand für die Inanspruchnahme des Geschäftsführers durch die GmbH. Die allgemeine Umschreibung wird jedoch durch weitere Normen zu einzelnen Verhaltenspflichten und der Haftung ergänzt.[11]

Ein Schadenersatzanspruch der Gesellschaft gegen ihren Geschäftsführer setzt grundsätzlich eine schuldhafte Verletzung einer Pflicht voraus, die dem Ge-

11 Vgl. z.B. §§ 9a Abs. 1 (Gründerhaftung), 57 Abs. 4 (Haftung bei Kapitalerhöhung), 64 Abs. 2 GmbHG (Haftung wegen unterlassenen oder verzögerten Insolvenzantrags).

schäftsführer persönlich gegenüber der Gesellschaft obliegt und durch deren Verletzung der Gesellschaft ein Schaden entstanden ist.[12]

I. Pflichtverletzung

Von einer Pflichtverletzung kann jedoch nur ausgegangen werden, wenn Klarheit darüber besteht, welchen Verhaltenspflichten Geschäftsführer ihrer eigenen Gesellschaft gegenüber unterliegen. Somit kommt der Konkretisierung der Pflichten des Geschäftsführers eine zentrale Bedeutung zu. Hierbei muß jedoch auch der Frage der Zuordnung der Verantwortung im Unternehmen nachgegangen werden.

1. Haftung nur bei eigener Pflichtverletzung

Trotz des Grundsatzes der Gesamtverantwortung ist nur jede einzelne Organperson Pflichtenadressat und nur für die Verletzung eigener Pflichten haftbar. So haftet ein Geschäftsführer weder nach § 278 BGB noch nach § 831 BGB für das Verhalten von Mitgeschäftsführern oder Angestellten. Ferner findet nach allgemeiner Auffassung auch § 708 BGB im Hinblick auf Gesellschaftergeschäftsführer keine entsprechende Anwendung.[13] Hingegen kommt eine eigene Haftung des Geschäftsführers nach § 43 GmbHG in Betracht, wenn er eine Aufgabe nicht habe delegieren dürfen oder er seine Organisations- und Überwachungspflichten vernachlässigt hat.[14]

2. Der Grundsatz der Gesamtverantwortung, Geschäftsverteilung und Delegation

Eine Vielzahl von Gesellschaften besitzt wenigstens zwei Geschäftsführer, so daß sich hier die Frage stellt, wie sich eine Geschäftsverteilung, welche die Zuständigkeit untereinander regelt, auf die persönliche Haftung des einzelnen Geschäftsführers gegenüber der Gesellschaft auswirkt. Ferner ist zu beantworten, ob die Delegation von Leitungs- und Organisationsaufgaben auf nachgeordnete Mitarbeiter Folgen für die persönliche Verantwortlichkeit des Geschäftsführers hat.

Sind in einer Gesellschaft mehrere Geschäftsführer bestellt, so gilt nach dem Grundsatz der Gesamtverantwortung, daß alle Geschäftsführer für die Gesetzmä-

---

12 Thümmel/Sparberg, DB 1995, 1013, 1014; Scholz/Schneider § 43 Rdnr. 21ff.

13 Scholz/Schneider § 43 Rdnr. 166 m.w.N.

14 Scholz/Schneider § 43 Rdnr. 30; Hachenburg/Mertens § 43 Rdnr. 12ff.; Rowedder/Koppensteiner § 43 Rdnr. 16.

ßigkeit der Unternehmensleitung, die Einhaltung der Satzungsbestimmungen und der Grundregeln ordnungsgemäßer Unternehmensführung einzustehen haben.[15]

a) Geschäftsverteilung

Anerkannt ist, daß sich eine horizontale Arbeitsaufteilung (Geschäftsverteilung)[16] innerhalb der Geschäftsführung auf die persönliche Verantwortlichkeit des einzelnen Geschäftsführers auswirkt.[17] So bewirkt eine durch Satzung, Geschäftsordnung, Anstellungsvertrag oder durch Gesellschafterbeschluß vorgenommene eindeutige Ressortaufteilung, daß die Verantwortlichkeit auf den zuständigen Geschäftsführer konzentriert wird.[18] Hierbei läßt eine wirksame Geschäftsverteilung den Grundsatz der Gesamtverantwortung zwar nicht entfallen, jedoch wandelt sich der Pflichteninhalt der nicht ressortzuständigen Geschäftsführer von der Handlungsverantwortung zur Überwachungs- und Kontrollverantwortung.[19] So hat sich jeder Geschäftsführer regelmäßig zu informieren, ob der Mitgeschäftsführer die ihm übertragenen Aufgaben pflichtgemäß ausführt, wobei der Umfang der Überwachungspflicht von den Umständen des Einzelfalles abhängt.[20] Entsprechend besteht eine Verpflichtung zum Eingreifen, wenn Anhaltspunkte erkennbar sind, daß der Ressortführer der pflichtgemäßen Erfüllung der ihm übertragenen Aufgaben nicht mehr gewachsen ist oder eine Entscheidung der Beschlußfassung aller Geschäftsführer bedarf.[21] Die Pflicht zur loyalen Zusammenarbeit darf einen Geschäftsführer nicht daran hindern, Maßnahmen und Entscheidungen, die seine Mitgeschäftsführer zu verantworten haben, zu widersprechen, das Gesamtgremium anzurufen oder die Gesellschafter zu unterrichten. Ist eine

---

15 Vgl. § 35 Abs. 1 GmbHG; BGH GmbHR 1997, 25, 26; Scholz/Schneider § 43 Rdnr. 34; Hachenburg/Mertens § 43 Rdnr. 31; Schneider, in: Festschrift 100 Jahre GmbH-Gesetz, S. 473, 478.

16 Vgl. zu den Organisationsmodellen für das Leitungsorgan v. Werder, DB 1987, 2265ff.

17 Ständige Rechtsprechung seit RGZ 91, 72, 77; Vgl. auch § 77 Abs. 1 S. 2 AktG für Aktiengesellschaften und für mitbestimmte Unternehmen §§ 33 MitbestG, 13 Montan-MitbestG mit einer zwingenden Ressortzuständigkeit des Arbeitsdirektors für Personal- und Sozialfragen.

18 Vgl. auch BGH GmbHR 1989, 170, 171f.

19 BGH NJW 1986, 54, 55; BGH GmbHR 1994, 460, 461; BGH BB 1996, 2531, 2532; Rowedder/Koppensteiner § 43 Rdnr. 10; Hachenburg/Mertens § 43 Rdnr. 31; Kust, WM 1980, 758, 761; Scholz/Schneider § 43 Rdnr. 36 und Sina, GmbHR 1990, 65, 66 zu den Voraussetzungen einer rechtlich anerkannten Zuweisung.

20 BGH GmbHR 1994, 460, 461; BGH BB 1995, 1844, 1844; Sina, GmbHR 1990, 65, 66.

21 BGH GmbHR 1994, 460, 461; BGH GmbHR 1997, 25, 27; Schneider, in: Festschrift 100 Jahre GmbH-Gesetz, S. 473, 483; derselbe, DB 1993, 1909, 1912

solche Beschlußfassung des Gesamtgremiums erforderlich, so hat jeder Geschäftsführer sich ein eigenständiges Urteil über den Beschlußgegenstand zu bilden und evtl. auch die Entscheidungsgrundlagen zu überprüfen. Mithin muß jedes Mitglied der Geschäftsführung soviel an ressortübergreifenden Fähigkeiten besitzen, daß es seiner Pflicht zur Mitüberwachung der übrigen Geschäftsführer nachkommen kann.[22] Besitzt es nicht die nötige fachliche Kompetenz, so muß es sich zumindest vergewissern, daß der Ressortführer eine sorgfältige Prüfung vorgenommen hat und nachvollziehbare Argumente für den Entscheidungsvorschlag vorbringt. Damit korrespondierend ist der Ressortführer zur Unterrichtung der anderen Geschäftsführer verpflichtet.[23] Im Hinblick auf die den Geschäftsführern im Drittinteresse persönlich auferlegten Pflichten geht bei interner Delegation auf einen Geschäftsführer die Überwachungspflicht der anderen Geschäftsführer besonders weit.[24]

Im Kernbereich der Geschäftsführung besteht hingegen eine zwingende Gesamtzuständigkeit und somit eine Grenze für die Zuweisung von Aufgaben. Dieser Kernbereich umfaßt die strategische Ausrichtung am Markt, die Festlegung der Organisationsstruktur und andere existentielle Entscheidungen.[25] Hierbei ist jedoch darauf hinzuweisen, daß bei existentiellen Fragen grundsätzlich nicht die Geschäftsleitung, sondern die Gesellschafter zuständig sind.[26] Allerdings können die Gesellschafter den Geschäftsführern die Zuständigkeit zur Entscheidung derartiger Fragen übertragen.[27] Von einer Gesamtzuständigkeit ist auch auszugehen, falls das Unternehmen in einer Ausnahmesituation als Ganzes betroffen ist, wie etwa wenn größere Schäden durch Rückrufaktionen, Warnhinweise oder Risiken im Umweltbereich abzuwenden sind.[28] Eine solche Rückfallzuständigkeit der gesamten Geschäftsleitung wandelt die aus der Gesamtverantwortung resultierende Kontroll- und Überwachungspflicht wieder zu einer Handlungspflicht jedes einzelnen Geschäftsführers.[29] Schwierigkeiten bereitet jedoch die Abgrenzung der

---

22 Kust, WM 1980, 758, 760.

23 Vgl. hierzu die Ausführungen zu dem Gliederungspunkt „Pflicht zur kollegialer Zusammenarbeit und Information", (§ 1, A), II., 2., b)).

24 Hachenburg/Mertens § 43 Rdnr. 28 m.w.N.

25 BGH BB 1990, 1856, 1859f.; Scholz/Schneider § 43 Rdnr. 40 m.w.N.

26 BGH ZIP 1991, 509, 510; Hachenburg/Mertens, § 37 Rdnr. 5ff.; Scholz/Schneider § 37 Rdnr. 12ff.; a.A. Baumbach/Hueck/Zöllner § 37 Rdnr. 6 mit dem Hinweis auf Abgrenzungsprobleme.

27 Lutter/Hommelhoff § 37 Rdnr. 8.

28 BGHSt 37, 106, 123; Jula, Die Haftung von Geschäftsführern und Aufsichtsräten, S. 8.

29 Dreher, ZGR 1992, 22, 56; vgl. auch Grünwald, Die deliktische Außenhaftung des Geschäftsführers für Organisationsdefizite, S. 179ff. zur Frage der Bestellung eines Sicherheitsbeauftragten.

zuweisungsfähigen von den nicht zuweisungsfähigen Aufgaben des Kernbereichs der Geschäftsführung. Eine Bestimmung in pauschaler Form verbietet sich naturgemäß, so daß es vielmehr einer Untersuchung des jeweiligen Einzelfalls bedarf. Zumindest ist jedoch festzuhalten, daß Aufgaben des Kernbereichs stets eine grundsätzliche Bedeutung zukommt, nicht rein exekutiver Natur sind, sowie eine ressortübergreifende Wirkung entfalten.[30]

Des weiteren ist aber auch die Erfüllung bestimmter gesetzlicher Pflichten von der Möglichkeit der Zuweisung ausgenommen, wie z.B. die Antragspflicht bei Insolvenz nach § 64 GmbHG.[31] Ist die Erfüllung der gesetzlichen Pflichten hingegen zuweisungsfähig, so treffen die Mitgeschäftsführer besonders scharfe und weitgehende Überwachungspflichten.[32]

b) Delegation

Anerkannt ist, daß auch die Delegation einzelner zuweisungsfähiger Sachfunktionen auf nachgeordnete Mitarbeiter möglich ist, um die Führungsfunktion des Geschäftsführers zu gewährleisten.[33] Diese Delegationsbefugnis und die daraus sich ergebende haftungsentlastende Wirkung setzt jedoch zunächst voraus, daß die von dem nachgeordneten Mitarbeiter zu erfüllende Aufgabe grundsätzlich delegationsfähig ist.[34] Hiervon ist auszugehen, wenn nicht die Aufgabe wegen ihrer Bedeutung für das Unternehmen oder aufgrund gesetzlicher Bestimmungen zwingend der Zuständigkeit der Geschäftsleitung vorbehalten ist. Des weiteren ist eine ordnungsgemäße Auswahl der fachlich und charakterlich hinreichend qualifizierten Mitarbeiter, ihre ausführliche Einweisung und Information sowie deren eindeutige und nachhaltige Überwachung erforderlich.[35] Werden entsprechend dieser Voraussetzungen Aufgaben ordnungsgemäß delegiert, so muß sich der delegierende Geschäftsführer ein rechtswidriges Verhalten des nachgeordneten Mitarbeiters nicht zurechnen lassen. Mit der Berufung auf die ordnungsgemäße Delegation entfällt somit die persönliche Verantwortlichkeit des Geschäftsführers. Hingegen entfällt seine Verantwortlichkeit gegenüber der Gesellschaft nicht,

---

30 Dreher, ZGR 1992, 22, 57; Schneider, in: Festschrift 100 Jahre GmbH-Gesetz, S. 473, 484; derselbe, DB 1993, 1909, 1912.

31 BGH ZIP 1994, 891, 891; Scholz/Schneider § 43 Rdnr. 39.

32 Scholz/Schneider § 43 Rdnr. 37 und 39; Peus, DStR 1998, 684, 690.

33 BGH GmbHR 1997, 25, 27.

34 Schneider, in: Festschrift 100 Jahre GmbH-Gesetz, S. 473, 488f., derselbe, DB 1993, 1909, 1914.

35 BGH GmbHR 1990, 207, 208; Hachenburg/Mertens § 43 Rdnr. 34; Schneider, in: Festschrift 100 Jahre GmbH-Gesetz, S. 473, 485ff.; derselbe, DB 1993, 1909, 1914; Sina; GmbHR 1990, 65, 66f.; Scholz/Schneider § 43 Rdnr. 38 m.w.N.

wenn sich ihm nach objektiver Beurteilung Zweifel an der ordnungsgemäßen Erfüllung der delegierten Aufgabe aufdrängen müßten.[36] Entsprechend trifft ihn dann die Verpflichtung, durch geeignete Maßnahmen diese Gefahr für den ordnungsgemäßen Betriebsablauf abzuwenden.

Ist in dem Unternehmen in bestimmten Fragen keine ausreichende Fachexpertise vorhanden, so können bestimmte Aufgaben auch an Außenstehende vergeben werden. Hierbei gelten für die haftungsentlastende Wirkung die gleichen Maßstäbe wie bei Delegation an nachgeordnete Mitarbeiter.

II. Allgemeine Verhaltensanforderungen an GmbH-Geschäftsführer

§ 43 GmbHG beinhaltet mit der allgemeinen Regelung über die Verantwortung und die Pflichten des Geschäftsführers den zentralen Haftungstatbestand für die Inanspruchnahme des Geschäftsführers durch die GmbH. Danach haften gemäß § 43 Abs. 2 GmbHG die Geschäftsführer für den Ersatz des aus ihrer Pflichtverletzung entstandenen[37] Schadens[38] als solidarische Gesamtschuldner. Entsprechend richtet sich der interne Ausgleich unter den haftpflichtigen Geschäftsführern nach den Regeln des § 426 BGB, wobei sich eine Verschiebung der Haftungsanteile aus § 254 BGB ergeben kann.[39] Die organschaftliche Haftung des Geschäftsführers nach § 43 GmbHG ist unabhängig vom Bestand oder Zeitpunkt des Abschlusses eines Anstellungsvertrages mit der Gesellschaft sowie von der ordnungsgemäßen Eintragung der Bestellung in das Handelsregister.[40] Entsprechend endet die Verantwortlichkeit des Geschäftsführers dann auch durch Abberufung oder Niederlegung mit dem Aufhören des organschaftlichen Verhältnisses zur Gesellschaft.[41]

---

36 Schneider, in: Festschrift 100 Jahre GmbH-Gesetz, S. 473, 487.

37 Vgl. zur Kausalitätsproblematik Palandt/Heinrichs § 249 Rdnr. 54ff.

38 Vgl. zur Ermittlung des Schadens Palandt/Heinrichs, § 249 Rdnr. 50ff.; Ferner ist bei der Schadensbestimmung u.a. auch streitig, ob sich eine Begrenzung insoweit ergibt, daß nur die dem Unternehmenszweck widersprechenden Vermögensminderungen (Hachenburg/Mertens § 43 Rdnr. 57; a.A. Scholz/Schneider § 43 Rdnr. 159ff.; Rowedder/Koppensteiner § 43 Rdnr. 21) bzw. nur pflichtwidrig herbeigeführte Nachteile (Hommelhoff, Die Konzernleitungspflicht, 1982, S. 204) zu ersetzen sind.

39 Vgl. BGH WM 1983, 725, 726; Roth/Altmeppen § 43 Rdnr. 47; Hachenburg/Mertens § 43 Rdnr. 64 wonach sich ein haftender Geschäftsführer nicht auf ein Mitverschulden eines Mitgeschäftsführers oder anderer Angestellter der GmbH als anspruchsminderndes Mitverschulden der GmbH i.S.v. § 254 BGB berufen kann.

40 BGH GmbHR 1995, 128; RGZ 144, 384, 387; 152, 273, 277; BGHZ 47, 341, 343; Scholz/Schneider § 43 Rdnr. 14f.

41 Heidelberger Kommentar/Fichtelmann, § 43 Rdnr. 7; Schaub, DStR 1992, 985, 986; nach BGHZ 31, 258, 277 trifft nur den „Strohmann"-Geschäftsführer die

Der Generalklausel des § 43 GmbHG kommt eine Doppelfunktion zu.[42] So setzt § 43 GmbHG zum einen die Pflichten und den Sorgfaltsmaßstab fest, den der Geschäftsführer in der Ausführung seiner Organstellung anzulegen hat. Hierbei konkretisiert § 43 Abs. 1 GmbHG den allgemeinen Verschuldensmaßstab des § 276 Abs. 1 S. 2 BGB (ein Schuldner hat Vorsatz und Fahrlässigkeit zu vertreten) in Bezug auf die Stellung des Geschäftsführers einer Gesellschaft m.b.H. als Unternehmensleiter und die an dieses Amt gestellten Anforderungen.[43] So hat der Geschäftsführer in den Angelegenheiten der Gesellschaft die Sorgfalt eines ordentlichen Geschäftsmannes anzuwenden. Diese entspricht der Sorgfalt eines „ordentlichen und gewissenhaften Geschäftsleiters" nach § 93 Abs. 1 AktG.[44] Zum anderen stellt § 43 GmbHG aber auch sicher, daß Nachteile, die der Gesellschaft durch eine schuldhafte Pflichtverletzung des Geschäftsführers entstanden sind, im Rahmen des Regresses wieder ausgeglichen werden. Die Feststellung einer Pflichtverletzung ist jedoch nur möglich, wenn die Pflichten und der Sorgfaltsmaßstab der generalklauselartigen Formulierung des § 43 Abs. 1 GmbHG klar umrissen sind. Es ist somit zu bestimmen, welchen Verhaltenspflichten Leitungsorgane ihrem eigenen Unternehmen gegenüber unterliegen und unter welchen Voraussetzungen diese Pflichten verletzt sind. Hierbei ist jedoch auch immer zu bedenken, daß Pflichten grundsätzlich durch den Gesellschaftsvertrag, den Anstellungsvertrag oder durch einzelne Gesellschafterbeschlüsse geschaffen bzw. modifiziert werden können, so daß wegen der unterschiedlichen Ausgestaltung in den einzelnen Gesellschaften eine entsprechende Darstellung im Rahmen dieser Abhandlung nicht möglich ist. Generell läßt sich der Pflichtenkreis des Geschäftsführers jedoch in die Pflicht zur sorgfältigen Wahrnehmung der Geschäftsführung, zu loyalem Verhalten gegenüber der Gesellschaft sowie in die Schweigepflicht unterteilen.

1. Sorgfaltsgemäße Wahrnehmung der Geschäftsführung

Der Geschäftsführer einer GmbH schuldet bei seiner Leitungstätigkeit die Sorgfalt, die ein ordentlicher Geschäftsmann in verantwortlich leitender Position bei

---

Haftung nach § 43 GmbHG und nicht den Hintermann, in dessen Auftrag er handelt, a.A. Scholz/Schneider § 43 Rdnr. 15, der den Hintermann zusätzlich gleich einem „de-facto"-Geschäftsführer haften lassen möchte.

42 Scholz/Schneider § 43 Rdnr. 7, Ebenroth/Lange, GmbHR 1992, 69; kritisch: Baumbach/Hueck/Zöllner § 43 Rdnr. 11.

43 Klumpp, Aktuelle Fragen der Haftung des Geschäftsführers, S. 8.

44 Hachenburg/Mertens § 43 Rdnr. 16; Roth/Altmeppen § 43 Rdnr. 3; Rowedder/Koppensteiner § 43 Rdnr. 6.

selbständiger Wahrnehmung fremder Vermögensinteressen zu wahren hat.[45] Der Geschäftsführer hat somit wie der Vorstand einer Aktiengesellschaft nicht nur die Regeln zu beachten, der ein Unternehmer schlechthin unterworfen ist. Vielmehr haben beide Leitungsorgane Verhaltenspflichten zu beachten, die jeden treffen, der in verantwortlich leitender Stellung fremdes Vermögen verwaltet. Hieraus folgt auch, daß persönliche Eigenschaften des Geschäftsführers wie Ausbildung, Alter oder mangelnde Erfahrung für die Beurteilung der Beachtung des Sorgfaltsmaßstabes unerheblich sind.[46] Im einzelnen hängen die Anforderungen an die Sorgfaltspflicht von der Art, Größe und Situation der Gesellschaft sowie der Bedeutung einer Geschäftsführungsmaßnahme ab.[47] Maßstab ist hierbei nicht ein idealtypisches Geschäftsführungsmitglied, sondern der Geschäftsführer einer bestimmten Gesellschaft einer bestimmten Größe und Struktur in einer bestimmten wirtschaftlichen Situation.[48] Die Maxime einer sorgfaltsgemäßen Geschäftsführung ist es, im Rahmen der Gesetze, des Gesellschaftsvertrages, der für die Geschäftsleitung verbindlichen Beschlüsse anderer Organe der Gesellschaft und unter der gebotenen Berücksichtigung öffentlicher Interessen an dem von der Gesellschaft betriebenen Unternehmen die Zwecke der Gesellschaft zu fördern, den Vorteil der Gesellschaft zu wahren und Schaden von ihr abzuwenden.[49] Dies bildet den Rahmen für die unternehmerischen Aktivitäten des Geschäftsführers. Im einzelnen lassen sich aus dem Gebot der sorgfaltsgemäßen Geschäftsführung die folgenden Verhaltensrichtlinien isolieren:

---

45 Seit RGZ 64, 254, 257 ständige Rechtsprechung; vgl. auch Roth/Altmeppen § 43 Rdnr. 3; Hachenburg/Mertens § 43 Rdnr. 16; Schaub, DStR 1992, 985, 985; Reese, DStR 1995, 532, 532.

46 BGH NJW 1983, 1856, 1857: Kein Einwand des Auswahl- und Überwachungsmitverschuldens bei bekannter bzw. erkennbarer geschäftlicher Unerfahrenheit; OLG Koblenz, GmbHR 1991, 416, 417; Roth/Altmeppen § 43 Rdnr. 4; Hachenburg/Mertens § 43 Rdnr. 16; Rowedder/Koppensteiner § 43 Rdnr. 7; Scholz/Schneider § 43 Rdnr. 165: Verfügt der Geschäftsführer über besondere individuelle Fähigkeiten und Kenntnisse, so sei dies der anzulegende Maßstab. Zustimmend Jula, Die Haftung von Geschäftsführern und Aufsichtsräten, S.47, mit der Begründung, daß gerade diese besonderen Fähigkeiten in die Bemessung der Vergütung miteinflössen. So sei es nur billig, daß auch der Sorgfaltsmaßstab hiermit korrespondiere.

47 OLG Hamm, NStZ 1986, 119; Kust, WM 1980, 758, 760; Roth/Altmeppen § 43 Rdnr. 3; Hachenburg/Mertens § 43 Rdnr. 16 m.w.N.; vgl. auch Kossen, DB 1988, 1785, 1787.

48 Bastuck, Enthaftung des Managements, S. 72.

49 BGHZ 125, 366ff.; Roth/Altmeppen § 43 Rdnr. 5; Ebenroth/Lange, GmbHR 1992, 69, 70; Hachenburg/Mertens § 43 Rdnr. 19.

a) *Die Pflicht zur Unternehmensleitung*

Aus der rein juristischen Betrachtungsweise ist der Geschäftsführer nicht selbst Unternehmer. Er verwaltet vielmehr das Vermögen der Gesellschaft, wobei die Pflicht zur ordnungsgemäßen Unternehmensleitung nur gegenüber seiner Gesellschaft, nicht hingegen gegenüber den Gesellschaftsgläubigern und sonstigen Dritten besteht.[50] Zwischen den Gesellschaftern und den Geschäftsführern ist eine Aufteilung der Kompetenzen zur Unternehmensleitung festzustellen. Zwar bestimmen die Gesellschafter die Grundsätze der Unternehmenspolitik, jedoch tragen die Geschäftsführer für den organisatorischen Rahmen und das tägliche Geschäft die Verantwortung.[51] Hierunter fallen die Gliederung und Ausrichtung der inneren Organisation nach Gesetz, Satzung und betriebsorganisatorischen Gesichtspunkten, wobei die durch die Geschäftsführer konzeptionierten und durch die Gesellschafter aufgestellten Grundsätze der Unternehmenspolitik sowie bestehende Einzelweisungen zu beachten sind. Des weiteren obliegen der Geschäftsführung neben der Vertretung im Außenverhältnis (§ 35 GmbHG) alle unternehmerischen Entscheidungen, soweit sie nicht durch die Gesellschafter vorbestimmt sind.

Der Schwerpunkt der in § 43 Abs. 1 GmbHG umschriebenen Pflichten liegt somit in der fachlich einwandfreien Unternehmensleitung.[52] Hierzu gehört, das Unternehmen unter Berücksichtigung gesicherter und praktisch bewährter betriebswirtschaftlicher Erkenntnisse und unter Beachtung aller maßgeblichen Rechtsvorschriften zu leiten. So wird von der Geschäftsführung erwartet, daß Entscheidungen der jeweiligen Situation und ihrer Bedeutung nach in einem angemessenen Maße vorbereitet werden.[53] Ferner haben sich die Entscheidungen und Maßnahmen der Geschäftsführung innerhalb der Grenzen der gesicherten Erkenntnisse und bewährten Erfahrungen unternehmerischen Verhaltens zu halten.

Neben der Pflicht, die ihnen durch Gesetz auferlegten Pflichten ordnungsgemäß auszuführen, haben die Geschäftsführer auch dafür Sorge zu tragen, daß sich

---

50 Ständige Rechtsprechung RGZ 159, 211, 224; BGH WM 1979, 853, 854; vgl. auch Scholz/Schneider § 43 Rdnr. 8.

51 Ebenroth/Lange, GmbHR 1992, 69, 71; Schneider/Scholz § 43 Rdnr. 42.

52 Vgl. Hommelhoff, Die Konzernleitungspflicht, S. 169f. zu den Aufgaben des Vorstands: „ständig Ideen zu entwickeln und dynamische Aktivitäten zu entfalten, um dem Unternehmen im Wettbewerbsprozeß agierend und auf Marktsignale reagierend, die künftige Entwicklungsrichtung zu weisen. Der Vorstand hat auch die weichenstellenden Initiativen zu ergreifen, die das gesamte unternehmerische Geschehen maßgeblich lenken und gestalten."

53 BGHZ 75, 96, 109f.; Heermann, ZIP 1998, 761, 763; Scholz/Schneider § 43 Rdnr. 70.

die Gesellschaft im Außenverhältnis rechtmäßig verhält.[54] Bei schwierigen komplexen Fragen zu Recht und Technik ist der Geschäftsführer verpflichtet, sich sachkundig beraten zu lassen. Kommt er dieser Konsultationspflicht nicht nach und entsteht hierdurch der Gesellschaft ein Schaden, so hat er dafür einzustehen.[55]

Im übrigen beeinflussen eine unübersehbare Fülle von rechtlichen Regelungen die Geschäftstätigkeit. Ohne auf die von dieser Untersuchung ausgegrenzten Aspekte der steuerlich-, öffentlich- und strafrechtlichen Verantwortlichkeit des Geschäftsführers einzugehen, hat die Geschäftsführung für ausreichenden Sachverstand bei der Behandlung steuerlich-rechtlicher Fragestellung zu sorgen. Genehmigungserfordernisse und die Kontrolle von Fristen, von Nebenbestimmungen und den dazugehörigen Rechtsbehelfsfristen sind zu überwachen. Des weiteren sind wichtige Unterlagen und Urkunden zu archivieren, sowie rechtserhebliche Entwicklungen zu beobachten und auf ihr Implikationspotenzial auf die Gesellschaft hin auszuwerten.[56]

b) Unternehmerischer Gestaltungsspielraum

Neben den Fällen, in denen die Unternehmensleitung es fahrlässig oder vorsätzlich versäumt hat, bestimmte Handlungen vorzunehmen oder diese fehlerhaft durchgeführt hat, gibt es auch die Alternative, daß sie oder einzelne Mitglieder des Leitungsorgans präzise gehandelt haben, jedoch mit nachteiligen Folgen für die Gesellschaft. Dies muß jedoch nicht schon grundsätzlich bedeuten, daß der oder die Unternehmensleiter fahrlässig gehandelt haben. Bei unternehmerischen Entscheidungen[57] über ein Tun oder Unterlassen einer Maßnahme gibt es sehr häufig nicht nur eine einzige mögliche und zweckmäßige Verhaltensweise. Vielmehr bieten sich nach betriebswirtschaftlichen Regeln häufig mehrere Verhaltensoptionen an bzw. sie werden gezielt gesucht und isoliert. So hat eine ordnungsgemäße Leitung eines Unternehmens zum einen Rechtmäßigkeits-, aber auch Zweckmäßigkeitsgesichtspunkte zu berücksichtigen. Diese bezeichnen den Rahmen, innerhalb dessen der Geschäftsführer unternehmerisch agieren kann. Hierbei ergeben sich auch Abstufungen hinsichtlich des Risikopotentials der isolierten Optionen. Unternehmen müssen aber typischerweise Risiken eingehen, um in

---

54 Scholz/Schneider § 43 Rdnr. 51; Hachenburg/Mertens § 43 Rdnr. 20; Rowedder/Koppensteiner § 43 Rdnr. 9 m.w.N.; siehe aber Horn, ZIP 1997, 1129, 1136 mit dem Hinweis, daß dies nur bei eindeutiger Rechtlage gelte.

55 Vgl. Höhn, Geschäftsleitung, S. 104, 144.

56 Peus, DStR 1998, 684ff.

57 Zum Begriff der unternehmerischen Entscheidung vgl. Mutter, Unternehmerische Entscheidungen, S. 4ff. m.w.N.

einem globalisierten und immer wettbewerbsfreundlicheren Markt zu bestehen. Auch wäre die Entschlußfreude des Geschäftsführers stark gehemmt, wenn er für jede nachteilige Maßnahme, wenn z.B. sich unternehmerische Risiken verwirklichen und Verluste eintreten, zur Verantwortung gezogen würde. Der Geschäftsleitung muß demzufolge ein justizfreier Gestaltungsspielraum offenstehen, um eine funktionsfähige und erfolgreiche Unternehmensleitung zu gewährleisten. Soweit es um die Beurteilung der Zweckmäßigkeit und Wirtschaftlichkeit durch die Unternehmensleitung geht, bleibt ein Kernbereich der unternehmerischen Freiheit, der sich in Anlehnung an § 114 VwGO der gerichtlichen Kontrolle entzieht.[58] Dies ist der allgemein anerkannte unternehmerische Gestaltungsspielraum[59], der auch im anglo-amerikanischen Rechtskreis unter dem Begriff der „business judgement rule" Anerkennung gefunden hat.

Der Grundsatz des unternehmerischen Gestaltungsspielraums eröffnet jedoch keinen Haftungsfreiraum, sondern bezeichnet nur den Rahmen der Entscheidungsfreiheit innerhalb bestimmter Grenzen. Zum einen entfällt der Ermessensspielraum vollständig, wenn das Gesetz, die Satzung, die Geschäftsordnung, der Anstellungsvertrag oder der Unternehmensgegenstand sowie eine Gesellschafterweisung ein bestimmtes Handeln gebieten[60]. Ferner besteht keine Entscheidungsfreiheit, wenn sich mit Sicherheit eine Voraussage abgeben läßt, daß die Maßnahme zu einem nicht zu rechtfertigenden Schaden bei dem Unternehmen führt.[61] Kein Ermessen kommt den Geschäftsführern auch zu, wenn es sich um die Erfüllung von Pflichten der Gesellschaft handelt, die ihr im öffentlichen In-

---

58 OLG Düsseldorf, ZIP 1996, 1083, 1087f.; OLG Hamm, AG 1977, 233, 234; Ebenroth/Lange, GmbHR 1992, 69, 71; Roth/Altmeppen § 43 Rdnr. 6; Scholz/Schneider § 43 Rdnr. 47 mit dem Hinweis auf Tendenzen in der Rechtsprechung, Entscheidungen einer begrenzten oder sogar einer umfassenden Inhaltskontrolle zu unterwerfen. Vgl. Entwicklung von BGHZ 71, 40, 49 bis BGHZ 80, 69, 71ff. zur Angemessenheitskontrolle von Gesellschafterbeschlüssen; vgl. auch Bork, EWiR 1996, 555, 556; zu der Möglichkeit, auf die Grundsätze der Ermessenskontrolle aus dem Verwaltungsgerichtsverfahren zurückzugreifen Heisse, Die Beschränkung, S. 30ff. und hierzu kritisch Mutter, Unternehmerische Entscheidungen, S. 230ff., der die Übertragbarkeit der Fallgruppen der Ermessenskontrolle im Verwaltungsgerichtsverfahren auf unternehmerische Entscheidungen bezweifelt.

59 Ebenroth/Lange, GmbHR 1992, 69, 71; v. Gerkan, ZHR 154 (1990), 39, 55; Schneider/Scholz § 43 Rdnr. 44b m.w.N.; Trockels, AG 1990, 139ff.

60 OLG München, AG 1997, 575, 576 für den Fall eines Verstoßes gegen in der Satzung festgelegte Kompetenzverteilungen; Scholz/Schneider § 43 Rdnr. 56, unter Rdnr. 59ff. ausführlich über die Frage, welche Interessen bei der Verfolgung des Unternehmensziels zu berücksichtigen sind und ob es ein Unternehmensinteresse als normativen Verhaltensmaßstab für die Geschäftsführer gibt (h.M.); vgl. auch Ebenroth/Lange, DStR 1992, 69, 72; Heermann, ZIP 1998, 761, 763.

61 Scholz/Schneider § 43 Rdnr. 46.

teresse auferlegt wurden.[62] Im Hinblick auf vertragliche Pflichten steht dem Geschäftsführer jedoch ein gewisser Ermessensspielraum zu. So kann er z.B. auf die Geltendmachung von Ansprüchen verzichten, wenn er nach pflichtgemäßer Prüfung zu dem Ergebnis gelangt ist, daß die mit einer Geltendmachung verbundenen Kosten und Belastungen außerhalb jeglicher Verhältnismäßigkeit zu dem angestrebten Nutzen stehen.[63] So ist grundsätzlich die Bestimmung des unternehmerischen Gestaltungsspielraums nicht von einfacher Natur. Sie hängt von der Eigenart der jeweiligen Entscheidung ab.[64] So sind Art, Organisation, wirtschaftliche und finanzielle Lage der Gesellschaft sowie die tatsächlichen Umstände der zu treffenden Maßnahme, aber auch die Marktsituation zu berücksichtigen.[65] Es kommt somit auf das Unternehmen in seinem typischen Zuschnitt und seiner konkreten wirtschaftlichen Lage an. Zusammenfassend läßt sich daher feststellen, daß die Gewährung eines Ermessensspielraums beinhaltet, verschiedene subjektive Wertungen zuzulassen, solange sie objektiv nachvollziehbaren Wertungskriterien entsprechen.

(1) Risikogeschäfte

Von besonderem Interesse ist in diesem Zusammenhang auch die Frage, ob und wieweit das bewußte Eingehen geschäftlicher Risiken gegen die Sorgfaltspflicht nach § 43 Abs. 1 GmbHG verstößt. Unternehmerisches Handeln ist stets risikobehaftet, so daß es dem Geschäftsführer nicht grundsätzlich verwehrt sein kann, Risiken einzugehen. So muß ein Geschäftsführer von Zeit zu Zeit gewisse risikoreiche Geschäfte eingehen und darf sich keinesfalls - vergleichbar auch mit den entsprechenden Handlungsmaximen bei einem Testamentsvollstrecker – nur mit dem sichersten Weg begnügen.[66] Es kann also nach allgemeiner Ansicht nicht jeder Abschluß eines risikoreichen Geschäfts, das sich nachträglich als negativ für

---

62 Scholz/Schneider § 43 Rdnr. 52.

63 Ebenroth/Lange, DStR 1992, 69, 72; vgl. auch Scholz/Schneider § 43 Rdnr. 53; Ebenroth/Lange GmbHR 1992, 69, 72 mit der Ansicht, daß der Geschäftsführer gegenüber der Gesellschaft nicht die Einhaltung der von der GmbH geschlossenen Verträge schulde, wenn sich daraus für die Gesellschaft ein größerer Nachteil ergibt als bei Nichterfüllung.

64 Bastuck, Enthaftung des Managements, S. 71 mit dem Hinweis auf die letztlich im Allgemeinen verharrenden Konkretisierungsversuche von Eisenhardt, Jura 1982, 289ff.; Meier/Budde, DB 1974, 1271, 1274; Saage, DB 1973, 115, 118, vgl. auch Rittner, JZ 1980, 113ff.

65 Hachenburg/Mertens § 43 Rdnr. 19, 27.

66 Klumpp, Aktuelle Fragen der Haftung des Geschäftsführers, S. 17.

das Unternehmen erweist, als pflichtwidrig eingestuft werden.[67] Dem Geschäftsführer ist aber dann ein Vorwurf zu machen, wenn die von ihm getroffenen Entscheidungen und Maßnahmen sich zur Zeit ihrer Vornahme nicht mehr mit einer verantwortungsbewußten Unternehmensführung vereinbaren lassen. Der Geschäftsführer muß alle Entscheidungsalternativen mit ihren Auswirkungen ausführlich bewerten, alle Möglichkeiten der Risikominimierung ausschöpfen und das Risikogeschäft zweckmäßig vorbereiten. Hierbei gilt der Grundsatz: Je höher der mögliche Schaden und je wahrscheinlicher der Schadenseintritt, desto gründlicher muß das Risikogeschäft unter Ausnutzung aller Erkenntnismöglichkeiten vorbereitet werden.[68] Chancen und Risiken von Geschäftsführungsmaßnahmen sind unter Berücksichtigung der technischen, finanziellen sowie personellen Kapazitäten des Unternehmens sehr sorgfältig abzuwägen. Allzu häufig befinden sich Leitungsorgane bei unternehmerischen Entscheidungen daher in der charyptischen Lage zwischen der obligatorischen Verfolgung der Unternehmensziele, wie z.B. Wachstum und Gewinnsteigerung[69], müssen aber gleichzeitig repressive, wenn nicht sogar haftungsrechtliche Maßnahmen fürchten, wenn sie Geschäftsrisiken eingehen, um die Unternehmensziele zu verfolgen. Der Geschäftsführer bewegt sich daher insbesondere bei Risikogeschäften in einem starken Spannungsfeld zwischen der Verfolgung und der Gefährdung des Unternehmenszieles. Doch auch für die Gerichte ist es äußerst schwierig, mangels anwendbarer Parameter unternehmerische Entscheidungen einer inhaltlichen Kontrolle zu unterwerfen. In den Vereinigten Staaten wird der Unternehmensleitung und den Gerichten in dieser schwierigen Beurteilungslage mit Hilfe der *business judgement rule* geholfen.[70]

---

67 Scholz/Schneider § 43 Rdnr. 81, Baumbach/Hueck/Zöllner § 43 Rdnr. 15; Lutter/Hommelhoff § 43 Rdnr. 10; Ebenroth/Lange, GmbHR 1992, 69, 72; v. Gerkan, ZHR 154 (1990), 39, 55; Kust, WM 1980, 758, 760; Meyke, Die Haftung des GmbH-Geschäftsführers, S. 11; Hachenburg/Mertens § 43 Rdnr. 27; Abeltshauser, Leitungshaftung im Kapitalgesellschaftsrecht, S. 162f.

68 Baumbach/Hueck/Zöllner § 43 Rdnr. 15; Ebenroth/Lange, GmbHR 1992, 69, 72; Heermann, ZIP 1998, 761, 769; vgl. hierzu BGH AG 1978, 79, 81.

69 Vgl. hierzu auch Kay J in der englischen Entscheidung Re Faure Electric Accumulator Company [1888] 40 Ch D 141, S. 151: "to apply to directors the strict rules of the Court of Chancery with respect to ordinary trustees might fetter their action to an extent which would be exceedingly disadvantageous to the companies they represent.".

70 Davies, Gower's Principles of Modern Company Law, S. 644; vgl. hierzu auch Clark, Corporate Law, S. 123ff.; Eisenberg, 2 Company Financial and Insolvency Law Review 1997, 185ff.; American Law Institute, Principles of Corporate Governance, Analysis and Recommendations, Part III, Vol. 1, S. 138f.:
4.01 Duty of care of Directors and Officers, the Business Judgment Rule

(2) „The Business judgement rule"

Grundsätzlich wird in der US-amerikanischen Rechtsprechung eine richterliche Überprüfung eines Verstoßes gegen die Sorgfaltspflicht[71] erst durchgeführt, wenn die Grenzen der *business judgement rule* überschritten wurden.[72] So werden unternehmerische Entscheidungen des *board* und einzelner directors grundsätzlich von amerikanischen Gerichten nicht in Frage gestellt, wenn festzustellen ist, daß sie auf ausreichender Kenntnis und Berücksichtigung der relevanten Umstände beruhen, sich in vernünftigem Rahmen bewegen und von ehrenhaften, unbeeinflußten Motiven getragen werden.[73] Richtungsweisend war hierzu u.a. die Ent-

---

(c) A director or officer who makes a business judgment in good faith fulfils the duty under this Secion if the director or officer:
  (1) is not interested in the subject of the business judgment;
  (2) is informed with respect to the subject to the extent the director or officer reasonably believes to be appropriate under the circumstances; and
  (3) rationally believes that the businees judgment is in the best interests of the corporation.

Vgl. auch Law Commission, Company Directors: Regulating Conflicts of Interest and Formulating a Statement of Duties - A Consultation Paper, S. 299 mit dem Hinweis auf das australische Arbeitspapier Directors' Duties and Corporate Governance: Corporate Law Economic Reform Program, Proposals for Reform: Paper No. 3 (1997) und dem sich daraus ergebenden Gesetzesvorschlag zur business judgement rule in Australien im Rahmen des Corporate Law Economic Reform Program:

(2) A director or other officer of a corporation who makes a business judgment is taken to meet the requirements of subsection (1) [duty of care and diligence], and their equivalent duties at common law and equity, in respect of the judgment if they:
  (a) make the judgment in good faith for a proper purpose; and
  (b) do not have a material personal interest in the subject matter of the decision; and
  (c) inform themselves about the subject matter of the decision to the extent they reasonably believe to be appropriate; and
  (d) rationally believe that the decision is in the best interests of the corporation.

  The directors' or officers' belief that the decision is in the best interests of the corporation is a rational one unless the belief is one that no reasonable person in their position would hold.

(3) in this section: business judgment means any decision to take or not take action in respect of a matter relevant to the business operations of the corporation.

Siehe hierzu auch Mitchell, 20 The Company Lawyer (4) 1999, 98, 102.

71 Bei Verstößen gegen die Treuepflicht findet die business judgement rule keine Anwendung.

72 Abeltshauser, Leitungshaftung im Kapitalgesellschaftsrecht, S. 130.

73 Bastuck, Enthaftung, S. 23; Samson-Himmelstjerna, ZVglRWiss 89 (1990) 288, 298; Abeltshauser, Leitungshaftung im Kapitalgesellschaftsrecht, S. 130; v. Wer-

scheidung *Smith v van Gorkom* des Delaware Supreme Court[74], in der das *board* den Verkauf sämtlicher Aktien im Rahmen eines *cashout mergers* ohne die erforderlichen Nachforschungen und Vorüberlegungen unter dem Marktwert ausgehandelt und den Anteilseignern ein unvorbereitetes Verkaufskonzept unterbreitet hatte.[75]

Die Überlegung im Hintergrund ist es, qualifizierten Führungskräften Anreize für die Leitungstätigkeit zu schaffen, indem man durch die Anwendung der *business judgement rule* übervorsichtigem Entscheidungsverhalten entgegenwirkt und menschlichen Fehlbarkeiten ebenso Rechnung trägt wie dem Umstand, daß Gerichte häufig nicht über die nötige Sachkenntnis verfügen, die Tragweite komplexer unternehmerischer Entscheidungen zu beurteilen.[76]

Im einzelnen wird im Rahmen der *business judgement rule* vermutet, daß directors (1) im Rahmen unternehmerischer Entscheidungen (*business decision*),
(2) unvoreingenommen (*disinterestedness*),
(3) mit ausreichender Sorgfalt (*due care*),
(4) in gutem Glauben (*good faith*) und
(5) innerhalb ihrer Ermessensgrenzen (*no abuse of discretion*) handeln.[77]

Als unternehmerische Entscheidungen (*business decision*) wird hierbei nur ein solches Verhalten qualifiziert, welches auf einem bewußten, unternehmerische Belange betreffenden Entscheidungsprozeß beruht.[78] Bei Untätigkeit des *directors* findet die *business judgement rule* daher nur Anwendung, wenn die Untätigkeit auf einer bewußten Entscheidung zum Nichthandeln beruht.[79]

---

der/Feld, RIW 1996, 481, 482; Trockels, AG 1990, 139, 141; vgl. auch Aronson v Lewis 473 A.2d 805, 812 [Del. 1984].

74 488 A.2d 858ff. [Del. 1985]; siehe auch Aronson v Lewis, 480 A.2d 805ff. [Del. 1984)]; Unocal Corp. v Mesa Petroleum Co., 493 A.2d 946ff. [Del. 1985].

75 Später mehrfache Bestätigung der business judgement rule u.a. in ConAgra, Inc. v Cargill, Inc., 382 N.W.2d 576, 587 [Neb. 1986]; Cottle v Storer Communication, Inc., 849 F. 2d 570, 577ff. [11th Cir. 1988]; Growbow v Perot, 539 A.2d 180, 187 [1980]; vgl. auch Trockels, AG 1990, 139, 141 mit weiteren Hinweisen auf bestätigende Gerichtsentscheidungen.

76 v. Werder/Feld, RIW 1996, 481, 482; Trockels, AG 1990, 139, 140; Abeltshauser, Leitungshaftung im Kapitalgesellschaftsrecht, S. 130f. mit dem Hinweis auf Freedman v. Restaurant Associates Industries, Inc., Fed. Sec. L. Rep. (CCH) 93, 502ff. [Del. 1987]: „One of the most important reasons for the existence of the Business Judgment Rule is the institutional incompetence of the courts to pass upon the wisdom of business decisions.".

77 v. Werder/Feld, RIW 1996, 481, 482; Trockels, AG 1990, 139, 141.

78 Block/Barton/Radin, The Business Judgment Rule, S. 12f.; siehe hierzu auch Parkinson, Corporate Power and Resposibility: Issues in the Theory of Company Law, S. 109, Fn. 52.

79 Aronson v. Lewis, 473A.2d 805, 813 [Del. 1984].

Es kommt zu einer gerichtlichen Überprüfung der unternehmerischen Entscheidung jedoch nur, wenn der Kläger zumindest die Verletzung einer dieser kumulativen Elemente darlegen kann, wobei sich die Überprüfung ausreichender Sorgfalt nur auf den Entscheidungsprozeß bezieht.[80] Eine substantielle Überprüfung der Boardtätigkeit im Hinblick auf die „Richtigkeit" der Entscheidung würde der richterlichen Achtung des *boards* als legitimiertem Entscheidungsträger entgegenlaufen.[81]

Von Bedeutung ist in diesem Zusammenhang auch eine Untersuchung des Sorgfaltsmaßstabes der *duty of care* und der *due care*. So bestimmt sich der Maßstab der *duty of care* in den Vereinigten Staaten nach einer objektiven Bewertung des Verhaltens eines durchschnittlich umsichtigen und besonnenen Mannes (*ordinarily prudent person*), während sich der *due care*- Maßstab an einer subjektiven Ausrichtung orientiert.[82] So nimmt das American Law Institute an, daß die Anforderung an die *due care* dann erfüllt sind, wenn ein *director* oder *officer* sich bei der unternehmerischen Entscheidung in einem Maß informiert hat, von dem er vernünftigerweise annehmen konnte, daß es unter den gegebenen Umständen angemessen war.[83] Infolgedessen untersuchen die amerikanischen Gerichte, ob sich die *directors* und *officers* vor einer unternehmerischen Entscheidung alle für die Entscheidung wesentlichen Information, die ihnen zu dieser Zeit in zumutbarem Rahmen zur Verfügung standen, zugänglich und berücksichtigt haben.[84]

Grundsätzlich ist der Annahme mit Vorsicht zu begegnen, daß Richter aufgrund ihrer fehlenden Geschäftserfahrung nicht die Fähigkeit besitzen, unternehmerische Entscheidungen zu beurteilen. Die Praxis der Gerichte zeigt täglich, daß Richter in z.B. hoch-komplexen technischen oder medizinischen Fragen der sorgfaltsgemäßen Berufsausübung zu richtigen Entscheidungen kommen. Jedoch ist der entscheidende Unterschied zu der Beurteilung von unternehmerischen Entscheidungen darin zu sehen, daß sich die unternehmerische Entscheidung an sich, mangels anwendbarer objektiver Kriterien, in substantieller Hinsicht einer rich-

---

80 Samson-Himmelstjerna, ZVglRWiss 89 (1990) 288, 298; v. Werder/Feld, RIW 1996, 481, 482; Trockels, AG 1990, 139, 141; Abeltshauser, Leitungshaftung im Kapitalgesellschaftsrecht, S. 138 mit dem Hinweis, daß ein erster Anschein einer Verletzung der Tatbestandselemente ausreiche, um zu einem Vermutungstatbestand einer Sorgfaltspflichtverletzung und einer Beweislastumkehr zu gelangen.

81 v. Werder/Feld, RIW 1996, 481, 482.

82 v. Werder/Feld, RIW 1996, 481, 482.

83 American Law Institute, Principles of Corporate Governance, Analysis and Recommendations, Part III., Vol. 1, S. 139.

84 Vgl. hierzu auch auch Aronson v Lewis, 473 A.2d 805, 812 [Del. 1984], wo zu lesen ist, daß „ [...] directors have a duty to inform themselves, prior to making a business decision, of all material information reasonably available to them.".

terlichen Überprüfung zu entziehen scheint.[85] Ferner kann eine substantielle Entscheidung auch keine objektive ex-ante Beurteilung finden, ohne hierbei nachträgliches Wissen um die wirtschaftliche Entscheidungen und ihre Konsequenzen miteinfließen zu lassen.

Einen Ausweg bieten jedoch die in der amerikanischen Rechtsprechung entwickelten Kriterien zur Anwendung der *business judgement rule*. Bei der Beurteilung des Verhaltens des *directors* läßt sich zwar durch die Gerichte ohne unüberwindbare Schwierigkeiten feststellen, ob es sich bei der entsprechenden Entscheidung um eine „unternehmerische Entscheidung" gehandelt hat und das Leitungsorgan „unvoreingenommen", „in gutem Glauben" und „innerhalb seiner Ermessensgrenzen gehandelt" hat.[86] Wesentlich größere Schwierigkeiten bereitet es hingegen, greifbare Kriterien für die Beurteilung der „ausreichenden Sorgfalt" („*due care*") zur Hand zu haben.

(a) Beurteilungskriterien

Bei der Beurteilung von unternehmerischen Entscheidungen und der hierbei angewandten Sorgfalt kann hingegen eine formelle und inhaltliche Untersuchung des Entscheidungsfindungsprozesses helfen, da die *business judgement rule* nur Entscheidungen schützt, die durch Informationen abgesichert sind.[87] Zu diesem Komplex der Einhaltung bestimmter verfahrensbezogener Anforderungen finden sich in der US-amerikanischen Rechtsprechung zahlreiche Entscheidungen, da sich diese wegen des dort angewandten objektiven Sorgfaltsmaßstabes schon seit langem mit der Beurteilungsmöglichkeit von unternehmerischen Entscheidungen zu befassen hatte.[88] Bei der rechtlichen Einschätzung der angewandten Sorgfalt bieten sich zwei Kriterienkomplexe an, wobei jedoch festgestellt werden muß, daß eine vollkommene Abgrenzung zwischen den beiden Gruppen naturgemäß nicht möglich ist.[89] So kann zum einen auf die formalen Anforderungen der Ent-

---

85 Parkinson, Corporate Power and Resposibility: Issues in the Theory of Company Law, S. 108.

86 Zur Interpretation dieser Beurteilungskriterien siehe Trockels, AG 1990, 139, 141f. m.w.N.; vgl. auch Abeltshauser, Leitungshaftung im Kapitalgesellschaftsrecht, S. 131ff., mit zum Teil anderen Bezeichnungen.

87 Hanson Trust plc. v ML SCM Acquisition, Inc., 781 F.2d 264, 275f. [2d Cir. 1986]; Smith v Van Gorkom, 488 A.2d 858, 872 [Del. 1985]; Francis v United Jersey Bank, 432 A.2d 814ff. [N.J. 1981].

88 Hanson Trust plc. v ML SCM Acquisition, Inc., 781 F.2d 264ff. [2d Cir. 1986]; Smith v Van Gorkom, 488 A.2d 858ff. [Del. 1985]; Francis v United Jersey Bank, 432 A.2d 814ff. [N.J. 1981].

89 Parkinson, Corporate Power and Resposibility: Issues in the Theory of Company Law, S. 110; v. Werder/Feld, RIW 1996, 481, 489 mit einer weitgehend übertrag-

scheidungsfindung abgestellt werden. Zum anderen muß aber auch die Quantität und Qualität der im Zuge der Entscheidungsvorbereitung eingeholten und verarbeiteten Information bei der Beurteilung Berücksichtigung finden.

(aa) Formale Anforderungen an den Entscheidungsfindungsprozeß

Bei den formalen Anforderungen an die Entscheidungsorganisation ist insbesondere an die Einberufung der Sitzungen des *board*, die Sitzungsteilnahme der Boardmitglieder und den zeitlichen Ablauf der Sitzungen zu denken.[90]

(bb) Fundierung des Entscheidungsfindungsprozesses

Bei den Anforderungen an die Entscheidungsfundierung können wiederum drei Kriteriengruppen unterschieden werden:

(aaa) Problemidentifikation

So sind zunächst die der Entscheidung zugrundeliegenden Probleme zu identifizieren. Diese Aufgabe kommt somit primär dem Vositzenden des *boards* zu, da dieser die Tagesordnung für die Boardsitzung bestimmt. Dies entbindet jedoch die übrigen *directors* nicht von ihrer Verpflichtung, Entwicklungen mit einem potentiellen negativen Auswirkungspotential auf die Gesellschaft selbst mit Aufmerksamkeit zu verfolgen.[91]

(bbb) Problemanalyse und Lösungsalternativen

Als zweiter Schritt ist die Problemsituation zu analysieren und Lösungsalternativen zu generieren und deren mögliche Konsequenzen zu bedenken. Hierbei haben die Boardmitglieder bei ihren Entscheidungen alle zur Verfügung stehenden Information zu berücksichtigen, wobei die *directors* die Breite und Tiefe des Informationsbedarfs in Abhängigkeit zur Entscheidungssituation, der wirtschaftlichen Unternehmenssituation, den Informationskosten sowie der zur verfügbar

---

baren Analyse der US-amerikanischen Rechtsprechung zu den Sorgfaltsanforderungen des Top Managements.

90 Siehe im einzelnen v. Werder/Feld, RIW 1996, 481, 489f.

91 v. Werder/Feld, RIW 1996, 481, 490 mit dem Hinweis auf die US-amerikanischen Fälle Smith v Van Gorkom, 488 A.2d 858, 874 [Del. 1985] und Lanza v Drexel, 479 F.2d 1277, 1306 [2d Cir. 1973].

stehenden Zeit abwägend zu bestimmen haben.[92] Wiederum finden bei der wohlüberlegten Bestimmung von Art und Umfang der erforderlichen Information die Grundsätze der *business judgement rule* Anwendung.[93]

Im Rahmen der Bewertung von internen sowohl auch externen Informationsquellen hat sich das Mitglied des *boards* mit der jeweiligen Information sodann so weit auseinanderzusetzen, daß er die Angemessenheit und Relevanz der angebotenen Information richtig einzuordnen und zu beurteilen weiß. Handelt es sich um eine Entscheidung, die wegen ihrer Bedeutung in die Zuständigkeit des gesamten *boards* fällt, so haben alle *directors* die Aufgabe, Informationen inhaltlich nachzuvollziehen und zu hinterfragen, Berichte und Meinungen – auch von externen Beratern - zu diskutieren sowie nötigenfalls eine weitere Expertenmeinung einzuholen.[94]

(ccc) Bewertung der Lösungsalternativen

Letztendlich sind die Lösungsalternativen im Hinblick auf ihre Eignung zu bewerten, ob sie das Entscheidungsproblem im besten Interesse des Gesellschaft lösen. Dies und auch die Auswahl einer Handlungsalternative sind jedoch wiederum als substantielle Entscheidungen zu beurteilen, die der richterlichen Kontrolle ja gerade nicht unterliegen sollen. Eine richterliche Kontrolle kommt mithin nur in Frage, wenn die Entscheidung des board anders als durch die Informationsbasis bestimmt wird und den Anforderungen an die Entscheidungsorganisation nur

---

92 Parkinson, Corporate Power and Resposibility: Issues in the Theory of Company Law, S. 111; v. Werder/Feld, RIW 1996, 481, 490; Abeltshauser, Leitungshaftung im Kapitalgesellschaftsrecht, S. 132; siehe auch schon ansatzweise Lord Hatherley in der englischen Entscheidung Overend & Gurney v Gibb [1872] LR 5 HL 480, 495 wonach die directors haftbar sind, wenn "undue neglect of any circumstances or transactions which ought to have been inquired into" festzustellen ist.

93 Vgl. aber Phillips, Geo. Wash. L. R. 1984, 653, 683 mit dem Vorschlag, daß das Management ohne gerichtliche Kontrolle selbst bestimmen sollte, wie gründlich sie den Hintergrund der unternehmerischen Entscheidung vorbereiten, da eine gerichtliche Einmischung nur zu überlangen Nachforschungen und übertriebener Dokumentation führen würde, um in einem späteren Prozeß nicht zu haften. a. A. Parkinson, Corporate Power and Responsibility: Issues in the Theory of Company Law, S. 112 mit dem Hinweis, daß auch jede andere Berufsgruppe, ihr Verhalten gerichtlich zu verantworten hat.

94 v. Werder/Feld, RIW 1996, 481, 490 und 491 mit dem Hinweis auf die US-amerikanischen Fälle Puma v Marriott, 283 A.2d 693, 696 [Del. 1971]; Smith v Van Gorkom, 488 A.2d 858, 876 [Del. 1985]; Hanson Trust plc v ML SCM Acquisition, Inc., 781 F.2d 264, 275f. [2d Cir. 1986]; Rosenblatt v Getty Oil Co., 493 A.2d 929, 944 [Del. 1985]; Buckhorn, Inc. v Ropak Corp., 656 F. Supp. 209, 230f. [S.D. Ohio 1987].

der Form halber entsprochen wird. Entsprechend sind die Lösungsalternativen auf Kongruenz mit der Informationsbasis zu untersuchen und festzustellen, ob die gewählte Alternative anhand der in der Definitions- und Analysephase entwikkelten Kriterien als die überlegene sorgfältig ausgewählt wurde.[95]

(b) Zusammenfassung

Es kann somit zusammengefaßt werden, daß unternehmerischen Entscheidungen nur dann der Schutz der *business judgement rule* zu Gute kommt, wenn sie im Rahmen eines ordnungsgemäßen Entscheidungsfindungsprozesses durch sorgfältige Generierung und Abwägung einer hinreichenden Informationsbasis ein gewisses Maß an Fundierung aufweisen.[96] Welche Tiefe und Breite diese Fundierung jedoch einzunehmen hat, ist wiederum eine Frage des Einzelfalles. Auch empfiehlt es sich, jeden Schritt des Entscheidungsfindungsprozesses ausreichend zu dokumentieren.

(2) Beurteilungskriterien in der deutschen Rechtsprechung

Bisher gab es in der deutschen Rechtsprechung aufgrund fehlender oder ungenauer Beurteilungskriterien keine detaillierte Information, wie der unternehmerische Ermessensspielraum definiert ist und wo seine Grenzen zu ziehen sind. Eine gerichtliche Überprüfung von unternehmerischen Entscheidungen war stets mit erheblicher Rechtsunsicherheit verbunden. Zwar entschied schon das RG im Jahr 1930, daß ein Unternehmensleiter im Rahmen seiner Tätigkeit damit rechnen müsse, daß ergriffene Maßnahmen für die Gesellschaft ungünstig verlaufen könnten. Dies sei jedoch zunächst der Gesellschaft und nicht dem Unternehmensleiter persönlich zuzurechnen.[97] Voraussetzung sei aber, daß die Vorteilhaftigkeit des fraglichen Geschäfts vorhersehbar sei.

Auch in der Folgezeit enthielten sich die deutschen Gerichte einer genauen Festlegung, was unter dem wenig detaillierten Begriff des unternehmerischen Ermessensspielraums zu verstehen sei, sondern zogen sich auf einzelfallartige Untersuchungen von möglichen Sorgfaltspflichtverstößen zurück, ohne allgemein faßbare und abgrenzbare Beurteilungskriterien eines haftungsfreien unternehmerischen Verhaltens zu entwickeln.[98] Erste Anzeichen einer Kriterienbildung wa-

---

95 v. Werder/Feld, RIW 1996, 481, 493.

96 Riley, 20 The Company Lawyer (6) 1999, 196, 201; v. Werder/Feld, RIW 1996, 481, 493.

97 RGZ 129, 272ff.

98 Vgl. BGH WM 1962, 109, 112; WM 1968, 1329f.; WM 1971, 1548f.; WM 1974, 131, 132ff.

ren dann aber im Jahr 1982 in der Entscheidung des OLG Düsseldorf zu sehen, welche auf eine angemessene wirtschaftliche sowie im Unternehmensinteresse liegende Entscheidung unter Wahrung der Neutralität der Interessenbindung des Leitungsorgans abzielte.[99] Diese ansatzweise Kriterienbildung wurde jedoch in den Folgejahren nicht weitergeführt, sondern man verfiel wieder in die Einzelfallbetrachtung von Sorgfaltspflichtverstößen.[100]

Erst die Entscheidung des BGH vom 21.4.1997 („ARAG/Garmenbeck") zeigte wieder Bemühungen der Rechtsprechung, anwendbare Kriterien zur Beurteilung des unternehmerischen Ermessensspielraums zu entwickeln.[101] So müsse bei der Einschätzung eines Sorgfaltsverstoßes nach der Ansicht des BGH Berücksichtigung finden, daß „dem Vorstand bei der Leitung der Geschäfte des Gesellschaftsunternehmens ein weiter Handlungsspielraum zugebilligt werden muß, ohne den unternehmerisches Handeln schlechterdings nicht denkbar ist."[102] Auch bestehe stets die Gefahr von Fehlbeurteilungen und Fehleinschätzungen durch einen Unternehmensleiter, mag er auch noch so verantwortungsbewußt handeln. So habe eine wenig „glückliche Hand" bei der Unternehmensführung noch keine haftungsrechtlichen Folgen.[103] Dies sei jedoch anders zu beurteilen, wenn „[...] die Grenzen, in denen sich [1] ein von Verantwortungsbewußtsein getragenes, [2] ausschließlich am Unternehmenswohl orientiertes, [3] auf sorgfältiger Ermittlung der Entscheidungsgrundlagen beruhendes unternehmerisches Handeln bewegen muß, deutlich überschritten sind, [4] die Bereitschaft, unternehmerische Risiken einzugehen, in unverantwortlicher Weise überspannt worden ist oder [4] das Verhalten des Vorstandes aus anderen Gründen als pflichtwidrig gelten muß."[104]

Mit diesen vom 2. Zivilsenat herausgearbeiteten Kriterien hat sich der BGH sehr der US-amerikanischen *business judgement rule* angenähert.[105] Dennoch

---

99 OLG Düsseldorf AG 1982, 225ff.

100 Vgl. BGH AG 1987, 126, 126f.; OLG Hamm ZIP 1995, 1263, 1268ff.; OLG Düsseldorf ZIP 1997, 27, 30ff.

101 BGH ZIP 1997, 883ff.; zum Meinungsstand der Literatur hinsichtlich des unternehmerischen Ermessensspielraums vgl. u.a. Schneider, in: Festschrift für Werner, 795, 810f.; Horn, ZIP 1997, 1129; 1133; Hopt, ZGR 1993, 534, 539; Wiedemann, Organverantwortung und Gesellschafterklagen in der Aktiengesellschaft, S. 13; Bastuck, Enthaftung des Managements, S. 23; Paefgen, AG 1992, 133, 169f.; Kindler, ZHR 162 (1998), 101, 107f.; Scholz/Schneider § 43 Rdnr. 44 m.w.N.

102 BGH ZIP 1997, 883, 883, 2. Leitsatz, 2. Satz.

103 BGH ZIP 1997, 883, 885f.

104 BGH ZIP 1997, 883, 886; vgl. zu dem Meinungsstreit über die dogmatische Einordnung des unternehmerischen Ermessensspielraumes nur Kindler, ZHR 162 (1998), 101, 104 m.w.N.

105 Vgl. auch Grooterhorst, ZIP 1999, 1117, 1123; Henze, NJW 1998, 3309, 3311 jeweils mit Ansicht, daß drei Elemente der business judgement rule vom BGH übernommen werden und zwei weitere Elemente hinzugefügt werden.

bleibt die Aussage des 2. Zivilsenats allgemein gehalten, und es verbleiben durch die Verwendung zahlreicher einer Bewertung zugänglicher Termini immer noch vielfältige Interpretationsmöglichkeiten. Eine Präzisierung dieser zunächst allgemein gehaltenen Begriffe des 2. Zivilsenats durch weitere Entscheidungen der Rechtsprechung ist daher dringend geboten, wobei sich eine Anlehnung an die US-amerikanischen Beurteilungskriterien, und hier insbesondere bei der Frage der ausreichenden Ermittlung der Entscheidungsgrundlagen, anbietet. Dennoch verbleibt hinsichtlich der Beweislast eine erhebliche Diskrepanz zwischen der US-amerikanischen business judgement rule und dem vom BGH bestätigten unternehmerischen Ermessensspielraum. Während im US-amerikanischen Recht ein Anspruchsteller zunächst die Verletzung zumindest eines Elementes der business judgement rule darlegen muß, um die *prima facie*-Vermutung der Rechtmäßigkeit zu erschüttern, reicht es im GmbH-Recht in einer Analogie zu § 93 Abs. 2 S. 2 AktG schon aus, daß das Unternehmen Tatsachen vorträgt, aus denen sich ergibt, daß das Verhalten der Geschäftsleitung zu einem Schaden geführt hat. Der in Anspruch genommene Geschäftsführer muß dann beweisen, daß die Entscheidung nicht die zulässigen Grenzen des Ermessensspielraumes überschritten hat.[106] Mithin bestehen zwischen den zwei Rechtsordnungen konträre Beweislastverteilungen hinsichtlich der Verletzung bzw. der Einhaltung der Grundsätze des unternehmerischen Ermessensspielraumes. Entsprechend liegt es insbesondere aus deutscher Sicht im Interesse des Leitungsorgans, den Entscheidungsfindungsprozeß ausreichend zu dokumentieren, um den nötigen Entlastungsbeweis führen zu können. Zumindest ist aber festzuhalten, daß der BGH durch die Verwendung der Wörter „deutlich überschritten“ und „in unverantwortlicher Weise“ unmißverständlich festhalten wollte, daß nur ein schwerer Sorgfaltspflichtverstoß im Rahmen von unternehmerischen Entscheidungen eine haftungsrechtliche Sanktion erfahren soll.

Dennoch verbleiben in der Behandlung des unternehmerischen Ermessensspielraums noch erhebliche Rechtsunsicherheiten. Eine Begrenzung des persönlichen Risikos des Geschäftsführers läßt sich jedoch gesichert nur dadurch erreichen, daß ein mit einem Risiko verbundenes Geschäft durch die bindende, jedoch auch haftungsbefreiende Wirkung eines hierauf gerichteten Gesellschafterbeschlusses begleitet wird.[107] Aber auch eine sorgfaltsgemäße Unternehmenspla-

---

106 BGH WM 1991, 281, 282; BGH WM 1992, 223, 224; OLG Hamm, ZIP 1995, 1263, 1265; Baumbach/Hueck/Zöllner § 43 Rdnr. 24; Scholz/Schneider § 43 Rdnr. 168; Rowedder/Koppensteiner § 43 Rdnr. 34.

107 Frisch, Haftungserleichterungen für Geschäftsführer, S. 25, vgl. auch Peus, DStR 1998, 684ff. mit dem Hinweis, daß Geschäfte mit zunehmendem Risiko immer stärker in den Bereich der „ungewöhnlichen“ Geschäfte geraten, für den nicht sel-

nung und -kontrolle bietet die Möglichkeit, Risiken rechtzeitig zu erkennen und aus haftungsrechtlicher Sicht positiv zu steuern.

c) Unternehmensplanung und -kontrolle

Im Rahmen einer ordnungsgemäßen Unternehmensleitung hat sich der Geschäftsführer über alle unternehmenspolitisch relevanten wirtschaftlichen Umstände und Entwicklungen zu orientieren und sich fortlaufend ein genaues Bild von der Lage der Gesellschaft zu verschaffen.[108] Dies umfaßt z.B. die Pflicht, jederzeit eine genaue Vorstellung von der Rentabilität und Liquidität, dem Gang der Geschäfte, der Umsatzentwicklung sowie der Konkurrenzfähigkeit zu haben.[109] Chancen und Risiken sowie Stärken und Schwächen des Unternehmens sind sorgfältig zu analysieren, um entsprechend frühzeitig auf einen erkannten Handlungsbedarf reagieren zu können. Ferner müssen, wie oben dargelegt, die eingegangenen Risiken innerhalb des Unternehmens sowohl kalkulierbar als auch kontrollierbar sein. Somit kommen der sorgsamen Risikoeinschätzung (Risikoidentifikation und -analyse) sowie dem Versuch, Risiken zu minimieren (Risikosteuerung) entscheidende Bedeutung zu. Die Geschäftsführung hat folglich im Rahmen ihres Pflichtenkreises für eine funktionsfähige Unternehmensplanung und -kontrolle Sorge zu tragen.

Das am 1. Mai 1998 in Kraft getretene Gesetz zur Kontrolle und Transparenz im Unternehmensbereich (KonTraG) richtet gezielt das Augenmerk auf das Kontrollsystem von Kapitalgesellschaften. Mit Hinblick auf die Haftung von Leitungsorganen sind insbesondere Erneuerungen in den folgenden Bereichen zu erwähnen. So sind zum einen die Berichtspflicht des Vorstands bezüglich der Unternehmensplanung (§ 90 Abs. 1 Nr. 1 AktG) und zum anderen die Verpflichtung des Vorstandes zur Einrichtung eines Überwachungssystems, mit dem Risiken für das Unternehmen frühzeitig erkannt werden (§ 92 Abs. 2 AktG), anzuführen. So heißt es in § 91 Abs. 2 AktG nun ausdrücklich: „Der Vorstand hat geeignete Maßnahmen zu treffen, insbesondere ein Überwachungssystem einzurichten, damit den Fortbestand der Gesellschaft gefährdende Entwicklungen früh erkannt werden.“ Jedoch ist festzuhalten, daß die Erneuerungen im Bereich der Berichterstattung und internen Überwachung nur klarstellenden Charakter haben und lediglich die bereits bestehenden Pflichten für ein angemessenes Risikoma-

ten die Gesellschafterversammlung sich im Gesellschaftervertrag die Zustimmung vorbehalten hat.

108 Rowedder/Koppensteiner § 43 Rdnr. 15; Ebenroth/Lange, GmbHR 1992, 69, 71; vgl. auch BGH GmbHR 1995, 299, 300.

109 Hachenburg/Mertens § 43 Rdnr. 24; Scholz/Schneider § 43 Rdnr. 73.

nagement und eine angemessene interne Reaktion verdeutlichen sollen.[110] Daher erübrigt sich auch die Frage nach den Folgen der fehlenden Angleichung im GmbHG, da einer Regelung im GmbHG ebenfalls nur eine klarstellende Funktion zugekommen wäre. Davon abgesehen haben die Anteilseigner einer GmbH weitreichendere und direktere Kontrollmöglichkeiten als die Anteilseigner einer AG, so daß sich die Ausgangssituation im Hinblick auf die Berichterstattung und das Risikomanagement unterscheidet. Gleichwohl ist davon auszugehen, daß für Gesellschaften m.b.H. abhängig von ihrer Größe, Komplexität ihrer Struktur und der Geschäftstätigkeit nichts anderes gilt als für Aktiengesellschaften, und die gesamte Neuregelung Ausstrahlungswirkung auf den Pflichtenrahmen der Geschäftsführer auch anderer Gesellschaftsformen entfaltet.[111]

Ausgehend von dem zuvor Festgestellten bedürfen Betriebsabläufe, von denen der Unternehmenserfolg entscheidend abhängt oder die im Hinblick auf die Sicherheit des Unternehmens und seiner Umwelt besonders risikoträchtig sind, eines Planungs- und Kontrollmanagements, von dessen ordnungsgemäßer Funktion sich die Geschäftsführer persönlich zu überzeugen haben.[112] Wie dieses Ri-

---

110 Saitz, in: Saitz/Braun (Hrsg.), Das Kontroll- und Transparenzgesetz, S. 74; Lingemann/Wasmann, BB 1998, 853, 859; Horn, ZIP 1997, 1129, 1129; Thümmel, DB 1997, 261, 262; Scharpf, DB 1997, 737, 738; Kuhl/Nickel, DB 1999, 133, 133; Schindler/Rabenhorst, BB 1998, 1886, 1891; Hommelhoff/Mattheus, AG 1998, 249, 250f.: „Funktion dieser neuen 'Anregungsnormen' [...] ist es daher zunächst, die jeweils Verantwortlichen zu sensibilisieren"; Wagner, Aufsichtsgremien im Gesellschaftsrecht, S. 155ff.; Gesetzesbegründung, BT-Drucks. 13/9712 vom 28.1.1998, S. 15; vgl. aber Vogler/Gundert, DB 1998, 2377, 2377: „faktische Verschärfung der Haftung".

111 Vgl. Gesetzesbegründung, BT-Drucks. 13/9712 vom 28.1.1998, S. 15; Weber/Weißenberger/Liekwig, Risk Tracking and Reporting, S. 40; Scharpf, DB 1997, 737; Kuhl/Nickel, DB 1999, 133, 133; Scharpf, DB 1997, 737, 737; Hermann, VW 1999, 1069, 1069; Altmeppen, ZGR 1999, 291, 300ff.; vgl. auch Drygala/Drygala, ZIP 2000, 297, 302ff. mit dem Vorschlag der Differenzierung nach den Größenkriterien gemäß § 267 HGB.

112 Scharpf, DB 1997, 737; 737; Hommelhoff/Mattheus AG 1998, 249, 251; Heermann, ZIP 1998, 761, 763; Götz, AG 1995, 337, 338; Hachenburg/Mertens § 43 Rdnr. 24, auch mit der Bemerkung unter Rdnr. 25, daß die Geschäftsleitung durch die bloße Errichtung eines zertifizierten Managementsystems nicht ihrer Sorgfaltspflicht aus § 43 GmbHG genügt, da die Zertifizierung auf einer räumlich und zeitlich beschränkten punktuellen Untersuchung beruht. Vgl. hierzu auch den Wortlaut des Referentenentwurfs zur Änderung des Aktiengesetzes („KonTraG"), ZIP 1996, 2129ff., der unter § 93 Abs. 1 AktG vorsah: „Sie (die Mitglieder des Vorstands) haben insbesondere unter Berücksichtigung der Art und Größe ihrer Gesellschaft und bei Mutterunternehmen im Sinne des § 290 HGB ihres Konzerns geeignete Maßnahmen zu treffen, um zu gewährleisten, daß den Fortbestand der Gesellschaft gefährdende Entwicklungen, insbesondere risikobehaftete Geschäfte, Unrichtigkei-

sikomanagement- und Kontrollsystem ausgestaltet sein muß, hängt von der unternehmenseigenen Risikosituation, d.h. der Struktur und Größe des Unternehmens sowie dem Umfang, der Komplexität und dem Risikogehalt der betriebenen Geschäfte ab.[113] So gilt der Grundsatz: Je höher der mögliche Schaden und je wahrscheinlicher ein Schadenseintritt ist, um so gründlicher muß die Ausschöpfung aller Erkenntnis- und Abwehrmöglichkeiten erfolgen.[114] Der Geschäftsführer hat folglich entsprechend seiner Pflichten nachweisbar die erforderlichen Maßnahmen zur Risikoidentifikation, -analyse und -bewertung sowie zur Risikosteuerung und -kontrolle zu treffen, um die Zielerreichung zu gewährleisten. Entsprechend kommt auch einem möglichst lückenlosen Berichtswesen, welches eine zuverlässige Informationsversorgung gewährleistet, eine entscheidende Bedeutung zu. Welche Anforderungen jedoch im allgemeinen und unter Berücksichtigung der potentiellen Auswirkungen des Jahr-2000-Problems auf das Unternehmen an ein Risikomanagement- und Kontrollsystem zu stellen sind, wird im folgenden Kapitel dargestellt werden.

Abschließend ist im Hinblick auf den anzuwendenden Sorgfaltsmaßstab zunächst festzuhalten, daß § 43 GmbHG zum einen den Haftungsmaßstab des Geschäftsführers gegenüber dem kaufmännischen Sorgfaltsmaßstab nach § 347 HGB verschärft. Zum anderen ist jedoch auch in der Möglichkeit, vertretbare Schadensrisiken einzugehen, eine Abschwächung zu erblicken.

2. Die Pflicht zu loyalem Verhalten

Aus der Funktion des Geschäftsführers als Treuhänder und der sich hieraus ergebenden besonderen Vertrauensposition ergibt sich das Erfordernis zu loyalem Einsatz für die Gesellschaft. Ihm obliegt eine Treuepflicht.[115] Hinter der Treuepflicht ist der Grundgedanke zu erkennen, daß der Geschäftsführer den Erfolg seiner aktiven Förderpflicht des Gesellschaftszwecks, wie er sich aus dem Gesellschaftsvertrag ergibt, nicht gefährden und das von den Gesellschaftern in ihn ge-

---

ten der Rechnungslegung und Verstöße gegen gesetzliche Vorschriften, die sich auf Vermögens-, Finanz- und Ertragslage der Gesellschaft und des Konzerns wesentlich auswirken, früh erkannt werden. Dazu gehört auch die Einrichtung eines Überwachungssystems mit der Aufgabe, die Einhaltung der nach Satz 2 zu treffenden Maßnahmen zu überwachen.".

113 Vogler/Gundert, DB 1998, 2377, 2377; Scharpf, DB 1997, 737, 739: erläuternd, daß unter Risikomanagement die planmäßige Abwehr von Risiken im Sinne einer Risikovermeidung, Risikominderung und Risikobegrenzung (sog. aktives Risikomanagement) sowie die Risikoabwälzung und Risikovorsorge (sog. passives Risikomanagement) zu verstehen ist.

114 Guserl, ZfB 1996, 519, 526.

115 BGHZ 49, 30, 31; BGH GmbHR 1977, 43f.

setzte Vertrauen nicht enttäuschen darf.[116] So ist die Lösung von Interessenskollisionen zu Lasten der Gesellschaft und zugunsten des Geschäftsführers oder eines Außenstehenden als Pflichtwidrigkeit anzusehen. Der Geschäftsführer ist daher bei der Wahrnehmung seiner Aufgaben nur dem Wohl der Gesellschaft verpflichtet und unterliegt somit gewissen Schutz- und Rücksichtnahmepflichten in Gestalt von Unterlassungsgeboten.[117] Eine Konkretisierung dieser Pflicht kann insbesondere im Wettbewerbsverbot sowie im Verbot der eigennützigen Ausnutzung der Organstellung gesehen werden.

a) Wettbewerbsverbot und Geschäftschancen

Im Gegensatz zum AktG (§ 88 AktG) enthält das GmbHG keine ausdrückliche Norm, die dem Geschäftsführer ein Wettbewerbsverbot auferlegt. Der Geschäftsführer schuldet der Gesellschaft aber neben der aktiven Förderung des Gesellschaftszwecks auch Treue, welche es verbietet, der Gesellschaft Wettbewerb zu machen.[118] So ist es dem Geschäftsführer verboten, im Geschäftszweig der Gesellschaft für eigene oder fremde Rechnung Geschäfte zu machen und hierbei ist es auch gleichgültig, ob die Gesellschaft im Einzelfall geschädigt wird oder nicht. Ebenso ist es unerheblich, ob die Gesellschaft dieses Geschäft selbst hätte ausführen können oder wollen.[119] Ein solches Wettbewerbsverbot gilt für die gesamte Amtszeit, auch wenn dies weder in der Satzung noch im Anstellungsvertrag ausdrücklich geregelt ist. Nach Ablauf der Amtszeit unterliegt der Geschäftsführer hingegen nur dann einem Wettbewerbsverbot, wenn es vertraglich vereinbart war und zeitlich, örtlich und gegenständlich angemessen beschränkt ist.[120] In engem Zusammenhang mit dem Wettbewerbsverbot steht auch die Geschäftschancenlehre[121], die in das anglo-amerikanische Recht unter dem Begriff der *„corporate opportunity doctrine"* Einzug gefunden hat. So darf der Geschäftsführer Geschäftschancen, die in den Geschäftskreis der Gesellschaft fallen und von denen er geschäftlich oder in der Freizeit Kenntnis erlangt, nicht zu seinen Gunsten nutzen.[122] Die Rücksichtnahme auf das Gesellschaftsinteresse kann im Einzelfall über die Zeit des Ausscheidens hinaus Nachwirkung finden.[123]

116 Scholz/Schneider § 43 Rdnr. 122.
117 Scholz/Schneider § 43 Rdnr. 122ff.
118 Scholz/Schneider § 43 Rdnr. 126 m.w.N.
119 BGH WM 1976, 77, 77.
120 Scholz/Schneider § 43 Rdnr. 135 m.w.N.
121 Schiessl, GmbHR 1988, 53.
122 Scholz/Schneider § 43 Rdnr. 144 m.w.N.; ausdrücklich durch BGH ZIP 1985, 1484f. bestätigt.; zu der Zuordnung der Geschäftschancen vgl. Scholz/Schneider § 43 Rdnr. 122ff. ; Hachenburg/Mertens § 43 Rdnr. 38ff. jeweils m.w.N.; Schiessl,

Als eindrucksvolles Beispiel aus der jüngsten Entwicklung der Wirtschaftspraxis können im Rahmen der Geschäftschancenlehre sog. Management-Buy-Outs (MBO) dienen, deren Anzahl aufgrund der Nachfolgeproblematik vieler mittelständischer Unternehmen in den nächsten Jahren rapide ansteigen wird.[124] Bei der Durchführung der Übernahme des Unternehmens durch sein eigenes Management ergeben sich für die Geschäftsleitung typischerweise Interessenkonflikte. So vertritt sie zum einen die Interessen des Unternehmens und seiner Anteilseigner, zum anderen agiert sie jedoch als Käufer zusammen mit der Beteiligungsgesellschaft oder/und der Bank und verfolgt somit entgegengesetzte Interessen. Es ergibt sich folglich für das Leitungsorgan ein äußerst komplexes Spannungsfeld, wobei jedoch die Einhaltung der Treuepflichten gegenüber der Gesellschaft äußerst strikt zu beachten ist.

b) Pflicht zu kollegialer Zusammenarbeit und Information

Aufgrund des Grundsatzes der Gesamtgeschäftsführung ist jeder Geschäftsführer zur Zusammenarbeit mit den anderen Geschäftsführern verpflichtet. Insbesondere sind die Mitgeschäftsführer über die wesentlichen Entwicklungen und Planungen im jeweiligen Zuständigkeitsbereich des Ressortführers zu unterrichten, auch wenn die Satzung Einzelgeschäftsführungsbefugnis vorsieht.[125] Ferner haben sie sich um einen internen Ausgleich von Gegensätzen zu bemühen. Hingegen darf diese Pflicht zu loyaler Zusammenarbeit den Geschäftsführer nicht daran hindern, Maßnahmen und Entscheidungen, die in den Verantwortungsbereich eines Mitgeschäftsführers fallen, zu widersprechen oder auch die Gesellschafter zu informieren.[126] Die Verletzung dieser Unterrichtungspflicht über das pflichtwidrige Verhalten von Mitgeschäftsführern kann die Haftung aller dafür verantwortlichen Mitgeschäftsführer zur Folge haben, wenn das zuständige Kontrollgremium bei Kenntnis der Umstände geeignete Maßnahmen zur Verhütung weiterer Pflichtverletzungen eingeleitet hätte.[127] So führt, wie oben dargestellt, die Arbeitsteilung, trotz der Differenzierung in der Alltagszuständigkeit, nicht zu einer geteil-

---

GmbHR 1988, 53ff. ausführlich zu diesem Thema und mit der Ansicht, daß eine Geschäftschance der Gesellschaft zuzuordnen sei, wenn eine abstrakte Gefährdung der Interessen der Gesellschaft zu befürchten sei.

123 Vgl. BGH GmbHR 1977, 43f. mit dem Verbot, Geschäftsbeziehungen, die während der Tätigkeit für die Gesellschaft geknüpft wurden, an sich zu ziehen.

124 Sommer, Manager Magazin, Februar 1999, 91, 92; Thümmel, Persönliche Haftung von Managern und Aufsichtsräten, 2. Auflage 1998, S. 82.

125 Scholz/Schneider § 43 Rdnr. 111.

126 Hachenburg/Mertens § 43 Rdnr. 30.

127 BGH AG 1978, 162, 165.

ten Verantwortung. Vielmehr bleibt der Grundsatz der Gesamtgeschäftsführung und somit der Gesamtverantwortung zu beachten.[128]

Darüber hinaus trifft den Geschäftsführer gegenüber den Gesellschaftern oder dem evtl. vorhandenen Aufsichtsorgan eine umfassende Berichts- bzw. Auskunftspflicht über die wesentlichen Entwicklungen im Unternehmen.[129] Mithin ist über die beabsichtigte Geschäftspolitik und die grundsätzlichen Fragen der Unternehmensplanung (insbesondere die Finanz-, Investitions- und Personalplanung) zu berichten. Besonders sind auch Fragen über alle Geschäfte, die für die Rentabilität oder Liquidität der Gesellschaft von erheblicher Bedeutung sein können, zu behandeln.[130] Ist das Stammkapital zur Hälfte verloren, so müssen die Geschäftsführer nach § 49 Abs. 3 GmbHG unverzüglich eine Gesellschafterversammlung einberufen.[131] Mit der Berichtspflicht des Geschäftsführers korrespondiert das Auskunftsrecht der Gesellschafter nach § 51a GmbHG.

3. *Schweigepflicht*

Im Kontrast zur Informationspflicht im Innenverhältnis steht die aus der Förderpflicht der Geschäftsführer folgende Schweigepflicht gegenüber Dritten. So kennt das GmbHG keine § 93 Abs. 1 S. 2 AktG und § 34 Abs. 1 S. 2 GenG entsprechende Vorschrift. Die Schweigepflicht beinhaltet die Verpflichtung, über vertrauliche Angaben sowie über Betriebs- und Geschäftsgeheimnisse der Gesellschaft Stillschweigen zu bewahren.[132] Unter Geheimnissen sind alle nicht allgemein bekannten Tatsachen, für die im Unternehmensinteresse ein Geheimhaltungsbedürfnis besteht, zu verstehen.[133] So macht es auch keinen Unterschied, ob dem Geschäftsführer die Information gerade aufgrund seiner Organstellung oder unabhängig davon bekannt wurde. Von einer bestehenden Pflicht zur Geheimhaltung geht auch die Vorschrift des § 85 GmbHG aus, welche als Strafnorm die Offenbarung von Geschäftsgeheimnissen sanktioniert.

---

128 Vgl. BGH NJW 1995, 2850, 2850: Bei Vorenthaltung der erforderlichen Information ist der Geschäftsführer sogar zur fristlosen Kündigung und Amtsniederlegung berechtigt.

129 Vgl. auch § 49 Abs. 2 GmbHG.

130 Scholz/Schneider § 43 Rdnr. 114, vgl. auch § 90 Abs. 1 S. 1 Nr. 1 AktG n.F.

131 Vgl. Hörtnagel, INF 1996, 528, 528f.

132 BGH WM 1975, 678, 678; Scholz/Schneider § 43 Rdnr. 115ff., Hachenburg/Mertens § 43 Rdnr. 46ff.; § 75 RegE 1971 sah in Abs. 1 S. 2 ausdrücklich die Übernahme von § 93 Abs. 1 S. 2 AktG in das GmbH-Recht vor.

133 Scholz/Schneider § 43 Rdnr. 117; Roth/Altmeppen § 43 Rdnr. 9 mit der Unterscheidung zwischen objektivem und subjektivem Geheimhaltungsinteresse.

II. Gesetzlich geregelte Pflichten des Geschäftsführers

1. Pflichten bei der Kapitalaufbringung und -erhöhung

Die Kapitalaufbringungsvorschriften des GmbHG sollen sicherstellen, daß das Stammkapital der GmbH in Höhe von mindestens 25.000 Euro (§ 5 Abs. 1 GmbHG) von den Gesellschaftern entsprechend den Bestimmungen des Gesellschaftsvertrages aus ihrem Vermögen aufgebracht wird. Dies wird zum einen dadurch erreicht, daß der Registerrichter prüft, ob die Gesellschaft bei der Eintragung den festgelegten Haftungsfond aufweist. Zur Sicherstellung, daß die gegenüber dem Registerrichter gemachten Angaben der Wahrheit entsprechen, ist nach § 9a GmbHG neben den Gesellschaftern auch der Geschäftsführer für die Richtigkeit und Vollständigkeit der bei der Gründung gemachten Angaben verantwortlich.[134] Eine entsprechende Einstandspflicht ist ferner nach § 57 Abs. 4 GmbHG bei der Anmeldung einer Kapitalerhöhung gegeben. Anläßlich der Gesellschaftsgründung sind bestimmte Angaben zu machen und Versicherungen abzugeben. Von besonderer praktischer Bedeutung ist hierbei die nach § 8 Abs. 2 GmbHG bzw. § 57 Abs. 2 GmbHG bei der Kapitalerhöhung abzugebende Versicherung, daß die im Gesellschaftsvertrag festgesetzten Geld- und Sacheinlagen bewirkt sind und sich endgültig in der freien Verfügung der Geschäftsführer befinden. Aufgrund der in § 9a Abs. 3 GmbHG statuierten Beweislastumkehr wird der Geschäftsführer nur von der Haftung frei, wenn er darlegen und ggf. beweisen kann, daß ihn hinsichtlich der fehlerhaften bzw. unvollständigen Angaben und Versicherungen kein Verschulden trifft. Neben der Differenzhaftung hat der Geschäftsführer für alle Schäden einzustehen, die der Gesellschaft aufgrund seiner unrichtigen Angaben erwachsen sind.[135] Vom Gesichtspunkt des Gläubigerschutzes aus ist ein Verzicht oder Vergleich über den Anspruch nicht möglich.

2. Kapitalerhaltungspflicht

Durch die gesellschaftsrechtliche Grundentscheidung der Bündelung der Haftung auf die Gesellschaft kommt der Kapitalerhaltung im Gläubigerschutz eine besondere Bedeutung zu. Zwar läßt sich nicht verhindern, daß das Vermögen der Gesellschaft durch den Geschäftsbetrieb aufgezehrt wird, jedoch möchte das

---

134 Scholz/Winter § 9a Rdnr. 7 und Baumbach/Hueck/Hueck § 9 Rdnr. 1 sehen hierin eine deliktsähnliche Verschuldenshaftung der Geschäftsführung zum Schutze der Gesellschaft; a.A. Hachenburg/Ulmer § 9a Rdnr. 11, der diesen Anspruch als spezifisch gesellschaftsrechtlich ansieht.

135 Goette, DStR 1998, 1308, 1311; Schaub DStR 1992, 1021, 1022; Kion, BB 1984, 864; Scholz/Winter § 9a Rdnr. 30ff.

GmbHG zumindest sicherstellen, daß das Vermögen der Gesellschaft nicht durch Vermögensverschiebung in die Sphäre der Gesellschafter geschmälert wird.[136]

§ 43 Abs. 3 GmbHG sieht daher eine verschärfte Haftung des Geschäftsführers für den Fall vor, daß entgegen § 30 GmbHG Zahlungen aus dem zur Erhaltung des Stammkapitals erforderlichen Vermögen der Gesellschaft getätigt werden, d.h. eine Unterbilanz entstünde. Voraussetzung für eine Auszahlung ist mithin, daß zumindest ein Reinvermögen der Gesellschaft in Höhe des Betrags des Stammkapitals vorhanden ist.[137] Maßgeblich für die Bemessung sind hierbei die allgemeinen Bilanzierungsgrundsätze. Der Begriff der Auszahlung umfaßt vermögensschmälernde Leistungen aller Art, so auch z.B. inkongruente Austauschgeschäfte, Sachleistungen, die Bestellung von Sicherheiten sowie die Rückzahlung eingezahlter Nachschüsse.[138] Das Rückzahlungsverbot gilt hingegen auch für eigenkapitalersetzende Darlehen von Gesellschaftern i.S.v. § 32a GmbHG.[139] So ergibt sich eine Bindung eigenkapitalersetzender Gesellschafterdarlehen in dem Maße, wie sie zur Erhaltung des Gesellschaftsvermögens in Höhe des Stammkapitals nötig ist.[140]

---

136 Jula, Die Haftung von Geschäftsführern und Aufsichtsräten, S. 38.

137 Roth/Altmeppen § 30 Rdnr. 6; eingehend Scholz/Westermann § 30 Rdnr. 16 m.w.N.

138 Schaub, DStR 1992, 985, 988; Scholz/Westermann § 30 Rdnr. 20; Scholz/Schneider § 43 Rdnr. 192; Vgl. auch Scholz/Schneider § 43 Rdnr. 163 mit dem Hinweis, daß von einem Schaden für die Gesellschaft auszugehen ist, wenn entgegen dem GmbHG die in § 75 Abs. 3 RegE GmbHG 1973 aufgezählten Voraussetzungen erfüllt sind:
- Leistungen erfolgen an die Gesellschafter aus dem zur Erhaltung des Stammkapitals erforderlichen Vermögen der Gesellschaft,
- eigene Anteile der Gesellschaft oder einer anderen Gesellschaft werden gezeichnet, erworben, als Pfand genommen oder eingezogen,
- Gesellschaftsvermögen wird verteilt,
- Zahlungen werden geleistet, nachdem die Zahlungsunfähigkeit der Gesellschaft eingetreten ist oder sich ihre Überschuldung ergeben hat,
- Kredite werden aus dem zur Erhaltung des Stammkapitals erforderlichen Vermögen der Gesellschaft gewährt.

139 BGH WM 1992, 223, 224; OLG Düsseldorf, DStR 1993, 175, 176; Scholz/Westermann § 30 Rdnr. 26ff. m.w.N.

140 BGHZ 76, 326, 332ff.; BGHZ 90, 370, 376: Hintergrund dieser Entscheidungen ist, daß entweder zum Schutz der Gläubiger das angeschlagene Unternehmen liquidiert oder mit frischem Eigenkapital ausgestattet wird, anstelle es unter Gefährdung der Gläubigerinteressen durch Darlehen existent zu halten. Darüber hinaus sind nach BGH GmbHR 1996, 198, 199 auch Darlehen, die zwar nicht in Krisenzeiten gewährt, aber in danach entstandenen Krisenzeiten „stehengelassen" wurden, als kapitalersetzende Darlehen anzusehen. Entsprechendes gilt auch seit BGHZ 127, 1ff. für kapitalersetzende Nutzungsüberlassungen.

Zum anderen ist eine Haftung des Geschäftsführers auch gegeben, wenn den Bestimmungen des § 33 GmbHG zuwider eigene Geschäftsanteile der Gesellschaft erworben werden. So darf der Geschäftsführer nach § 33 GmbHG nur solche eigenen Geschäftsanteile im Namen der Gesellschaft erwerben oder als Pfand nehmen, die voll eingezahlt sind. Voll eingezahlte eigene Geschäftsanteile darf er auch nur erwerben, soweit der Erwerb aus Mitteln möglich ist, die nicht zur Erhaltung des Stammkapitals oder obligatorischer Rücklagen nötig sind.

Der schuldhafte Verstoß gegen die Kapitalerhaltungspflicht führt neben der Inanspruchnahme des Empfängers der Leistung nach § 31 Abs. 1 GmbHG zu einer Haftung des Geschäftsführers gegenüber der Gesellschaft nach § 43 Abs. 2 GmbHG. Des weiteren enthält § 43 Abs. 3 GmbHG eine Haftungsverschärfung in zweifacher Hinsicht. So kann die Gesellschaft zum einen nicht auf diesen Schadensersatzanspruch verzichten, sich nicht über ihn vergleichen oder durch Beschluß der Gesellschafter von der Haftung freigestellt werden (§ 43 Abs. 3 S. 2 i.V.m. 9b Abs. 1 GmbHG). Zum anderen entlastet auch nach § 43 Abs. 3 S. 3 GmbHG eine den Pflichtverstoß anordnende Gesellschafterweisung den Geschäftsführer nicht, soweit der Regreß zur Befriedigung der Gesellschaftsgläubiger erforderlich ist. Der Geschäftsführer befindet sich mithin in einem Spannungsfeld zwischen Weisungsgebundenheit und Gläubigerschutz. So riskiert er zum einen die Kündigung, wenn er sich der Weisung der Gesellschafter widersetzt, zum anderen hat eine § 30 GmbHG zuwiderlaufende Weisung keine entlastende Wirkung.

3. *Pflichten im Zusammenhang mit der Insolvenz*

a) Grundsätzliches

Mit dem Eintritt der Zahlungsunfähigkeit der Gesellschaft hat der Geschäftsführer nach § 64 Abs. 1 GmbHG ohne schuldhaftes Zögern, spätestens aber drei Wochen nach Eintritt der Zahlungsunfähigkeit oder Überschuldung, die Eröffnung des Insolvenzverfahrens zu beantragen. Hierbei handelt es sich um eine originäre, nicht delegierbare und weisungsfreie Verpflichtung der Geschäftsführung.[141] Verstößt der Geschäftsführer gegen diese Antragspflicht, so ist er der Gesellschaft zum Schadenersatz verpflichtet. Der der Insolvenzantragspflicht zugrunde liegende Rechtsgedanke liegt primär in dem Schutz der Gläubiger der Gesellschaft, die vor einer Masseschmälerung durch Fortführung der insolventen

141 BGH NJW 1994, 2149, 2150f.; Roth/Altmeppen § 64 Rdnr. 7; Müsgen, MittRhNotK 1997, 409, 415.

Gesellschaft geschützt werden sollen.[142] Der Geschäftsführer haftet daher zum einen gegenüber der Gesellschaft nach § 43 Abs. 2 GmbHG für den Schaden aus einer nicht rechtzeitigen oder unterlassenen Sanierung, der ihr durch die Verspätung oder Unterlassung des Insolvenzantrages entstanden ist.[143] Zum anderen begründet § 64 Abs. 2 GmbHG aus der Pflicht zur Erhaltung der Haftungsmasse einen Ersatzanspruch eigener Art der Gesellschaft gegen ihren Geschäftsführer. Dieser Anspruch auf Ersatz masseschmälernder Zahlungen[144] nach Insolvenzreife steht zwar der Gesellschaft zu, nach ganz h.M. handelt es sich sachlich jedoch um einen Ersatzanspruch eigener Art zugunsten der Gesellschaftsgläubiger.[145] Ausgenommen von der Haftung sind nach § 64 Abs. 2 S. 2 GmbHG hingegen diejenigen Zahlungen, die vor Eröffnung des Insolvenzverfahrens geleistet werden und trotz Insolvenzreife mit der Sorgfalt eines ordentlichen Geschäftsmannes vereinbar sind.

Die Frist zur Antragstellung wird nach der h.M. mit dem objektiven Eintritt der Insolvenz und der positiven Kenntnis der Geschäftsführung hiervon in Gang gesetzt.[146] Dies hat zur Folge, daß erheblich mehr Zeit für Sanierungsversuche zur Verfügung steht, als wenn man nur auf den objektiven Eintritt der Insolvenz abzielen würde. Zugleich nimmt aber hierdurch ggf. auch die den Gläubigern potentiell zur Verfügung stehende Insolvenzmasse ab. Angesichts der Intention des Reformgesetzgebers, durch die neue InsO die den Gläubigern zur Verfügung stehende Verteilungsmasse zu erhöhen,[147] bleibt aber abzuwarten, ob sich das von einer bisherigen Mindermeinung[148] vertretene Kriterium der positiven Kenntnis von den die Überschuldung begründenden Fakten und Zahlen durchsetzen wird. Dafür spräche auch die Absicht des Reformgesetzgebers, überwachte Sanierungsversuche und nicht die Zerschlagung in den Vordergrund des Insol-

---

142 BGHZ 126, 181, 194ff.; Scholz/Schmidt § 64 Rdnr. 10.

143 Baumbach/Hueck/Schulze-Osterloh § 64 Rdnr. 23; Scholz/Schmidt § 64 Rdnr. 36; Hachenburg/Ulmer § 64 Rdnr. 46; Lutter/Hommelhoff § 64 Rdnr. 6.

144 Zum Begriff der Zahlung (massemindernder Vorgang) siehe Baumbach/Hueck/Schulze-Osterloh § 64 Rdnr. 14; Lutter/Hommelhoff § 64 Rdnr. 8; Meyke, Die Haftung des GmbH-Geschäftsführers, S. 55ff. jeweils m.w.N.

145 BGH NJW 1974, 1088, 1089; Hachenburg/Ulmer § 64 Rdnr. 37; Baumbach/Hueck/Schulze-Osterloh § 64 Rdnr. 13 jeweils m.w.N.; vgl. auch Schmidt, JZ 1978, 661, 662 und Medicus, GmbHR 1993, 533, 538 mit der Ansicht, § 64 Abs. 2 GmbHG sei ein gesetzlich geregelter Fall der Drittschadensliquidation.

146 BGH DStR 2000, 210f.; BGHZ 126, 181, 199; BGHSt 15, 306, 310; BGHZ 75, 96, 110f. für Überschuldung; Baumbach/Hueck/Schulze-Osterloh § 64 Rdnr. 9; Roth/Altmeppen § 64 Rdnr. 6; Hachenburg/Ulmer § 64 Rdnr. 25; MünchHdb.GesR III/Marsch-Barner/Diekmann S. 658.

147 Vgl. Uhlenbruck, Das neue Insolvenzrecht, S. 263f.

148 Vgl. Scholz/Schmidt § 64 Rdnr. 18; Lutter/Hommelhoff § 64 Rdnr. 3; FK-InsO/Schmerbach, § 16 Rdnr. 35; wohl auch Kuhn/Uhlenbruck, KO, § 103 Rdnr. 11.

venzverfahrens zu stellen. Ist jedoch zu erkennen, daß Sanierungsbemühungen keinen Erfolg haben werden, darf die Frist von drei Wochen nicht voll ausgeschöpft werden.[149]

Nicht unproblematisch ist auch die Bestimmung der Insolvenzreife, welche Voraussetzung für die Eröffnung des Insolvenzverfahrens über das Vermögen der Gesellschaft ist (vgl. § 16 InsO). Zwar bestehen bei Kapitalgesellschaften die Insolvenzgründe der Zahlungsunfähigkeit und Überschuldung, jedoch sind diese zum weiteren Verständnis näher zu beleuchten und voneinander abzugrenzen.

b) Zahlungsunfähigkeit

Von Zahlungsunfähigkeit ist auszugehen, wenn die Gesellschaft ihre fälligen Verbindlichkeiten voraussichtlich auf Dauer nicht mehr vollständig begleichen kann.[150] Nicht ausreichend sind ein nur augenblicklicher Liquiditätsengpaß oder eine kurzfristige Zahlungsstockung; jedoch steht spiegelbildlich auch die weitere Erfüllung von nur kleineren Verbindlichkeiten nicht der Annahme der Zahlungsunfähigkeit entgegen.[151] Das Merkmal der voraussichtlichen Dauerhaftigkeit enthält hierbei jedoch ein Prognoseelement, so daß in der Praxis zunehmend weniger auf die Zeitpunkt-Illiquidität, sondern mehr auf die Zeitraum-Illiquidität abgestellt wurde, um bei einer sich abzeichnenden Insolvenz bereits vor ihrem Eintritt verfahrensrechtliche Gegenmaßnahmen einzuleiten.[152] Erst mit Einführung der in § 18 InsO legaldefinierten Zeitraum-Illiquidität („Drohende Zahlungsunfähigkeit") erlangte eine weitreichendere zeitliche Betrachtungsweise auch gesetzliche Geltung.[153] Der Zustand der Zahlungsunfähigkeit kann hingegen durch Ka-

---

149 BGH 75, 96, 111; Lutter/Hommelhoff § 64 Rdnr. 4; Hachenburg/Ulmer § 64 Rdnr. 26; Weimar/Grote, Krisenmanagement in der GmbH, S. 27.

150 RGZ 50, 41f.; RGZ 100, 62, 65ff.; BGH WM 1957, 67,68; OLG Düsseldorf, WM 1983, 428, 429; vgl. auch § 17 Abs. 2 S. 2 InsO, wonach Zahlungsunfähigkeit in der Regel anzunehmen ist, wenn der Schuldner seine Zahlungen eingestellt hat.

151 Roth/Altmeppen § 63 Rdnr. 5; BGH WM 1985, 396, 396; Lutter, ZIP 1999, 641, 642; vgl. hierzu auch Hartung, Wistra 1997, 1, 11, der im Rahmen einer strafrechtlichen Untersuchung eine Anzahl von Indizien zur Bestimmung der Zahlungsfähigkeit zusammengestellt hat.

152 BayObLG BB 1988, 1840, 1840; Jäger, DB 1986, 1441f.; Veit, ZIP 1982, 273, 278; Müsgen, MittRhNotK 1997, 409, 412; Uhlenbruck, GmbHR 1999, 313, 319; Baumbach/Hueck/Schulze-Osterloh § 63 Rdnr. 3; zweifelnd Scholz/Schneider § 63 Rdnr. 7.

153 Lutter, ZIP 1999, 461, 461: „Sie (die Geschäftsführer) dürfen neuerding früher handeln als sie müssen."; vgl. aber Uhlenbruck, GmbHR 1999, 313, 317 mit dem Hinweis auf die interne Sanierungspflicht des Geschäftsführers und m.w.N. hierzu in Fn. 29ff., aber auch auf S. 318 zu den Vorteilen einer frühzeitigen Verfahrenseinleitung.

pitalzuführung oder durch Vereinbarung mit den Gläubigern (*pactum de non petendo*, Erlaß, Stundung) verhindert bzw. beendet werden, wenn hierdurch eine Wiederaufnahme der Zahlungen ermöglicht wird.[154]

c) Überschuldung

Von Überschuldung ist generell auszugehen, wenn die realisierbaren Aktiva der Gesellschaft nicht mehr die Verbindlichkeiten decken (vgl. § 19 Abs. 2 S. 1 InsO). Schwierigkeiten ergeben sich aber insbesondere bei der Frage, wie die Überschuldung i.S.v. 64 Abs. 1 GmbHG festzustellen ist. Die streitig geführte Diskussion[155], ob bei der Bewertung des Vermögens und der Verbindlichkeiten der Gesellschaft die Fortführungs(*going concern*)- oder Liquidationswerte zur Anrechnung kommen sollen, hatte der BGH zunächst mit seinem Urteil vom 13. Juli 1992 auf Grundlage der sog. modifizierten zweistufigen Überschuldungsmessung entschieden.[156] So liegt hiernach eine Überschuldung der Gesellschaft vor, wenn sich aus einer eigenständigen Überschuldungsbilanz[157] zum einen eine rechnerische Überschuldung ergibt, wobei die bestehenden Verbindlichkeiten das Vermögen der Gesellschaft unter Ansatz der Liquidationswerte übersteigen (rechnerische Überschuldung). Die rechnerische Überschuldung genügt jedoch noch nicht allein für die Annahme einer Überschuldung i.S.v. § 64 Abs. 1 GmbHG. Daher ist zum anderen zusätzlich erforderlich, daß der Gesellschaft eine negative Überlebens- oder Fortbestehungsprognose ausgestellt wird, da mittelfristig (ca. zwei bis drei Jahre) mit überwiegender Wahrscheinlichkeit der Eintritt einer Zahlungsunfähigkeit zu erwarten ist (negative Überlebens- und Fortbestehungsprognose). Nur wenn diese Prognose negativ ausfällt, ist Antrag auf Eröffnung des Insolvenzverfahrens zu stellen. Der Geschäftsführer soll also die Möglichkeit haben, die Gesellschaft zu retten, wenn trotz rechnerischer Überschuldung für die Zukunft die begründete Hoffnung besteht, daß das Unternehmen die Krise überwindet.[158]

---

154 Scholz/Schmidt § 63 Rdnr. 9; BGH BB 1952, 868, 868.

155 Vgl. zur Übersicht der verschiedenen Meinungen nur Hachenburg/Ulmer § 63 Rdnr. 31ff.; Baumbach/Hueck/Schulze-Osterloh § 63 Rdnr. 8ff. jeweils m.w.N.

156 BGHZ 119, 201, 213ff.; vgl. auch BGH NJW 1994, 2220ff.; OLG Düsseldorf, DB 1996, 1226; richtungsweisend Schmidt, AG 1978, 336ff.; Baumbach/Hueck/Schulze-Osterloh § 63 Rdnr. 8; Hachenburg/Ulmer § 63 Rdnr. 35; Lutter/Hommelhoff § 63 Rdnr. 6; Scholz/Schmidt § 63 Rdnr. 10ff. jeweils m.w.N.

157 BGH ZIP 1992, 1382, 1386; ZIP 1994, 295, 296.

158 Vgl. auch Müsgen, MittRhNotK 1997, 409, 413 mit dem Hinweis auf die Eigenkapitalarmut der GmbH.

Gegen diese Auffassung hat sich der Gesetzgeber hingegen unter ausdrücklicher Ablehnung der BGH-Rechtsprechung durch eine Ergänzung in § 19 Abs. 2 S. 2 InsO gewandt, da diese im Ergebnis bedeute, daß trotz einer rechnerischen Überschuldung eine positive Fortbestehungsprognose eine Antragspflicht entfallen ließe. Erweise sich nun die Prognose - wie in dem vom Bundesgerichtshof entschiedenen Fall - als falsch, so würde sich dies erheblich zum Nachteil der Gläubiger auswirken.[159] Eine Absenkung der Voraussetzungen für die Verfahrenseröffnung war jedoch mit eine Intention des Gesetzgebers bei dem Entwurf der InsO. In Satz 2 wird daher nun klargestellt, daß bei der Bewertung des schuldnerischen Vermögens die Fortführung des Unternehmens zugrunde zu legen ist, wenn diese nach den Umständen überwiegend wahrscheinlich ist. Dies bedeutet, daß zunächst die rechnerische Überschuldung unter Ansatz der Liquidationswerte zu ermitteln und bei Annahme eben jener eine Fortführungsprognose zu erstellen ist. Fällt diese positiv aus, so erfolgt eine Bewertung des Vermögens nach „*going-concern*"-Werten (Fortführungswerten).[160] Liegt dann immer noch eine Überschuldung vor, ist der Rechtsbegriff der Überschuldung im Sinne des Gesetzes erfüllt und der Geschäftsführer zur Stellung des Insolvenzantrages verpflichtet. Dies gilt auch dann, wenn die zukünftige Entwicklung positiv prognostiziert wird. Damit spielt die Frage der Fortführung lediglich bei der Bewertung der einzelnen Bilanzposten ein Rolle und schließt bei positiver Prognose nicht mehr die Antragspflicht per se aus.[161]

---

159 Bericht des Rechtsausschusses zum RegE InsO, BT-Drucks. 12/7302, S. 157: „Der Ausschuss weicht damit entschieden von der Auffassung ab, die in der Literatur vordringt und der sich kürzlich auch der Bundesgerichtshof angeschlossen hat (BGHZ 119, 201, 214 = ZIP 1992, 1382, 1386, dazu EWiR 1992, 1093 (Hunekke))".

160 Uhlenbruck, GmbHR 1995, 195, 198; Weimar/Grote, Krisenmanagement in der GmbH, S. 25f.; FK-InsO/Schmerbach, § 19 Rdnr. 6ff.; Haarmeyer/Wutzke/Förster, Handbuch zur Insolvenzordnung, S. 39; Roth/Altmeppen § 63 Rdnr. 12ff.; vgl. auch Lutter, ZIP 1999, 641, 643; Uhlenbruck, GmbHR 1999, 313, 321; Smid, InsO, § 19 Rdnr. 17; Fachausschuß „Recht" beim Institut der Wirtschaftsprüfer (IDW), Wpg 1995, 596ff. und Müsgen, MittRhNotK 1997, 409, 413f. für eine vorgelagerte Fortführungsprognose: Bei positiver Fortführungsprognose sei der Überschuldungsstatus nach Fortführungswerten, bei negativer Prognose nach Liquidationswerten aufzustellen.

161 Vgl. auch Lutter, ZIP 1999, 641, 643, 647 mit der Auffassung, daß die Begründung des Rechtssausschusses gegen den zweistufigen Überschuldungsbegriff (die Prognose sei allein entscheidend) auf dem Hintergrund des Gesetzestextes nur als Mißverständnis gewertet werden könne. § 19 Abs. 2 S. 2 InsO bestätige den - richtig verstandenen - zweistufigen Überschuldungsbegriff. Danach entscheide die Frage nach der Überlebensfähigkeit der Gesellschaft nur und allein über die Art und Weise, wie der Überschuldungsstatus aufzustellen sei.

Eine Haftung aus § 43 Abs. 2 und § 64 Abs. 2 GmbHG kommt hingegen für den Geschäftsführer nur dann in Betracht, wenn er es schuldhaft versäumt hat, den Antrag zur Eröffnung des Insolvenzverfahren zu stellen.[162] Jedoch kann bereits ein fahrlässiges Nichterkennen der Überschuldung die Haftung des Geschäftsführers zur Folge haben.[163] Wiederum kommt somit der Organisationspflicht des Geschäftsführers eine herausragende Bedeutung zu, da dieser der Pflicht zur ständigen Finanzüberwachung nur durch ein wirksames Kontroll- und Überwachungssystem nachkommen kann.[164] Aber auch im Bereich der Fortführungsprognose bzw. der „Zahlung" nach § 64 Abs. 2 S. 2 GmbHG können die oben dargelegten Grundsätze zum unternehmerischen Gestaltungsspielraum, insbesondere die von der US-amerikanischen Rechtsprechung entwickelten Kriterien zur anzuwendenden Sorgfalt Berücksichtigung finden.

Durch die am 1. Januar 1999 in Kraft getretene Insolvenzordnung wurde eine weitere Haftungsvorschrift eingeführt, nach der der Geschäftsführer damit rechnen muß, bei nicht rechtzeitiger Stellung des Insolvenzantrages für die Kosten des Insolvenzverfahrens einstehen zu müssen. Auch nach der InsO besteht die Möglichkeit, die Eröffnung des Insolvenzverfahrens mangels Masse abzuweisen. § 26 Abs. 1 InsO eröffnet jedoch die Chance, daß ein Gläubiger die Kosten des Verfahrens vorschießt, um die Durchführung des Verfahrens zu gewährleisten. Diese Kosten hat der Geschäftsführer, der pflichtwidrig und schuldhaft den Insolvenzantrag nicht oder nicht rechtzeitig gestellt hat, dem Gläubiger zu ersetzen.[165] Dennoch verbleibt zunächst das Kostenrisiko beim vorschießenden Gläubiger. Jedoch kann die Tatsache, daß das vorhandene Gesellschaftsvermögen nicht zur Deckung der Verfahrenskosten ausreicht, als starker Hinweis gewertet werden, daß dem Geschäftsführer eine schuldhafte Verschleppung der Antragstellung zur Eröffnung des Insolvenzverfahrens zur Last gelegt werden kann.[166]

---

162 Vgl. zur Verschuldensvermutung bei feststehendem Konkursgrund nur BGHZ, 126, 181, 200.

163 h.M. BGHZ 126, 181, 199; Lutter/Hommelhoff § 64 Rdnr. 10, 17; Roth/Altmeppen § 64 Rdnr. 5; Scholz/Schmidt § 64 Rdnr. 30; Hachenburg/Ulmer § 64 Rdnr. 41, 52; Uhlenbruck, WiB 1996, 409, 413; derselbe, GmbHR 1999, 313, 320.; a.A. Baumbach/Hueck/Schulze-Osterloh § 64 Rdnr. 18: positive Kenntnis der Insolvenzantragsgründe.

164 Vgl. auch Arbeitskreis „Sanierung und Insolvenz" beim IDW, FN-IDW Nr. 11/1998, S. 569ff. und Fachausschuß „Recht" beim IDW, Wpg 1995, 596ff..; vgl. in diesem Zusammenhang auch die Rechtspflicht zur unverzüglichen Einberufung einer Gesellschafterversammlung nach § 49 Abs. 3 GmbHG.

165 Vgl. § 26 Abs. 3 InsO.

166 Vgl. auch Allgem.Begr.RegE zur InsO, nachzulesen bei Uhlenbruck, GmbHR 1999, 313, 314: „Haftungsansprüche des Schuldnerunternehmens gegen Geschäftsführer, Gesellschafter oder Muttergesellschaften werden nicht geltend gemacht.

Der Geschäftsführer ist somit gerade im Falle der Unternehmensinsolvenz erheblichen Haftungsrisiken ausgesetzt, die durch die neue Insolvenzordnung vom 1.1.1999 noch verschärft wurden. So ist anzunehmen, daß die Gerichte entsprechend dem Reformanliegen des Gesetzgebers, eine höhere Gläubigerbefriedigung zu erreichen, die Anforderungen an die Konkursantragspflicht des Geschäftsführers weiter verschärfen werden. Diese für Geschäftsführer haftungsträchtige Situation vermag auch nicht durch die wohl eher theoretische Überlegung eine Milderung erfahren, daß durch die Einführung des § 18 InsO (drohende Zahlungsunfähigkeit) die mögliche Haftung nach § 43 Abs. 2 GmbHG wegen eines verfrühten Antrages eine Einschränkung erfährt.

4. *Rechnungslegungspflicht*

Gesetzlich ausdrücklich angeordnet ist nach §§ 41 und 42a Abs. 1 GmbHG die Verpflichtung des Geschäftsführers, für die ordnungsgemäße Buchführung und Bilanzierung der Gesellschaft zu sorgen.[167] Inhaltlich ist mit der Verpflichtung zur ordnungsgemäßen Buchführung die ordnungsgemäße kaufmännische Buchführung nach §§ 238ff. HGB gemeint, wie sie in der kaufmännischen Praxis und den Wirtschaftswissenschaften entwickelt wurden.[168] Die Verpflichtung der Geschäftsleitung, entsprechend § 91 Abs. 2 AktG ein Überwachungssystem zur frühzeitigen Erkennung von Fehlentwicklungen, insbesondere im Bereich der Buchführung, einzurichten, ist im GmbHG nicht statuiert. Dennoch gelten auch im Bezug auf die GmbH die gleichen Grundsätze, so daß der Geschäftsführer für eine schnelle Entdeckung von Fehlentwicklungen zu sorgen hat.[169] Insoweit wird auf die Ausführungen zur Pflicht des Geschäftsführers zur Kontrolle und Überwachung verwiesen.

Der Geschäftsführer muß die Pflicht zur Buchführung nicht selbst wahrnehmen, jedoch hat er für deren Erfüllung Sorge zu tragen, wobei ihn eine besondere Auswahl- und Überwachungspflicht - je nach Ressortverteilung mit unterschiedlich hohen Anforderungen - trifft.[170] Bei schuldhafter Verletzung der Buchfüh-

---

Vermögensmanipulationen bleiben unentdeckt und können nicht rückgängig gemacht werden. Wirtschaftsstraftaten werden nicht geandet. Es zerrt an der Rechts- und Wirtschaftmoral, daß gerade diejenigen Schuldner von den Folgen illoyalen Verhaltens verschont bleiben, deren Vermögen die Kosten eines Verfahrens nicht mehr deckt." Derselbe, ZIP 1996, 1641, 1648ff. zur Durchsetzung von Ansprüchen der Gläubiger gegenüber der gelöschten Gesellschaft und deren Organe.

167 Vgl. auch §§ 242, 264 HGB und das Bilanzrichtliniengesetz von 1986.

168 Roth/Altmeppen § 41 Rdnr. 6, 8.

169 Thümmel, Persönliche Haftung von Managern und Aufsichtsräten, S. 70.

170 Hachenburg/Mertens § 41 Rdnr. 3; Ebenroth/Lange, GmbHR 1992, 69, 70.

rungspflicht kommen Schadensersatzansprüche aus § 43 Abs. 2 GmbHG in Betracht. Hingegen bestehen nach h.M. aufgrund des mangelnden Schutzgesetzcharakters des § 41 GmbHG keine Schadensersatzansprüche Dritter.[171]

5. *Befolgung von Gesellschafterweisungen*

Im Unterschied zur AG haben die Gesellschafter eine übergeordnete Geschäftsführungskompetenz, so daß der Geschäftsführer die Gesellschaft nicht in eigener Verantwortung führt. Vielmehr folgt aus § 37 Abs. 1 GmbHG, daß die Gesellschafterversammlung dem Geschäftsführer in allen Bereichen der Unternehmensleitung Weisungen erteilen kann.[172] Unter Umständen kann die Weisungsdichte einen solchen Umfang annehmen, daß der nach § 35 Abs. 1 GmbHG zu Vertretung berechtigte Geschäftsführer nur noch die Stellung eines Exekutivorgans hat.[173] Mit dem Weisungsrecht der Gesellschafter korrespondiert entsprechend die Folgepflicht des Geschäftsführers.[174] Führt der Geschäftsführer daher eine Maßnahme aufgrund einer weder nichtigen noch anfechtbaren Weisung durch, so kann hierin keine Pflichtverletzung mit einer daraus folgenden Schadensersatzpflicht des Geschäftsführers gesehen werden. Für eine fehlerhafte Ausführung haftet er hingegen. Eine Haftungsentlastung kommt aber nur dann in Betracht, wenn eine Folgepflicht für den Geschäftsführer bestand. Diese fehlt bei Weisungen durch ein unzuständiges Organ der Gesellschaft, wobei sich die Zuständigkeit aus Gesetz oder Satzung ergibt. Die Freiheit der Willensbildung der

---

171 h.M. seit RGZ 73, 30, 34 zuletzt BGH NJW 1994, 1801ff.: öffentlich-rechtliche Zielrichtung des § 41 GmbHG; Roth/Altmeppen § 41 Rdnr. 12 m.w.N.; a.A. Scholz/Schneider § 43 Rdnr. 236, Scholz/Crezelius § 41 Rdnr. 8: Es sei die fortschreitende Entwicklung des § 823 Abs. 2 BGB zu beachten, so daß der Schutzcharakter der Rechnungslegungspflicht im Lichte des objektiven Zusammenhangs mit verletzten Individualinteressen zu sehen sei. Angesichts des fortgeschrittenen Verständnisses von Sinn und Bedeutung der Buchführungspflichten und der richtigen und vollständigen Dokumentation der Vermögenslage der Gesellschaft sei § 41 GmbHG heute als Schutzgesetz anzuerkennen.; Schmidt, ZIP 1994, 837, 842 unterstützend, auch erste Anzeichen einer Annäherung der Rechtsprechung im Falle der Kreditvergabe aufgrund fehlerhafter Angaben in der Rechnungslegung, vgl. BGH ZIP 1994, 867, 871.

172 Hachenburg/Mertens § 43 Rdnr. 71 auch mit dem Hinweis, daß die Weisung eines oder mehrerer Mehrheitsgesellschafter, anders als die des Alleingesellschafters, einer Weisung kraft Gesellschafterbeschlusses nicht gleichsteht. Andernfalls würden die Mitwirkungsrechte der Minderheitsgesellschafter in unzulässiger Weise beeinträchtigt werden.

173 Konzen, NJW 1989, 2977, 2979.

174 BGHZ 31, 258, 278; OLG Düsseldorf, ZIP 1984, 1476, 1478; Scholz/Schneider § 37 Rdnr. 30 m.w.N.

Gesellschafter und damit auch die Bindungswirkung der erteilten Weisungen finden hingegen auch ihre Grenzen, wo zwingende rechtliche Gründe entgegenstehen.[175] Jedoch steht das wirtschaftliche Wohl der Gesellschaft als solches nicht unter dem Schutz der Rechtsordnung, soweit nicht rechtlich geschützte Drittinteressen berührt werden.[176] Allerdings trifft den Geschäftsführer auch die Verpflichtung, auf bei der Umsetzung der Beschlüsse evtl. auftretende Probleme und Risiken hinzuweisen und ggf. zumutbare Versuche zu unternehmen, die Gesellschafter umzustimmen.[177] Ebenso muß der Geschäftsführer eine erneute Entscheidung des weisungsberechtigten Organs herbeiführen, wenn aufgrund einer nachträglichen Lageveränderung befürchtet werden muß, daß durch die Ausführung des ursprünglichen Beschlusses das Geschäftsinteresse beeinträchtigt wird.[178] Der Geschäftsführer steht mithin in einem Spannungsfeld zwischen Folgepflicht und Verantwortung, das sich insbesondere am Beispiel eines anfechtbaren Beschlusses zeigt. Führt der Geschäftsführer einen anfechtbaren Beschluß aus, so handelt er auf eigenes Risiko. Er steht somit zwischen der „Scylla des Mehrheitswillens" und der „Charybdis eventueller Haftung", da der erfolgreich angefochtene Beschluß keine haftungsentlastende Wirkung entfaltet.[179] Als Korrektiv mag hingegen im Einzelfall noch die Beurteilung über das erforderliche Verschulden oder der Einwand unzulässiger Rechtsausübung dienen.[180]

---

175 Roth/Altmeppen § 37 Rdnr. 4; Meyke, Die Haftung des GmbH-Geschäftsführers, S. 16: So hat z.B. der Geschäftsführer die Weisung zu befolgen, Konkursantrag zu stellen. Umgekehrt wird er jedoch nicht von seiner Haftung aus § 64 Abs. 2 GmbHG entlastet, wenn die Gesellschafter der Antragstellung widersprechen. Entsprechend tritt auch keine Entlastung ein, wenn er aufgrund einer Weisung entgegen § 30 GmbHG Zahlungen an die Gesellschafter erbringt. Ebenso Goette, DStR 1998, 1308, 1310.

176 Vgl. BGHZ 31, 258, 278; OLG Frankfurt/M., DB 1997, 922, 922.

177 Vgl. BGHZ 31, 258, 278; Lutter/Hommelhoff § 43 Rdnr. 18; Thümmel, Persönliche Haftung von Managern und Aufsichtsräten, S.71; Schaub, DStR 1992, 985, 987; einschränkend Ebenroth/Lange GmbHR 1992, 69, 73: Haftung des Geschäftsführers nur, wenn er selbst die Entscheidung durch Vorenthaltung oder Manipulation von Informationen beeinflußt hat.

178 Hachenburg/Mertens § 43 Rdnr. 85.

179 Reese, DStR 1995, 532, 533; Scholz/Schneider § 43 Rdnr. 103; Differenzierend Ebenroth/Lange, GmbHR 1992, 69, 73 und Hachenburg/Mertens § 43 Rdnr. 83: Solange sich die Abwägung innerhalb eines vertretbaren unternehmerischen Ermessensspielraumes bewege, handele der Geschäftsführer nicht pflichtwidrig.

180 Fleck, GmbHR 1974, 224, 227 mit dem Hinweis, daß der Einwand der unzulässigen Rechtsausübung (Verstoß gegen das Verbot des venire contra factum proprium) nicht nur gegenüber der Gesellschaft, sondern auch gegenüber Außenstehenden, die den Schadensersatzanspruch der Gesellschaft gegen den Geschäftsführer gepfändet haben, beachtlich ist.

B) Pflichten aus dem Anstellungsvertrag

Die Gesellschaft schließt in der Regel mit dem Geschäftsführer einen Anstellungsvertrag in der Form eines Dienstvertrages.[181] Zuständig zum Abschluß des Anstellungsvertrages ist die Gesellschafterversammlung nach § 46 Nr. 5 GmbHG. Soweit der Anstellungsvertrag in den Grenzen zwingenden Rechts die Pflichten des Geschäftsführers bestimmt, erfolgt zugleich eine Präzisierung der haftungsrechtlichen Maßstäbe, denen der Geschäftsführer als Organ unterliegt.[182] Es können dem Geschäftsführer aber auch zusätzliche Pflichten, die über die Organpflichten hinausgehen, auferlegt werden. Ob neben der gesetzlichen Haftung aus dem organschaftlichen Sonderrechtsverhältnis auch noch eine gesonderte Haftung aus positiver Vertragsverletzung (pVV) des Anstellungsvertrags besteht, hat bisher noch keine abschließende Klärung gefunden. So hat der BGH in seiner neueren Rechtsprechung entschieden, § 43 GmbHG nehme als Spezialnorm die Vertragshaftung in sich auf.[183] Nach einer in der Literatur vertretenen Ansicht stehen jedoch beide Anspruchsgrundlagen nebeneinander und ergänzen sich (Anspruchskonkurrenz).[184] Eine Anspruchskonkurrenz kommt jedoch unstreitig in Frage, wenn der Anstellungsvertrag nicht mit der Gesellschaft selbst geschlossen wurde (Drittanstellung). Im Falle der Anstellung durch die Gesellschaft sollte hingegen auch die Tatsache Beachtung finden, daß die vertragliche Haftung oftmals neben der organisationsrechtlichen keine eigenständige Bedeutung zukommt. Eine konkrete Behandlung der Problematik der Anspruchskonkurrenz ist jedoch nur am Einzelfall möglich und mithin im Rahmen dieser allgemeinen Abhandlung nicht angezeigt. Es ist aber festzuhalten, daß nach beiden Ansichten die Schadensersatzansprüche gegen einen Geschäftsführer, der zugleich gegen seine

---

181 Vgl. hierzu Bauer/Gragert, ZIP 1997, 2177, 2178 m.w.N.

182 Hachenburg/Mertens § 43 Rdnr. 4.

183 BGH ZIP 1989, 1390, 1392; 1997, 199, 200; Lutter/Hommelhoff § 43 Rdnr. 3; Baumbach/Hueck/Zöllner § 43 Rdnr. 7; MünchHdb.GesR III/Marsch-Barner/Diekmann S. 672; Hachenburg/Mertens § 43 Rdnr. 4; Roth/Altmeppen § 43 Rdnr. 2; vgl. zur Übertragung der fünfjährigen Verjährungsfrist des § 43 Abs. 4 GmbHG auf den Anstellungsvertrag BGH GmbHR 1989, 365, 365; Baumbach/Hueck/Zöllner § 43 Rdnr. 7; Scholz/Schneider § 43 Rdnr. 201; Galetke, WiB 1997, 398; Lutter/Hommelhoff § 43 Rdnr. 23; Roth/Altmeppen § 43 Rdnr. 59; Thümmel, Persönliche Haftung von Managern und Aufsichtsräten, S. 88; Klumpp, Aktuelle Fragen der Haftung des Geschäftsführers, S. 55.

184 Schmidt, GesR, S. 1078; Rowedder/Koppensteiner § 43 Rdnr. 3; Scholz/Schneider § 43 Rdnr. 13; vgl. aber ders. in Rdnr. 208.

Pflichten aus dem Anstellungsvertrag und aus § 43 GmbHG verstoßen hat, einheitlich in der Fünfjahresfrist des § 43 Abs. 4 GmbHG verjähren.[185]

C) Bedeutung für das Jahr-2000-Problem

Wegen des Auswirkungspotenzials auf ein Unternehmen und den hierdurch erforderlichen erheblichen Gegenmaßnahmen kam dem Jahr-2000-Problem eine herausragende Bedeutung für die Geschäftsführung des ausgehenden 20. Jahrhunderts zu. Sämtliche datenverarbeitende Bereiche eines Unternehmens waren möglichen Funktionsstörungen ausgesetzt, und so traf die Geschäftsleitung eine besondere Verpflichtung, das Unternehmen auf diese bisher einmalige Herausforderung vorzubereiten. Entsprechend war ein Geschäftsführer in der Vorphase als auch noch im Zeitraum nach der Datumsumstellung Jahr-2000-bedingten Haftungsgefahren ausgesetzt. Hierbei ist das Datum von erheblicher Bedeutung, zu welchem von einer Kenntnis des entsprechenden Leitungsorgans von der Datumsproblematik und den möglichen Auswirkungen auf das Unternehmen ausgegangen werden kann.[186] Eine erste Breitenwirkung erreichte zunächst der viel zitierte Aufsatz von Peter de Jager in der Zeitschrift „*Computer World*" vom 6. September 1993, welcher eine unabsehbare Anzahl von (Fach-) Medienpublikationen in den Folgejahren auslöste.[187] Doch erst in den Jahren 1996/1997 befaßten sich auch die deutschsprachigen überregionalen Zeitungen mit der Datumsproblematik, so daß anzunehmen ist, daß Ende 1997 mit einer allgemeinen Kenntnis sämtlicher Leitungsorgane zu rechnen war.[188] Entsprechend waren ab

---

185 BGH GmbHR 1989, 365, 365; Baumbach/Hueck/Zöllner § 43 Rdnr. 7; Scholz/Schneider § 43 Rdnr. 201; Galetke, WiB 1997, 398, 398; Lutter/Hommelhoff § 43 Rdnr. 23; Roth/Altmeppen § 43 Rdnr. 59; Thümmel, Persönliche Haftung von Managern und Aufsichtsräten, S. 88; Klumpp, Aktuelle Fragen der Haftung des Geschäftsführers, S. 55; Fleck, WM 1994, 1957, 1963.

186 Nicht zu verwechseln mit dem Zeitpunkt, an dem die berechtigte Erwartung habe bestehen können, daß die Software Jahr-2000-fest sein muß.

187 Vgl. aber auch Bartsch, Software und das Jahr 2000, S. 18 und Hohmann, NJW 1999, 521, 522 mit dem Hinweis auf vorherige Publikationen in den USA, welchen jedoch die nötige Breitenwirkung nicht zukam.

188 Vgl. Bartsch, Software und das Jahr 2000, S. 19, Fn. 45 mit dem Hinweis auf Frankfurter Rundschau vom 27. Juli 1996, Neue Zürcher Zeitung vom 20. November 1996 und Frankfurter Allgemeine Zeitung vom 10. Dezember 1996; ebenso Hohmann, NJW 1999, 521, 522; Spindler, DB 1999, 1991, 1992; aber Heussen/Damm, BB 1999, 481, 483: „allerspäteste Zeitpunkt [...] Mitte 1998; Koch, ZIP 1998, 1748, 1748: „spätestens seit 1996 öffentlich auch in den Massenmedien diskutiert und damit bekannt".

diesem Zeitpunkt die folgenden Maßnahmen einzuleiten und eine Berufung auf Unkenntnis und mangelnde Zeit zur Vorbereitung unzulässig.

I. Rechnungslegungspflicht

Auch in Unternehmen von kleiner und mittlerer Größe hat sich die computergestützte Buchführung fast vollständig durchgesetzt. Daher konnte es im Zusammenhang mit der Jahr-2000-Problematik durch die weitgehende Verwendung von termingestützten Daten zu falschen Berechnungen kommen, welche zu Fehlkalkulationen und Systemzusammenbrüchen führen konnten. Entsprechend hatte die Geschäftsleitung aufgrund ihrer Rechnungslegungspflicht insbesondere im Bereich der Buchführung Jahr-2000-konforme Hard- und Software bereitzustellen sowie u.a. Sicherungskopien bzw. Ausdrucke von allen vitalen Daten anzufertigen. Doch auch bei dem nach §§ 242, 264 HGB aufzustellenden Jahresabschluß hatten die gesetzlichen Vertreter einer Kapitalgesellschaft die mit der Datumsumstellung auftretenden finanziellen und steuerrechtlichen Erfordernisse zu berücksichtigen, deren Erörterung jedoch den Rahmen dieser Arbeit sprengen würde.[189]

Doch auch im Hinblick auf darüber hinausgehende interne und externe Publizitätspflichten war das Jahr-2000-Problem nicht zu vernachlässigen. So haben die gesetzlichen Vertreter von mittleren und größeren (§ 267 Abs. 2 und 3 HGB) Kapitalgesellschaften nach § 264 Abs. 1 S. 1 und 3 HGB den Jahresabschluß um einen Lagebericht zu ergänzen. In diesem ist auf den Geschäftsverlauf und die Lage des Unternehmens unter Einbeziehung von Prognosen über die Entwicklung des Unternehmens einzugehen, so daß ein den tatsächlichen Verhältnissen entsprechendes Bild vermittelt wird.[190] Hierbei muß der Lagebericht den Erforder-

---

189 Vgl. hierzu insbesondere die Ausführungen des Instituts der Wirtschaftsprüfer (IDW): IDW Prüfungsstandard: Prüfung der EDV-Anpassung an den Jahrtausendwechsel (IDW PS 380; Stand 26.6.1998), Wpg 1998, 666, 667f.:
Berücksichtigung muß insbesondere finden:
- Die Behandlung der Anpassungsausgaben in Bilanz und GuV,
- Die Bewertung von Vermögensgegenständen, deren Nutzung aufgrund des Jahrtausendwechsels beeinträchtigt ist,
- Der Ansatz und die Bewertung von Rückstellungen für ungewisse Verbindlichkeiten z.B. aufgrund von Garantie- und Schadenersatzansprüchen Dritter,
- Der Ansatz und die Bewertung von Rückstellungen für drohende Verluste aus schwebenden Geschäften z.B. im Fall langfristiger EDV-Wartungsverträge,
- Die Angabe der finanziellen Verpflichtungen nach § 285 Nr.3 HGB,
- Die Beurteilung der Going-Concern-Annahme (§ 252 Abs. 1 Nr.2 HGB).

Vgl. auch Knolmayer, in: Baetge (Hrsg.), Euro-Umstellung und Jahr 2000-Problem, S. 107, 117ff.

190 Vgl. § 289 HGB.

nissen der Vollständigkeit, Wahrhaftigkeit und Übersichtlichkeit entsprechen.[191] Diese Regelung wurde durch das KonTraG um den Zusatz ergänzt, daß spätestens für die nach dem 31. Dezember 1998 beginnenden Geschäftsjahre (Art. 46 Abs. 1 EGHGB) bei der Darstellung auch auf die Risiken der künftigen Entwicklung im Lagebericht einzugehen war.[192] Richtungsweisend bei der Beurteilung der Rechnungslegungsvorschriften sind insbesondere die Rechnungslegungs- und Prüfungsstandards des Instituts der Wirtschaftsprüfer (IDW).[193] So bieten die IDW-Standards auch im Hinblick auf den Lagebericht wertvolle Hinweise, wie den Erfordernissen nach § 289 HGB nachzukommen war.[194] Entsprechend war im Jahresbericht auf solche Risiken einzugehen, die entweder für das Unternehmen bestandsgefährdend waren oder einen wesentlichen Einfluß auf die Vermögens-, Finanz- und Ertragslage haben konnten.[195]

Neben diesen allgemeinen Anforderungen ging das IDW auch auf für den Lagebericht erhebliche Aspekte im Zusammenhang mit dem Jahr-2000-Fehler ein.[196] So „empfiehlt es sich - internationalem Vorgehen entsprechend - in jedem Fall im Lagebericht bzw. Konzernlagebericht über den Stand der Umstellung und die weiteren geplanten Maßnahmen sowie darüber zu berichten, ob diese fristgemäß abgeschlossen werden können. Ggf. sind der Stand der Umstellungsmaßnahmen und deren voraussichtliche Weiterführung [...] darzustellen, wenn die künftige Entwicklung der Kapitalgesellschaft bzw. des Konzerns durch den Jahrtausendwechsel[197] beeinträchtigt wird."[198] Da die Auswirkungen des Jahr-

---

191 Vonnemann, DB 1999, 1049, 1051; Koch, ZIP 1998, 1848, 1750.

192 Art. 2 Nr. 3 KonTraG.

193 Da § 317 Abs. 4 HGB auf eine Börsennotierung am amtlichen Markt abstellt, besteht bei Gesellschaften m.b.H. keine Prüfungspflicht, so daß nicht im Rahmen einer Abschlußprüfung eine Beurteilung darüber zu erfolgen hat, ob das durch die Geschäftsleitung einzurichtende Überwachungssystem seinen Aufgaben nachkommen kann. Wurde dennoch, obwohl nicht gesetzlich verlangt, bei größeren Gesellschaften m.b.H. eine Abschlußprüfung beauftragt, so können sich aus dem Abschlußbericht Hinweise ergeben, ob die Geschäftsleitung ihrer Pflicht zum ordnungsgemäßen Risikomanagement nachgekommen ist.

194 IDW Rechnungslegungsstandard: Aufstellung des Lageberichts (IDW RS HFA 1, Stand 26.6.1998), Wpg 1998, 653ff.

195 Vgl. im einzelnen die Hinweise in IDW Rechnungslegungsstandard: Aufstellung des Lageberichts (IDW RS HFA 1, Stand 26.6.198), Wpg 1998, 653, 657f.

196 IDW Prüfungsstandard: Prüfung der EDV-Anpassung an den Jahrtausendwechsel (IDW PS 380; Stand 26.6.1998), Wpg 1998, 666ff.; siehe auch IDW Prüfungshinweise: Prüfungscheckliste zur EDV-Anpassung an den Jahrtausendwechsel (IDW PH 9.380), Wpg 1998, 670ff.

197 Wegen des weitverwandten Begriffs des „Jahrtausendwechsels" findet auch dieser Begriff Verwendung in der vorliegenden Arbeit, obwohl das neue Jahrtausend

2000-Problems sowie das Ausmaß der einzusetzenden personellen, materiellen und finanziellen Ressourcen sich erheblich auf die Vermögens-, Finanz- und Ertragslage eines Unternehmens auswirken konnten, war im Lagebericht auf die Notwendigkeit von Anpassungsmaßnahmen einzugehen und darzustellen, welche Umstellungsprojekte ggf. eingeleitet wurden. Ferner war erforderlich, daß der Lagebericht Auskunft darüber gab, ob die eingeleiteten Anpassungsmaßnahmen rechtzeitig einen positiven Abschluß finden würden und ob Notfallpläne erarbeitet bzw. bereits aktiviert wurden. Bei der Darstellung war jedoch zu beachten, daß sich die Erfordernisse an den Informationswert des Lageberichts mit zunehmender Größe des Unternehmens und der damit einhergehenden zunehmenden Komplexität von internen und extern verknüpften Vorgängen sowie mit steigender Abhängigkeit von computergesteuerten Abläufen intensivierten. Des weiteren bietet die Tatsache der Nichtbehandlung der Umstellungsproblematik in den Lageberichten der Kalenderjahre vor 1999 einen, wenn auch von der Größe des Unternehmens abhängigen, Hinweis, daß die Datumsumstellung nicht rechtzeitig von der Unternehmensleitung angegangen worden war.

II. Informationspflichten

Darüber hinaus trifft den Geschäftsführer gegenüber den Gesellschaftern oder dem Aufsichtsorgan, soweit vorhanden, eine umfassende Berichts- bzw. Aus-

---

streng genommen erst zwischen 24.00 Uhr am 31.12.2000 und 00.00 Uhr am 01.01.2001 beginnt.

198 IDW Prüfungsstandard: Prüfung der EDV-Anpassung an den Jahrtausendwechsel (IDW PS 380; Stand 26.6.1998), Wpg 1998, 666, 668; vgl. auch die erheblich umfangreicheren Offenlegungspflichten nach Release No. 33-7558 der U.S. Securities and Exchange Commission (SEC) vom 4.8.1998, abrufbar auf http://www.sec.gov/rules/concept/33-7556.htm:
So ist bei einer Offenlegungspflicht nach s. III.A.2.a. in der „Management's Discussion and Analysis of Financial Condition and Results of Operation" (MD&A) der 10-K-, 10-Q- bzw. 8-K-Disclosures eine Darlegung nach den fogenden Kriterien (s. III.A.2.b). erforderlich:
- The company's state of readyness (Aktueller Stand der Jahr-2000-Fähigkeit der Gesellschaft)
- Costs to address the company's year 2000 issues (Kosten der Anpassungsmaßnahmen zur Jahr-2000-Kompatibilität)
- Risks of the company's year 2000 issues (Mit dem Jahr-2000-Problem verbundene Risiken für die Gesellschaft)
- The company's contingency plans (Notfallplan der Gesellschaft)
- Suggested disclosures (Spezielle Offenlegungspflichten anhand von Einzelfallbeispielen).

kunftspflicht über die wesentlichen Entwicklungen im Unternehmen.[199] Dies gilt insbesondere, wenn die Gesellschaft wegen ihrer Größe nach § 264 Abs. 1 S. 1 und S. 3 HGB keinen Lagebericht zu erstellen hat. Daher ist über alle Geschäfte und Vorgänge, die für die Rentabilität oder Liquidität der Gesellschaft von erheblicher Bedeutung sein können, zu informieren.[200]

Im Hinblick auf die mit der Datumsumstellung einhergehenden Risiken für die Funktionsfähigkeit des Betriebsablaufs war der Geschäftsführer daher verpflichtet, die Gesellschafter vollständig über die Initiierung und Durchführung des unternehmensinternen Jahr-2000-Projektes zu informieren. Entsprechend war nach § 49 Abs. 2 GmbHG eine Gesellschafterversammlung einzuberufen, um über die Notwendigkeit von Anpassungsmaßnahmen Bericht zu erstatten und zu erläutern, welche Umstellungsprojekte ggf. eingeleitet wurden.[201] Ferner war Aufklärung darüber erforderlich, ob die eingeleiteten Anpassungsmaßnahmen rechtzeitig einen positiven Abschluß finden würden und ob Notfallpläne erarbeitet bzw. bereits aktiviert wurden. Aus dem Umfang der zur Datumsumstellung einzusetzenden personellen, materiellen und finanziellen Ressourcen und der Bedeutung der erfolgreichen Umstellung für die Vermögens-, Finanz- und Ertragslage des Unternehmens war es auch angeraten, die Gesellschafter periodisch über die Entwicklung des Jahr-2000-Projektes zu informieren.

Kam es im Rahmen einer Gesellschafterversammlung zu einem Gesellschafterbeschluß hinsichtlich des Umfangs und der Einzelheiten des Umstellungsprojektes, so hatte dieser insoweit haftungsbefreiende Wirkung für den Geschäftsführer. Bei der haftungsrechtlichen Beurteilung wäre daher ein Rückgriff auf die Grundsätze des unternehmerischen Ermessensspielraumes nicht mehr nötig.

III. Unternehmensplanung und -kontrolle

1. Grundsätzliches

Im Hinblick auf den Datumswechsel nahm die Unternehmensplanung und -kontrolle eine herausgehobene Rolle ein, da die Tragweite des Jahr-2000-Problems, das Ausmaß der sich hieraus ergebenden notwendigen Maßnahmen sowie die Risiken für die Fortführung des Unternehmens bisher einmalig in computerunterstützten Wirtschaftsgefügen waren. Mithin stellte sich der betriebseigene Umgang mit dem Jahr-2000-Problem als Paradebeispiel eines Risikomanagements dar, und die Einrichtung eines solchen innerhalb des gesamten Unter-

---

199 Vgl. auch § 49 Abs. 2 GmbHG.

200 Scholz/Schneider § 43 Rdnr. 114, vgl. auch § 90 Abs. 1 S. 1 Nr. 1 AktG n.F.

201 Vgl. auch das Informationsrecht des Gesellschafters nach § 51a Abs. 1 GmbHG.

nehmens war von oberster Priorität. Ziel war es, die mit der Datumsumstellung einhergehenden Risiken einer zielgerichteten Auseinandersetzung zuzuführen und sie hierdurch kalkulier- und kontrollierbar zu machen. Es waren daher alle betrieblichen Prozesse und Funktionsbereiche unter Einschluß aller Hierarchiestufen und Stabsfunktionen darauf zu untersuchen, ob und wie sich die Datumsumstellungsproblematik im einzelnen darstellte. Bestand noch kein Risikomanagementsystem im Unternehmen, wie es häufig bei mittelständischen Unternehmen der Fall ist, so traf die Unternehmensleitung die Pflicht, ein solches aufgrund der Bedeutung der Datumsumstellung für den Fortbestand des Unternehmens einzurichten. Aus der Gesetzesbegründung zum KonTraG und der Rechtsprechung ist jedoch nicht zu erfahren, wie ein solches Risikomanagementsystem faktisch auszugestalten ist, so daß zumindest im Hinblick auf seine Struktur auf die Erkenntnisse der Betriebswirtschaftslehre zurückzugreifen ist. Hierbei ist bei der Umsetzung auf die individuellen Erfordernisse des jeweiligen Unternehmens (d.h. Größe, Branche, Unternehmensstruktur etc.) einzugehen.

2. Jahr-2000-Risikomanagementsystem

Grundsätzlich liegt die Gesamtverantwortung für die Errichtung, Aufrechterhaltung und Kontrolle eines Risikomanagementsystems bei der Geschäftsleitung.[202] Im Hinblick auf die Jahr-2000-Problematik folgte diese direkte Verantwortlichkeit der Unternehmensleitung aus dem Bestandsgefährdungspotential, der ressortübergreifenden, komplexen Aufgabenstellung sowie aus dem hohen materiellen, finanziellen[203] und personellen Aufwand eines solchen Umstellungsprojektes. Interessant ist jedoch die Fragestellung, ob die Aufgabe zu Errichtung und Kontrolle eines Jahr-2000-Risikomanagementsystems im Rahmen der Ressortverteilung auf ein Mitglied der Geschäftsführung übertragen werden konnte.

a) Geschäftsverteilung

Wie oben dargestellt, bewirkt eine ordnungsgemäße Geschäftsverteilung grundsätzlich, daß die Verantwortlichkeit auf den zuständigen Geschäftsführer konzentriert wird und sich der Pflichteninhalt der nicht ressortzuständigen Geschäfts-

---

202 Vgl. § 91 Abs. 2 AktG.

203 Vgl. hierzu auch Lier, VW 1998, 1755, 1757 mit dem Hinweis, daß die Kreditanstalt für Wiederaufbau (KfW) für kleine und mittlere Unternehmen ein spezielles Förderprogramm mit einer langfristigen Mittelbereitstellung für Investitionen im Hinblick auf die Jahr-2000-Umstellung aufgelegt hat. Ähnliches auch im Rahmen des ERP-Aufbauprogrammes für die neuen Bundesländer und durch die Deutsche Ausgleichsbank angeboten.

führer von der Handlungsverantwortung zur Überwachungs- und Kontrollverantwortung wandelt. Im Kernbereich der Geschäftsführung besteht hingegen eine zwingende Gesamtzuständigkeit. Aufgaben und Entscheidungen des Kernbereichs kommt stets eine grundsätzliche und existentielle Bedeutung zu. Sie entfalten eine ressortübergreifende Wirkung. Der Umfang und Bedeutungsgehalt der Jahr-2000-Problematik legt daher den Schluß nahe, daß sich jedes Mitglied der Geschäftsführung mit diesem Problem aktiv auseinanderzusetzen hatte. Es oblag somit jedem Geschäftsführer persönlich, bei der Konzeption des Umstellungsprojektes mitzuarbeiten und sich stets über die Fortschritte des Umstellungsprojektes in allen Ressorts unterrichtet zu halten. Grundlegende Entscheidungen im Zusammenhang mit dem Umstellungsprojekt waren von der Gesamtheit der Geschäftsführer zu treffen, sofern sich nicht die Gesellschafter eine Entscheidung hierüber vorbehalten hatten.

b) Delegation

Die grundlegende Handlungsverantwortung eines jeden Geschäftsführers bedeutete jedoch nicht, daß alle auszuführenden Arbeiten und Entscheidungen von der Geschäftsleitung persönlich vollzogen werden mußten. Vielmehr bestand auch beim Jahr-2000-Projekt die Möglichkeit, ja sogar die Notwendigkeit, bestimmte Arbeiten und Entscheidungen an Mitarbeiter zu delegieren. Jedoch waren einzelne Aufgaben nur insoweit delegationsfähig, wie die ständige lückenlose Information und Kontrolle seitens der Unternehmensleitung sichergestellt war.[204] So konnte die Entwicklung eines Planungs-, Kontroll- und Informationssystems sowie die Implementierung und Überwachung desselben durch eine abteilungsübergreifende Projektgruppe oder die betriebsinterne, von den operativen Ressorts funktional streng getrennte Revision erfolgen.[205] Entsprechend war auch im Falle der Jahr-2000-Problematik zu gewährleisten, daß die Projektdurchführung durch eine spezielle bereichsübergreifende Arbeitsgruppe, welcher ein Projektverantwortlicher vorangestellt war, erfolgte, da der Umfang der zur Umstellung notwendigen Maßnahmen den Rahmen bisher zu behandelnder Risiken sprengen sollte.[206] Stets war jedoch sicherzustellen, daß die Projektgruppe der Geschäfts-

204 Zu den Aufgaben eines Risk Managers vgl. Vaughan, Risk Management, S. 40f.

205 Kromschröder/Lück, DB 1998, 1573, 1573, 1575; Scharpf, DB 1997, 737, 739, 741ff.; Kuhl/Nickel, DB 1999, 133, 133 mit dem Hinweis, daß bei der Entwicklung und der Implementierung Vertreter der Rechtsabteilung, des Controlling, des Rechnungswesen, des Finanzwesens und der internen Revision einbezogen werden sollen.

206 Vgl. u.a. IDW Prüfungsstandard: Prüfung der EDV-Anpassung an den Jahrtausendwechsel (IDW PS 380; Stand 26.6.1998), Wpg 1998, 666ff.; Dötsch, VW

leitung direkt unterstellt war und sie hierdurch eine unmittelbare Kontrolle und Einflußnahme über das gesamte Projekt ausüben konnte.

Die Delegationsbefugnis und die sich daraus ergebende haftungsentlastende Wirkung setzte jedoch eine ordnungsgemäße Auswahl der fachlich und charakterlich hinreichend qualifizierten Mitarbeiter, ihre ausführliche Einweisung und Information sowie deren eindeutige und nachhaltige Überwachung voraus.[207] So war bei der Auswahl der Projektmitarbeiter insbesondere auf deren fachliches Know-how zu achten. War dieses im Unternehmen selbst nicht in ausreichendem Maße vorhanden, so war eine Unterstützung durch externe Dienstleister, z.B. im technischen oder rechtlichen Bereich sicherzustellen. Hierbei waren bei der Auswahl und Kontrolle die gleichen Maßstäbe anzusetzen wie bei der Delegation an betriebsinterne Mitarbeiter. Insbesondere bei kleineren und mittleren Unternehmen ist davon auszugehen, daß diese sich bei der Erfassung, Analyse und Umstellung von externen IT[208]-Dienstleistern mit Projekterfahrung haben beraten und Maßnahmen von diesen in Zusammenarbeit mit betriebsinternen Mitarbeitern durchführen lassen. Bei der Auswahl war daher auf deren fachliche Eignung, Solidität sowie einen ausreichenden Versicherungsschutz zu achten. Eine besondere Bedeutung kam hierbei der Kontrolle zu, da eine vollständige Delegation der Projektverantwortung, wie auch schon eine Ressortverteilung, angesichts der Brisanz der Jahr-2000-Problematik nicht möglich gewesen war. So konnte zwar ein Unternehmen von kleiner und mittlerer Größe weitgehend die Projektdurchführung an externe IT-Dienstleister delegieren, die Projekt- und Kontrollverantwortung lag aber weiterhin bei der Geschäftsleitung, so daß auch diese ein vollständiges Verständnis der Anforderungen an ein Jahr-2000-Risikomanagementsystem haben mußte. Doch auch wenn im eigenen Unternehmen oder in gefertigten Produkten nur wenige Datumsberechnungen im Rahmen von EDV-Systemen oder Embedded Systems Anwendung fanden, war dennoch auf das erhebliche Schädigungspotential aufgrund externer Abhängigkeiten von Lieferanten und wichtigen Kunden einzugehen.

1998, 626f. zu dem Umstellungsprojekt des Deutschen Rings; zu dem Jahr-2000-Projekt der Deutschen Bank, Lamberti, WM 1999, 266, 266 und zu dem der Deutschen Bundesbank, Hartmann, WM 1999, 839f.; interessant auch Scriba, Der Spiegel 49/1998, S. 235ff. zum Jahr-2000-Projekt der Barmer Ersatzkasse; Mayer, RIW 1999, 13, 15f. zum Aufbau einer Projektorganisation sowie Kein Verfasser, VW 1998, 248, 248 zum Rundschreiben des Bundesaufsichtsamtes für das Versicherungswesen (BAV) vom 5. Januar 1998 mit einem Aktionsplan in Grundzügen.

207 Vgl. BGH GmbHR 1990, 207, 208; Hachenburg/Mertens § 43 Rdnr. 34, Schneider, in: Festschrift 100 Jahre GmbH-Gesetz, S. 473, 485ff.; derselbe, DB 1993, 1909, 1914; Scholz/Schneider § 43 Rdnr. 38 m.w.N.

208 „Informationstechnologie“.

c) *Anforderungen an ein Jahr-2000-Risikomanagementsystem*

Grundsätzlich wird im Rahmen des Risikomanagements sichergestellt, daß relevante Risiken[209] und Risikopotentiale erkannt, gemessen, bewertet und gesteuert werden.[210] So ist es das Ziel eines effizienten Risikomanagementsystems, eine ständige und umfassende Überwachung der Risikosituation des Unternehmens zu gewährleisten.[211] Hierbei ist sicherzustellen, daß Inhalt und Umfang der Maßnahmen im Rahmen der Entwicklung, Implementierung und Überwachung hinreichend dokumentiert werden, so daß ein sachverständiger Dritter die beschrittenen Maßnahmen nachvollziehen kann.[212] Dies ist insbesondere auch im Hinblick auf die durch die Beweislastumkehr bedingten Exkulpationserfordernisse der Geschäftsleitung angeraten.[213] Grundsätzlich ist aber festzuhalten, daß die Ausgestaltung eines Risikomanagementsystems im Einzelfall von der Unternehmensgröße, der Unternehmensstruktur sowie der Unternehmenskomplexität abhängt.[214] Als Maßstab mag auch die Abhängigkeit des einzelnen Unternehmens oder seiner Zulieferer bzw. wichtigen Kunden von der EDV-Ausstattung dienen. Prinzipiell empfiehlt es sich beim Aufbau eines Risikomanagementsystems, sich nach einer in Phasen gegliederten strukturierten Vorgehensweise zu richten wie sie im folgenden eine grundsätzliche Beschreibung erfährt. Nicht Aufgabe dieser Arbeit ist es hingegen, die einzelnen technischen Anforderungen, Möglichkeiten sowie Teilprojekt- und Dokumentationsinhalte darzustellen.[215]

---

209 Vgl. Kromschröder/Lück, DB 1998, 1573, 1573 zu dem Begriff des Risikos i.e.S.: „Verlust oder Schadengefahr, d.h. die Möglichkeit einer ungünstigen, womöglich gefährlichen oder gar existenzbedrohenden (Zukunfts-)Entwicklung.“ Brebeck/Herrmann, Wpg 1997, 381, 383: „Gefahr eines Vermögensverlustes“

210 Vgl. Kromschröder/Lück, DB 1998, 1573, 1574; Lück, DB 1998, 1925, 1925; Kuhl/Nickel, DB 1999, 133, 133; Scharpf, DB 1997, 737 740ff.; Vogler/Gundert, DB 1998, 2377, 2379ff.

211 Vgl. Vaughan, Risk Management, S. 75; vgl. auch ders., S. 89ff. mit weiteren Zielen und Aufgaben eines Risikomanagementsystems.

212 Vgl. Scharpf, DB 1997, 737, 739, 742; Brebeck/Herrmann, Wpg 1997, 381, 384f.; Lück, DB 1998, 1925, 1930; Kromschröder/Lück, DB 1998, 1573, 1576; Dokumentation auch wichtig für § 317 Abs. 4 AktG (Beurteilung des Risikomanagementsystems durch den Abschlußprüfer); bei der GmbH jedoch nur bei freiwilliger Bestellung eines Abschlußprüfers.

213 Vgl. § 93 Abs. 2 AktG (mit analoger Anwendung auf das GmbH-Recht).

214 Vgl. Kromschröder/Lück, DB 1998, 1573, 1575; Vogler/Gundert, DB 1998, 2377, 2377.

215 Vgl. hierzu aber u.a. Sims/Robinson/Shapiro/McConnell/Silo/Wilbanks, Die Jahr 2000-Lösung; Haase, Das Jahr 2000 in der EDV; Feiler/Butler, Die Jahr 2000 Umstellung.

(1) *Risikoidentifikation, Zielsetzung*

(a) *Grundsätzliches*

Grundlage für jeden Risikomanagementprozeß ist die geschäftspolitische Zielsetzung für die einzelnen unternehmerischen Risikobereiche.[216] So sind grundsätzlich in einer ersten Stufe anhand von Wesentlichkeitsgrenzen (Risikolimits) die Richtlinien für das Risikoprofil der Unternehmensbereiche festzulegen, um eine ausgewogene Chancen-Risiko-Situation im Rahmen der gesamten Unternehmensstrategie zu gewährleisten.[217] Als Ergebnis ergibt sich hierdurch die unternehmensindividuelle Risikoneigung sowie die Definition des Anwendungsbereiches des angestrebten Überwachungssystems.[218] Im Hinblick auf das Jahr-2000-Problem bedeutete dies, daß sämtliche betriebsinternen EDV-Systeme (Hard- und Software), EDV-Anwendungen sowie prozessorgesteuerte Maschinen mit Embedded Systems darauf untersucht werden mußten, ob und inwieweit sie Datumsangaben verarbeiten, welches Risikopotential daraus dem Unternehmen erwächst und wie mit diesem Risiko umzugehen ist, so daß sich für die Gesellschaft keine nennenswerten Nachteile ergeben. Entsprechend war ein detaillierter, untergliederter Projektplan zu erstellen, aus welchem sich neben der Definition der Konformitätskriterien[219] auch Verantwortlichkeiten, Standards, Richtlinien und

---

216 Vaughan, Risk Management, S. 35, 77; Scharpf, DB 1997, 737, 740; Lück, DB 1998, 1925, 1926; Saitz, in: Saitz/Braun (Hrsg.), Das Kontroll- und Transparenzgesetz, S. 81; Wittmann, in: Saitz/Braun (Hrsg.), Das Kontroll- und Transparenzgesetz, S. 129, 131f.

217 Weber/Weißenberger/Liekwig, Risk Tracking and Reporting, S. 16f.; Brebeck/Herrmann, Wpg 1997, 381, 389; Saitz, in: Saitz/Braun (Hrsg.), Das Kontroll- und Transparenzgesetz, S. 82; Vaughan, Risk Management, S. 99ff.; vgl. auch Hermann, VW 1999, 1069, 1072 mit dem Vergleich zum Planfeststellungsverfahren im Baurecht.

218 Vgl. Kromschröder/Lück, DB 1998, 1573, 1574; Kuhl/Nickel, DB 1999, 133, 133; Scharpf, DB 1997, 737, 739, 742; Lück, DB 1998, 1925, 1925f.; Vogler/Gundert, DB 1998, 2377, 2379.

219 Vgl. zur Begriffsbestimmung der Jahr-2000-Fähigkeit den Formulierungsvorschlag des Bundesministerium des Innern, KBSt-Brief 3/97:
„Jahr-2000-Fähigkeit bedeutet, daß weder die Leistung noch die Funktionsfähigkeit der gelieferten Produkte bzw. der betroffenen Anwendungen durch den Wechsel des Datums zum Jahr 2000 beeinträchtigt wird. Kein aktueller Wert des Tagesdatums darf eine Unterbrechung oder Störung verursachen. Alle Änderungen zeitbezogener Daten müssen die geforderten Ergebnisse für alle gültigen Werte des Datums liefern. Alle datumsrelevanten Elemente in Schnittstellen und Datenspeichern ermöglichen ohne menschliche Eingriffe die eindeutige und korrekte Festlegung des Jahrhunderts. Werden Elemente des Datums ohne Angabe des Jahrhunderts dargestellt, muß das korrekte Jahrhundert im Hinblick auf alle Handhabungen und

Verfahren für die Steuerung und (Zwischen-)Zeitziele der Arbeitsablauforganisation ergaben. Entlang dem Phasendurchlauf war der Projektplan dann fortlaufend unter Nennung von Zieldaten in sich stimmig zu ergänzen und anhand des Projektplans die nötigen materiellen, personellen sowie finanziellen Ressourcen zur Verfügung zu stellen. Stellte sich im Rahmen des Projektablaufes heraus, daß ausreichend qualifizierte Personal- und Materialressourcen intern nicht zur Verfügung standen, so war auf externe zurückzugreifen.[220]

(b) Exkurs: Unternehmerischer Entscheidungsspielraum

Bei der Frage nach dem unternehmerischen Entscheidungsspielraum im Hinblick auf ein Jahr-2000-Risikomanagement ist festzuhalten, daß einem Unternehmensleiter die Berufung auf diesen nicht zugute kommen kann, wenn es um die Frage der Notwendigkeit eines Jahr-2000-Risikomanagementsystems geht. So besteht der unternehmerische Ermessensspielraum nur insoweit, wie adäquate Handlungsalternativen bestehen. Dies war jedoch bei der Jahr-2000-Problematik nicht der Fall. Die Grundentscheidung, ob ein Jahr-2000-Risikomanagementsystem einzurichten war, entzog sich durch das Auswirkungspotential der Datumsumstellung auf den Funktionsablauf des Unternehmens einer alternativen Lösung, da zumindest eine Bestandsaufnahme und Analyse der bestehenden EDV-Systeme und Anwendungen sowie der prozessorgesteuerten Maschinen mit Embedded Systems erforderlich war. Jedoch kamen die Grundsätze des unternehmerischen Entscheidungsspielraums in Frage, wenn es um die Entscheidung über die konkrete Notwendigkeit und Umsetzung einzelner Maßnahmen im Rahmen der Grundentscheidung ging. So konnten z.B. bei isolierten, für den Betriebsablauf unerheblichen Computeranwendungen die Kosten der Anpassung bzw. des Ersatzes außer Verhältnis zu den Risiken stehen. Bei der Beurteilung einer solchen Ermessensentscheidung, aber auch bei Fragen des Ausmaßes und der Ausgestaltung des einzurichtenden Risikomanagements ergaben sich vielgestaltige Handlungsalternativen. Hingegen galt auch hier der Grundsatz: Je höher der mögliche Schaden und je wahrscheinlicher der Schadenseintritt, desto gründlicher muß das risikobehaftete Verhalten unter Ausnutzung aller Erkenntnismöglichkeiten vorbe-

---

Auswirkungen im Zusammenhang mit diesen Elementen eindeutig sein. Dies schließt die korrekte Verarbeitung der Schaltjahre ein."; sehr ähnlich British Standard Institution, Guidance and Information on PD2000-1:1998; A Definition of Year 2000 Conformity Requirements; abgedruckt in Halberstam/Turner, Countdown to 2000, S. 192ff.

220 Vgl. auch zu den US-amerikanischen Bestrebungen, qualifizierte Mitarbeiter im Unternehmen zu halten, Feingold, New York Law Journal vom 24. März 1998, S. 1 und ders., 3 The Intellectual Property Strategist (12) 1997, 1.

reitet werden.[221] Mithin hatte das Leitungsorgan bei fehlender eigener Kenntnis den nötigen Sachverstand intern oder extern einzuholen, um anschließend unter Abwägung aller Risiken zu einer wohlinformierten Entscheidung zu kommen. Insofern ist auf die Beurteilung des Entscheidungsfindungsprozesses einzugehen bzw. die „sorgfältige[n] Ermittlungen der Entscheidungsgrundlagen", wie es durch den BGH in seiner „ARAG/Garmenbeck"-Entscheidung[222] eine Formulierung gefunden hat. Bei der erforderlichen *ex-ante* Betrachtung können auch die von der amerikanischen Rechtsprechung entwickelten und oben dargelegten Beurteilungskriterien des Entscheidungsfindungsprozesses Anwendung finden. Entsprechend erfährt der unternehmerische Gestaltungsspielraum auch keine Einschränkung durch die Anforderungen des KonTraG, da die Voraussetzungen beider ineinandergreifen. So ist das gemeinsame Ziel der bewußte und kontrollierte Umgang mit Risiken.

(2) Risikoerfassung

Nach der Zieldefinition sind alle Gefahrenquellen und Störpotentiale, die sich isoliert oder kumulativ (Wechselwirkungen!) wesentlich auf die Vermögens-, Finanz- und Ertragslage der Gesellschaft auswirken können, unternehmensindividuell zu erfassen.[223] Eine solche Risikoinventur steht unter dem Grundsatz einer standardisierten, routinemäßigen und möglichst vollständigen Risikoerfassung, wobei dies u.a. die Identifikation von Finanz-, Rechts-, Betriebs-, Markt- sowie Umfeldrisiken für das Unternehmen bedeutet.[224] Entsprechend hatte die Geschäftsleitung im Zusammenhang mit der Jahr-2000-Problematik die Erfassung sämtlicher betriebsinterner datumsverarbeitender EDV-Systeme (Hard- und Software[225]) und -Anwendungen sowie prozessorgesteuerter Maschinen mit Embedded Systems zu veranlassen. Hierbei war ein besonderes Augenmerk auf Embedded Systems zu legen, da diese zur Anlagen- und Gerätesteuerung verwandten

221 Baumbach/Hueck/Zöllner § 43 Rdnr. 15; Ebenroth/Lange, GmbHR 1992, 69, 72; Heermann, ZIP 1998, 761, 769; vgl. auch BGH AG 1978, 79, 81.

222 BGH ZIP 1997, 883, 886.

223 Vaughan, Risk Management, S. 35, 78, 201ff.; Scharpf, DB 1997, 737, 740; Kuhl/Nickel, DB 1999, 133, 133f.; Kromschröder/Lück, DB 1998, 1573, 1574; Brebeck/Herrmann, Wpg 1997, 381, 384

224 Scharpf, DB 1997, 737, 740; Kromschröder/Lück, DB 1998, 1573, 1574; Saitz, in: Saitz/Braun (Hrsg.), Das Kontroll- und Transparenzgesetz, S. 77ff.; Weber/Weißenberger/Liekwig, Risk Tracking and Reporting, S. 22ff.

225 Erforderlich war auch die Erfassung von betriebsfremder Software, die von den Mitarbeitern für private Zwecke auf der betriebseigenen Hardware geladen war, Cohen, Whitman Breed Abbott & Morgan LLP, Memorandum vom 13. April 1998, Year 2000 - The Millenium Bug.

Steuerungsmodule durch ihren integrierten Einbau nicht leicht zu erkennen waren. Ebenso umfaßte eine vollständige Bestandsaufnahme neben der Risikoerfassung im Rahmen der Betriebsanlagen auch eine genaue Untersuchung des Gefährdungs- und Ausfallpotentials der eigenen Produkte oder Dienstleistungen. Außerhalb der eigenen Betriebsorganisation war festzustellen, ob sich aus der Beziehung zu Lieferanten oder Kunden durch die Datumsumstellung bedingte Risiken für den eigenen Produktionsablauf, den Datenaustausch oder einzelne (End-) Produkte ergaben.

Der vollständigen Risikoerfassung kam daher eine herausragende Bedeutung zu, da das Übersehen eines Jahr-2000-relevanten Systems im Rahmen der Vernetzung bzw. des sog. Dominoeffektes zu erheblichen Folgeausfällen und -schäden führen konnte. Die Unternehmensleitung hatte daher im Sinne eines *top-down* Ansatzes die risikorelevanten Beobachtungsbereiche innerhalb und außerhalb des Unternehmens zu bestimmen, wobei es sich aus systematischen Gründen empfahl, entlang der Wertschöpfungsketten vorzugehen.[226] Hierbei durften jedoch auch die Hilfsprozesse und Querschnittsfunktionen (z.B. Recht, Finanzen, Allgemeine Verwaltung) nicht bei der Erfassung vernachlässigt werden.[227] Entsprechend waren z.B. auch bestehende Verträge im Hinblick auf mögliche Ansprüche im Rahmen der Jahr-2000-Problematik zu identifizieren. Nachdem die Unternehmensleitung die Beobachtungsbereiche vorgegeben hatte, war die Erfassung der Einzelrisiken nach dem *bottom-up* Prinzip bei den operativen Geschäftseinheiten, den sog. „Prozeßeignern", durchzuführen, um durch deren Nähe zu den originären Risikoursachen (intern/extern) eine möglichst frühe und vollständige Risikoerfassung zu gewährleisten[228]

(3) Risikoanalyse und Risikobewertung

Im Anschluß an die Risikoerfassung hat grundsätzlich eine umfassende Bewertung der gewonnenen Ergebnisse zu erfolgen. So werden im Rahmen der Risikoanalyse zunächst die Ursachen der Risiken untersucht. Anschließend sind die Ri-

---

226 Kromschröder/Lück, DB 1998, 1573, 1574; Vogler/Gundert, DB 1998, 2377, 2380.

227 Vogler/Gundert, DB 1998, 2377, 2380.

228 Weber/Weißenberger/Liekwig, Risk Tracking and Reporting, S. 15; Saitz, in: Saitz/Braun (Hrsg.), Das Kontroll- und Transparenzgesetz, S. 75; Wittmann, in: Saitz/Braun (Hrsg.), Das Kontroll- und Transparenzgesetz, S. 135; Vogler/Gundert, DB 1998, 2377, 2380f.; vgl. auch Kromschröder/Lück, DB 1998, 1573, 1574 und Brebeck/Herrmann, Wpg 1997, 381, 385 mit dem Hinweis auf die Erfassungsinstrumentarien wie z.B. Prüflisten, Fragebögen, Workshops, Besichtigungen, Befragungen, Beobachtungen, Schadensstatistiken sowie Dokumenten- und Organisationsanalysen; hierzu auch FAZ vom 29. November 1999, S. 28, „Höhere Ansprüche an die interne Revision".

siken hinsichtlich ihrer individuellen Eintrittswahrscheinlichkeit und ihres Schadensausmaßes anhand von quantitativen Kriterien bzw. Risikoklassen zu bemessen (*risk exposure*).[229] Im Kontext mit den Anforderungen des KonTraG ist es das Ziel dieser Messung , diejenigen Risiken zu isolieren, die einen wesentlichen Einfluß auf die Vermögens-, Finanz- und Ertragslage des Unternehmens haben können. Dies wird dadurch erreicht, daß nur solche Risiken an die nächsthöhere Ebene weitergemeldet werden, die für diese von Bedeutung sind (Überschreitung der Wesentlichkeitsgrenze), so daß letztendlich die Unternehmensleitung nur über solche Risiken unterrichtet wird, denen ein erheblicher Bedeutungsinhalt durch das in ihnen verkörperte Verlustpotential zukommt.[230] Hierbei darf jedoch auch nicht vernachlässigt werden, daß erst das Zusammentreffen von bzw. die Wechselwirkung zwischen einzelnen, eventuell zu vernachlässigenden Einzelrisiken ein erhebliches Schädigungspotential darstellen können. Ferner ist bei der Risikoanalyse zu entscheiden, ob die Ursachen der isolierten Risiken von der Unternehmensleitung beeinflußt werden können, da dies erste Anhaltspunkte über geeignete Maßnahmen der Risikosteuerung gibt.[231]

Im Zusammenhang mit der Jahr-2000-Problematik konnten als Richtlinien bei der Risikoanalyse und -bewertung die IDW Prüfungsstandards dienen, welche im Zusammenhang mit der Prüfung der EDV-Anpassung an den Jahrtausendwechsel entwickelt wurden.[232] Entsprechend waren u.a. folgende Faktoren bei der Bemessung des betriebseigenen Risikos zu berücksichtigen:[233]

- Die Bedeutung des EDV-Systems für die Geschäftstätigkeit des Unternehmens
- Die Komplexität der Geschäftsprozesse

---

229 Vaughan, Risk Management, S. 36, 128ff.; Weber/Weißenberger/Liekwig, Risk Tracking and Reporting, S. 24ff.; Kromschröder/Lück, DB 1998, 1573, 1574; Saitz, in: Saitz/Braun (Hrsg.), Das Kontroll- und Transparenzgesetz, S. 82; Brebeck/Herrmann, Wpg 1997, 381, 384f.; Lück, DB 1998, 1925, 1927; Wittmann, in: Saitz/Braun (Hrsg.), Das Kontroll- und Transparenzgesetz, S. 135; Vogler/Gundert, DB 1998, 2377, 2380ff.: „Wesentlichkeitskriterien“; Scharpf, DB 1997, 737, 740f.: Mögliche Häufigkeit des Schadens pro Zeiteinheit; Höhe der möglichen Schadens, Wahrscheinlichkeit des Schadenseintritts; Hermann, VW 1999, 1069, 1072 mit dem Hinweis auf die Analyse der „kaskadenartige[n] Ausbreitung der Schäden“.

230 Weber/Weißenberger/Liekwig, Risk Tracking and Reporting, S. 19f.; Vogler/Gundert, DB 1998, 2377, 2381, 2383; Kromschröder/Lück, DB 1998, 1573, 1574f.; Scharpf, DB 1997, 737, 740f.; Brebeck/Herrmann, Wpg 1997, 381, 386; Saitz, in: Saitz/Braun (Hrsg.), Das Kontroll- und Transparenzgesetz, S. 93.

231 Lück, DB 1998, 1925, 1927.

232 IDW Prüfungsstandard: Prüfung der EDV-Anpassung an den Jahrtausendwechsel (IDW PS 380; Stand 26.6.1998), Wpg 1998, 666ff.

233 IDW Prüfungsstandard: Prüfung der EDV-Anpassung an den Jahrtausendwechsel (IDW PS 380; Stand 26.6.1998), Wpg 1998, 666, 669.

- Die Beschaffenheit des im zu prüfenden Unternehmen eingesetzten EDV-gestützten Buchführungssystems
- Die Gefährdung der Geschäftsabläufe durch eine mit dem Jahrtausendwechsel etwa eintretende Aktivierung automatischer Sperren in Computersoftware und Maschinensteuerungen (z.B. Überschreitung des Lizenz- oder Wartungszeitraums)
- Die Abhängigkeit der Funktionsfähigkeit der im zu prüfenden Unternehmen eingesetzten EDV-Systeme von Dritten (z.B. Softwareanbietern)
- Die Abhängigkeit des ordnungsgemäßen Geschäftsablaufs von EDV-Dienstleistern im Fall ausgelagerter EDV-Systeme
- Die Anfälligkeit des ordnungsgemäßen Geschäftsablaufs des zu prüfenden Unternehmens gegenüber Störungen des Geschäftsablaufs Dritter (Zulieferer, Kunden etc.)

Entsprechend dieser Liste waren sämtliche EDV-Systeme und -Anwendungen sowie die von dem Unternehmen angebotenen Produkte und Dienstleistungen auf ihre Jahr-2000-Anfälligkeit zu untersuchen. Besonderes Augenmerk war hierbei auf die Interdependenzen von Anwendungssystemen, Hardware, Datenbanken sowie internen und externen Schnittstellen zu richten. Bestand nicht die Möglichkeit, die Jahr-2000-Kompatibilität durch eigene Tests zu prüfen, so waren entsprechende Prüfungsdokumentationen bzw. Garantieerklärungen von den Herstellern bzw. Entwicklern einzufordern.

Des weiteren umfaßt die Risikoanalyse aber auch eine rechtliche Beurteilung der potentiellen Schadensfälle, so daß im Rahmen des Jahr-2000-Projektes zu bestimmen war, wer unter welchen Voraussetzungen für mögliche Schäden bzw. die Umstellungskosten einzustehen hatte. Entsprechend waren die zuvor identifizierten Verträge wie z.B. Kauf-, Wartungs-, Dienstleistungs- und Versicherungsverträge einer genauen rechtlichen Analyse im Hinblick auf ihre Exponierung durch das Jahr-2000-Problem zu unterziehen[234] und sicherzustellen, daß ein Regreß der Kosten der Umstellung versucht wurde. Insbesondere bei Versicherungsverträgen waren alle aus dem Versicherungsrecht ergebenden Obliegenheiten einzuhalten.[235]

Zwar konnte das Unternehmen im Rahmen des Umstellungsprojektes seine eigene Jahr-2000-Kompatibilität beeinflussen, jedoch mußten durch die Vielzahl von Prozeß- und Lieferketten mit unterschiedlichen Schnittstellen die Kunden und Lieferanten von Einzelkomponenten bzw. Software aber auch Werk- und

---

234 Vgl. zu den einzelnen Vertragstypen: Bartsch, Software und das Jahr 2000, S.56ff.; Kühnel/Ulbrich BB 1998, 2585ff. (Instandhaltungsvereinbarungen im Maschinen- und Anlagenbau).

235 Vgl. auch Heussen/Damm, BB 1999, 481, 484.

Dienstvertragspartner in den Analyseprozeß miteingebunden werden. So galt auch hier der Grundsatz, daß eine Kette nur so stark wie das schwächste Glied ist. Entsprechend waren Abhängigkeiten zu untersuchen und die Möglichkeit von Ersatzbeschaffungen oder alternativen Absatzmöglichkeiten zu eruieren. Die gleiche Analyse mußte den Datenaustausch und die Kommunikation mit externen Anwendern umfassen.

Die erfaßten Probleme waren abschließend nach Prioritäten zu ordnen, wobei bei der Jahr-2000-Problematik der entscheidende Gesichtspunkt auf der Bedeutung der Systeme, Anwendungen und Komponenten für die Aufrechterhaltung des Betriebsablaufes und der potentiellen Schadensintensität lag. War schon vorzeitig absehbar, daß nicht alle erfaßten Systeme und Anwendungen rechtzeitig umgestellt werden konnten, so war entsprechend der Priorisierung ein Notfallumstellungsplan aufzustellen, um wenigstens eine Umstellung der kritischen Kerngeschäftsbereiche und -prozesse zu gewährleisten.

(4) Risikosteuerung

Nachdem die Risiken erfaßt und analysiert wurden, hat in einem allgemeinen Risikomanagementsystem die vom funktionalen Bereich unabhängige Risikosteuerung anhand der zuvor erarbeiteter Richtlinien und Vorgaben durch geeignete Maßnahmen die Risiken in Abstimmung mit der Geschäftspolitik und der unternehmenseigene Risikostrategie zu vermeiden, minimieren, begrenzen bzw. überzuwälzen.[236] Hierbei kann das Unternehmen einen Teil der Risiken betriebsintern bewältigen, während andere Risiken extern weitergereicht werden.

(a) Risikovermeidung

Risikovermeidung beinhaltet, daß das Unternehmen auf Einzelgeschäfte bzw. Abläufe, die aufgrund ihrer Natur gravierende Risiken aufweisen, gänzlich verzichtet, so daß die Gefahrenlage erst gar nicht entstehen kann.[237] Dies birgt im allgemeinen Zusammenhang aber auch die Gefahr, daß Chancen nicht ergriffen

---

236 Vaughan, Risk Management, S. 37, 178ff.; Scharpf, DB 1997, 737, 739, 741; Kromschröder/Lück, DB 1998, 1573, 1575; Lück, DB 1998, 1925, 1927, 1929; Saitz, in: Saitz/Braun (Hrsg.), Das Kontroll- und Transparenzgesetz, S. 90; Brebeck/Herrmann, Wpg 1997, 381, 386; Wittmann, in: Saitz/Braun (Hrsg.), Das Kontroll- und Transparenzgesetz, S. 141: „Risiken sind primär dort zu managen, wo sie anfallen, und deshalb muß das Risikomanagement unmittelbar mit der Geschäftsorganisation und den Geschäftsprozessen verzahnt sein.".

237 Lück, DB 1998, 1925, 1927; Saitz, in: Saitz/Braun (Hrsg.), Das Kontroll- und Transparenzgesetz, S. 79; Vaughan, Risk Management, S. 179f., 187f.

werden, da das Sicherheitsziel übermächtig erscheint.[238] Im Hinblick auf die Jahr-2000-Problematik gewann die Risikovermeidung insbesondere dann an Bedeutung, wenn eine frühzeitige Befassung mit der Umstellungsproblematik unterblieben war. So konnten einzelne hoch sensible Bereiche, Abläufe und Geschäfte, in denen z.B. wegen einer drohenden Gesundheitsgefährdung das Schadenspotential erheblich oder nicht abschätzbar war, gänzlich aus dem Betriebsablauf herausgenommen und nach der Jahrtausendwende wieder kontrolliert in Betrieb genommen werden. Wollte man jedoch nicht gänzlich hierauf verzichten, so waren alternative Bezugsquellen, Betriebsabläufe etc. zu entwickeln, was hingegen in den Bereich der Risikominimierung bzw. -begrenzung fällt.

(b) Risikominimierung und Risikobegrenzung

Im Grundsatz lassen sich durch Maßnahmen der Risikominimierung die Wahrscheinlichkeit und die Höhe des Schadens auf ein akzeptables Maß oder gegen Null verringern.[239] Dies kann durch Schutz- und Sicherungsmaßnahmen geschehen, die evtl. schon auf zuvor festgelegten Verhaltensrichtlinien basieren. Entsprechend war anhand der im Projektplan enthaltenen Kriterien oder durch die Beurteilung von Experten festzulegen, welche Anwendungen und Systeme umgestellt, ausgetauscht oder ausgemustert werden sollten. Waren z.B. Umstellungen bzw. Anpassungen zeitlich oder technisch nicht möglich bzw. wirtschaftliche nicht vertretbar, so waren „garantiert bzw. zugesicherte" Jahr-2000-kompatible Ersatzgeräte und Software anzuschaffen. Waren bei der Umstellungen hingegen Veränderungen an der Software nötig, so waren auch urheberrechtliche Gesichtspunkte zu beachten.[240]

Wurde im Bereich der Außenbeziehungen festgestellt, daß es zu bestimmten Zulieferern oder Kunden Abhängigkeiten (*single sourcing*) gab, so gab es zumindest bei den Zulieferern zwei Möglichkeiten, Jahr-2000-bedingte Probleme zu steuern. Um Lieferengpässen zu begegnen, konnten zum einen Lagerbestände aufgestockt werden, bzw. bei *just-in-time* Lieferungen solche erstmals angelegt werden bzw. der Lieferant hierzu verpflichtet werden. Zum anderen bestand aber auch die Alternative, von den Zulieferern bzw. Kunden eine AGBG konforme Garantieerklärung zu verlangen, daß die von ihnen gelieferten Produkte oder Dienstleistungen nicht durch Jahr-2000-bedingte Probleme verhindert, verzögert

---

238 Weber/Weißenberger/Liekwig, Risk Tracking and Reporting, S. 34.

239 Vaughan, Risk Management, S. 180, 187ff.; Lück, DB 1998, 1925, 1927; Kromschröder/Lück, DB 1998, 1573, 1575; Saitz, in: Saitz/Braun (Hrsg.), Das Kontroll- und Transparenzgesetz, S. 79.

240 Vgl. u.a. § 69d Abs.1 UrhG; zur Escrow-Problematik, Schneider/Hartmann, CI 1998, 57ff.; OLG Karlsruhe CR 1999, 11ff.

oder qualitativ negativ verändert werden würden. Daneben bestand aber auch die Möglichkeit, daß Vertragspartner anhand von Fragebögen über ihre eigenen Jahr-2000-bedingten Maßnahmen Auskunft geben und dies durch entsprechende Dokumentation belegen sollten.[241]

Der Erfolg der durchgeführten Maßnahmen war am Ende durch ausreichende Testläufe zu verifizieren.[242] Hierbei waren die Systeme zunächst isoliert und fortschreitend, zunehmend vernetzt, unter Echtbetriebsbedingungen einer Funktionsüberprüfung zu unterziehen. Ergaben sich im Rahmen dieser Tests Korrekturerfordernisse, so waren diese im Rahmen von Zeittoleranzen im Umstellungsplan zu berücksichtigen. Des weiteren war in Betracht zu ziehen, am Wochenende des 1. und 2. Januars 2000 einen Probebetrieb unter Echtbedingungen durchzuführen, um eventuelle Funktionsstörungen zu eruieren und entsprechende Maßnahmen nach dem Notfallprogramm einzuleiten, bevor mit dem 3. Januar 2000 die Arbeitswoche begann.

Aber auch wenn die notwendigen Umstellungsarbeiten nicht rechtzeitig abgeschlossen wurden oder dies absehbar erschien, war im Rahmen eines Notfallplanes dafür Sorge zu tragen, daß die Auswirkungen einer Jahr-2000-bedingten Funktionsstörung so minimal wie möglich gehalten wurden.[243] Dies konnte dann auch zur Folge haben, daß die Prioritätenliste einer Überarbeitung unterzogen werden mußte, so daß die vorhandenen Ressourcen auf vitale Prozesse und Abläufe konzentriert wurden. Jedoch auch im Falle eines zeitgerechten Abschlusses des Jahr-2000-Projektes war ein solcher Plan vorzubereiten gewesen, da ein Restrisiko stets bestehen blieb und sich Nachlässigkeiten aufgrund des sog. Dominoeffektes hätten verheerend auswirken können. Ziel eines Notfallplanes war es daher, existierende Datenbestände zu sichern und für die vorhandenen Vorgänge Alternativen zu erarbeiten und vorzubereiten, wobei hierbei letztendlich auch die Alternative des Handbetriebs nicht ausgeschlossen werden durfte. Auch sollten die wichtigsten Daten in ausgedruckter Form zur Verfügung stehen. Im Rahmen der Notfallmaßnahmen war aber auch dafür Sorge zu tragen, daß für die spätere allgemein- oder versicherungsrechtliche Behandlung der Jahr-2000-Schäden Beweise gesichert wurden, was jedoch wieder mit Schadensminderungspflichten in Konflikt stehen konnte. Einer hinreichenden Dokumentation kam daher eine be-

---

241 Vgl. z.B. IDW Prüfungshinweise: Prüfungscheckliste zur EDV-Anpassung an den Jahrtausendwechsel (IDW PH 9.380), Wpg, 1998, 670ff.; Bundesaufsichtsamt für das Versicherungswesen, Jahr-2000-Problem, VerBAV 1998, 183ff.

242 Vgl. auch Röhrig, in: Verein Deutscher Ingenieure, Das Jahr-2000-Problem, Auswirkungen auf die Automatisierungstechnik, S. 75, 83ff. mit dem Hinweis auf Jahr-2000-Zertifizierungsmöglichkeiten durch den TÜV Rheinland/Berlin-Brandenburg.

243 Vgl. generell Hermann, VW 1999, 1069, 1073; Vaughan, Risk Management, S. 200ff.

sondere Bedeutung zu. Unter dem Gesichtspunkt der Schadensminderungspflicht war aber auch sicherzustellen, daß Geschäftspartner von den Schwierigkeiten bei der Umstellung in Kenntnis gesetzt wurden um diesen ihrerseits zu ermöglichen, ihre daraus eventuell entstehenden Schäden so gering wie möglich zu halten. Zwar scheint diese vordergründig rufschädigende Mitteilungspflicht zunächst mit der Schweigepflicht des Geschäftsführers im Widerspruch zu stehen, jedoch ist es als vorrangiges Interesse der Gesellschaft zu beurteilen, daß ihr potentieller Gesamtschaden so minimal wie möglich gehalten wird. Eine andere Beurteilung ergibt sich auch nicht, wenn im nachhinein festzustellen war, daß die Funktionsausfälle geringer waren als erwartet. Voraussetzungen hierfür ist jedoch, daß sich aus *ex-ante* Sicht eine Außenmitteilung als notwendig erwiesen hatte.

Stellte sich im Laufe des Projektes heraus, daß interne personelle Kapazitäten in sowohl qualitativer als auch quantitativer Hinsicht nicht ausreichten, so war auf externe ausreichend qualifizierte Spezialisten bei der Beratung und Unterstützung zurückzugreifen.

(c) Risikoüberwälzung/Risikokompensation

Unter Risikoüberwälzung ist prinzipiell die Übertragung des Risikos auf ein Versicherungsunternehmen zu verstehen, wie es z.B. im Falle von Haftpflichtschäden und Feuerschäden geschieht. Doch auch nicht versicherbare Risiken wie Liefer-, Transport- und Beschaffungsrisiken sind durch Vertragsvereinbarungen auf Vertragspartner überzuwälzen.[244] Entsprechend waren im Rahmen des Jahr-2000-Projekts die bestehenden Personen-, Sach-, Unternehmens- und Haftpflichtversicherungen dahingehend zu untersuchen, wer für mögliche Schäden aufzukommen hatte.[245] Wurden Versicherungslücken entdeckt, so war, auch im Hinblick auf die Voraussetzungen einer vorhandenen Organhaftpflichtversicherung, für einen ausreichenden Versicherungsschutz zu sorgen. Eine vergleichbare Gefahrtragungsinventur war bei allen anderen Verträgen durchzuführen und Anstrengungen hatten zu erfolgen, potentielle Gefahren auf Vertragspartner überzuwälzen.

Einem Unternehmen steht jedoch grundsätzlich auch die Möglichkeit offen, ein erkanntes und bewertetes Risiko durch Risikokompensation selbst zu übernehmen, indem vorsorglich Reserven für einen potentiellen Schadensfall gebildet werden, das Risiko sich einfach mit anderen Chancen ausgleicht oder gegenläufige Absicherungsgeschäfte wie z.B. derivative Finanzinstrumente (*Futures, Opti-*

---

244 Vaughan, Risk Management, S. 205ff.; Lück, DB 1998, 1925, 1927; Kromschröder/Lück, DB 1998, 1573, 1575; Weber/Weißenberger/Liekwig, Risk Tracking and Reporting, S. 33; vgl. auch Hermann, VW 1999, 1069, 1073.

245 Vgl. zu den einzelnen Versicherungstypen und deren Abdeckung von Jahr-2000-bedingten Schäden, Bartsch, Software und das Jahr 2000, S. 164ff.

ons, Swaps) getätigt werden.[246] So konnte die Unternehmensleitung bei Systemen oder Betriebsabläufen, welche für den Funktionsablauf des Unternehmens von vernachlässigbarer Bedeutung waren, entscheiden, daß der Aufwand einer Umstellung oder ein Ersatz unter wirtschaftlichen Gesichtspunkten nicht zu vertreten gewesen sei und daher das kalkulierbare Risiko von der Gesellschaft getragen werde. Generell ist aber bei der Risikokompensation ein besonderes Augenmerk auf die Risikoanalyse zu richten, da durch die fehlende aktive Steuerungsphase sich keine weiteren Hinweise auf ein geändertes Risikopotential (Wechselwirkungen!) ergeben konnten. Eventuell waren Rückstellungen zu bilden, was sich auch im Bereich der Buchführungspflichten auswirken konnte.

(5) Risikoüberwachung

Im Prinzip hat die Risikoüberwachung die Risikosituation des Unternehmens transparent zu machen und der Unternehmensleitung eine gewichtete und kommentierte Gesamtdarstellung zu präsentieren.[247] Dies erfolgt bei großen Gesellschaften zumeist durch die interne Revision oder durch eine andere von der Risikoerfassung und -verarbeitung funktional getrennte Arbeitsgruppe, welche auch fortlaufend die Effektivität und Effizienz der Organisation und der Abläufe sowie die Zweckmäßigkeit der Entscheidungen einer Kontrolle unterzieht.[248] Bei Unternehmen von kleiner und mittlerer Größe ist jedoch nicht zu erwarten, daß eine separate Kontrolleinheit existiert, jedoch ist auch hier sicherzustellen, daß die angewandten Steuerungsmaßnahmen und Vorgaben der Unternehmensleitung in angemessenen Zeitabständen überprüft und - falls notwendig - einer Anpassung unterworfen werden.[249] Hierbei können auch unabhängige externe Berater in den Überprüfungsprozeß miteingebunden werden. Da ein erfolgreiches Risikomanagementsystem auf dem reibungslosen Zusammenspiel der operativen Einheiten, der Stabs- und Fachabteilungen sowie, falls vorhanden, der internen Revision ba-

---

246 Weber/Weißenberger/Liekwig, Risk Tracking and Reporting, S. 33; Lück, DB 1998, 1925, 1928; Saitz, in: Saitz/Braun (Hrsg.), Das Kontroll- und Transparenzgesetz, S. 79f.; Kromschröder/Lück, DB 1998, 1573, 1575.

247 Saitz, in: Saitz/Braun (Hrsg.), Das Kontroll- und Transparenzgesetz, S. 95.

248 Lück, DB 1998, 1925, 1929; Brebeck/Herrmann, Wpg 1997, 381, 387; Kromschröder/Lück, DB 1998, 1573, 1575f.; Saitz, in: Saitz/Braun (Hrsg.), Das Kontroll- und Transparenzgesetz, S. 91f.; Weber/Weißenberger/Liekwig, Risk Tracking and Reporting, S. 35f.; Vogler/Gundert, DB 1998 2377, 2378, 2383 mit dem Hinweis, daß diese Aufgabe auch von externen Prüfern übernommen werden kann; FAZ vom 29. November 1999, S. 28, „Höhere Ansprüche an die interne Revision".

249 Vgl. Vaughan, Risk Management, S. 80f.; Scharpf, DB 1997, 737, 739, 741; vgl. auch § 317 Abs. 4 HGB für die Prüfung des Überwachungssystems bei Aktiengesellschaften mit einer amtlichen Notierung.

siert, mußten im Rahmen der Jahr-2000-Risikoüberwachung die zuvor genannten Stufen und Teilprojekte in zeitlicher und sachlicher Hinsicht fortlaufend koordiniert werden, um möglichst alle Risikobereiche und Einzelrisiken einer permanenten Überwachung zuzuführen.[250] Traten während der Steuerungsphase noch weitere erhebliche Gefahrenquellen auf, so hatte die Geschäftsleitung weitere risikosteuernde Maßnahmen anzuordnen bzw. bestehende Maßnahmen einer Untersuchung zu unterziehen und ggf. abzuändern (Soll/Ist-Vergleich).[251] Ergab die Untersuchung strukturelle Defizite, so hatte eine Angleichung der einzelnen Risikomanagementmechanismen zu erfolgen. Insgesamt war aber der Grundregel zu folgen, daß der Intensivierungsgrad der Kontrolle mit der Erheblichkeit des Risikos entsprechend der Priorisierung einhergehen mußte.

(6) Informationsfluß

Von erheblicher Bedeutung für die Funktionsfähigkeit eines Risikomanagementsystems ist die Kommunikation der Risiken.[252] Ein effizientes Risikomanagement hat daher zu gewährleisten, daß die Geschäftsleitung stets nach der vorgegebenen Priorisierung über die potentiellen Risiken und eingeleiteten Maßnahmen der einzelnen Risikobereiche schnell und schriftlich unterrichtet wird.[253] So ist, wenn nicht Risiken unerwartet auftreten und daher ein schnelles Handeln erforderlich ist, in regelmäßigen Abständen die Risikosituation des Unternehmens darzustellen.[254] Entsprechend war die Geschäftsleitung im Hinblick auf das Jahr-2000-Projekt fortlaufend von den intern sowie auch extern Verantwortlichen über den Stand der Risiken und Maßnahmen zu unterrichten.

3. Zusammenfassung

Die besondere Herausforderung im Zusammenhang mit der Jahr-2000-Problematik bestand darin, daß sich jedes Unternehmen, welches sich EDV-Systemen und -Anwendungen bzw. prozessorgesteuerter Maschinen mit Embedded Systems bedient, mit der Umstellungsproblematik und den hierdurch möglichen Konsequenzen für den Betriebsablauf auseinanderzusetzen hatte. Aufgrund der weiten Verbreitung dieser Gefahrenquellen traf dies auf fast alle Unternehmen

---

250 Vgl. Kromschröder/Lück, DB 1998, 1573, 1575; Wittmann, in: Seitz/Braun (Hrsg.), Das Kontroll- und Transparenzgesetz, S. 134.

251 Lück, DB 1998, 1925, 1928.

252 Weber/Weißenberger/Liekwig, Risk Tracking and Reporting, S. 28ff.

253 Scharpf, DB 1997, 737, 739, 741f.; Brebeck/Herrmann, Wpg 1997, 381, 384.

254 Vaughan, Risk Management, S. 84ff m.w.N.; vgl. zu den Inhalten einer Darstellung Lück, DB 1998, 1925, 1928.

zu, wobei sämtliche Bereiche des Unternehmens betroffen sein konnten und entsprechende Gegenmaßnahmen mit einem unabänderlichen Endtermin durchzuführen waren. Entsprechend dem branchenübergreifenden Charakter des Jahr-2000-Problems und der einzusetzenden personellen sowie finanziellen Ressourcen war die Verantwortlichkeit für ein Jahr-2000-Risikomanagementsystem dann auch bei der Geschäftsleitung angesiedelt. Entsprechend war von dieser betriebsübergreifend sicherzustellen, daß Risiken, die sich aus der Datumsumstellung ergaben, vollständig erkannt, bewertet und abgewehrt wurden.

Letztendlich ist die Organisationspflicht des Leitungsorgans zur Errichtung und Unterhaltung eines ordnungsgemäßen Risikomanagementsystems aber auch im Hinblick auf § 254 BGB zu sehen. So muß mit Abstrichen, ja sogar im Einzelfall mit dem Wegfall von Schadenersatzansprüchen gerechnet werden, wenn von einem „Verschulden gegen sich selbst“ oder von einem Verstoß gegen das Verbot widersprüchlichen Verhaltens ausgegangen werden kann.[255] Eine klagende Partei kann somit nur dann mit einem ungeschmälerten Schadenersatzanspruch rechnen, wenn sie selbst alle Maßnahmen getroffen hatte, die Auswirkungen des Jahr-2000-Problems bei sich so gering wie möglich zu halten. Auch ihre Leitungsorgane hatten Kenntnis von der besonderen Problematik der Datumsumstellung und unterlagen somit der generellen Organisationspflicht.[256] Hatte das gegnerische Unternehmen die klagende Partei zuvor sogar von eigenen Umstellungsschwierigkeiten informiert, so kam dieser Schadensminderungspflicht eine noch größere Bedeutung zu. Aber auch aus versicherungsrechtlichen Gesichtspunkten war die Durchführung eines Jahr-2000-Projektes anzuraten, da nach § 61 VVG ein grob fahrlässiges Unterlassen den Versicherungsschutz des Unternehmens hätte gefährden können. Entsprechend hätten sich hierdurch dann auch wieder die Chance des Regresses gegen das Leitungsorgan erhöht.

Doch neben der angemessenen Behandlung von Risiken bietet ein Risikomanagementsystem auch die Möglichkeit, durch seine Integration in die Unternehmensplanung eben jene effizienter zu gestalten, ja sogar neue Geschäftschancen zu erkennen und zu realisieren.[257] So bestehen Interdependenzen zwischen der

---

255 RGZ 149, 6, 7ff.; 156, 193, 207ff.; BGH NJW 1970, 944, 946; 1978, 2024f.; 1979, 495, 495f.

256 Zur Problematik der Anwenderpflichten vgl. Bartl, NJW 1999, 2144ff.

257 Vgl. auch Weber/Weißenberger/Liekwig, Risk Tracking and Reporting, S. 11, 22; Saitz, in: Saitz/Braun (Hrsg.), Das Kontroll- und Transparenzgesetz, S. 72: „Chancenmanagement“ und Hermann, VW 1999, 1069, 1069ff. mit den Hinweisen auf weitere Vorzüge eines Risikomanagementsystems wie z.B. bessere Finanzierungskonditionen durch größere Transparenz über das Kreditrisiko; geringere Versicherungsprämien durch eine Reduktion der Geschäftsprozeßrisiken und durch eine bessere Abstimmung der Versicherungsdeckung mit dem Versicherungsbedarf; größere Attraktivität für Geschäftspartner in Lieferketten durch besseres Manage-

Organisationspflicht der Unternehmensleitung und der Pflicht zur sorgfaltsgemäßen Verfolgung des Unternehmenszwecks. Das Jahr-2000-Projekt bot daher auch die Chance, die elektronische Infrastruktur des Unternehmens, aber auch andere Geschäftsabläufe genau zu analysieren, optimierend zu überarbeiten sowie Altlasten oder Überflüssiges zu beseitigen. War im Unternehmen vorher ein Risikomanagementsystem nicht vorhanden, so könnte das Jahr-2000-Projekt den Grundstock hierfür bilden und das Leitungsgremium in die Lage versetzen, seinen Organisations- und Leitungspflichten systemorientiert, aber auch abhängig von der Größe und Komplexität der Unternehmung gerecht zu werden.

IV. Haftung im Zusammenhang mit der Insolvenz

Wurde die Einrichtung eines Jahr-2000-Projektes nicht veranlaßt oder traten schwerwiegende Organisationsmängel während der Projektphase auf und entstanden dem Unternehmen als Folge davon schwere Schäden, so konnte aufgrund der häufig geringen Eigenkapitaldecke von Gesellschaften m. b. H. auch sehr schnell der Punkt der Insolvenz erreicht werden. Mithin war der Geschäftsführer nach § 64 Abs. 1 GmbHG ab dem Ablauf der Dreiwochenfrist, neben erheblichen strafrechtlichen Konsequenzen, auch einer Haftung wegen Insolvenzverschleppung ausgesetzt. Eine Haftung aus § 43 Abs. 2 und § 64 Abs. 2 GmbHG kommt hingegen für den Geschäftsführer nur dann in Betracht, wenn er es schuldhaft versäumt hat, den Antrag zur Eröffnung des Insolvenzverfahren zu stellen. Jedoch kann, wie oben dargestellt, bereits ein fahrlässiges Nichterkennen der Überschuldung die Haftung des Geschäftsführers zur Folge haben. Wiederum kommt somit der Organisationspflicht des Geschäftsführers eine herausragende Bedeutung zu, da dieser der Pflicht zur ständigen Finanzüberwachung nur durch ein wirksames Kontroll- und Überwachungssystem nachkommen kann. Aber auch im Bereich der Fortführungsprognose bzw. der „Zahlung“ nach § 64 Abs. 2 S. 2 GmbHG können die oben dargelegten Grundsätze zum unternehmerischen Gestaltungsspielraum, insbesondere die von der US-amerikanischen Rechtsprechung entwickelten Kriterien zur anzuwendenden Sorgfalt Berücksichtigung finden.

---

ment des Betriebsunterbrechungsrisikos; neue Produkte und Dienstleistungen durch Auswertung von Informationen; größere Flexibilität der IT-Infrastruktur.

§ 2 Die Haftung eines *directors* gegenüber der *private limited company* in England

A) Organpflichten eines directors

Wie im deutschen Recht, so sind auch im englischen Recht die beiden wichtigsten Organe einer Kapitalgesellschaft die Gesellschafterversammlung (*general meeting*)[258] und die Geschäftsleitung (*board of directors*), wobei die meisten exekutiven Kompetenzen jedoch durch die Geschäftsleitung wahrgenommen werden.[259] Die mit der Organstellung einhergehenden Pflichten eines *directors* haben ihren Ursprung in der Rechtsfigur des *trust*. So gab es vor dem Jahr 1844 noch keine Eintragung von Kapitalgesellschaften, so daß das Vermögen der Gesellschaft von *trustees* (Treuhändern) verwaltet wurde. Da zu dieser Zeit die *directors* der Gesellschaft jedoch auch häufig gleichzeitig die Funktion der *trustees* ausübten, wurde von den Gerichten der auf *trustees* anzuwendende Pflichtenmaßstab auf die *directors* übertragen. Im Falle eines personellen Auseinanderfallens von *director* und *trustee* ergab sich eine analoge Heranziehung dieses Verhaltensmaßstabes, zumal auch die *courts of equity* fast jeden als *trustee* ansahen, der eine treuhänderische Position bekleidete.[260]

Zusätzlich zu ihrer Detaillierung im Treuhandrecht (*trust*) erfuhren die Pflichten der *directors* eine weitere Ausgestaltung durch die Anwendung des normalen Vertragsrechts *(contract)* und des Rechts der unerlaubten Handlung *(tort)* bzw. vergleichbarer Rechtsbeziehungen.[261] Die so entwickelten Organpflichten eines *directors* haben im englischen Recht hingegen nur eine teilweise Kodifizierung erfahren.[262] Vielmehr bilden die von der englischen Rechtsprechung entworfenen allgemeinen Grundsätze zu Treue- *(fiduciary duties)* und Sorgfaltspflichten *(duties of care and skill)* die grundlegenden Haftungsansätze der *directors*.[263] Die hieraus entwickelten Organpflichten bestehen nur der Ge-

258 Bei der „private limited company" kann nach s. 366A Companies Act 1985 durch die Gesellschafter beschlossen werden, daß die Gesellschaft keine Jahreshauptversammlung („annual general meeting") abhalten soll.

259 Davies, Gower's Principles of Modern Company Law, S. 598; vgl. auch Art. 70, Table A, Companies Act 1985 nach dem die directors die Geschäfte der Gesellschaft führen, wobei sie jedoch nur an das Gesetz und einen Gesellschafterbeschluß gebunden sind.

260 Davies, Gower's Principles of Modern Company Law, S. 598.

261 Brumwell/Mallet, GmbHR 1995, 647, 648.

262 Vgl. z.B. s. 35 (3) Companies Act 1985 und s. 214 Insolvency Act 1986.

263 Pennington, Directors' Personal Liability, S. 33ff., 37, 81ff.; Cheffins, Company Law: Theory, Structure and Operation, S. 102; vgl. u.a. auch Aberdeen Rly. Co. v

sellschaft gegenüber, so daß Direktoren grundsätzlich nur dieser gegenüber für Verletzung dieses Pflichtenkreises verantwortlich sein können.[264]

I. Sorgfaltsgemäße Wahrnehmung der Geschäftsführung - „common law duty of care and skill“

Das englische Recht hat keine dem deutschen § 43 GmbHG vergleichbare Regelung, welche in kodifizierter Weise den Sorgfaltsmaßstab festlegt, den der *director* bei der Ausübung seiner Organpflichten anzuwenden hat. Die Pflicht zur sorgfaltsgemäßen Ausführung *(common law duty of care and skill)* wurde vielmehr über Jahrhunderte von der englischen Rechtsprechung entwickelt. So begann man zunächst zurückhaltend im 18. Jahrhundert im Bereich des *trust,* den anzuwendenden Sorgfaltsmaßstab zu definieren. Zu dieser Zeit handelten *trustees* ehrenamtlich und meist aus einem Gefühl der moralischen Verpflichtung. Daher wurde nach *equity* kein höherer Sorgfaltsstandard bei ihnen angelegt als derjenige, den sie bei der Verrichtung eigener Angelegenheiten anzuwenden pflegten. Als dann im frühen 19. Jahrhundert der Sorgfaltsmaßstab der *trustees* auf den der *agents* und später den der *directors* übertragen wurde, hatten diese folglich auch nur den Maßstab der *diligentia quam in suis* zu beachten.[265]

Im Hinblick auf die systematische Einordnung ist die von einem *director* zu beachtende Sorgfaltspflicht eher im englischen *tort of negligence* als im Vertragsrecht anzusiedeln.[266] Entsprechend hat sowohl ein fahrlässiger als auch ein vorsätzlicher Verstoß gegen die Pflicht zur sorgfaltsgemäßen Unternehmensführung die Inanspruchnahme des *directors* durch die Gesellschaft zur Folge, falls ihr durch die entsprechende Handlung oder Unterlassung ein Schaden entstanden ist.

Der im ausgehenden 19. und beginnenden 20. Jahrhundert entwickelte Sorgfaltsmaßstab eines *directors* wurde jedoch durch Gesetzesänderungen in angrenzenden Rechtsgebieten und die Rechtsprechung einzelner Gerichte im Laufe der letzten Jahre erheblich in Frage gestellt. Die hierdurch ausgelöste Rechtsunsicherheit gebietet es, im Rahmen dieser Abhandlung sowohl auf die traditionelle Sichtweise als auch auf legislativen und judikativen Entwicklungen einzugehen

---

Blaikie Bros. [1854] 1 Macq 461, 471f.; Re City Equitable Fire Insurance Co. [1925] 1 Ch 407ff.; Re Smith & Fawcett Ltd. [1942] Ch 304, 306 (C.A.).

264 Prudential Assurance Co. Ltd. v Newman Industries Ltd. [1982] 1 Ch 204, 210, 222f.; Multinational Gas and Petroleum Co. v Multinational Gas and Petrochemical Services Ltd. [1983] Ch 258, 272; Kuweit Asia Bank EC v National Mutual Life Nominees Ltd. [1990] BCLC 868, 892.

265 Pennington, Directors' Personal Liability, S. 81.

266 Henderson v Merrett Syndicates Ltd. [1994] 3 W.L.R. 761, 799.

und die jeweiligen unterstützenden und entgegenstehenden Argumente gegeneinander abwiegend darzulegen. So wird im folgenden zunächst die traditionelle Sicht des Sorgfaltsmaßstabes vertiefend dargestellt.

1. Die traditionelle Sicht

Die traditionelle Sicht findet größtenteils ihren Ursprung in Gerichtsentscheidungen, welche von der Annahme ausgingen, daß *directors* als Laien handelten und zum Teil ehrenamtlich ihre Funktion ausübten, während die Alltagsgeschäfte von den leitenden Angestellten geführt wurden.[267] So wurde z.B. eine Haftung der *directors* in *Overend & Gurney Co. v Gibb*[268] abgelehnt, obwohl die *directors* in ihrer Organfunktion eine insolvente Gesellschaft für einen erheblichen Geldbetrag erworben hatten und dies ihnen auch noch vor Beendigung des Kaufes bewußt geworden war.

Als weiteres Beispiel mag auch der Fall *Re Brazilien Rubber Plantations & Estates Ltd.*[269] dienen, in welchem eine Gesellschaft durch eine von den *directors* veranlaßte Fehlinvestition in eine nordbrasilianische Kautschukplantage einen erheblichen Schaden erlitt. Anschließend wurden die *directors* der Gesellschaft, die keine vorherige Erfahrung im Plantagengeschäft vorzuweisen hatten, wegen fahrlässiger Schädigung verklagt. In seiner Entscheidung führte Neville J folgendes aus:

> „[...] so long as they act honestly, they cannot be made responsible in damages unless guilty of gross negligence. There is admittedly a want of precision in this statement of a director's liability. In truth, one cannot say whether a man has been guilty of negligence, gross or otherwise, unless one can determine what is the extent of the duty which he is alleged to have neglected. A director's duty has been laid down as requiring him to act with such care as is reasonably to be expected of him, having regard to his knowledge and experience. He is, I think, not bound to bring any special qualifications to his office. He may undertake the management of a rubber company in complete ignorance of everything concerned with rubber, without incurring responsibility for the mistakes which may result from such ignorance. While if he is acquainted with the rubber business, he must give the company the advantage of his knowledge when transacting the company's business"[270]

---

267 Pennington, Directors' Personal Liability, S. 85.

268 [1872] LR 5 HL 480ff. (H.L.).

269 [1911] 1 Ch 425ff.

270 [1911] 1 Ch 425, 436f.; vgl. auch Lagunas Nitrate Co. v Lagunas Syndicate [1899] 2 Ch 392, 435; Dovey v Corey [1901] AC 477, 490 mit der Auffassung, daß der director bei board meetings seine Entscheidungen als „mercantile man" fällen müsse; in Overend, Gurney & Co v Gibb and Gibb [1872] LR 5 HL 480, 494f. wird hingegen ausgeführt, daß ein director nur die Plichten eines normalen sorgfältigen ("pru-

Zusammenfassend war das Gericht somit der Auffassung, daß an die Fähigkeiten eines *directors* einer Gesellschaft keine besonderen Anforderungen zu stellen sind. Entsprechend findet bei der Beurteilung seines Verhaltens nur der Sorgfaltsmaßstab Anwendung, den er bei der Verrichtung eigener Angelegenheiten zu beachten hat. Sein Wissen und seine Erfahrung bilden die Meßlatte seines Verhaltens, wobei die Grenze des tolerierbaren Verhaltens bei groben Fahrlässigkeit liegt.[271]

2. *Die drei Thesen des Romer J in Re City Equitable Fire Insurance Co.*

Diese traditionelle Sicht des anzuwendenden Sorgfaltsmaßstabes führte schließlich im Jahr 1925 zu der weithin zitierten Referenzentscheidung in *Re City Equitable Fire Insurance Co.*[272] Die in diesem Rechtsstreit von Romer J entwickelten Grundsätze waren fortan für die nächsten 60 Jahre richtungweisend in Bezug auf die Sorgfaltspflichten eines *directors*, deren Handlungs- und Mitwirkungspflichten sowie die Geschäftsverteilung und Delegation.[273] In dem der Entscheidung zugrunde liegenden Fall ging es um die Haftung der *directors* für ein Überwachungsverschulden, da sie den Betrug des Vorsitzenden des *boards* fahrlässig nicht entdeckt hatten. Bei der Entscheidung ließ sich das Gericht zunächst von der Annahme leiten, daß eine generelle Umschreibung der Pflichten der *directors* wegen der Unterschiede zwischen den einzelnen Gesellschaften und den Funktionen, die *directors* ausüben, nicht möglich sei.[274] Dennoch analysierte Romer J in seiner Entscheidung die bis dahin entschiedenen, jedoch zum Teil wenig differenziert betrachteten[275] Fälle und formulierte sodann die folgenden

---

dent") Mannes ohne Geschäftserfahrung zu erfüllen habe und nur bei grober Fahrlässigkeit hafte.

271 Vgl. hierzu auch die neueren Entscheidungen Kuweit Asia Bank EC v National Mutual Life Nominees Ltd. [1990] BCLC 868, 892, 893 (P.C.); Overend, Gurney & Co. v Gibb and Gibb [1872] LR 5 HL 480, 487, 493; sehr aufschlußreich auch Lagunas Nitrate Co. v Lagunas Syndicate [1899] 2 Ch 392, 435 (C.A.): "The amount of care to be taken is difficult to define; but it is plain that directors are not liable for all the mistakes they may make, although if they had taken more care they might have avoided them. [....] Their negligence must not be the omission to take all possible care; it must be much more blameable than that; it must be in a business sense culpable and gross."

272 [1925] Ch 407ff.: eine Entscheidung des Court of Appeal, wobei jedoch die entscheidenden Grundsätze von Romer J in der ersten Instanz aufgestellt wurden.

273 Hoffmann, 18 The Company Lawyer (7) 1997, 194, 195.

274 [1925] Ch 407, 426.

275 [1925] Ch 407, 427.

allgemeingültigen Thesen, die seitdem das Bild des Sorgfaltsmaßstabes eines *directors* prägten:

(1) „A director need not exhibit in the performance of his duties a greater degree of skill than may reasonably be expected from a person with his knowledge and experience [...]. "

(2) „A director is not bound to give continuous attention to the affairs of his company. His duties are of an intermittent nature to be performed at periodical meetings [...]. He is not, however, bound to attend all such meetings, though he ought to attend whenever, in the circumstances, he is reasonably able to do so."

(3) „In respect of all duties that, having regard to the exigencies of a business, and the articles of association[276], may properly be left to some other official, a director is, in absence of grounds for suspicion, justified in trusting that official to perform such duties honestly."[277]

a) Die 1. These des Romer J

(1) Der traditionelle Sorgfaltsmaßstab

Die unter Punkt (1) vertretene Auffassung läßt erkennen, daß die englische Rechtsprechung bei der Beurteilung des Sorgfaltspflicht einen rein subjektiven Maßstab angewandt hat.[278] Romer J folgte somit Neville J's Auffassung in *Re Brazilian Rubber Plantations & Estates Ltd.* insoweit, daß ein *director* nur dem Sorgfaltsmaßstab zu entsprechen hatte, der vernünftigerweise von einer Person mit seinem Wissen und seiner Erfahrung erwartet werden durfte. Der Sorgfaltsmaßstab war somit der der *diligentia quam in suis*.[279]

---

276 Die „articles of association" betreffen im Gegensatz zum „memorandum of association" das Innenverhältnis.

277 [1925] Ch 407, 428f.

278 Farrar, Farrar's Company Law, S. 392; Davies, Gower's Principles of Modern Company Law, S. 641 mit dem Hinweis, daß die Ausführungen von Romer J auf S. 427 in Re City Equitable Fire Insurance Co. [1925] Ch 407ff. durchaus Elemente eines objektiven Standards enthalten, da der director haftbar sei, wenn er bei einer bestimmten Gelegenheit nicht die Sorgfalt walten lasse, die er ansonsten hätte erbringen können. Jedoch liege der Schwerpunkt der Beurteilung bei dem subjektiven Element, so daß ein director niemals einem höheren Sorgfaltsstandard zu entsprechen habe, als er persönlich fähig sei, zu ereichen.

279 Romer J in Re City Equitable Fire Insurance Co. Ltd. (1925) Ch 407, 427f.: „In discharging the duties of his position [a director] is bound to take „reasonable care" to be measured by the care an ordinary man might be expected to take in the circumstances on his own behalf"; vgl. auch Sugarman, 20 The Company Lawyer (6) 1999, 162, 172.

Die in den dargestellten Fällen vertretene Auffassung der Sorgfaltspflichten eines *directors* ist vor dem Hintergrund der geschichtlichen Entwicklung zu betrachten. So orientierte sich, wie oben dargestellt, die englische Rechtsprechung bei der Bestimmung der Sorgfaltspflichten der *directors* an der treuhänderischen Stellung des *directors* und dem Pflichtenstandard, dem ein *trustee* zu entsprechen hatte.[280] Ferner ist davon auszugehen, daß die Gerichte bei der Beurteilung der ihnen zur Entscheidung vorliegenden Fälle eher von der Funktion des *non-executive directors* als der des *executive directors* ausgingen. So führten die *directors* ihre Funktion häufig nur nebenberuflich aus und hatten wegen der Komplexität der geschäftlichen Vorgänge kaum Kontakt zu den Alltagsgeschäften, die meist von den leitenden Angestellten in Eigenregie ausgeführt wurden.[281]

Daneben wurden *directors* meist nur aus kosmetischen Gründen in das *board* berufen. Entsprechend war ihnen keine entscheidende Rolle zugedacht.[282] Vielmehr sollten sie nur den Ruf der Firma durch ihren gesellschaftlichen Rang und ihr Ansehen verbessern und hierdurch Anleger zum Kauf der Aktien veranlassen.[283] Die Gerichte sahen in den *directors* zum Teil unfähige Amateure, bei denen es nicht nachvollziehbar gewesen wäre, sie einem strengen Sorgfaltsstandard zu unterwerfen.[284] Dies bestätigt sich auch durch einen Blick auf die Zusammensetzung des *boards in Re Brazilian Rubber Plantantions & Estates Ltd.*[285]. So war zum einen der irische Adlige Sir Arthur Aylmer Mitglied des *board,* den der Richter als „*absolutely ignorant of business*" beschrieb[286] und der die Direktorentätigkeit aus purem Zeitvertreib angenommen hatte. Ferner gehörte dem *board* ein Mr. Tugwell an, der 75 Jahre alt und fast taub war. Des weiteren der Gummihändler Mr. Barber, der jedoch nur die Aufgabe haben sollte, das in England an-

280 Finch, M.L.R. (1992), 179, 200; Pennington, Directors' Personal Liability, S. 90; Parkinson, Corporate Power and Responsibility: Issues in the Theory of Company Law, S. 105; Worthington, in: Patfield (Hrsg.), Perspectives on Company Law: 2, S. 181, 189.

281 Pennington, Directors' Personal Liability, S. 85; Hoffmann, 18 The Company Lawyer (7) 1997, 194, 194.

282 Vgl. Parkinson, Corporate Power and Responsibility: Issues in the Theory of Company Law, S. 105; Worthington, in: Patfield (Hrsg.), Perspectives on Company Law: 2, S. 181, 189.

283 Davies, Gower's Principles of Modern Company Law, S. 641; vgl. auch Farrar, Farrar's Company Law, S. 391f.; Hoffmann, 18 The Company Lawyer (7) 1997, 194, 194.

284 Farrar, Farrar's Company Law, S. 392; Dwight, 17 Y.L.J. 1907, 33, 35; Finch, 55 M.L.R. 1992, 179, 200; vgl. auch die provokante Bemerkung in Mackenzie, The J.B.L. 1982, 460, 461: "The director is obliged only to do as much as could be expected from someone as incompetent and foolish as he happens to be [...]".

285 [1911] 1 Ch 425, 427.

286 Hoffmann, 18 The Company Lawyer (7) 1997, 194, 195.

kommende Rohgummi preislich zu taxieren. Und schließlich komplettierte diese Runde von *directors* noch ein Mr. Hancock, der, wie es schien, keinerlei Qualifikationen besaß, es jedoch als ausreichend für seine Direktorentätigkeit ansah, daß Mr. Tugwell und Mr. Barber dem *board* angehörten. Gleichwohl sprach der Richter die Mitglieder des *boards* frei von jeder Haftung für ihre Fehlinvestition mit der oben zitierten Begründung, die die traditionelle und wohl immer noch gültige Rechtslage beschreibt. Ferner kam der Richter auch zu dem Schluß, daß die *directors*, trotz ihrer offensichtlichen Unkenntnis, nicht einmal die Verpflichtung getroffen hatte, unabhängigen Rat einzuholen.[287]

Neben dem historischen Aspekt gibt es auch noch weitere Gründe für die Heranziehung des subjektiven Maßstabs durch die englische Rechtsprechung.[288] So ist die historische Zurückhaltung der englischen Gerichte zu berücksichtigen, wenn es darum geht, unternehmerische Entscheidungen im nachhinein zu beurteilen. Englische Gerichte sahen es nicht als ihre Aufgabe an, in Geschäftprozesse und unternehmerische Entscheidungen einzugreifen, wo die Anteilseigner selbst die entsprechende Person als *director* bestellt hatten.[289] Da das Gesellschaftsinteresse mit dem Interesse der Anteilseigner gleichgesetzt wurde, war die Bestellung der *directors* als eine gesellschaftsinterne Angelegenheit anzusehen, deren Beurteilung sich die Gerichte nicht annahmen.[290] Entsprechend folgerten sie, daß es die eigene Schuld der Anteilseigner sei, wenn sie inkompetente *directors* in das *board* beriefen. Sie seien mithin für den Schaden der Gesellschaft und ihren daraus folgenden eignen Schaden (Reflexschaden) selbst verantwortlich.[291] Auch wollten die Gerichte den *directors* nicht die Funktion einer Versicherung zukommen lassen, an die man sich wenden könne, wenn ansonsten kein Ersatz zu erlangen sei.[292]

Diese sehr niedrige Festsetzung des anzuwendenden Sorgfaltsmaßstabs eines *directors* mag vor dem Hintergrund des heutigen Geschäftslebens und dem Ver-

287 Hoffmann, 18 The Company Lawyer (7) 1997, 194, 194.

288 Parkinson, Corporate Power and Responsibility: Issues in the Theory of Company Law, S. 105; Worthington, in: Patfield (Hrsg.), Perspectives on Company Law: 2, S. 181, 189.

289 Kein Verfasser, 18 The Company Lawyer (5) 1997, 129, 129; Parkinson, Corporate Power and Responsibility: Issues in the Theory of Company Law, S. 105; vgl. auch Lord Hatherly in Turquand v Marshall [1869] LR 4 Ch App 376, 386: "however ridiculous and absurd [the director's] conduct may seem, it was the misfortune of the company that it had chosen them." vgl. auch Lagunas Nitrate Company v Lagunas Syndicate [1899] 2 Ch 392, 426 (C.A.).

290 Vgl. Charterbridge Corporation Ltd. v Lloyds Bank Ltd. [1970] Ch 62, 67; Bamford v Bamford [1970] Ch 212, 242 (C.A.).

291 Davies, Gower's Principles of Modern Company Law, S. 641.

292 Kein Verfasser, 18 The Company Lawyer (5) 1997, 129, 129.

ständnis desselben eigenartig anmuten, insbesondere wenn man die Entwicklung im allgemeinen Fahrlässigkeitsrecht berücksichtigt. So wurde in diesem Bereich bereits in den dreißiger Jahren des 20. Jahrhunderts durch die Entscheidung *Donoghue v Stevenson*[293] ein objektiver Maßstab als Beurteilungskriterium eingeführt.[294] Doch auch die fortschreitende Professionalisierung der Geschäftswelt sowie Gerichtsentscheidungen in den 80er und 90er Jahren des 20. Jahrhunderts haben den von Romer J aufgestellten Grundsatz, daß ein *director* nur die fachliche Kenntnis haben muß, die vernünftigerweise von einer Person mit seiner Kenntnis und Erfahrung erwartet werden kann, noch nicht ersetzen können.[295] Gleichwohl gab es in den letzten Jahrzehnten legislative, ökonomische sowie judikative Entwicklungen, die eine Umorientierung in der Frage der *common law duty of skill and care* erahnen lassen.

(2) Legislative Bestrebungen zur Kodifikation des Sorgfaltsmaßstabs eines directors

In den letzten 100 Jahren gab es zahlreiche Versuche, den Sorgfaltsmaßstab eines *directors* in Gesetzesform festzulegen. Zu diesem Zwecke wurden zahlreiche Kommittees errichtet und deren Ergebnisse vielfältig diskutiert.

(a) „The Davey Committee“

Das von Lord Davey geleitete Kommitte wurde vom Board of Trade eingerichtet und befaßte sich mit nötigen Ergänzungen der Companies Acts 1892-1890.[296] So schlug das Kommittee im Hinblick auf die Sorgfaltspflichten eines *directors* vor, daß das Companies Act festlegen solle, daß der *director* sein Amt mit angemessener Sorgfalt und Kenntnis auszuüben habe:

> „s. 10 (2) Every director shall be under an obligation to the company to use reasonable care and prudence in the exercise of his powers, and shall be liable to compensate the company for any damage incurred by reason of neglect to use such care and prudence.“[297]

---

293 [1932] AC 562ff.

294 Vgl. Donoghue v Stevenson [1932] AC 562, 580; Worthington, in: Patfield (Hrsg.), Perspectives on Company Law: 2, S. 181, 189, 193.

295 Vgl. Dorchester Finance Co. Ltd.v Stebbing [1989] BCLC 498, 501f.

296 Law Commission, Company Directors: Regulating Conflicts of Interest and Formulating a Statement of Duties - A Consultation Paper, S. 265.

297 Zitiert in Law Commission, Company Directors: Regulating Conflicts of Interest and Formulating a Statement of Duties - A Consultation Paper, S. 265.

In dem vom Davey Committee erstellten Abschlußbericht war weiterhin zu lesen:

„It may also be thought that the clause which imposes on every director an obligation to use reasonable care and prudence in the exercise of his powers, and gives the company the right of action for neglect to do so, goes beyond any actual decission of the courts. But your Committee think it is right in principle."[298]

Wie sich durch einen Blick auf die 35 Jahre später entschiedene Referenzentscheidung der „traditionellen" subjektiven Ansicht *Re City Equitable Fire Insurance Company*, zeigt, waren die Vorschläge des Davey Kommittees, wie schon im Abschlußbericht befürchtet, nicht durchsetzbar.

(b) „The Greene Committee"

Das unter dem offiziellen Namen als „Company Law Amendment Committee" laufende Greene Committee dachte 1926 ebenfalls über eine Kodifizierung der Sorgfaltspflichten von *directors* nach, kam aber zu dem Schluß, daß der Versuch, die Pflichten der *directors* zu kodifizieren, ein hoffnungsloses Unterfangen sei.[299]

(c) „The Jenkins Committee"

Im Jahr 1962 unternahm schließlich das Jenkins Committee einen weiteren Versuch, die Pflichten der *directors* schriftlich zu fixieren.[300] Als Ergebnis präsentierte es jedoch dann nur eine allgemeine Umschreibung der Treuepflichten der *directors* gegenüber der Gesellschaft und die Folgen einer Verletzung dieser Pflicht.

(d) Companies Bill 1978

16 Jahre später wurde dann erneut der Versuch unternommen, den Sorgfaltsmaßstab eines *directors* in Gesetzesform zu gießen.[301] So wurden unter Artikel 45 folgendes ausgeführt:

---

298 C 7779, para 32.

299 Company Law Amendment Committee, Report of the Company Law Amendment Committee (1925-1926), Cmnd. 2657, para 46.

300 Company Law Committee, Report of the Company Law Committee (1962), Cmnd. 1749, para 86, 87 und 99.

301 Arden, in: Rawlings (Hrsg.), Law, Society and Economy, S. 91, 103.

(1) In the exercise of the powers and the discharge of the duties of his office in circumstances of any description, a director of a company owes a duty to the company to exercise such care and diligence as could reasonably be expected of a reasonably prudent person in circumstances of that description and to exercise such skill as may reasonably be expected of a person of his knowledge and experience

(2) Subsection (1) above shall have effect instead of the rules of law stating the duties of care and diligence and of skill owed by a director of a company to the company

Bei näherer Betrachtung des Artikels 45 (1) Companies Bill 1978 ist festzustellen, daß hinsichtlich des allgemeinen Sorgfaltsmaßstabes zwischen der zu waltenden Sorgfalt zum einen und den Fähigkeiten zum anderen unterschieden wird. So wird im Hinblick auf die von *directors* anzuwendende Sorgfalt von einem objektiven Maßstab ausgegangen, da die Sorgfalt erwartet wird, die eine durchschnittlich vernünftige Person in der jeweiligen Situation walten läßt. Bei den Fähigkeiten hingegen wird auf einen subjektiven Maßstab zurückgegriffen, da nur die Fähigkeiten erwartet werden, von denen bei einer Person mit ihrer Kenntnis und Erfahrung ausgegangen werden kann.

Diese Gesetzesvorlage wurde jedoch wiederum nicht umgesetzt, da die Unterhauswahlen im Jahr 1979 dem Vorhaben ein Ende bereiteten. Darüber hinaus ist es auch fraglich, ob die Unterscheidung zwischen der objektiv anzuwendenden Sorgfalt zum einen und den auszuübenden individuellen Fähigkeiten des *directors* zum anderen eine Verbesserung und Klarstellung der Rechtslage bewirkt hätte, da die Grenzen zwischen diesen beiden Begriffen fließend sind.[302] So hätte man sich z.B. im Falle einer gebotenen, jedoch unterlassenen Produktausweitung die Frage stellen müssen, ob ein angemessen sorgfältiges Leitungsorgan in dieser Situation die Produktpalette ausgeweitet hätte. Dies wäre dann wieder abzugrenzen gegen die Fragestellung, ob der *director* aufgrund seiner Spezialkenntnisse hätte beurteilen können, wann der Marktanteil oder die Gewinnerwartung der bisher bestehenden Produkte fallen würde.[303]

(3) Neuere Entwicklungen

Die zuvor dargestellten Initiativen der letzten 100 Jahre gewannen jedoch durch die fortschreitende Professionalisierung der Wirtschaft, neuere Entwicklungen in der angrenzenden Gesetzgebung sowie in der Rechtsprechung neue Aktualität. So ist die Auffassung, wie sie in Romer J's Entscheidung formuliert wurde und seit-

302 Parkinson, Corporate Power and Responsibility: Issues in the Theory of Company Law, S. 101, Fn. 12.

303 Law Commission, Company Directors: Regulating Conflicts of Interest and Formulating a Statement of Duties - A Consultation Paper, S. 272.

dem den Sorgfaltsstandard der *directors* festgeschrieben hat, in den 90er Jahren des 20. Jahrhunderts unter erhebliche Kritik geraten.

(a) Einfluß der Professionalisierung und Globalisierung der Wirtschaft

Zunehmend sieht sich die Rechtsprechung mit der Realität des globalen Wettbewerbs und einer daraus folgenden stetigen Professionalisierung des Managements konfrontiert.[304] So erfordert die stetig wachsende Komplexität des Wirtschaftsverkehrs, daß an das Management einer Gesellschaft steigende Anforderungen gestellt werden. Mithin werden *executive directors*[305] häufig gerade deswegen in ihr Amt berufen und in hoch bezahlten zentralen Managementfunktionen eingesetzt, weil sie den ständig steigenden Anforderungen des Geschäftslebens zu entsprechen scheinen. Erfüllen jedoch die *directors* diese Erwartungen nicht, so ist ihre persönliche Inanspruchnahme nach der traditionellen Rechsprechung kaum möglich, was eindrücklich durch die geringe Anzahl von Fällen im Zusammenhang mit Sorgfaltspflichtverletzungen dokumentiert wird. Des weiteren ist zumindest im Bezug auf *public limited companies* festzustellen, daß durch die Tatsache der fortschreitenden Streuung der Anteilseigner eine effektive Kontrolle des *boards* durch ein externes Gremium nötig erscheint.[306]

(b) Einfluß der angrenzenden Gesetzgebung und Selbstregulierung

Daneben wuchs der Druck auf die Gerichte durch das Inkrafttreten von Gesetzen in angrenzenden Rechtsgebieten, die einen erheblich erweiterten Sorgfaltsmaßstab den *directors* auferlegten. So trat im Jahr 1986 das Company Directors Disqualification Act in Kraft, wobei hierbei die Intention des Gesetzgebers war, die *directors* zu verantwortlichem und kompetentem Verhalten anzuhalten.[307] Des weiteren droht den *directors* nach s. 214 Insolvency Act 1986 nun eine persönliche Inanspruchnahme, wenn sie bei absehbarer Auflösung der Gesellschaft wegen Überschuldung nicht jeden nur denkbaren Schritt zur Minimierung der Ver-

304 Vgl. Parkinson, Corporate Power and Responsibility: Issues in the Theoy of Company Law, S. 106f.; Finch, 55 M.L.R. 179, 200, 202; Worthington, in: Patfield (Hrsg.), Perspectives on Company Law: 2, S. 181, 189.

305 Vgl. auch die Mustersatzung in Table A, Companies Act 1985, insbesondere Art. 72 und 84, wonach das board die Befugnis hat, ein oder mehrere directors zu "executive directors" zu ernennen und an sie nach eigenem Ermessen Kompetenzen zu delegieren.

306 Parkinson, Corporate Power and Responsibility: Issues in the Theory of Company Law, S. 106.

307 Hicks/Goo, Cases & Materials on Company Law, S. 336.

luste der Gesellschaftsgläubiger unternehmen.[308] Mithin haftet ein *director* einer insolventen Gesellschaft, wenn er vor dem Beginn des Insolvenzverfahrens wußte oder hätte wissen müssen, daß keine vernünftige Aussicht besteht, den Konkurs zu vermeiden, er aber dennoch Verbindlichkeiten für die Gesellschaft eingegangen ist. Kann er hingegen dem Gericht nach s. 214 (3) Insolvency Act 1986 darlegen, daß er alles ihm Mögliche unternommen hat, um den Schaden der Gläubiger zu minimieren, so kann das Gericht ihn von der Haftung befreien. Der Beurteilungsmaßstab für diese Frage ist in s. 214 (4) Insolveny Act 1986 festgeschrieben und bedient sich eines gemischt objektiv/subjektiven Standards.[309] Der Bewertungsmaßstab des Gerichts beurteilt sich sowohl nach den durchschnittlichen Kenntnissen, Fähigkeiten und Erfahrungen, die von einer Person in eben dieser Position erwartet werden können, als auch nach den Kenntnissen, Fähigkeiten und Erfahrungen des individuellen *directors* in eben jener insolventen Gesellschaft. Entsprechend mußte der *director* folgenden Erfordernissen genügen:

> (a) the general knowledge, skill, and experience that may reasonably be expected of a person carrying out the same functions as are carried out by that director in relation to the company, and
> (b) the general knowledge, skill and experience that that director has."[310]

Es sollte jedoch Beachtung finden, daß dieser gemischt objektiv/subjektive Maßstab nach dem Willen des Gesetzgebers nur bei Gesellschaften in der Insolvenz Anwendung findet. Auch war vier Jahre zuvor im Supply of Goods and Services Act 1982 noch eine Anhebung des Sorgfaltsmaßstabs der *directors* „über die Hintertüre" abgelehnt worden. So sind nach dem Supply of Goods and Services Act 1982 Dienstleistungen grundsätzlich in angemessener Weise zu erbringen, welches einen objektiven Standard impliziert. Von dieser Vorschrift wurden hingegen *directors* noch im Beratungsstadium des Gesetzes explizit ausgenommen.[311] Doch fällt auf, daß durch die Verabschiedung des Insolvency Act 1986 ein weiterer Schritt in Richtung einer objektiven Beurteilung begangen wurde, wobei die flexible Formulierung eine ausreichende Berücksichtigung des Einzelfalles sicherstellt. Daß jedoch eine Kodifikation in Teilbereichen schon zu

---

308 Vgl. auch das Control of Pollution Act 1974 und das Water Industry Act 1991 sowie die Gefährdungshaftung der directors nach dem Clear Air Act 1993 und dem Radioactive Substances Act 1993.

309 Interessant ist die Tatsache, daß der Bericht des Review Committee on Insolvency Law and Practice unter dem Vorsitz von Sir Kenneth Cork einen rein objektiven Standard vorschlug. In dem folgenden Gesetzgebungsverfahren wurde jedoch das subjektive Element hinzugefügt.

310 s. 214 (4) Insolvency Act 1986.

311 Bourne, Essential Company Law, S. 69.

einer generellen Neubestimmung der allgemeinen Grundsätze führen kann, hat sich schon häufig im Rahmen der Rechtsentwicklung gezeigt. Entsprechend beschäftigte sich wenige Jahre später die Rechtsprechung auch im Bezug auf die *common law duty of skill and care* mit dem gemischt objektiven/subjektiven Sorgfaltsmaßstab, wie er in s. 214 Insolvency Act 1986 eine Kodifizierung erfahren hat. Dies wird eine Behandlung im nächsten Abschnitt erfahren.

Aber auch die Einführung des Company Directors Disqualification Act 1986, welche die Disqualifikation aufgrund von Inkompetenz und Fahrlässigkeit zuläßt[312], hatte eine katalytische Wirkung auf die Diskussion um eine Umbesinnung bei Beurteilung des Sorgfaltsmaßstabes im *common law*. Jedoch darf hier auch nicht verschwiegen werden, daß dem Company Directors Disqualification Act 1986 im Rahmen der Haftungsfrage mit seinem Ausübungsverbot für die Zukunft eine andere Stoßrichtung zukommt als der schadensausgleichenden Verurteilung wegen eines Sorgfaltspflichtenverstoßes. Zumindest war es aber als ein weiteres Zeichen einer fortschreitenden Betonung der Corporate Governance zu werten.

Mit dem gleichen Effekt haben auch in den letzten Jahren Berufsverbände in angrenzenden Tätigkeitsbereichen, wie z.B. die *Securities and Futures Authority* (SFA), immer stärker die ihnen übertragenen Rechte ausgeübt, ihre Mitglieder mit einer Geldstrafe zu belegen, Disziplinarstrafen auszusprechen sowie einzelne Mitglieder zu suspendieren.[313]

(c) Reformansätze in der neueren Rechtsprechung

Wie erwartet fand die Gesetzgebung im Rahmen des Insolvency Act 1986 eine Behandlung in der Rechtsprechung zum allgemeinen Sorgfaltsmaßstab der *directors*, so daß es Anfang der 90er Jahre des 20. Jahrhunderts zu Entscheidungen kam, in denen ein gemischt objektiv/subjektiver Sorgfaltsstandard Berücksichtigung fand.

Wegbereitend hatte aber schon im Jahr 1989 der Court of Appeal in einer Entscheidung zur *agency* entschieden, daß im Hinblick auf den Sorgfaltsmaßstab eine Unterscheidung zwischen entgeltlicher und unentgeltlicher Tätigkeit nötig sei.

> „For my part, I would prefer to state an agent's duty of care as which may be reasonably expected of him in all the circumstances. [...] I have no doubt that one of the relevant circumstances is whether or not the agent is paid. [...] If a paid agent exercised any trade, profession or calling, he is required to exercise the degree of skill and diligence reasona-

312 Farrar, Farrar's Company Law, S. 392.
313 Barlow, Company Law Newsletter (12) 1997, 2, 2.

bly expected of a person exercising such trade, profession or calling, irrespective of the degree of skill he may possess." [314]

In *Norman v Theodore Goddard*[315] und zwei Jahre später in *Re D'Jan of London Ltd.*[316] entschied dann Hoffmann LJ, daß der allgemeine Sorgfaltsmaßstab in Bezug auf *directors* dem in s. 214 (4) Insolvency Act 1986 entspreche, obwohl in keinem der beiden Fälle eine direkte Anwendung von s. 214 Insolvency Act 1986 in Frage kam. So führte Hoffmann LJ in *Re D'Jan of London Ltd.* zu den Anforderungen an den Sorgfaltsmaßstab eines *directors* aus:

„[...] a reasonably diligent person having both (a) the general knowledge, skill, and experience that may reasonably be expected of a person carrying out the same funktions as are carried out by that director in relation to the company, and (b) the general knowledge, skill and experience that that director has." [317]

Doch auch die Wirkung von Entscheidungen aus den Commonwealthstaaten Australien, Neuseeland und Kanada sollte nicht unterschätzt werden. So verbindet die Staaten des Commonwealth der gemeinsame Ursprung im englischen Recht, so daß Entscheidungen aus Commonwealthstaaten zwar nicht bindend, jedoch zu berücksichtigen sind („*highly persuasive*"). So erhielt ein rein objektiver Sorgfaltsmaßstab in diesen Staaten eine gesetzliche Regelung, nachdem die Gerichte diesen Weg schon vorher beschritten hatten, so daß die gesetzliche Neuregelung nur die geltende Rechtsprechung widerspiegelte.[318]

(4) Drei alternative Sorgfaltsmaßstäbe

Aufgrund der zuvor beschriebenen Veränderungen im Wirtschaftsleben, der Gesetzgebung und Rechtsprechung befindet sich die Rechtsentwicklung auf dem Gebiet des allgemeinen Sorgfaltsmaßstabes eines *directors* derzeit erheblich in Bewegung. Eine eindeutige Aussage zur momentanen Rechtslage ist daher nicht möglich. Gleichwohl ist aber insbesondere im Hinblick auf die anzuwendende Sorgfalt bei der Bewältigung des Jahr-2000-Problems eine Entscheidung nötig.

---

314 Chandhry v Prabhakar [1989] 1 W.L.R. 29, 34.

315 [1992] BCLC 1028, 1030f., jedoch nur in obiter dicta.

316 [1993] 1 BCLC 561, 563, hier nun als ratio decidendi; vgl. auch die Entscheidung des Supreme Court of New South Wales in Daniels v Anderson [1995] 13 ACSR 607ff.

317 [1993] 1 BCLC 561, 563.

318 Farrar, in: Rider (Hrsg.), The Realm of Company Law, S. 37, 39 mit dem Hinweis auf Hussein v Good [1990] 1 ACSR 710ff.; Heide Pty Ltd. v Lester [1990] 3 ACSR 159ff.; Commonwealth Bank of Australia v Friedrich [1991] 5 ACSR 115ff.; AWA Ltd. v Daniels [1992] 7 ACSR 759ff.

Entsprechend ist auf die verschiedenen Alternativen einzugehen und eine Vorhersage abzugeben.

Es bieten sich in der derzeitigen Diskussion um den in England anzuwendenden *common law standard of skill and care* drei Optionen an. In Frage kommen der rein subjektive Sorgfaltsmaßstab der traditionellen Rechtsprechung, der gemischt objektiv/subjektive Standard der angrenzenden Gesetzgebung und neueren Rechtsprechung sowie der rein objektive Sorgfaltsmaßstab, der in vielen anderen Rechtsordnungen Anwendung findet. Der folgende Abschnitt wird die drei Sorgfaltsmaßstäbe mit ihrem Ursprung sowie mögliche Ansatzpunkte für Kritik und dem Verhältnis der einzelnen Standards zueinander darstellen.

(a) Der subjektive Sorgfaltsmaßstab

Wie oben dargestellt, ist traditionelle Sicht der englische Rechtsprechung, daß *directors* nicht - wie Geschäftsführer nach § 43 GmbHG - die Sorgfalt eines ordentlichen und gewissenhaften Geschäftsführers anzuwenden haben. Vielmehr wird die Sorgfaltspflicht - wie in § 708 BGB – subjektiv beurteilt, so daß das Leitungsorgan nur diejenige Sorgfalt zu walten hat, welche es in eigenen Angelegenheiten anzuwenden pflegt.[319] Anders ausgedrückt hat der *director* somit die Sorgfalt und die Fähigkeiten einzusetzen, die von einer vernünftigen Person mit seiner Kenntnis und Erfahrung erwartet werden dürfen. Mithin hat er „nur" das für ihn Bestmögliche zu tun.[320]

Nach Ansicht der englischen Gerichte und der traditionellen Literatur gab es, wie oben dargestellt, ausreichend Gründe, von einem subjektiven Standard auszugehen (rechtlicher Ursprung, Schwierigkeiten bei der Beurteilung von unternehmerischen Entscheidungen, Autonomie der Anteilseigner, keine Funktion als Versicherung). Zusätzlich wird aber auch vorgebracht, daß nicht selten Personen als *directors* berufen werden, die über besondere Kontakte und „Insider"-wissen verfügen, wie es zum Beispiel bei früheren Staatsbediensteten der Fall ist. Es könne jedoch von diesen *directors* nicht erwartet werden, daß sie sich u.a mit Buchführung und strategischer Unternehmensplanung auskennen.[321] Unberücksichtigt bleibt bei dieser Argumentation die Möglichkeit einer haftungsentlastenden Geschäftsverteilung. Auch können die besondere Expertise oder die einzig-

---

319 Law Commission, Company Directors: Regulating Conflicts of Interest and Formulating a Statement of Duties - A Consultation Paper, S. 286: "[...] exercise such care as is reasonably expected of them, having regard to their knowledge and experience.".

320 Vgl. Riley, 62 M.L.R. 1999, 697, 723f.

321 Law Commission, Company Directors: Regulating Conflicts of Interest and Formulating a Statement of Duties - A Consultation Paper, S. 290.

artigen Kontakte der jeweiligen Person mittels eines Beratervertrages für das Unternehmen gesichert werden, ohne sie gleich als *director* zu berufen.

Ferner spricht gegen den subjektiven Sorgfaltsmaßstab, daß faktisch gesehen keine effektiven Sanktionsmöglichkeiten gegen Sorgfaltspflichtverstöße in einer solventen Gesellschaft zur Verfügung stehen. Zwar wurde durch das Inkrafttreten des Company Directors Disqualification Act 1986 ein Schritt auf eine effektivere Sanktionsmöglichkeit von Pflichtverstößen getan. Jedoch verfolgt dieses Gesetz eine andere Stoßrichtung als Regreßklagen der Gesellschaft, da das durch das Gericht ausgesprochene Verbot der weiteren Direktorentätigkeit nur die Öffentlichkeit für die Zukunft schützt, aber der geschädigten Gesellschaft keine Entschädigung zukommen läßt.[322] Ebenso greift die Haftung für Sorgfaltspflichtverstöße nach s. 214 Insolvency Act 1986 erst für Handlungen ab dem Zeitpunkt, in dem die Insolvenz der Gesellschaft unabwendbar ist. Nicht zu unterschätzen ist hingegen die rein psychologisch disziplinierende Wirkung, die die Verabschiedung dieser Gesetze mit sich brachte.

Dieser psychologische Einfluß erfährt hingegen eine Relativierung im Hinblick auf die Entwicklung der letzten Jahre, daß sich der *director* gegen Haftungsrisiken aus seiner Direktorentätigkeit im Rahmen einer *Directors & Officers Insurance* (D&O-Versicherung) versichern kann. So steht nun nach einem langen Meinungsstreit über die Vereinbarkeit der D&O-Versicherung mit dem Enthaftungsverbot in s. 310 Companies Act 1985 fest, daß die Gesellschaft die Versicherungsprämien für den *director* erbringen darf. Auf diese Problematik wird jedoch noch in einem folgenden Kapitel eingegangen werden.[323]

Ferner ist aber auch zu beachten, daß es bei der Annahme eines rein subjektiven Standards bei der *common law duty of skill and care* zu einer fließenden Haftungsverschärfung im Falle einer Insolvenz kommt, da in diesem Falle der in s. 214 (4) Insolvency Act 1986 vorgeschriebene gemischt objektiv/subjektive Sorgfaltsmaßstab zur Anwendung kommt. So wäre während des normalen Geschäftsbetriebes einer Gesellschaft ein subjektiver Maßstab bei der Beurteilung des Verhaltens eines Leitungsorgans heranzuziehen, jedoch in der Phase, in der es sich klar abzeichnet, daß eine Gesellschaft in die Insolvenz abgleitet und Gläubiger hierdurch einen Schaden erleiden, würde der schärfere gemischt objektiv/subjektive Maßstab Anwendung finden. Im Ergebnis wäre somit eine

---

322 Vgl. Hoffmann, 18 The Company Lawyer (7) 1997, 194, 196: „It has been said, indeed I think I have said so myself, that the effect of the disqualification legislation and the cases decided upon it might have the effect of raising the standards which were previously required of directors under the Brazilian Rubber Plantation rule. There may be some truth in this observation but, on reflection, I think it is an exaggeration."

323 Vgl. Kapitel III.

plötzliche Haftungsverschärfung in dem Moment festzustellen, in dem die Insolvenz als unausweichlich feststeht. Einen Ausweg aus diesem scheinbaren Widerspruch scheint aber die Frage nach der Schutzwirkung der einzelnen Haftungsvorschriften zu liefern. So bezweckt s. 214 Insolvency Act 1986 nach dem Wortlaut der Vorschrift den Schutz der Gläubiger der Gesellschaft, denen eine Beeinflussungsmöglichkeit auf die ordnungsgemäße Geschäftsführung – anders als den Anteilseignern - verwehrt ist. Entsprechend ist es dann auch zu vertreten, daß der *director* sich einem objektiveren Sorgfaltsmaßstab unterwerfen muß, um den Schutz der „einflußlosen" Gläubiger zu gewährleisten. Eine Abwägung dieses Allgemeininteresses gegen das Einzelinteresse des *directors* auf „Konsistenz" im anzuwendenden Sorgfaltsmaßstab ist zu Gunsten des ersteren zu treffen.

Die Anwendung eines subjektiven Sorgfaltsmaßstabs bringt aber beim rein subjektiven als auch beim gemischt objektiv/subjektiven Standard mit sich, daß genau wie die Unkenntnis und Unerfahrenheit eines *directors* auch besondere Fähigkeiten und Erfahrungen, über die der *director* verfügt, bei der Bestimmung des Sorgfaltsmaßstabes Berücksichtigung finden.[324] So wurde z.B. im Falle eines *non-executive directors* entschieden, der hauptberuflich im Bereich Unternehmensfinanzierung arbeitete, daß er dem Sorgfaltsstandard, der von ihm zu erwarten gewesen sei, nicht entsprach, als er es unterließ, im Rahmen seiner Boardtätigkeit die gesetzlich vorgeschriebene Buchhaltung der Gesellschaft zu überprüfen.[325] Entsprechend wird ein *director*, der ein besonderes Qualifikationsprofil besitzt, nach einem höheren Sorgfaltsmaßstab zu beurteilen sein als ein *director*, der „nur" dem allgemein zu erwartenden Sorgfaltsmaßstab des objektiven Tests entspricht. Mithin könnte eine im Bezug auf Qualifikationsmaßnahmen kontraproduktive Haftungsverschärfung im Falle von besonders qualifizierten Führungskräften eintreten. Zwar läßt sich für die subjektive Komponente unterstützend anführen, daß eine bessere Qualifikation auch zu größeren Berufs- und Karrierechancen führt, was wiederum auch mit einer größeren Verantwortung und Haftung einhergeht. Hierbei ist jedoch auch zu überlegen, daß der objektive

324 Parkinson, Corporate Power and Responsibility: Issues in the Theory of Company Law, S. 107; Law Commission, Company Directors: Regulating Conflicts of Interest and Formulating a Statement of Duties - A Consultation Paper, S. 294; ähnlich auch Wardmann, 15 B.L.R. 1994, 71, 75, der es jedoch nur in der Theorie für möglich hält, daß durch das subjektive Element eine Haftungsverschärfung eintreten kann. Für wahrscheinlicher hält er jedoch eine Berücksichtigung des subjektiven Elements im Rahmen der Festsetzung der Höhe der Entschädigung (mitigation). Vgl. aber Prentice, in: Grantham/Ricket (Hrsg.), Corporate Personality in the Twentieht Century, S. 99, 112 mit der Auffassung, daß Abschnitt (a) (das objektive Element) den „Boden" und Abschnitt (b) (das subjektive Element) die „Decke" der Haftung setze.

325 Re Continental Assurance Co. of London plc. [1997] 1 BCLC 48, 49.

Maßstab schon eine Anpassung des zu erwartenden Sorgfaltsstandards an die jeweilige Position und das Umfeld des *directors* beinhaltet. Erfordert eine spezielle Position in einer bestimmten Gesellschaft Spezialkenntnisse, so wird auch durch den objektiven Test die nötige Qualifikation gefordert und gewährleistet. Entsprechend relativiert sich die Bedeutung des Arguments, daß die Anwendung eines subjektiven Elementes eine Haftungsverschärfung für besonders qualifizierte *directors* bedeute, da der Mangel positionsrelevanter Spezialkenntnisse auch nach dem objektiven Test eine Sanktion erfährt. Für die sehr wenigen Ausnahmefälle der Diskrepanz zwischen den Ergebnissen des objektiven und subjektiven Tests[326] ist aber eine Zusicherungsregelung im Rahmen des Anstellungsvertrages denkbar.

(b) Der gemischt objektiv/subjektive Sorgfaltsmaßstab

Der Sorgfaltsmaßstab in s. 214 (4) Insolvency Act 1986 und den Entscheidungen *Norman v Theodore Goddard* und *Re D'Jan of London Ltd.* hat sowohl eine objektive als auch eine subjektive Komponente. Entsprechend vermeidet ein *director* die persönliche Inanspruchnahme,

> „if he takes those steps
> (1) which would be taken by a reasonably diligent person with the knowledge, skill and experience reasonably to be expected of a director carrying out the same functions; and also
> (2) which would be taken by a reasonably diligent person with his knowledge, skill and experience."

Vergleicht man den Sorgfaltsmaßstab in Romer J's Präzidenzfall *Re City Equitable Fire Insurace Ltd.* mit der Formulierung in s. 214 (4) Insolvency Act 1986, so fällt auf, daß in *Re City Equitable Fire Insurance Ltd.* der subjektive Sorgfaltsmaßstab als einzig anzuwendender Standard bei der Beurteilung des Verhaltens des *directors* Anwendung findet, während in der gesetzlichen Fassung des Insolvency Acts 1986 der subjektive Pflichtenstandard nur dann zur Geltung kommt, wenn er den objektiven Sorgfaltsmaßstab überschreitet.[327]

Der Formulierung in s. 214 (4) Insolvency Act 1986 ist zu entnehmen, daß mit dem Begriff „carrying out the same function" sich nicht nur eine Unterscheidung zwischen *executive* und *non-executive director*, sondern auch eine differenzierte Betrachtung im Hinblick auf die verschiedenen Aufgaben der executive *directors* eröffnet. Ferner ist das Geschäftsfeld als auch die Größe der Gesellschaft,

---

326 Individuelle Spezialkenntnisse, die nicht zum allgemein zu fordernden Anforderungsprofil der Position gehören.

327 Davies, Gower's Principles of Modern Company Law, S. 642.

sowie die Komplexität der Maßnahme ein entscheidendes Beurteilungskriterium bei der Bestimmung der ordnungsgemäßen Pflichterfüllung seitens des *directors*.[328] Somit erübrigt sich auch der immer wieder vorgebrachte einen subjektiven Standard propagierende Hinweis, daß es keine geschlossene Berufsgruppe der *directors* gibt. Auch bei einem objektiven Maßstab ist eine universelle Beurteilung nicht möglich, da die Gruppe der *directors* keine homogene Gemeinschaft bildet. Vielmehr kommt es auf eine Beurteilung der äußeren Umstände des Einzelfalles an.[329] So wäre es nicht vertretbar, z.B. den Pflichteninhalt eines *executive directors* einer weltweit agierenden *public limited company* mit dem eines *directors* und gleichzeitigen Anteilseigners einer in der Gesellschaftsform der *private limited company* betriebenen Schreinerei zu vergleichen. Es kommt vielmehr auf die Kenntnis und Sorgfalt an, die eine Person in der entsprechenden Funktion bei eben dieser Gesellschaft in jenem Geschäftsfeld haben sollte.

Jedoch hat die Übertragung des gemischt objektiv/subjektiven Sorgfaltsstandards in s. 214 Insolvency Act 1986 auf die *common law duty of skill and care* auch eine die Systematik von Gesetzesregelungen betreffende Kritik in der Literatur erfahren. So wird grundsätzlich in Frage gestellt, ob es richtig sei, eine speziell auf einen Einzelfall ausgerichtete gesetzliche Regelung in einen allgemeinen Grundsatz umzuwandeln.[330] Ebenso wird angeführt, daß die von Hoffmann LJ entschiedenen beiden Fälle auch bei der Anwendung eines subjektiven Standards zum gleichen Ergebnis gekommen wären, da in *Norman v Theodore Goddard* sich der *director* zu Recht habe auf eine andere Person verlassen dürfen. Des weiteren war in *Re D'Jan of London Ltd.* eine Sorgfaltspflichtverletzung auch nach dem subjektiven Standard entsprechend der ersten These von Romer J in *Re City Equitable Fire Insurance Co Ltd.* anzunehmen, da eine Person auch bei der

328 Davies, Gower's Principles of Modern Company Law, S. 643; Pennington, Directors' Personal Liability, S. 83f.; vgl. auch Knox J in Re Produce Marketing Consortium Ltd. (No. 2) [1989] BCLC 520, 550: "It follows that the general knowledge, skill and experience postulated will be much less extensive in a small company in a modest way of business, with simple accounting procedures and equipment, than it will be in a large company with sophisticated procedures. Nevertheless, certain minimum standards are to be assumed to be attained".

329 Pennington, Directors' Personal Liability, S. 83f.

329 Davies, Gower's Principles of Modern Company Law, S. 642.

329 Davies, Gower's Principles of Modern Company Law, S. 643.

329 Law Commission, Company Directors: Regulating Conflicts of Interest and Formulating a Statement of Duties - A Consultation Paper, S. 293.

330 Auch mit dem Hinweis, daß es bei den beiden wichtigen und nun wohl richtungsweisenden Entscheidungen Norman v Theodore Goddard [1991] BCLC 1028ff. und Re D'Jan of London Ltd. [1994] 1 BCLC 561ff. keine gründliche Aufarbeitung der bisherigen Rechtsprechung gegeben habe.

Besorgung eigener Angelegenheiten einen Versicherungsantrag nicht ohne vorheriges Durchlesen der Vertragsbedingungen unterschreiben würde.[331]

Es sind in der Literatur aber auch Stimmen zu vernehmen, die durch die Einführung eines objektiven Elements vor einer weiteren Verschärfung der Haftungssituation des *directors* warnen, da hierdurch die Wettbewerbssituation Englands geschwächt werden würde. So würden geeignete Führungskräfte wegen der Haftungsrisiken und der zu erwartenden Steigerung der Regreßfälle eine Direktorentätigkeit nicht mehr aufnehmen.[332] Diesem Argument kann jedoch entgegengehalten werden, daß eine Verschärfung des Sorgfaltsstandards in England nur einer Anpassung an den objektiven Maßstab in den großen Handelsnationen (USA, Kanada sowie große Teile der EU und des Commonwealth)[333] gleichkommen würde, bei denen niemand es wagen würde, zu behaupten, daß sie weniger befähigte Leitungsorgane haben. Hingegen ist nicht auszuschließen, daß nicht hauptamtliche *non-executive directors* von der Berufung in das *board* zurückschrecken, wenn sie den gesteigerten Sorgfaltsansprüchen nicht mehr genügen

---

331 Farrar, Farrar's Company Law, S. 395.

332 Cook v Deeks [1916] 1 AC 554, 563: "It is quite right to point out the importance of avoiding the establishment of rules as to directors' duties which would impose upon them burdens so heavy and resposibility so great that men of good position would hesitate to accept the office"; Riley, 20 The Company Lawyer (6) 1999, 196, 201; Milman, Palmer's In Company (2) 1999, 1, 1f. mit dem Hinweis auf einen Meinungstrend in Kanada, daß eine zu scharfe Haftung geeignete Führungskräfte davon abhalte, eine Boardtätigkeit anzunehmen, jedoch auch anerkennend, das die Verschärfung der Haftung der directors nur eine Entwicklung widerspiegele, die sich in fast ganz Europa und in vielen Commonwealth-Ländern (u.a. Australien und Neuseeland) abzeichne.

333 Vgl. Sugarman, 20 The Company Lawyer (4) 1999; 162, 171; Jordan, An International Survey of Companies Law in the Commonwealth, North America, Asia and Europe, S. 1ff.; vgl. im einzelnen: Vereinigte Staaten von Amerika (Kalifornien): s. 309 California Corporation Code 1977 und paragraph 8.30 (a) (2) Model Business Corporation Act (US): "the degree an ordinarily prudent person in a like position would exercise under similar circumstances"; Neuseeland: s. 137 Companies Act 1993: "A director of a company, when exercising powers or performing duties as a director, must exercise the care, diligence and skill that a reasonable director would exercise in the same circumstances taking into account, but without limitation, (a) the nature of the company, and (b) the nature of the decision, and (c) the position of the director and the nature of the responsibility undertaken by him or her"; Kanada: s. 122 Business Corporations Act: "Every director and officer of a corporation in exercising his powers and discharching his duties shall [...] (b) exercise the care diligence and skill that a reasonably prudent person would exercise in comparable circumstances."; Deutschland: § 43 GmbHG.

können.[334] Ein solcher Trend mag jedoch gerade als wünschenswert bewertet werden, zumal man die Bewahrung der Expertise dieser Personen für das Unternehmen auch durch Beratungsverträge gewährleisten kann. Darüber hinaus geht hier das Interesse der Öffentlichkeit, der Gläubiger sowie der Anteilseigner an einem effektiven Schutz dem Interesse der *directors* vor einer faktischen „Immunisierung" ihrer Tätigkeit vor.[335]

Ebenso wird gegen die Anwendung eines objektiv/subjektiven Sorgfaltsstandards argumentiert, daß hierdurch *directors* zu einem übervorsichtigen, risikoscheuen Verhalten angehalten werden.[336] Überkompensierend hätte dies aber zur Folge, daß sie sich durch zu defensives Verhalten wiederum in den Bereich der Haftung bringen, da sie hierdurch den Gesellschaftszweck gefährden. Diese Argumentation verstärkt jedoch gerade den Ruf nach einer die Standardverschärfung begleitenden Anerkennung der *business judgement rule*. In den Vereinigten Staaten, in denen ein objektiver Standard bei der Beurteilung des Verhaltens eines Leitungsorgan angelegt wird, wird dieser für *directors* schwierigen Zwangslage gerade mit Hilfe der *business judgement rule* abgeholfen, wie sie schon im deutschen Teil der Innenhaftung eine ausführliche Beschreibung gefunden hat. Entsprechend wird in den Vereinigten Staaten grundsätzlich vermutet, daß *directors* (1) im Rahmen unternehmerischer Entscheidungen (*business decision*) (2) unvoreingenommen (*disinterestedness*), (3) mit ausreichender Sorgfalt (*due care*), (4) in gutem Glauben (*good faith*) und (5) innerhalb ihrer Ermessensgrenzen (*no abuse of discretion*) handeln.[337]

Bei der Beurteilung des Verhaltens des *directors* läßt sich zwar durch die Gerichte ohne unüberwindbare Schwierigkeiten feststellen, ob es sich bei der entsprechenden Entscheidung um eine „unternehmerische Entscheidung" gehandelt hat und das Leitungsorgan „unvoreingenommen", „in gutem Glauben" und „in-

---

334 Vgl. Cranston, J.B.L. 1992, 197, 210 und kritisch hierzu Hoffmann, 18 The Company Lawyer (7) 1997, 194, 196, der zumindest im Hinblick auf non-executive directors ausführt, daß bei einer Verschärfung des Sorgfaltsstandards niemand mehr bereit wäre, eine nicht hauptberufliche Direktorentätigkeit auszuüben. Vielmehr würde eine solche Verschärfung dazu führen, daß non-executive directors weniger Vertrauen den executive directors und dem Management entgegenbringen und durch deren zusätzliche ausführliche Befassung mit den fraglichen Beratungsgegenständen die Kosten der Entscheidungsfindung in die Höhe treiben würden.

335 Schon Edgar Speyer, Minority Report to the Report of the Company Law Amendment Committee 1906, Cmnd. 3052, S. 31.

336 Rogerson, in: Rider (Hrsg.), The Realm of Company Law, S. 93, 95; Law Commission, Company Directors: Regulating Conflicts of Interest and Formulating a Statement of Duties - A Consultation Paper, S. 293; Parkinson, Corporate Power and Responsibility: Issues in the Theory of Company Law, S. 109.

337 v. Werder/Feld, RIW 1996, 481, 482.

nerhalb seiner Ermessensgrenzen gehandelt"hat. Problematisch ist jedoch die Frage nach der Anwendung der „ausreichenden Sorgfalt". Hierzu wurde jedoch von den US-amerikanischen Gerichten entwickelt, daß unternehmerischen Entscheidungen nur dann der Schutz der *business judgement rule* zu Gute kommt, wenn sie im Rahmen eines ordnungsgemäßen Entscheidungsfindungsprozesses durch sorgfältige Generierung und Abwägung einer hinreichenden Informationsbasis ein gewisses Maß an Fundierung aufweisen.[338] Welche Tiefe und Breite diese Fundierung jedoch einzunehmen hat, ist wiederum eine Frage des Einzelfalles. Ergibt sich somit aus den Umständen der jeweiligen unternehmerischen Entscheidung kein nachweisbarer Hinweis auf eine Verletzung der oben dargelegten Voraussetzungen, so ist das Verhalten des Leitungsorgans als rechtmäßig anzusehen.

Hingegen waren die Gerichte in England bisher äußerst zurückhaltend, wenn nicht sogar entschieden ablehnend eingestellt, wenn es darum ging, unternehmerische Entscheidungen der Leitungsorgane nachträglich einer Überprüfung zu unterziehen.[339] Weit weniger zurückhaltend waren die Gerichte, wenn es um die Beurteilung rein „mechanischer Fehler" ging.[340] Die Zurückhaltung der englischen Gerichte im Hinblick auf die Beurteilung von unternehmerischen Entscheidungen ist jedoch vor dem Hintergrund der Besonderheiten der Rechtslage und Entstehungsgeschichte in England zu sehen, wie sie in den vorherigen Abschnitten dargestellt wurde.

Entsprechend führte Lord Wilberforce für den Privy Council in *Howard Smith v Ampol Petroleum* folgendes aus:

---

338 Riley, 20 The Company Lawyer (6) 1999, S. 196, 201; Werder/Feld, RIW 1996, 481, 493.

339 Worthington, in: Patfield (Hrsg.), Perspectives on Company Law: 2, S. 181, 191; Howard Smith Ltd. v Ampol Petroleum Ltd. (1974) AC 821 (P.C.), S.832: „There is no appeal on the merits of management decisions to courts of law: nor will a court of law assume to act as a kind of supervisory board over decisions within the powers of management honestly arrived at."; Parkinson, Corporate Power and Resposibility: Issues in the Theory of Company Law, S. 107f., 109; Law Commission; Company Directors: Regulating Conflicts of Interest and Formulating a Statement of Duties - A Consultation Paper, S. 296.

340 Vgl. Dorchester Finance Company Ltd. v. Stebbing [1989] BCLC 498ff.: Zwei non-executive directors unterschrieben Blankoschecks; Re New Mashonaland Exploration Company [1892] 3 Ch 577, 586: Es wurde von der Gesellschaft ohne Sicherheit ein Darlehen gewährt.

„it would be wrong for the court to substitute its opinion for that of the management, or indeed to question the correctness of the management's decision [...] if bona fide arrived at."[341]

Dies Zitat zeigt recht deutlich, daß *directors* nach der bisherigen englischen Rechtsprechung nicht für geschäftliche Fehlentscheidungen haftbar gemacht werden können, solange sie in gutem Glauben gehandelt haben. Die Erwähnung des Elements „*bona fide*" läßt jedoch schon auf eine Sensibilisierung hinsichtlich einer Begrenzung des Beurteilungsspielraumes schließen.

In einem ähnlichen Zusammenhang könnte man auch s. 727 Companies Act 1985 sehen, wonach die Gerichte einen *director* auf Antrag ganz oder teilweise von der persönlichen Inanspruchnahme befreien können, wenn es geboten ("*ought fairly to be excused*") erscheint. Eine Befreiung kommt nach s. 727 Companies Act 1985 in Frage, wenn der Richter davon überzeugt ist, daß der *director* redlich und angemessen ("*honestly and reasonably*") gehandelt hat und wenn die Gesamtheit der Umstände eine Haftungsbefreiung fairerweise nahelegt. Zwar ist in s. 727 Companies Act 1985 kein Ersatz der *business judgement rule* zu sehen, sondern vielmehr nur das Vehikel, in dessen Rahmen die *business judgement rule* Anwendung finden kann. Jedoch sind gewisse Parallelen zwischen dem Erfordernis des redlichen und angemessenen ("*honestly and reasonably*") Verhaltens und den oben dargelegten, von der amerikanischen Rechtsprechung entwickelten Voraussetzungen der *business judgement rule* zu erkennen.

Wenn nun aber mit der Einführung eines objektiven Elements bei der Bestimmung des Sorgfaltsmaßstabs der Schritt in Richtung einer objektiven Beurteilung des Verhaltens der Leitungsorgane beschritten werden sollte, dann ist auch eine explizite Annahme der *business judgement rule* angeraten. So ist es nur sinnvoll, den Sorgfaltsmaßstab zu erhöhen, wenn man zum einen den *directors* einen abschätzbaren Rahmen zur gefahrlosen Ausübung von unternehmerischen Entscheidungen bietet und zum anderen aber hierdurch auch den Gerichten die Kriterien an die Hand gibt, mit denen sie diese unternehmerischen Entscheidungen beurteilen können, ohne sich mit der substantiellen Entscheidung *per se* zu befassen.

(c) Der objektive Sorgfaltsmaßstab

Als dritte Alternative bietet sich der rein objektive Sorgfaltsmaßstab an, der im Hinblick auf die Länder des *common law* schon in den Vereinigten Staaten sowie in vielen Ländern des Commonwealth wie z.B. in Neuseeland und Kanada Ein-

---

341 [1974] AC 821, 832.

zug gefunden hat.[342] Daher hat ein *director* die Sorgfalt und Kenntnis einzusetzen, die ein durchschnittlich kompetenter *director* in seiner Position und der entsprechenden Situation anwenden würde. Hieraus folgt, daß bei der Beurteilung des Pflichtenstandards auf die jeweiligen Anforderungskriterien der Position in eben jenem Unternehmen abzustellen ist. *Directors* bilden nicht eine homogene Gruppe. Die erforderlichen Fähigkeiten und Erfahrungen hängen weitgehend von der Größe und dem Betätigungsfeld der Gesellschaft sowie der jeweiligen Funktion des *directors* ab.[343] Eine gesetzliche oder richterliche Umschreibung des anzuwendenden Sorgfaltsmaßstabes muß entsprechend weit gefaßt sein, um den unterschiedlichen Einzelfällen jeweils gerecht zu werden. So wird auch in England vertreten, den objektiven Teil des Tests in s. 214 Insolvency Act 1986 als anzuwendenden Maßstab heranzuziehen.[344] Die hierin enthaltene Formulierung des anzuwendenden Sorgfaltsmaßstabes bietet genügend Freiraum, die individuelle Situation der Gesellschaft sowie des *directors* zu berücksichtigen. Die besonderen Kenntnisse und Fähigkeiten des *directors* finden hingegen bei der Beurteilung der Organtätigkeit keine Berücksichtigung, auch wenn er gerade ihretwegen in diese Funktion berufen wurde. Der Blick der Gerichte richtet sich somit primär auf die äußeren Umstände und nicht auf die Person des *directors,* wie es bei der Heranziehung eines subjektiven Standard der Fall wäre.

(5) Zusammenfassende Bewertung

Es ist insgesamt festzustellen, daß in der englischen Rechtsprechung nur sehr wenige Entscheidungen zur *common law duty of skill and care* zu finden sind, wohingegen sich bei Treuepflichtverletzungen eine umfangreiche Kasuistik entwik-

342 Sugarman, 20 The Company Lawyer (4) 1999; 162, 171; Jordan, An International Survey of Companies Law in the Commonwealth, North America, Asia and Europe, S. 1ff.; vgl. im einzelnen: Vereinigte Staaten von Amerika (Kalifornien): s. 309 California Corporation Code 1977 und paragraph 8.30 (a) (2) Model Business Corporation Act (US): "the degree an ordinarily prudent person in a like position would exercise under similar circumstances"; Neuseeland: s. 137 Companies Act 1993: "A director of a company, when exercising powers or performing duties as a director, must exercise the care, diligence and skill that a reasonable director would exercise in the same circumstances taking into account, but without limitation, (a) the nature of the company, and (b) the nature of the decision, and (c) the position of the director and the nature of the responsibility undertaken by him or her"; Kanada: s. 122 Business Corporations Act: "Every director and officer of a corporation in exercising his powers and discharching his duties shall [...] (b) exercise the care diligence and skill that a reasonably prudent person would exercise in comparable circumstances.".

343 Finch, M.L.R. 1992, 179, 203.

344 Finch, M.L.R. 1992, 179, 203, 204.

kelt hat. Hierbei liegt die Mehrzahl der entschiedenen Fälle mehrere Jahrzehnte zurück, und die neuerern, zukunftsweisenden Entscheidungen stammen im Bereich der *common law duty of skill and care* nur von einem einzigen, jedoch einflußreichen Richter, Hoffman LJ, der selbst jedoch die oben beschriebene traditionelle Sichtweise als die noch allgemeingültige ansieht.[345] Ebenso eröffnen die bisher erlassenen Gesetze nur für Teilbereiche, jedoch nicht für die allgemeine Sorgfaltspflicht eine objektivere Beurteilung der Pflichten der *directors*.[346] Entsprechend prägt die englische Rechtsprechung und Literatur eine große Ungewißheit, welcher Maßstab bei der Beurteilung der *common law duty of skill and care* Anwendung finden soll. Diese Rechtsunsicherheit hat wiederum zur Folge, daß sich kaum Kläger finden, die das Kostenrisiko eines Prozesses mit ungewissem Ausgang eingehen wollen, geschweige denn den Fall bis in die höchsten Instanzen verfolgen. Mithin ist es zur Zeit nur möglich, zu spekulieren, welchem Sorgfaltsmaßstab *directors* bei der Ausführung ihrer Tätigkeit zu entsprechen haben. Wie oben erwähnt, ging selbst Hoffmann LJ noch 1997 davon aus, daß die traditionelle Sichtweise mit dem rein subjektiven Maßstab noch die gültige Rechtslage widerspiegelt, jedoch deutet sehr viel auf einen baldigen Wandel zu einer objektiveren Beurteilung hin.

Eine Neuorientierung in der Frage des allgemeinen Sorgfaltsmaßstabes muß aber auch eine Anerkennung und weitgehende Anwendung der *business judgement rule* zur Folge haben.[347] Denn eine Verschärfung des Sorgfaltmaßstabes darf nicht zu einer Behinderung der Funktionsfähigkeit des Managements führen. Ansonsten bestände die Gefahr, daß ein von Haftungsrisiken zutiefst verunsichertes Management von risikobehafteten Geschäften Abstand nimmt, welche

---

345 Hoffmann, 18 The Company Lawyer (7) 1997, 194, 195ff.; Gleichwohl wird die in seinen beiden Urteilen vertretene Auffassung auch von der Law Commission in ihrem Consultation Paper favorisiert (Law Commission, Company Directors: Regulating Conflicts of Interest and Formulating a Statement of Duties - A Consultation Paper, S. 292); ebenfalls die neuere Rechtsprechung unterstützend Arden (selbst ehemalige Richterin), in: Rawlings (Hrsg.), Law, Society and Economy, S. 91, 103f.; Sugarman, 20 The Company Lawyer (4) 1999, 162, 172 mit der Ansicht, daß die Gerichte in ihrer Gesamtheit schon davon überzeugt zu sein scheinen. Aber wieder relativierend auf S. 173.

346 s. 214 Insolvency Act 1985; s. 6 Company Directors Disqualification Act 1986.

347 Vgl. auch Law Commission, Company Directors: Regulating Conflicts of Interest and Formulating a Statement of Duties - A Consultation Paper, S. 292; a.A. Riley, 20 The Company Lawyer (6) 1999, 196, 201; Sugarman, 20 The Company Lawyer (4) 1999, 162, 173 mit der Ablehnung einer gesetzlich festgelegten business judgement rule, da nach seiner Ansicht und mit Hinweis auf Romer J in Re City Equitable Fire Insurance ("directors are not liable for mere errors of judgement") im englischen Recht schon eine business judgement rule existiere.

aber für das erfolgsgerechte Funktionieren eines Unternehmens im Wettbewerb erforderlich sind.[348]

Erwähnung sollte noch finden, daß Hoffmann LJ, der durch die beiden Entscheidungen, an denen er mitgewirkt hat, die Rechtsprechung näher an eine objektivere Sicht der Sorgfaltspflichten der *directors* geführt hat, letztlich nicht erwartete, daß die Verschärfung des Sorgfaltsmaßstabes zu einer merklichen Verbesserung der Kontrollmöglichkeiten des Managements führen würde. So führt er aus:

„In summary then, what contribution can the law make to the efficiency of corporate management? Can it supply the incentives, the checks and balances to prevent such management leading, as Adam Smith said, to „negligence and profusion"? The answer I think is that its effect is fairly marginal. You do not, I think, have to be a devotee of the Chicago School of Economics to see that the law can do no more than nibble at deficiencies in the information available to investors and at other imperfections in the market. In the end, however, market forces must prevail."[349]

Durchaus nachvollziehbar ist Hoffmann LJ's These, daß sich die Effizienz der Unternehmensleitung grundlegend nur durch die Selbstregulierung des Marktes erreichen läßt. Hierbei ist aber auch zu bedenken, daß das Gesetz den Rahmen bieten muß, in dem sich die Marktkräfte entfalten können, denn ansonsten würde grundsätzlich nur der „Stärkste und Gerissenste" überleben. Entsprechend muß der Staat anhand von Gesetzen und der Rechtsprechung im Markt regulierend eingreifen, um schützenswerte Interessen zu bewahren.

Das Recht erfährt jedoch nur dann eine effektive Umsetzung, wenn es mit seinen darin verkörperten Werten den Vorstellungen einer Gesellschaft entspricht. Doch gerade in Bezug auf die Funktion des *directors* bestehen in England gesellschaftliche Fehlvorstellungen, welche die Beibehaltung des auf Laien ausgerichteten traditionellen Sorgfaltsmaßstabs begünstigt haben. So besteht, zumindest im Bezug auf größere Gesellschaften, noch immer die Vorstellung, daß die Frage nach der Position eines *directors* eine Statusfrage ist.[350] So wird die Ernennung als *director* häufig als Anerkennung früherer Dienste verstanden, ohne sich bewußt zu sein, daß mit der Funktion und dem Titel des *directors* auch

---

348 Vgl. Hoffmann, 18 The Company Lawyer (7) 1997, 194, 196 mit dem Hinweis auf die Notwendigkeit einer Verteidigungsmöglichkeit für directors im Falle einer Verschärfung des Sorgfaltsmaßstabs, ohne jedoch die business judgement rule zu erwähnen.

349 Hoffmann, 18 The Company Lawyer (7) 1997, 194, 198; vgl. auch Parkinson, Corporate Power and Resposibility: Issues in the Theory of Company Law, S. 113; Phillips, Geo.Wash.L.R. 1984, 653, 673.

350 Vgl. Kein Verfasser, 18 The Company Lawyer (5) 1997, 129, 129.

vielfältige Verpflichtungen mit sich kommen.[351] Diese allgemeine Vorstellung beeinflußt aber auch die Einschätzung der Direktorentätigkeit in Unternehmen von mittlerer und kleinerer Größe. Es muß also parallel neben einer Verschärfung der Sorgfaltsstandards auch eine Umbesinnung auf die wahre Funktion eines *directors* in der Gesellschaft erfolgen. Nur ausreichend qualifizierte Bewerber dürfen somit die Funktion des *directors* begleiten. Entsprechend erscheint es dann auch nicht als übertrieben, strengere Standards von denen zu erwarten, die in vollem Bewußtsein ihrer übernommenen Pflichten die Position eines *directors* angenommen haben.

Ferner ist aber auch das unmittelbare Verhältnis des *directors* zum Unternehmen zu betrachten. So ist festzustellen, daß sich die *common law duty of skill and care* innerhalb eines auf Freiwilligkeit basierenden Verhältnisses bewegt. Wenn somit beide Seiten sich des Umfanges der Pflichten bewußt sind, so besteht die Möglichkeit, daß jede Partei vor Vertragsschluß „ihren Preis" in Kenntnis der zu übernehmenden Verantwortung und Pflichten nennt und dann eine Entscheidung herbeigeführt wird, ob man sich auf einen beidseitig akzeptablen „Preis" einigen kann.[352] Mithin sind die Sorgfaltspflichten der *directors* auch im Zusammenhang mit der Vergütung und einer sorgfältigen Abwägung der übernommenen Risiken zu sehen. Bezogen auf die drei alternativen Sorgfaltsmaßstäbe ist festzustellen, daß bei einem subjektiven Standard die Gesellschaft faktisch das Risiko trägt, während bei einem objektiven bzw. gemischt objektiv/ subjektiven Standard der *director* ein Teil des Risikos übernehmen muß.[353]

Diese Vorstellung eines „Geschäftsverhältnisses" setzt aber wiederum voraus, daß sich die oben erwähnte allgemeine Vorstellung von der Funktion des *directors* ändert und daß nur eine sorgfältige Bestandsaufnahme der zu übernehmenden Pflichten durch den *director* die scheinbare Ungerechtigkeit einer objektiven Beurteilung zu relativieren vermag. Denn wäre der *director* zutreffend über den Pflichteninhalt seiner Tätigkeit informiert, so hätte er die Organtätigkeit nur angenommen, wenn er sich der übernommenen Aufgabe gewachsen gefühlt hätte. Eventuell hätte er auch bewußt ein bestimmtes potentielles Haftungsrisiko in Kauf genommen, das sich in einer Diskrepanz zwischen den vom ihm „angebotenene" Fähigkeiten bzw. Erfahrungen und dem Erwartunghorizont der Gesellschaft gezeigt hätte, wenn der gebotene „Preis" ihn dazu veranlaßt hätte.[354]

351 Vgl. Kein Verfasser, 18 The Company Lawyer (5) 1997, 129, 129.

352 Vgl. Riley, 20 The Company Lawyer (6) 1999, 196, 199.

353 Vgl. Riley, 20 The Company Lawyer (6) 1999, 196, 202 mit dem Hinweis, daß die Gesellschaft das Risiko auf die Anteilseigner verteilen kann. Eine Konzentration des Risikos auf den director würde jedoch zu einem risikoscheuen Verhalten des directors oder zumindest zu einem höheren "Preis" für seine Organtätigkeit führen.

354 Vgl. Craswell, 43 Stanford Law Review 1991, 361, 385ff.

Die Fehlvorstellung von den zu übernehmenden Pflichten führt auch zu einem weiteren geäußerten Kritikpunkt am objektiven bzw. gemischt objektiv/subjektiven Sorgfaltsmaßstab. So wird angeführt, daß es nicht zu vertreten sei, einen *director* haften zu lassen, wenn er alles in seiner Macht Stehende getan habe. Kein Sorgfaltsmaßstab könne einen *director* dazu bringen, mehr als das für ihn individuell Bestmögliche zu tun[355] Dieser Argumentation entgegnend ist aber grundsätzlich auf den Zeitpunkt der Erkenntniserlangung über die Unterqualifikation abzustellen. So stellt sich bei einer vor der Bestellung erkennbaren Unterqualifikation des entsprechenden *directors* die Frage, warum er die Tätigkeit überhaupt angenommen hat. Wiederum liegt die Anwort bei der fehlenden Kenntnis über den Pflichteninhalt und -umfang einer Organtätigkeit. Aber auch wenn sich die fehlende Qualifikation erst punktuell während der Tätigkeit zeigt, stellt sich nach der heutigen Vorstellung von einer ordnungsgemäßen Leitungstätigkeit die Frage, warum sich das Leitungsorgan nicht intern oder extern Rat bzw. Beistand gesichert hatte.

Mithin läuft alles auf ein gesteigertes Bewußtsein der *directors* bezüglich der übernommen Pflichten und Funktionen hinaus.[356] Eine Verschärfung des Sorgfaltsmaßstabes und selbst eine gesetzliche Regelung kann *per se* hingegen einem *director* noch nicht verständlich vermitteln, was seine Plichten umfaßt. Doch wer, insbesondere als *director* von *private limited companies*, die Vorteile der beschränkten Haftung nutzt, sollte auch Kenntnis von den übernommenen Pflichten haben.[357] Eine überschaubare Übersicht über die zahlreichen Pflichten und deren Umfang erscheint jedoch nicht realistisch,[358] so daß es auf eine Schärfung des Problembewußtseins der *directors* hinauslaufen muß. Werden somit Probleme vermutet oder bestehen Unsicherheiten bei der Beurteilung des Plichteninhalts und -umfangs, so ist professioneller Rat bei Experten einzuholen. Grundlage ei-

355 Vgl. Riley, 20 The Company Lawyer (6) 1999, 196, 200.

356 Die englische Rechtsprechung war bisher sehr zurückhaltend, verschiedene Funktionen und Aufgaben für verschiedene Direktorenposten zu benennen. Vgl. hierzu auch Foster J. in Dorchester Finance Co. Ltd. v Stebbing [1989] BCLC 498, 505: "in the Companies Act 1948 the duties of a director whether executive or not are the same." Es ist aber hierzu anzumerken, daß sie aufgrund der Heranziehung des subjektiven Sorgfaltsmaßstabes auch bisher nicht die Veranlassung hierzu hatte.

357 Vgl. Arden, in: Rawlings (Hrsg.), Law, Society and Economy, S. 91, 106 mit dem Hinweis auf Anwälte und Wirtschaftprüfer, die ausführlich über ihre Rechte und Pflichten in vielfachen Broschüren aufgeklärt werden. So veröffentlichten z.B. im Juni 1994 die Australian Securities Commission, die Australian Society of Practising Accountants und das Institute of Chartered Accountants of Australia zusammen die Broschüre "The Company Director's Survival Kit. What you need to know about the duties of company directors".

358 Vgl. Sugarman, 20 The Company Lawyer (4) 1999, 162, 171, 174.

nes Problembewußtseins ist hingegen eine gewisse Grundkenntnis, die es den *directors* zu vermitteln gilt. Im Hinblick auf *public limited companies* ist das im Finanzsektor in gewissem Maß schon durch den *Cadbury Code* erreicht worden, dessen Befolgung dadurch erreicht werden soll, daß die Nichteinhaltung im Rahmen der *Stock Exchange's Listing Rules* meldepflichtig ist. [359] Da das Problem des mangelnden Pflichtenbewußtseins jedoch häufig an der originären Unkenntnis der *directors* über ihre Aufgaben und Pflichten festzumachen ist, wird vorgeschlagen, daß die *directors* jeglicher Gesellschaften bei der Anmeldung ihrer Organtätigkeit im *Companies Registry* ein Dokument unterzeichnen, welches sie über die prinzipiellen Plichten aufklärt.[360]

Eine Verschärfung des Sorgfaltsmaßstabes in Form eines gemischt objektiv/subjektiven oder rein objektiven Maßstabes kann somit ein zusätzliches Mittel zur Bewußtseinsveränderung sein, da sich die Akzeptanz von Informationsmaßnahmen nur unter dem Druck von Sanktionen erreichen läßt. Dennoch sollte auch die Intention der Schadenskompensation nicht gänzlich vernachlässigt werden. Die Fragen, ob der Akzeptanzdruck durch Gesetzesform erreicht oder den Gerichten überlassen werden sollte, geht jedoch über das Thema dieser Abhandlung hinaus und findet daher keine Erörterung.

Eine Anerkennung eines objektiveren Sorgfaltsmaßstabes bringt jedoch nicht nur für die *directors*, sondern auch für die englischen Gerichte mit sich, daß sie sich nun intensiver mit den Aufgaben und Pflichten der *director* auseinanderzusetzen haben.[361] So müssen sie sich nun von der Person des *directors* abwenden und wie die deutschen Gerichte bei der Bestimmung des Pflichteninhalts und -umfangs der jeweiligen Position des *directors*, der Gesellschaft und dem geschäftlichen Umfeld zuwenden.

Ein weiterer Punkt, der die Verschärfung des Sorgfaltsmaßstabes beschleunigen könnte, wäre die supranationale Gesetzgebung der Europäischen Union. So sieht Art. 14 der fünften EG-Richtlinie zum Gesellschaftsrecht vor, daß *directors* gesamtschuldnerisch für Schäden der Gesellschaft einzustehen haben, die diese aufgrund von Pflichtverletzungen der *directors* erlitten hat. Jedoch können die

---

359 Vgl. Worthington, in: Patfield (Hrsg.), Perspectives on Company Law: 2, S. 181, 189; vgl. hierzu im einzelnen Barnard, amicus curiae (13) 1999, 12ff. und Belcher, J.B.L. 1995, 321ff.

360 Arden, in: Rawlings (Hrsg.), Law, Society and Economy, S. 91, 107f. mit einem Vorschlag für die Formulierung der Angaben nach form 10 (2) (statement by first director and secretary), 288 (2) (consent to act as a director) und evtl. 363 (2) (annual return) Companies Regulations 1990 (S.I. 1990/1766); vgl. hierzu ss. 10 und 288 Companies Act 1985.; vgl. auch Law Commission, Company Directors: Regulating Conflicts of Interest and Formulating a Statement of Duties - A Consultation Paper; S. 280f.; Sugarman, 20 The Company Lawyer (4) 1999, 162, 171.

361 Vgl. Sugarman, 20 The Company Lawyer (4) 1999, 162, 174.

einzelnen *directors* der persönlichen Inanspruchnahme entgehen, wenn sie darlegen können, daß sie kein Verschulden trifft.[362] Gegen die gegenwärtige Fassung hat das Vereinigte Königreich hingegen Einspruch eingelegt, so daß nicht damit zu rechnen ist, daß die Richtlinie in dieser Fassung verabschiedet wird.[363] Ebenso könnte aber auch die weitere Verbreitung von D&O-Versicherungen eine katalytische Wirkung auf die Durchsetzung eines höheren Sorgfaltsstandards haben, da hierdurch für die Gerichte die traditionelle Besorgnis vermindert werden würde, durch die schärfere Sanktionierung von Pflichtverstößen geeignete Personen von Leitungstätigkeiten fernzuhalten. Jedoch würde die bewußseinsverschärfende Wirkung einer Haftungserweiterung hierdurch gerade wieder eine Relativierung erfahren.[364]

Insgesamt ist jedoch festzustellen, daß sich die englische Jurisprudenz in Richtung einer objektiveren Beurteilung des Sorgfaltsmaßstabes eines *directors* bewegt. Ob sich jedoch letztendlich ein rein objektiver Maßstab, wie er in den meisten Industriestaaten Anwendung findet, oder der gemischt objektiv/subjektive Sorgfaltmaßstab der neueren Rechtsprechung und angrenzenden Gesetzgebung bei der *common law duty of skill and care* durchsetzen wird, bleibt abzuwarten.

b) Die 2. These des Romer J - Handlungs- und Mitwirkungspflichten

Da die Handlungspflichten der *executive directors* primär von Romer J's erster These und den hierzu entwickelten neuen Ansätzen bestimmt werden, wird im folgenden nur auf die Handlungs- und Mitwirkungsrechte der *non-executive directors* eingegangen.[365] Hierbei ist die Spaltung des *board of directors* in *executive* und *non-executive directors* eine Besonderheit des anglo-amerikanischen Gesellschaftsrechts. Da *non-executive directors* zumeist nicht Angestellte der Gesellschaft sind und der Titel des *non-executive directors* nach der bisherigen Praxis häufig auch nur als Anerkennung bisheriger Dienste vergeben wird, stellt sich die Frage, inwieweit und inwiefern sich *non-executive directors* in die Geschäfte des Unternehmens einzubringen haben.

---

362 Worthington, in: Patfield (Hrsg.), Perspectives on Company Law: 2, S. 181, 194.

363 Worthington, in: Patfield (Hrsg.), Perspectives on Company Law: 2, S. 181, 194 mit dem Hinweis, daß die Richtlinie schon 1972 vorgeschlagen wurde.

364 Vgl. aber Pasban/Cambell/Birds, 26 A.A.L.R 1997, 461, 477f. mit dem Hinweis, daß bei der Vertragserneuerung eine Beurteilung bzw. Überprüfung der Leitungstätigkeit erfolgt und hierdurch eine disziplinierende Wirkung eintritt.

365 Parkinson, Corporate Power and Responsibility: Issues in the Theory of Company Law, S. 98, Fn. 4.

Nach der traditionellen Sichtweise, wie sie durch Romer J in der zweiten These zu *Re City Equitable Fire Insurance* in Worte gefaßt wurde, ist ein *director* nicht verpflichtet, sich ständig um die Geschäfte der Gesellschaft zu kümmern.[366] Vielmehr erschöpfen sich seine Pflichten darin, an den *board meetings* und anderen Ausschußsitzungen teilzunehmen.[367] Jedoch auch das Versäumnis dieser periodischen Treffen kann keine Haftungsfolge für den *director* haben, wie eine Entscheidung aus dem Jahr 1892 gezeigt hat.[368] So wurde im Fall des Marquis of Bute, der im Alter von 6 Monaten *director* wurde und in 39 Jahren nur einem einzigen Treffen des *board* beiwohnte, die auf einer Pflichtverletzung basierende Klage abgewiesen.[369] Zur Begründung wurde ausgeführt, daß ein *director*, der in Unkenntnis der relevanten Tatsachen handelt und Situationen vermeidet, in denen er von diesen Tatsachen Kenntnis erlangen könnte, nicht haftbar gemacht werden könne. Entsprechend führte Stirling J aus:

> „neglect or omission to attend meetings is not, in my opinion, the same thing as neglect or omission of a duty which ought to be performed at those meetings"[370]

Diese Auffassung läßt den Schluß zu, daß sich ein *director* einer größeren Gefahr der persönlichen Inanspruchnahme aussetzt, wenn er an den *board meetings* teilnimmt, als wenn er dies unterläßt. Bloße Ignoranz hatte somit keine haftungsrechtlichen Folgen.[371] Hintergrund dieser für ein heutiges Verständnis irritierenden Auffassung von der Funktion des *directors*, war die Vorstellung, daß *directors*, und hier insbesondere die *non-executive directors*[372], in der Mehrzahl der Fälle als bloße Staffage in das *board* berufen wurden. Ihr „guter Name" und ihre Reputation sollten den Ruf der Gesellschaft verbessern und damit das Interesse von potentiellen Investoren wecken.

---

366 Re City Equitable Fire Insurance [1925] Ch 407, 429: „A director is not bound to give continuous attention to the affairs of his company".

367 [1925] Ch 401, 429: „His duties are of an intermittent nature to be performed at periodical meetings and at meetings of any committee of the board upon which he happens to be placed".

368 Re Cardiff Savings Bank [1892] 2 Ch 100ff.

369 Re Cardiff Savings Bank [1892] 2 Ch 100ff.; vgl. aber Charitable Corporation v Sutton [1742] 26 ER 642, 644f. mit der Haftung eines directors, der den Geschäften der Gesellschaft nicht die nötige Aufmerksamkeit zukommen ließ.

370 Re Cardiff Savings Bank [1892] 2 Ch 100, 109.

371 Hoffmann, 18 The Company Lawyer (7) 1997, 194, 196.

372 Parkinson, Corporate Power and Responsibility: Issues in the Theory of Company Law, S. 98, Fn. 4.

(1) Neuere Entwicklungen in der Rechtsprechung

Jedoch auch im Bezug auf die Handlungs- und Mitwirkungpflichten hat es in den letzten Jahren eine Entwicklung hin zur stärkeren haftungsrechtlichen Einbindung der *non-executive directors* gegeben. So hat sich das Bild des *non-executive directors* von der historisch bedingten Funktion der laienhaften Staffage zum Mitglied eines Leitungsgremiums einer im Wettbewerb stehenden Gesellschaft gewandelt.[373] Entsprechend haben sich nun auch *non-executive directors* um die Geschäfte der Firma zu kümmern und im besonderen die Tätigkeiten der *executive directors* zu überwachen.[374] So wurde in *Dorchester Finance Co Ltd. v Stebbings* entschieden, daß *non-executive directors* auch persönlich für einen Schaden einzustehen haben, wenn sie die Geschäfte der Gesellschaft gänzlich vernachlässigen, indem sie an *board meetings* nicht teilnehmen oder nicht die Tätigkeiten der anderen *directors* „problembewußt" begleiten.[375] Dies bestätigend entschied der Court of Appeal von New South Wales/Australien in *Daniels v Anderson* , daß ein *non-executive director* auf folgendes zu achten hat, um nicht persönlich in Anspruch genommen zu werden:

> „[Directors have to] take reasonable steps to place themselves in a position to guide and monitor the management of the company."[376]

Als Grundsatz der Handlungs- und Mitwirkungspflichten der *non-executive directors* läßt sich nach heutigem Verständnis feststellen, daß der Pflichtenumfang im einzelnen davon abhängt, wie die Organisationssstruktur der einzelnen Gesellschaft ist und welche Mitarbeit von einem *non-executive director* vernünftigerweise erwartet werden kann.[377] Jedoch haben entsprechend der von Hoffmann LJ aufgestellten Grundsätze in *Norman v Theodore Goddard*[378] und *Re D'Jan of London Ltd*[379] auch subjektive Spezialkenntnisse eine pflichtenerhö-

373 Parkinson, Corporate Power and Responsibility: Issues in the Theory of Company Law, S. 98f.; Cheffins, Company Law: Theory, Structure and Operation, S. 103.

374 Griggs/Lowry, in: Patfield (Hrsg.), Perspectives on Company Law: 2, S. 203, 209.

375 [1989] BCLC 498, 505.

376 Daniels v Anderson [1995] ACSR 607, 664; vgl. auch Davies, Gower's Principles of Modern Company Law, S. 641.

377 Bishopsgate Investment Management Ltd. (in liq) v Maxwell (No. 2) [1993] BCLC 1282, 1285: „In the older cases the duty of a director to participate in the management of a company is stated in very undemanding terms. The law may be evolving in response to changes in public attitudes to corporate governance [...]. Even so, the existence of a duty to participate must depend upon how the particular business is organised and the part which the director could be reasonably expected to play."

378 [1992] BCC 14ff.

379 [1993] 1 BCLC 561ff.

hende Wirkung. So erging im Jahr 1997 im Fall eines *non-executive directors*, der hauptberuflich im *corporate finance*-Bereich arbeitete, die Entscheidung, daß er dem Sorgfaltsstandard, der von ihm zu erwarten gewesen sei, nicht entsprach, als er es unterließ, im Rahmen seiner Boardtätigkeit die gesetzlich vorgeschriebene Buchhaltung der Gesellschaft zu überprüfen.[380]

(2) Einfluß der Gesetzgebung

Die für alle Mitglieder des *board of directors* geltenden Handlungs- und Mitwirkungsrechte bzw. -pflichten erfuhren auch durch die Einführung des Insolvency Act 1986, und hier insbesondere durch s. 214 Insolvency Act 1986, eine Neubewertung. So dürfte es einem *director*, *executive* wie auch *non-executive*, schwerfallen darzulegen, alles Nötige zur Verminderung des Gläubigerschadens getan zu haben, wenn er sich nicht vorher mit den Geschäften der Gesellschaft auseinandergesetzt hat. Ferner eröffnet s. 6 Company Directors Diqualification Act 1986 die Möglichkeit, ignorante und inkompetente *directors* für die Zukunft von der Begleitung einer Organtätigkeit auszuschließen, wenn das Gericht davon überzeugt ist, daß der *director* für die Direktorentätigkeit ungeeignet ist. So begründet im Regelfall Desinteresse und Ignoranz im Hinblick auf die Geschäfte der Firma die Annahme, daß der *director* nach s. 6 Company Directors Disqualification Act 1986 von der Organtätigkeit auszuschließen ist.[381] Des weiteren stellt auch, zumindest in der Theorie, die Inkompetenz eines *directors* einen Grund zum Verbot der Ausübung der Direktorentätigkeit dar.[382] In der Praxis erfordert jedoch die Rechtsprechung, daß eine Handlung vorliegt, die den anerkannten kaufmännischen Moralvorstellungen widerspricht oder als grob fahrlässig zu bezeichnen ist.[383]

Entsprechend sind auch die Handlungs- und Mitwirkungspflichten der *non-executive directors* und der von ihnen anzuwendende Sorgfaltsmaßstab mit den Vorgaben in s. 214 Insolvency Act 1986 konsistent, da die entsprechende Vor-

---

380 Re Continental Assurance Co. of London plc. [1997] 1 BCLC 48, 49.

381 Farrar's Company Law, S. 393; vgl. auch Re Park House Properties Ltd. [1997] 2 BCLC 530, 556; Secretary of State for Trade and Industry v Arif [1997] 1 BCLC 34, 37f.

382 Hoffmann, 18 The Company Lawyer (7) 1997, 194, 197; Parkinson, Corporate Power and Responsibility: Issues in the Theory of Company Law, S. 99.

383 Re Lo-Line Electric Motors Ltd. [1988] BCLC 698, 703; Re City Investments Centres Ltd. [1992] BCLC 956, 968f.; Re Sevenoaks Stationers Ltd. [1991] BCLC 325, 330 (C.A.); Hoffmann, 18 The Company Lawyer (7) 1997, 194, 197 mit dem Hinweis, daß es den geschädigten Gläubigern nicht auf die Unterscheidung ankommt, ob der entsprechende director unredlich gehandelt hat oder einfach nur inkompetent ist.

schrift neben einer objektiven Beurteilung eine genaue Anpassung an die individuellen Fähigkeiten des *non-executive directors* erlaubt.[384]

c) Die 3. These des Romer J - Geschäftsverteilung/Delegation

Die sich abzeichnende Haftungsverschärfung bei den Sorgfaltspflichten eines *directors* findet jedoch auch in England eine Relativierung durch die Möglichkeit, Aufgaben innerhalb der Geschäftsführung zu verteilen bzw. an Mitarbeiter zu delegieren. Generell kann eine Gesellschaft aber auch nur dann (effektiv) geführt werden, wenn die Leitungsorgane nicht selbst alle zu erledigenden Aufgaben bei der Leitung eines Unternehmens auszuführen haben. Inwiefern sich aber eine rechtmäßige Geschäftsverteilung unter den Mitgliedern des *board of directors* und die Delegation von Aufgaben an interne bzw. externe Mitarbeiter auf die Haftung des einzelnen Leitungsorgans auswirkt, wird im einzelnen im Rahmen des folgenden Abschnitts eine Beleuchtung finden.

Ebenso wie der anzuwendende Sorgfaltsmaßstab und die Handlungs- und Mitwirkungspflichten wurde durch den *Fall Re City Equitable Fire Insurance* die generelle Möglichkeit der Geschäftsverteilung und Delegation gerichtlich anerkannt. So heißt es in den Ausführungen von Romer J:

> „In respect of all duties that, having regard to the exigencies of a business, and the articles of association, may properly be left to some other official, a director is, in the absence of grounds of suspicion, justified in trusting that official to perform such duties honestly."[385]

Auch die englischen Gerichte haben schon früh anerkannt, daß ein Unternehmen nur dann effizient geführt werden kann, wenn die *directors* nicht alle Aufgaben selbst erfüllen müssen, sondern sie an andere Personen innerhalb und außerhalb des Unternehmen übertragen können.[386] So müssen sich *directors* letztendlich auf den Ratschlag und das Verhalten von anderen Personen verlassen können.

384 Zu weiteren Einzelheiten der Pflichten eines non-executive directors vgl. Griggs/Lowry, in: Patfield (Hrsg.), Perspectives on Company Law: 2, S. 203ff. und Riley, 20 The Company Lawyer (6) 1999, 196, 200, Fn. 38 m.w.H.

385 [1925] Ch 407, 429.

386 Davies, Gower's Principles of Modern Company Law, S. 364; Worthington, in: Patfield (Hrsg.), Perspectives on Company Law: 2, S. 181, 195.

(1) Geschäftsverteilung/Ressortzuständigkeit

Entsprechend Romer J's These können Aufgabenbereiche durch Bestimmungen in der Satzung einzelnen *directors* als Verantwortungsbereiche überantwortet werden. Diese tragen mithin für die entsprechenden Bereiche die Handlungsverantwortung. Hieraus folgt aber auch, daß sich ein *director* auf die boardinterne Ressortverteilung zwischen den *directors* verlassen kann und somit nicht für das Verschulden der anderen *directors*, wenn ihm nicht eigenes Verschulden zur Last gelegt werden kann, einstehen muß.[387] Er hat jedoch dann im Verantwortungsbereich eines anderen *directors* einzuschreiten oder entsprechende Maßnahmen einzuleiten, sobald es Hinweise für Pflichtverstöße im Ressort des anderen *directors* gibt.[388] Auch ist festzuhalten, daß *non-executive directors* grundsätzlich dieselben Pflichten treffen wie *executive directors*. So haben auch sie, wie zuvor dargestellt, die Geschäfte der Gesellschaft und das Verhalten der *Co-directors* zu überwachen.[389] Jedoch hat auch hier wieder die spezielle Position in der jeweiligen Gesellschaft in einem bestimmten Geschäftsfeld Berücksichtigung zu finden, so daß es unter Umständen angezeigt sein kann, den *non-executive director* nicht persönlich in Anspruch zu nehmen, wo hingegen in der gleichen Fallkonstellation ein *executive director* in der selben Gesellschaft haften würde.[390]

(2) Delegation

(a) Grundsätzliches

Fast immer enthalten die Satzungen von Gesellschaften die Ermächtigung des *board of directors*, Aufgaben an Ausschüsse zu delegieren, wenn diese ordnungsgemäß einberufen und zusammengesetzt sind sowie im Rahmen der ihnen übertragenen Befugnisse handeln.[391] Aber auch im Hinblick auf Mitarbeiter unterhalb der Boardebene hat die Delegation von Aufgaben eine haftungsbefreiende Wirkung, solange sichergestellt ist, daß die Aufgaben nicht dem Kern des Aufga-

---

387 Re Forest of Dean Coal Mining Co. [1879] 10 Ch 450, 457f.; Cullerne v London and Suburban General Permanent Building Society [1890] 25 QB 485, 487 (C.A.)

388 Norman v Theodore Goddard [1991] BCLC 1028, S. 1031ff.

389 Dorchester Finance Co. Ltd. (1989) BCLC 498, 505; Griggs/Lowry, in: Patfield (Hrsg.), Perspectives on Company Law: 2, S. 203, 209; a.A. Triebel/Hodgson/Kellenter/Müller, Englisches Handels- und Wirtschaftsrecht, S. 273.

390 Vgl. hierzu die sehr aufschlußreiche Entscheidung Daniels v Anderson [1995] 13 ACSR 607, 656ff.

391 Art. 72, Table A; Companies Act 1985, vgl. auch Land Credit Co. of Ireland v Lord Fermoy [1870] LR 5 Ch App 763, 771; Guinness plc. v Saunders [1990] 2 AC 663, 686ff.

benbereichs des *boards* zuzuordnen sind oder die Besonderheit der Aufgabe, welche den Rahmen des Alltagsgeschäfts überschreitet, eine Durchführung durch die Mitglieder des *boards* erfordert.[392]

Auch ist zu berücksichtigen, ob die im Unternehmen vorhandene juristische oder technische Expertise für die Bewältigung der gestellten Aufgabe hinreichend ist. Fällt eine entsprechende Analyse negativ aus, so ist eine ausreichend kompetente externe Ressource nachzufragen.[393] Entsprechend kann es zu einer Pflichtverletzung und der sich daraus eventuell ergebenden persönlichen Inanspruchnahme des zuständigen Leitungsorgans kommen, wenn die zu treffende Entscheidung einer Vorbereitung bedurft hätte, die nur mit Hilfe eines rechtlichen oder technischen Spezialisten außerhalb des Unternehmens hätte erbracht werden können.[394]

(b) Entwicklung in anderen Commonwealthstaaten

Unsicherheiten bei der Beurteilung der im *common law* entwickelten Grundsätze im Bezug auf die Voraussetzungen der Delegation führten in anderen Commonwealthstaaten zu entsprechenden Gesetzesinitiativen. So kam es in Australien zu einem Gesetzentwurf und in Neuseeland bereits zu einer gesetzlichen Festlegung der Voraussetzungen einer ordnungsgemäßen Delegation bzw. eines Vertrauens in Informationen. Als Beispiel mag hier s. 130 Companies Act (Neuseeland) dienen. So ist dieser Vorschrift zu entnehmen, daß *directors* für delegierte Entscheidungen und Handlungen in ihrem Aufgabenbereich verantwortlich bleiben, es sei denn sie konnten nachvollziebar stets davon ausgehen, daß der Beauftragte die Aufgabe in Übereinstimmung mit den dem *director* obliegenden Pflichten ausführte.[395] Des weiteren kann sich ein *director* auf Informationen eines Mitarbeiters, Experten, professionellen Beraters oder anderer *directors* verlassen, wenn die Angelegenheit in ihren Kompetenzbereich fällt und der delegierende *director* in gutem Glauben handelte, notwendige Nachfragen stellte und keinen Grund für einen Verdacht der Unzuverlässigkeit hatte.[396]

---

392 Vgl. Worthington, in: Patfield (Hrsg.), Perspectives on Company Law: 2, S. 181, 195; Permanent Building Society (in liq) v Wheeler (1994) 14 ACSR 109, 159f.

393 Vgl. Art. 71, Table A, Companies Act 1985.

394 Re Duomatic [1962] 2 Ch 365, 377.

395 s. 130 Companies Act 1993 (Neuseeland).

396 Vgl. s. 138 Companies Act 1993 (Neuseeland); s. 123 (4) Canadian Business Corporations Act 1985.

(3) Voraussetzungen einer rechtmäßigen Geschäftsverteilung und Delegation

Voraussetzung für eine rechtmäßige Geschäftsverteilung oder Delegation ist, daß die *Co-directors* oder Mitarbeiter hinreichend für die entsprechende Aufgabe qualifiziert sind. Kann hiervon ausgegangen werden, so bedarf es keiner ständigen Überwachung des Bevollmächtigten, da dies dem Zweck einer Geschäftsverteilung oder Delegation zuwiderlaufen würde.[397] So heist es dann auch in *Dovey v Corey*:

> „I cannot think it can be expected of a director that he should be watching either the inferior officers [...] or verifying the calculations of the auditor himself. The business of life could not go on if people could not trust those who are put into a position of trust for the express purpose of attending to details of management.“[398]

Ebenso bestätigte Hoffmann LJ diesen Grundsatz der englischen Rechtsprechung in der Entscheidung *Norman v Theodore Goddard*, in der sich ein *director* auf die Information des Anwaltes der Gesellschaft verlassen hatte, mit den folgenden Worten:

> „Business cannot be carried on upon principles of distrust and men in responsible positions may be trusted until there is reason to distrust them.“[399]

Aus dieser Aussage ist aber auch die Feststellung zu entnehmen, daß sich die Pflicht zur aktiven Wahrnehmung von Geschäftsvorkommnissen bei Anzeichen von Unregelmäßigkeiten bzw. Pflichtverletzungen seitens der *Co-directors* oder Angestellten in eine Handlungspflicht wandelt. Doch auch im Falle einer Inanspruchnahme eines externen Ratschlags ist eine blinde Befolgung der Empfehlung nicht angezeigt. So entbindet die Einholung einer externen Meinung mit einem Entscheidungsvorschlag den *director* nicht von der Ausübung einer aktiven Entscheidungsfindung. Vielmehr muß er selbst anhand der gegebenen Kriterien eine Entscheidung treffen, wenn mehrere Alternativen zur Auswahl stehen.[400]

---

397 Davies, Gower's Principles of Modern Company Law, S. 394.

398 [1901] AC 477, 486.

399 [1991] BCLC 1028, 1031; vgl. auch Re City Equitable Fire Insurance Ltd. [1925] 1 Ch 407, 429.

400 Re Faure Electric Accumulator Co. [1880] 40 Ch D 141, 153; Re New Mashonaland Exploration Co. [1892] 3 Ch 577, 585; Leeds Estate Building and Investment Company v Shepherd [1887] 36 Ch 787, 804.

(4) Zusammenfassung

Es bleibt festzuhalten, daß die *directors* in ihren Geschäftsbereichen eine zuverlässige Auswahl bei der Delegation im Hinblick auf die Natur der Aufgabe und die Person zu treffen haben. Ferner sind effiziente Kontrollmechanismen verbunden mit einem wirksamen Informationsaustausch erforderlich. Dies bedeutet zwar nicht, daß sie nach der rechtmäßigen Auswahl des Angestellten oder externen Spezialisten eine ständige Kontrolle ausüben müssen, da dies, wie oben schon erwähnt, einer effektiven Delegation oder Ressortverteilung zuwiderlaufen würde. Jedoch wird von *directors* erwartet, daß sie einen wirksamen Informationsfluß gewährleisten, der es ermöglicht, Geschäftsvorkommnisse aktiv wahrzunehmen. Die vom *director* zu beachtende Sorgfaltspflicht kann aber wiederum gebieten, daß abhängig von der Größe einer Gesellschaft entsprechende Kontrollmechanismen und -personen als notwendig erachtet werden müssen. Gelangen infolgedessen Unregelmäßigkeiten bzw. Pflichtverletzungen zur Kenntnis des *directors*, so hat er entsprechend einzuschreiten.

Insgesamt ist im Hinblick auf die Delegation und Geschäftsverteilung, wie auch schon bei der Beurteilung von unternehmerischen Entscheidungen, festzustellen, daß Gerichte bei der Überprüfung von Entscheidungen der *directors* nicht die substantielle Entscheidung an sich einer Untersuchung unterwerfen, sondern vielmehr den Prozeß der formellen und fundierten Vorbereitung der Entscheidungsfindung.

Interessant erscheint aber auch, daß das Erfordernis eines wachen Bewußtseins gegenüber Unregelmäßigkeiten und Pflichtverletzungen seitens der anderen Co-*directors* vorauszusetzen scheint, daß die jeweiligen *directors* ihre „Aufmerksamkeit" anhand von Kriterien ausüben, die neben der Berücksichtigung der individuellen Fähigkeiten und Kenntnisse des anderen *directors* auch einen universellen/objektiven Charakter haben müssen. Wenn aber diese Kriterien, die einen Verdacht aufkommen lassen können,[401] objektiver Natur sind, so eröffnet dies letztendlich auch nach der traditionellen Sichtweise über die „Hintertüre" der Geschäftsverteilung eine objektive Beurteilung der Organtätigkeit.

401 Vgl. Romer J's 3. These in Re City Equitable Fire Insurance Co. [1925] Ch 407, 429: „In respect of all duties that, having regard to the exigencies of a business and the articles of association, may properly be left to some other official, a director is, in the absence of grounds of suspicion, justified in trusting that official to perform such duties honestly".

II. Die Pflicht zu loyalem Verhalten

Wie bereits oben dargestellt, lassen sich die Pflichten der Leitungsorgane im wesentlichen in Sorgfaltspflichten (*duty of care and skill*) und die Treuepflichten (*fiduriary duty)* aufteilen, die beide aus den rechtshistorischen Organpflichten des *directors* als *trustee* entspringen. Entsprechend entstammen die Treuepflichten des *directors* einem Pflichtenkatalog, der im 18. und 19. Jahrhundert entwickelt wurde, um sicherzustellen, daß Personen, die das Vermögen anderer verwalten oder Funktionen zum Wohle anderer ausüben, dies in gutem Glauben tun und deren Interessen schützen.[402] Die hieraus abgeleitete Treuepflicht des Leitungsorgans obliegt jedem *director* individuell[403] und besteht grundsätzlich nur der Gesellschaft gegenüber.[404] Dieser Grundsatz wurde in der weit kritisierten Entscheidung *Percival v Wright* aufgestellt, in der es um *directors* ging, die von den Anteilseignern Anteile kauften, ohne zu offenbaren, daß Verhandlungen geführt wurden, die Gesellschaft zu einem sehr guten Preis zu verkaufen.[405] Die Treuepflichten beginnen mit dem Tage, an dem die Berufung zum *director* gültig wird.[406] Sie enden jedoch nicht automatisch mit Ende der Organtätigkeit, da bestimmte Treuepflichten, wie z.B. das Gebot, Geschäftsgeheimnisse zu bewahren oder der Gesellschaft gebührende Geschäftschancen nicht selbst zu nutzen, über das Ende der Organtätigkeit hinaus fortwirken.[407] Auch mag noch Erwähnung finden, daß *directors* zwar die Pflicht haben, das Fehlverhalten von

---

402 Pennington, Directors' Personal Liability, S. 33.

403 Davies, Gower's Principles of Modern Company Law, S. 599.

404 Farrar, Farrar's Company Law, S. 378.

405 [1902] 2 Ch 421ff., jedoch ist bei diesem Fall anzumerken, daß die Anteilseigner die directors um den Ankauf der Anteile gebeten hatten. Vgl. hierzu auch die Entscheidung Coleman v Myers [1977] 2 N.Z.L.R. 225, 324ff. aus Neuseeland, welche Percival v Wright insbesondere für den Fall einer Familiengesellschaft stark kritisiert. Ebenfalls Re Chez Nico (Restaurants) Ltd. [1992] BCLC 192, 208 mit dem Hinweis, daß unter bestimmten Umständen die directors auch Treuepflichten gegenüber Anteilseigenrn haben können. Hierzu Dawson International plc. v Coats Patons plc. [1988] S.L.T. 854, 858ff. und Munro v Bogie [1994] 1 BCLC 415, 417f.

406 Davies, Gower's Principles of Modern Company Law, S. 601.

407 Pennington, Directors' Personal Liability, S. 92, 94; Davies, Gower's Principles of Modern Company Law, S. 601; vgl. aber auch Cranleigh Precision Engineering Ltd. Bryant [1964] 290ff.; Industrial Development Consultants Ltd. v Cooley [1972] 1 WLR 443ff.; Canadian Aero Services Ltd. v O'Malley [1973] 40 D.L.R. (3d) 371, 381ff. und Island Export Finance Ltd. v Umunna [1986] BCLC 460, 478ff.

anderen Angestellten aufzudecken[408], jedoch folgt aus der Treuepflicht gegenüber der Gesellschaft nicht, daß sie ihr eigenes Fehlverhalten offenzulegen haben.[409]

Traditionell kommt in England den Treuepflichten eines *directors* eine herausragende Bedeutung zu, da durch die bisherige Anwendung des subjektiven Sorgfaltsmaßstabes eine Inanspruchnahme aufgrund eines Sorgfaltspflichtverstoßes kaum erfolgversprechend war. Entsprechend hat sich im Bereich der Treuepflichten eine umfangreiche Kasuistik entwickelt, welche im folgenden eine systematische Beschreibung findet:

Generell und ohne Anspruch auf Ausschließlichkeit können vier unterschiedliche Einzelpflichten aus der Treuepflicht des *directors* gegenüber der Gesellschaft abgeleitet werden.[410] Dies sind die Pflichten, (1) daß ein *director* stets nach Treu und Glauben im besten Interesse der Gesellschaft zu handeln hat, (2) daß Kompetenzen nicht zu unzulässigen Zwecken mißbraucht werden, (3) daß der eigene Ermessensspielraum zu bewahren ist und (4), daß bei Interessenskonflikten dem Interesse der Gesellschaft Vorrang vor eigenen Interessen zu geben ist. Hierbei ergeben sich die Regeln überwiegend aus dem *common law*, wenn auch einige Verhaltensregeln eine gesetzliche Regelung erfahren haben.[411]

---

408 Swain v West (Butchers) Ltd. [1936] 3 All ER 261, 265; Sybron Corp. v Rochem Ltd. [1984] Ch 112, 127ff.

409 Horcal v Gatland [1984] I.R.L.R. 288, 291; Bell v Lever Bros. Ltd. [1932] AC 161, 165, 199.

410 Davies, Gower's Principles of Modern Company Law, S. 601; Arden, in: Rawlings (Hrsg.), Law, Society and Economy, S. 91, 91; vgl. zu den Möglichkeiten der Einteilung auch Law Commission, Company Directors: Regulating Conflicts of Interest and Formulating a Statement of Duties - A Consultation Paper, S. 237.

411 Vgl. auch die Companies Bill 1973, die auf die Vorschläge des Jenkins Committee einging, so daß Artikel 52 schließlich wie folgt lautete:

(1) A director of a company shall observe the utmost good faith towards the company in any transaction with it or on its behalf and shall act honestly in the exercise of the powers and the discharge of the duties of his office.

(2) A director of a company shall not make use of any money or other property of the company, or of any information acquired by him by virtue of his position as a director or other officer of the company, to gain directly or indirectly an improper advantage for himself at the expense of the company.

(3) A director of a company who, by any breach of subsection (1) or (2) above, makes any profit or inflicts any damage on the company shall be liable to account to the company for the profit or to compensate it for the damage.

Der Gesetzentwurf erfuhr jedoch keine Umsetzung, da im Jahr 1974 Unterhauswahlen stattfanden, so daß das Gesetzesvorhaben aufgegeben wurde. Ähnlich erging es auch Art. 44 Companies Bill 1978, der ebenfalls eine Kodifizierung der Treueplichten eines directors vorsah. Vgl. hierzu Law Commission, Company

1. Die Pflicht, nach Treu und Glauben im besten Interesse der Gesellschaft zu handeln

Ob ein *director* in gutem Glauben gehandelt hat, wird grundsätzlich rein subjektiv beurteilt.[412] So kommt es bei der Beurteilung der Entscheidung darauf an, was der entsprechende *director* als das Beste für die Gesellschaft angesehen hat und nicht wie es ein Gericht sehen mag.[413] Jedoch setzten die Gerichte dieser subjektiven Beurteilung auch gewisse Schranken, wie Bowen LJ in *Hutton v West Cork Rly Co.* feststellte:

> „Bona fides cannot be the sole test, otherwise you might have a lunatic conducting the affairs of the company, and paying away its money with both hands in a manner perfectly bona fide yet perfectly irrational."[414]

Entsprechend greifen die Gerichte ein, wenn es für ein Verhalten keine nachvollziehbare Begründung gibt.[415] Wenn *directors* jedoch in gutem Glauben und im besten Interesse der Gesellschaft handeln, so ist es auch nicht schädlich, daß die Entscheidung auch im eigenen Interesse sein kann.[416]

Eine entscheidende Bedeutung kommt aber der Frage zu, was als das Interesse der Gesellschaft angesehen werden kann. Die Gesellschaft ist eine künstliche Körperschaft, so daß traditionell das Interesse der Gesellschaft mit dem der gegenwärtigen und zukünftigen Anteilseigner gleichgesetzt wird.[417]

Directors: Regulating Conflicts of Interest and Formulating a Statement of Duties - A Consultation Paper, S. 268ff.; Arden, in: Rawlings (Hrsg.), Law, Society and Economy, S. 91, 93ff.

412 Davies, Gower's Principles of Modern Company Law, S. 601; Farrar, Farrar's Company Law, S. 380f.; Triebel/Hodgson/Kellenter/Müller, Englisches Handel- und Wirtschaftsrecht, S. 272.

413 Re Smith & Fawcett Ltd. [1942] Ch 304, 306: "[...] bona fide in what they consider - not what a court may consider - is in the interests of the company."; bestätigt in John Crowther Group plc. v Carpets International plc. [1990] BCLC 460, 465 und Dawson International plc. v Coats Patons plc. [1988] SLT 854, 859.

414 [1883] 23 Ch 654, 671.

415 Charterbridge Corp. v Lloyds Bank [1970] Ch 62, 74: "the proper test [...] In the absence of actual separate consideration must be whether an intelligent and honest man in the position of a director of the company concerned, could in the whole of the existing circumstances have reasonably believed that the transactions were for the benefit of the company."; vgl. auch Farrar, Farrar's Company Law, S. 381.

416 Hirsche v Sims [1894] AC 654, 665ff.; vgl. aber Re W & M Roith Ltd [1967] 1 WLR 432ff.

417 Piercy v Mills & Co. Ltd. [1920] 1 Ch 77, 84f.; Bamford v Bamford [1970] Ch 212, 242; vgl. auch Charterbridge Corporation Ltd. v Loyds Bank Ltd. [1970] Ch 62, 67; hierzu Dine, 20 The Company Lawyer (4) 1999, 190, 192ff.

Hierbei haben die *directors* hingegen die Einzelinteressen der jeweiligen Anteilseigner nicht zu berücksichtigen.[418] Seit Beginn der 80er Jahre kam es jedoch zu Entwicklungen, die eine Berücksichtung von weiteren Gruppen, wie z.B. die der Angestellten, Zulieferer, Kunden und Gläubiger nahelegt. So haben *directors* nach s. 309 (1) Companies Act 1985 auch die Interessen der Angestellten zu berücksichtigen.[419] Im Hinblick auf die Gläubiger ist festzustellen, daß die *directors* zusätzlich und stetig verstärkend die Interessen der Gläubiger zu berücksichtigen haben, wenn die Gesellschaft sich dem Status der Insolvenz annähert.[420] Dies legt den Schluß nahe, daß die *directors* die Interessen derjenigen zu berücksichtigen haben, die zu dem jeweiligen Zeitpunkt die vorrangigen finanziellen Interessen an der Gesellschaft haben.[421] Jedoch besteht diese Pflicht nur gegenüber der Gruppe der Gläubiger an sich und nicht gegenüber einzelnen Gläubigern.[422] Auch wird sehr häufig in diesem Zusammen-

---

418 Gaiman v National Association for Mental Health [1971] Ch 317, 330f.; vgl. auch Farrar, Farrar's Company Law, S. 378f.; a.A. Allen v Hyatt [1914] 30 T.L.R. 444, 445 und Briess v Woolley [1954] AC 333, 350ff., wenn die Anteilseigner die directors als Vertreter bestimmt haben; oder Mutual Life Insurance Co. of New York v Rank Organisation Ltd. [1985] BCLC 11ff., wenn die Unterscheidung zwischen verschiedenen Gruppen von Anteilseignern zum Wohle der Gesellschaft ist.

419 s. 309 (2) Companies Act 1985 sieht aber vor, daß diese Verpflichtung nur gegenüber der Gesellschaft besteht, so daß eine Verletzung nicht von den Angestellten selbst eingeklagt werden kann, jedoch bietet sie Schutz für directors, wenn sie im Interesse der Angestellten handeln. Vgl. hierzu Re Saul D Harrison & Sons plc. [1995] BCLC 14, 33 (C.A.); Fulham Football v Cabra Estates [1994] 1 BCLC 363ff.; aber auch schon erste Ansätze in Hutton v West Cork Railway Co. [1883] 23 Ch 654, 672f.; vgl. auch s. 719 Companies Act 1985 und s. 187 Insolvency Act 1986.

420 Brady v Brady [1987] 3 BCC 535, 552; Liquidator of West Mercia Safetywear Ltd. v Dodd [1988] 4 BCC 30, 33; Lonrho Ltd. v Shell Petroleum Co. Ltd. [1980] 1 W.L.R. 627, 634; vgl. auch Winkworth v Edward Baron Development Co. Ltd. [1986] 1 W.L.R. 1512, 1516: "A duty is owed by the directors of the company to the company and the creditors of the company to ensure that the affairs of the company are properly administered and that its property is not dissipated or exploited for the benefit of the directors themselves to the prejudice of the creditors."; vgl. ferner die Haftung der directors für "wrongful trading" in s. 214 Insolvency Act 1986 oder s. 6 Company Directors Disqualification Act 1986; vgl. ebenso Farrar, Farrar's Company Law, S. 382ff. m.w.N und kritischer Anmerkung auf S. 383f.; sehr kritisch auch Sealy, The Company LawyerJ. 1988, S. 175ff.

421 Davies, Gower's Principles of Modern Company Law, S. 603.

422 Nordic Oil Services Ltd. v Berman, [1993] S.L.T. 1164, 1172; Davies, Gower's Principles of Modern Company Law, S. 603; Law Commission, Company Directors: Regulating Conflicts of Interest and Formulating a Statement of Duties - A Consultation, S. 244.

hang die Frage aufgeworfen, inwieweit die soziale Verantwortung eines Unternehmens gegenüber der Allgemeinheit und der Natur sich in den Interessen des Unternehmens widerspiegelt.[423] Eine Erörterung dieser Frage würde jedoch den Rahmen der vorliegenden Abhandlung sprengen, so daß es an dieser Stelle nur bei der Erwähnung des Problemkomplexes bleiben kann.

2. Die Pflicht, Kompetenzen nicht zu unzulässigen Zwecken zu mißbrauchen

Die starke subjektive Betonung der Pflicht, in gutem Glauben und im besten Interesse der Gesellschaft zu handeln, führt dazu, daß eine stärkere Kontrolle der *directors* sich über die Fragestellung der zulässigen Kompetenzausübung ergibt. So haben *directors* grundsätzlich die Pflicht, ihre Tätigkeit nur im Rahmen der ihnen eingeräumten Kompetenzen und Aufgaben auszuüben. Dies beinhaltet, daß sie sich an die geschriebenen Bestimmungen des Gesellschaftervertrages, der Satzung und Gesetzgebung zu halten haben.[424] Das bedeutet aber auch, daß sie ihre Kompetenzen nicht zu unzulässigen Zwecken mißbrauchen dürfen.[425] Englische Gerichte enthalten sich traditionell einer Beurteilung von unternehmerischen Ermessensentscheidungen[426] und der Beantwortung der Frage, was objektiv im Interesse der Gesellschaft ist. Jedoch können die Gerichte feststellen, zu welchem Zweck die *directors* handelten und ob dieser Zweck rechtmäßig war, so daß indirekt wieder ein objektiver Maßstab Anwendung findet.[427] Was jedoch

---

423 Vgl. Riley, 20 The Company Lawyer (6) 1999, 196, 197; Procter/Miles, 20 The Company Lawyer (7) 1999, 233, 234f.; Pennington, Directors' Personal Liability, S. 69f.

424 Law Commission, Company Directors: Regulating Conflicts of Interest and Formulating a Statement of Duties - A Consultation Paper, S. 242; Pennington, Directors' Personal Liability, S. 37; vgl. hierzu auch Arden, in: Rawlings (Hrsg.), Law, Society and Economy, S. 91, 92f.; Davies, Gower's Principles of Modern Company Law, S. 605, Fn. 41 und Habetha, Direktorenhaftung und gesellschaftsfinanzierte Haftpflichtversicherung, S. 69f. m.w.N.; vgl. ferner ss. 35 (3), 35A (5) und 322A Companies Act 1985.

425 Re Smith & Fawcett Ltd. [1942] Ch 304, 306ff.; Howard Smith Ltd. v Ampol Petroleum Ltd. [1974] AC 821, 834f.; Hogg v Cramphorn Ltd. [1967] Ch 254, 267; vgl. im einzelnen Nolan, in: Rider (Hrsg.), The Realm of Company Law, S. 1ff. m.w.N.

426 Vgl. z.B. Lord Eldon LC in Carlen v Drury [1812] 1 Ves. & B. 154, 158: "This Court is not to be required on every Occasion to take the Management of every Playhouse and Brewhouse in the Kingdom.".

427 Howard Smith Ltd. v Ampol Petroleum Ltd. [1974] AC 821, 832; vgl. auch Pennington, Directors' Personal Liability, S. 73; Farrar, Farrar's Company Law, S. 387; Arden, in: Rawlings (Hrsg.), Law, Society and Economy, S. 91, 98: "Courts cannot effectively test what is or not objectively speaking in the interests of the

unter dem Begriff eines unzulässigen Zwecks zu verstehen ist, läßt sich abschließend nicht abstrakt beschreiben, sondern hängt von der Einordnung der Einzelbestimmung im Geflecht aller Satzungsvorschriften und einer Untersuchung des jeweiligen Einzelfalles ab.[428] In der Vergangenheit ergab sich die Frage nach der Zulässigkeit eines bestimmten Zwecks überwiegend im Zusammenhang mit der Ausgabe neuer Anteile, um durch die Veränderung bestehender Mehrheiten die Position der *directors* zu sichern[429] oder um bestimmten Bestrebungen der bestehenden Mehrheit entgegenzuwirken.[430] Durch die Einführung der ss. 80ff. Companies Act 1985, welche die Ausgabe von stimmberechtigten Anteilen an die Zustimmung der Hauptversammlung oder eine entsprechende Befugnis in der Satzung knüpfte, ist hier eine gewisse Beruhigung eingetreten. Jedoch im Bezug auf andere Problemkreise ist die Frage nach dem Kompetenzmißbrauch zu unzulässigen Zwecken weiterhin aktuell.[431]

3. *Die Pflicht, den eigenen Ermessensspielraum zu bewahren*

Directors haben die aus dem Treuegebot enspringende Pflicht, mit Dritten nicht Verträge zu schließen, die Festlegungen enthalten, wie sie ihr Ermessen auszuüben haben.[432] Dies würde ihnen eine spätere unabhängige Entscheidung unmöglich machen.[433] Hingegen fallen ermessenseinschränkende Verträge,

---

company. But they can scrutinise what directors do by the criterion of the proper purpose. If the proper purpose doctrine were lost, then one of the most important weapons in the judicial armoury for making directors accountable to their shareholders would be lost too.".

428 Howard Smith Ltd. v Ampol Petroleum Ltd. [1974] AC 821, 835ff. im einzelnen zur Vorgehensweise; vgl. auch Re Smith & Fawcett Ltd [1942] Ch 304ff. mit der Befugnis der directors, bei einer private limited company Anteilsübertragungen nicht registrieren zu müssen und die Entscheidung Gaiman v National Association for Mental Health [1971] Ch 317ff., in der es um die Befugnis der directors ging, Mitglieder mit gegensätzlichen Meinungen auszuschließen.

429 Punt v Symons & Co. Ltd [1903] 2 Ch 506ff.

430 Howard Smith Ltd. v Ampol Petroleum Ltd. [1974] AC 821ff. mit einer sehr genauen Untersuchung der Rechtslage im Commonwealth durch den Privy Council; Hogg v Cramphorn Ltd. [1967] Ch 254, 267ff.; stark kritisiert in der kanadischen Entscheidung Teck Corporation Ltd. v Millar [1972] 33 D.L.R. (3d) 288, 312ff.

431 Davies, Gower's Principles of Modern Company Law, S. 606, Fn. 45 mit Beispielen weiterer Anwendungsfelder.

432 Davies, Gower's Principles of Modern Company Law, S. 608; Farrar, Farrar's Company Law, S. 380; Law Commission, Company Directors: Regulating Conflicts of Interest and Formulating a Statement of Duties - A Consultation Paper, S. 239.

433 Arden, in: Rawlings (Hrsg.), Law, Society and Economy, S. 91, 91.

welche *directors* für die Gesellschaft schließen, nicht unter diese Regel, wenn sie zum Wohle der Gesellschaft geschlossen werden. So bezog sich der Court of Appeal in *Fulham Football Club Ltd. v Cabra Estates plc.* bestätigend auf die Festellungen von Kitto J in der Entscheidung des High Court Australiens in *Thorby v Goldberg*:

> "If at the former time [when a contract is negotiated on behalf of the company], they [the directors] are bona fide of the opinion that it is in the interests of the company that the transaction should be entered into and carried into effect, I can see no reason in law why they should not bind themselves [by a contract] to do whatever under the transaction is to be done." [434]

Würde hier nicht das Interesse der Gesellschaft vorgehen, so würde dies die Handlungsfähigkeit von Unternehmen weitgehend einschränken und letztendlich der Gesellschaft schaden.[435] Aufgrund dieser sehr weit gehenden Ausnahme bleibt nur noch eingeschränkt Raum für die Anwendung der Grundregel. Gleichwohl bietet sie sich an, wenn sich z.B. *directors* vertraglich festlegen, welchen Ratschlag sie den Anteilseignern in der Zukunft geben werden, ohne in der Zwischenzeit eingetretene Veränderungen berücksichtigen zu können und zu dürfen.[436] Eine ähnliche Problemlage liegt auch vor, wenn "*nominee directors*" von bestimmten Interessengruppen, wie z.B. Gebern von Sicherheiten oder Gläubigern in den Vorstand entsand werden, und dort deren Interessen vertreten sollen.[437] Die sich aufdrängende Frage nach der Beeinflussung und Einschränkung des Ermessens der *directors* durch Entscheidungsdelegation findet ihre Beantwortung in den Delegationsbefugnissen der Satzung.[438]

4. *Die Regel, bei Interessenskonflikten dem Interesse der Gesellschaft Vorrang vor eigenen Interessen zu geben*

Aufgrund ihrer Vertrauensstellung dürfen sich *directors* nicht Situationen aussetzen, in denen die Pflichten, die sie der Gesellschaft schulden mit ihren

434 [1994] 1 BCLC 363, 392f.

435 Davies, Gower's Principles of Modern Company Law, S. 609.

436 Vgl. Rackham v Peek Foods Ltd. [1990] BCLC 895, 916ff.; John Crowther Group plc. v Carpets International [1990] BCLC 460ff.

437 Boulting v ACTT [1963] 2 QB 606, 626; Kuweit Asia Bank EC v National Mutual Life Nominees Ltd. [1991] 1 AC 187, (P.C.): Der „nominee director" hat die Interessen seines Entsenders nicht zu beachten; vgl. aber auch Davies, Gower's Principles of Modern Company Law, S. 610 mit dem Hinweis auf den Ghana Companies Code 1973, der den „nominee directors" aufgibt, "[to] give special, but not exclusive consideration to the interests [of the nominator]".

438 Davies, Gower's Principles of Modern Company Law, S. 610.

eigenen Interessen oder Pflichten gegenüber Dritten in Konflikt geraten oder geraten können.[439] Dies zeigt sich sehr deutlich in Lord Cranworth's Ausführungen in *Aberdeen Railway Co. v Blaikie Bros.*:

> "It is a rule of universal application that no one, having such duties to discharge, shall be allowed to enter into engagements in which he has, or can have, a personal interest conflicting, or which possibly may conflict, with the interests of those whom he is bound to protect."[440]

Bei der Verletzung dieser Regel ist der Vertrag für die Gesellschaft grundsätzlich anfechtbar, wenn nicht Bestimmungen des *common law* entgegenstehen.[441] Es bieten sich drei verschiedene Szenarien an, in denen die Gefahr eines Interessenkonfliktes besteht:

a) Verträge mit der Gesellschaft

Eine Gesellschaft wird nur dann wirksam durch einen Vertrag verpflichtet, an dem einer ihrer *directors* ein persönliches Interesse hat, wenn die Möglichkeit hierzu in der Satzung der Gesellschaft vorgesehen ist oder die Gesellschaft dem Vertrag in einer Hauptversammlung zustimmt, nachdem sie zuvor vollständig über die widerstreitenden Interessen aufgeklärt worden ist.[442] Dieser Grundsatz entstammt dem *Fall Aberdeen Railway Co. v Blaikie Bros.*[443], in dem es um die Wirksamkeit eines Vertrages ging, den die Gesellschaft mit einer *partnership* einging, bei der einer der *directors* der Gesellschaft Partner war. Das House of Lords stellte fest, daß die Gesellschaft nicht an den Vertrag gebunden war.

Im Jahr 1887 entschied jedoch der Privy Council, daß ein solcher Vertrag wirksam sei, sobald er durch die Mehrheit der Stimmen in einer Hauptver-

---

439 Imperial Mercantile Credit Ass. v Coleman [1871] 6 Ch App. 558, 566; Transvaal Land Co. v New Belgium Transvaal Land & Development Co. [1914] 2 Ch 488, 494f. 496; Industrial Development Consultants Ltd. v Cooley [1972] 1 W.L.R. 443, 453; Movitex Ltd. v Bullfield [1988] BCLC 104, 114ff, 125; Guinness plc. v Saunders [1990] 2 AC 663, 690, 693.

440 [1854] 1 Macq 461, 471f.

441 Aberdeen Railway Co. v Blaikie Bros [1854] 1 Macq 461ff.; Bray v Ford [1896] AC 44, 51; Transvaal Land Co. v New Belgium Transvaal Building & Development Co. [1914] 2 Ch 488, 500 (C.A.); Boulting v Association of Cinematograph Television and Allied Technicians [1963] 2 QB 606, 635; Guinness plc. v Saunders [1990] 2 AC 663, 697; Farrar, Farrar's Company Law, S. 396f.

442 Arden, in: Rawlings (Hrsg.), Law, Society and Economy, S. 91, 91; Davies, Gower's Principles of Modern Company Law, S. 611.

443 [1854] 1 Macq. 461.

sammlung der Gesellschaft bestätigt worden ist.[444] Auch enthalten die Satzungen vieler Gesellschaften heute Bestimmungen, die entweder solche Verträge uneingeschränkt zulassen oder aber an bestimmte Voraussetzungen knüpfen, wie z.B. die vollständige Aufklärung des *board of directors*.[445] Die vollständige Aufklärung des *board of directors* ist auch die Intention der strafbewehrten Vorschrift in s. 317 Companies Act 1985, welche die Enthüllung von Eigeninteressen der *directors* an Verträgen der Gesellschaft zum Inhalt hat.[446]

b) Das Verbot, eigene Vorteile aus der Organstellung zu ziehen

Grunsätzlich ergibt sich aus der Vertrauensstellung der *directors* das Verbot, sich durch die mit ihrer Position verbundenen Informationen und Erwerbschancen persönliche Vermögensvorteile zu verschaffen.[447] So entschied Viscount Sankey in *Regal (Hastings) Ltd. v Gulliver* folgend:

> "[...] their liability to account does not depend on proof of male fides. The general rule of equity is that no one who has duties of a fiduciary nature to perform is allowed to enter into engagements in which he has or can have a personal interest conflicting with the interests of those whom he is bound to protect."[448]

Auch die Niederlegung der Direktorentätigkeit entbindet einen *director* nicht von diesem Verbot. So mußte in *Industrial Development Consultants Ltd. v Cooley*[449] ein ehemaliger *executive director* die Gewinne aus einem Geschäft abführen, welches er nach seinem Ausscheiden für sich persönlich gesichert

444 North-West Transportation Co. Ltd. v Beatty [1887] 12 App Cas 589, 593; vgl. auch schon s. 29 Joint Stock Companies Act 1844.

445 Vgl. hierzu Art. 85, Table A, Companies Act 1985: "[...] provided that he has disclosed to the directors the nature and the extent of any material interest of his, a director notwithstanding his office-may be a party to, or otherwise interested in, any transaction or with the company or in which the company is otherwise interested [...]".
vgl. im einzelnen hierzu Farrar, Farrar's Company Law, S. 399ff.

446 Vgl. hierzu Morse, Charlesworth & Morse Company Law, S. 358ff.; Farrar, Farrar's Company Law, S. 398f. und Davies, Gower's Principles of Modern Company Law, S. 612 m.w.H., insbesondere zum Verhältnis zwischen Art. 85, Table A, Companies Act 1985 und s. 317 Companies Act 1985; zu Verträgen mit der Gesellschaft vgl. auch ss. 312 (Abfindungsverträge), 320 (Übereinkommen zur Vermögensübertragung), 330 (Darlehensvereinbarungen) Companies Act 1985.

447 Morse, Charlesworth & Morse Company Law, S. 354; Farrar, Farrar's Company Law, S. 415.

448 [1967] 2 AC 134, 137; vgl. hierzu auch Lowry, 45 N.I.L.Q. 1994, 1ff.

449 [1972] 1 W.L.R. 443ff.; vgl. auch Keech v Sandford [1726] Sel Cas Ch 61ff.; Regal (Hastings) Ltd. v Gulliver [1967] 2 AC 134ff.

hatte, nachdem er zunächst in diesem Geschäft als *director* für die Gesellschaft verhandelt hatte.[450] Der persönlichen Inanspruchnahme des *directors* stand auch nicht im Wege, daß die Gesellschaft den Vertrag selbst nicht hätte bekommen können.[451] So zeigt dieser Fall, daß den Gerichten neben der Kompensationswirkung auch die Sanktionswirkung wichtig erscheint, wenn ein *director* das Eigentum der Gesellschaft, in diesem Fall die Information, zum eigenen Nutzen mißbraucht.[452]

Im Gegensatz hierzu steht die Entscheidung in *Island Export Finance Ltd. v Umunna*[453], welche zur Folge hatte, daß ein ehemaliger *director* die Gewinne aus einem Geschäft, welches er von seiner früheren Gesellschaft übernahm, behalten durfte. Entscheidend war hierbei für das Gericht, daß er (1) nicht wegen der Geschäftschance seine Direktorentätigkeit aufgegeben hatte und (2), daß die Gesellschaft nicht mehr länger an Geschäften dieser Art interessiert gewesen war. Entsprechend wurde auch in anderen Fällen entschieden, daß eine Pflichtverletzung nicht vorliege, wenn der ausgeschiedene *director* mit einem Kunden der Gesellschaft einen Vertrag zur Lieferung von Produkten schließt, deren Produktionsschluß von der Gesellschaft beschlossen worden war.[454] Ferner ist es noch nicht als Verletzung der Treuepflicht anzusehen, wenn ein *director* während

---

450 Vgl. auch Laskin J in Canadian Aero Service v O'Malley [1973] 40 D.L.R. (3d) 371, 382 (Canadian Supreme Court): "In my opinion this ethic [fiduciary duties] disqualifies a director or senior officer from usurping for himself or diverting to another person or company with whom or with which he is associated a maturing business opportunity which his company is actively pursuing.".

451 So entschied z.B. Roskill J in Industrial Development Consultants v Cooley [1972] 1 W.L.R. 443, 454, daß die Chance der Gesellschaft, den Zuschlag zu dem Vertrag zu bekommen, bei nicht mehr als 10% lag.

452 Vgl. Fine Industrial Commodities Ltd. v Powling [1954] 71 R.P.C. 253ff.; Cranleigh Precision Engineering Ltd. v Bryant [1964] 3 All ER 289ff.; Law Commission, Company Directors: Regulating Conflicts of Interest and Formulating a Statement of Duties - A Consultation Paper, S. 241; vgl. auch zu der Frage, ob Information Eigentum sein kann Phipps v Boardman[1967] 2 AC 46, 91ff.; vgl. zum Mißbrauch interner Informationen auch Teil V (insbesondere ss. 55ff.) Criminal Justice Act 1993 (früher Companies Securities (Insider Dealing) Act 1985).

453 [1986] BCLC 460ff.; jedoch Farrar, Farrar's Company Law, S. 420 mit der Ansicht, daß die englischen Gerichte in diesem Bereich wieder eine strengere Haltung einnehmen, vgl. Guinness plc. v Saunders [1990] 2 AC 663ff.

454 Balston Ltd. Headline Filters Ltd. [1990] F.S.R. 385, 386; vgl. auch die Diskussion in Davies, Gower's Principles of Modern Company Law, S. 621f. über Geschäftschancen, die von der Gesellschaft noch nicht anvisiert worden sind und im amerikanischen Recht unter dem Begriff "line of business"-Test bekannt ist.

seiner Direktorentätigkeit die Möglichkeit sondiert, die Geschäfte selbst zu betreiben.[455]

c) Wettbewerbsverbot

Grundsätzlich ist es einem *director* nicht verwehrt, entweder selbst oder aber als *director* eines anderen Unternehmens in Konkurrenz zu der Gesellschaft zu treten.[456] Es mutet jedoch eigenartig an, daß ein Angestellter in seiner Freizeit nicht für ein Konkurrenzunternehmen arbeiten darf[457], aber ein *director*, und hier insbesondere ein *executive director*, der grundsätzlich noch stärkeren Treuepflichten als ein Angestellter zu entsprechen hat, nicht dieser Beschränkung unterliegt. Gleichwohl findet diese zunächst überraschende Feststellung ihre Relativierung in der überlappenden Abdeckung durch andere Treuepflichten, da es einem *director* schwer fallen wird, zur selben Zeit "zwei Herren zu dienen".[458] So besteht stets die innewohnende Gefahr, daß die eigenen Interessen oder die der einen Gesellschaft über die der anderen Gesellschaft gestellt werden. Des weiteren ist aber auch zu bedenken, daß die scheinbare Lücke in der Haftung wegen eines Wettbewerbsverbots sehr haufig durch eine entsprechende Klausel im Anstellungsvertrag ausgeglichen wird.[459]

III. Gesetzlich geregelte Pflichten

Zusätzlich zu den traditionellen Pflichten, die sich aus der Treuepflicht sowie der Sorgfaltspflicht des *directors* gegenüber der Gesellschaft ergeben, hat der *director* noch einigen weiteren Pflichten nachzukommen, die u.a. im Companies Act 1985 bzw. im Insolvency Act 1986 eine Kodifikation gefunden haben.

1. Haftung im Zusammenhang mit der Insolvenz

In der Insolvenz einer Gesellschaft zeigt sich häufig, daß die Rechtsform der beschränkten Haftung einen weiten Anwendungsbereich für Mißbrauch bietet. Entsprechend kann bei der Abwicklung einer insolventen Gesellschaft der vom

---

455 Balston Ltd. v Headline Filters Ltd. [1990] F.S.R. 385, 386f., 404, 412.

456 London & Mashonaland Exploration Co. v New Mashonaland Exploration Co. Ltd. [1891] W.N. 165, 165; bestätigt im Fall Bell v Lever Bros Ltd. [1932] AC 161, 195; vgl. aber hierzu im Gegensatz s. 30 Partnership Act 1890.

457 Hivac Ltd. v Park Royal Scientific Instruments Ltd. [1946] Ch 169, 180ff. (C.A.) und Scottish Co-op Wholesale Society Ltd. v Meyer [1959] AC 324, 366ff. (H.L.).

458 Vgl. Thomas Marshall (Exporters) Ltd. v Guinle [1978] 3 W.L.R. 116ff.

459 Pennington, Directors' Personal Liability, S. 51f.

Gericht eingesetzte *liquidator* unter bestimmten Umständen *directors* persönlich in Anspruch nehmen, und hierdurch die Verteilungssumme erhöhen.[460] Eine direkte Inanspruchnahme der *directors* durch die Gläubiger ist nicht möglich,[461] aber auch nicht nötig, da auch scheinbar "masselose" Gesellschaften durch den *liquidator* abgewickelt werden können.[462]

In den 80er Jahren des 20. Jahrhunderts wurde von den englischen Gerichten erstmals angedacht, daß ein *director* einer insolventen Gesellschaft gegenüber deren Gläubigern eine Pflicht haben könnte, das Vermögen der Gesellschaft für diese zu schützen. Zunächst blieb es aber ungeklärt, wie die gerichtliche Geltendmachung einer solchen Pflicht aussehen sollte.[463] In einem erst kürzlich entschiedenen Fall stellte dann aber Toulson J fest, daß diese Pflicht gegenüber den Gläubigern nur unter den Voraussetzungen von s. 212 Insolvency Act 1986 gerichtlich einzufordern sei.[464] Es besteht somit kein direktes Treueverhältnis zwischen dem *director* und dem einzelnen Gläubiger, dessen Verletzung von dem betroffenen Gläubiger direkter gerichtlicher Beurteilung zugeführt werden kann.

a) Betrügerische Geschäftsfortführung – fraudulent trading

Schon durch s. 275 Companies Act 1929 wurde im Insolvenzverfahren die persönliche Haftung für diejenige Person angeordnet, die sich wissentlich an Geschäften der Gesellschaft beteiligt hatte, die mit der Absicht ausgeführt wurden, die Gläubiger der Gesellschaft oder andere Personen zu täuschen oder zu einem anderen betrügerischen Zweck ausgeführt wurden (heute ss. 213, 215 (2) Insolvency Act 1986).[465] Bloßes Mißmanagement ist somit nicht ausreichend.

---

460 Vgl. aber Milman, Palmer's In Company (8) 1995, 1, 1 und Schulte, 20 The Company Lawyer 1999, 80, 81 mit der Feststellung, daß den liquidators jedoch häufig die Geldmittel zur Verfolgung des Anspruches fehlen. Ebenso auch Re Oasis Merchandising Services Ltd., Ward v Aitken [1997] 1 BCLC 689ff.: s. 214 Insolvency Act 1986 ist kein "asset of the company", so daß liquidators weder die Kosten einer erfolglosen Klage aus der Masse bestreiten können noch ihr Klagerecht "verkaufen" können. Haben sie keinen individualvertraglichen Rückgriff auf die Gläubiger, so haften sie letztendlich für die Kosten persönlich. Vgl. aber auch Milman's Hinweis auf S. 2 zur „Conditional Fee Agreements Order 1995" (S.I. 1995 No. 1674), wonach das Anwaltshonorar erst mit Prozeßbeginn anfällt.

461 Ochs, Die Einpersonengesellschaft in Europa, S. 196.

462 s. 125 (1) Insolvency Act 1986; vgl. aber s. 202 Insolvency Act 1986.

463 Milman, Palmer's In Company (2) 1999, 1, 1f.; vgl. hierzu auch West Mercia Safetywear Ltd. v Dodd [1988] BCLC 250, 253ff.

464 Vgl. Yukong Line of Korea Ltd. v Rendsburg [1998] 2 BCLC 485, 486.

465 Bloses Schweigen oder Untätigkeit reichen jedoch nicht für eine Haftung, vgl. Re Surflax Ltd [1979] 1 All ER 529, 535; Re Coopers Chemicals Ltd. [1978] Ch 262,

Die Schwierigkeit bei der Anwendung dieser Vorschrift liegt jedoch bei der Frage des Nachweises der betrügerischen Absicht,[466] da folgende Voraussetzungen erfüllt sein müssen:

> "[…] actual dishonesty involving, according to current notions of fair trading among commercial men, real moral blame […]"[467]

So konnten sich die Leitungsorgane zumeist auf die sog. „*sunshine-doctrine*" berufen, nach der eine Betrugsabsicht ausscheidet, wenn die Geschäftsführungsorgane trotz aller finanzieller Schwierigkeiten der Ansicht waren, „die Wolken verschwänden und die Sonne komme wieder zum Vorschein".[468] Die Schwierigkeiten des Nachweises der Betrugsabsicht erkennend wurde zum Teil auf objektive Kriterien zurückgegriffen. So haftete in *Re William C. Leitch Bros. Ltd.* ein *director*, der wissentlich Waren zu einem Zeitpunkt bestellte, zu dem keine vernünftigen Aussichten mehr bestanden, daß die Waren auch bezahlt werden konnten.[469] Auch ist es unerheblich, ob es sich um nur ein einzelnes oder mehrere betrügerische Geschäfte handelte.[470] Erfolgt eine Verurteilung, so liegt der Umfang der Haftung im Ermessen des Gerichtes,[471] auch wenn er häufig dem Schaden der betrogenen Gläubiger entspricht.[472]

b) *Unrechtmäßige Geschäftsführung – wrongful trading*

Da der Nachweis einer betrügerischen Absicht in der Praxis häufig sehr schwer fiel und die Herleitung einer subjektiven Absicht aufgrund objektiver Kriterien mit Bedenken verfolgt wurde, empfahl das *Cork Committee,* bei Handlungen in der Vorphase der Insolvenz einen leichteren Maßstab anzulegen.[473]

267ff; Re Augustus Barnett & Sons Ltd. [1986] BCLC 170, 174ff; vgl. auch Brumwell/Mallet, GmbHR 1995, 647, 649.

466 Goode, Principles of Corporate Insolvency Law, S. 456f.; Davies, Gower's Principles of Modern Company Law, S. 152.

467 Re Patrick Lyon Ltd. [1933] All ER 590, 591.

468 Re White & Osmond (Parkstone) Ltd., unveröffentlicht, aber zitiert in R v Grantham [1984] 3 All ER 166, 170; Fleischer, Neue Entwicklungen im englischen Konzernrecht, AG 1999, 350, 355f.

469 [1932] 2 Ch 71, 77; vgl. aber auch Re Surflax Ltd [1979] 1 All ER 529, 535ff.; Re Augustus Barnett & Sons Ltd. [1986] BCLC 170ff.

470 Re Gerald Cooper Chemicals Ltd. [1978] Ch 262, 267.

471 s. 213 (2) Insolvency Act 1986.

472 Pennington, Directors' Personal Liability, S. 195.

473 Schulte, 20 The Company Lawyer 1999, 80, 80; Goode, Principles of Corporate Insolvency Law, S. 458f.; Davies, Gower's Principles of Modern Company Law, S. 151.

So kann nun nach s. 214 (1) Insolvency Act 1986 ein *director* persönlich in Anspruch genommen werden, wenn er in dem der Abwicklung vorgelagerten Zeitraum gewußt hatte oder hätte wissen müssen, daß keine vernünftigen Aussichten bestehen, die Abwicklung aufgrund von Überschuldung (*insolvent liquidation*)[474] zu vermeiden und er dennoch die Geschäfte fortgesetzt hatte.[475] Mithin ist ein *director* nicht nach s. 214 Insolvency Act 1986 haftbar, wenn er nachvollziehbar der Überzeugung sein durfte, daß zum Zeitpunkt der Abwicklung genügend Masse zur Befriedigung der Verbindlichkeiten und der Verfahrenskosten vorhanden sein würde. Nach seiner nachvollziehbaren Vorstellung hätten die Gläubiger also keinen Schaden erleiden müssen. Entsprechend ist ein Schädigungsvorsatz oder auch ein spezielles Geschäft ("*trading*") nicht erforderlich.[476] Vielmehr ist eine Art fahrlässige Mißachtung der Gläubigerinteressen ausreichend.[477] So findet in s. 214 Insolvency Act 1986 nicht das Mißmanagement, welches eine Gesellschaft in die Insolvenz bringt, eine Sanktionierung, sondern vielmehr die fehlenden Bemühungen danach, den Schaden der Gläubiger so minimal wie möglich zu halten. Als Beispiel hierfür mag der fehlende Versuch dienen, das Eigenkapital zu erhöhen, fällige Forderungen der Gesellschaft einzufordern, Vermögen zu bewahren, aber auch die voreilige Einstellung der Geschäftstätigkeit.[478]

Dem *director* bleibt jedoch als Exkulpationsmöglichkeit der Nachweis, daß er, sobald er erkannt hatte, daß die Abwicklung der Gesellschaft aufgrund von Überschuldung unabwendbar war, alles[479] unternommen hat, die den Gesellschaftsgläubigern drohenden Verluste so gering wie möglich zu halten.[480] Die

---

474 s. 214 (6) Insolvency Act 1986: Die Schulden, Verbindlichkeiten und Kosten des Verfahrens übersteigen die Aktiva der Gesellschaft.

475 s. 214 (2) Insolvency Act 1986; vgl. auch Re Produce Marketing Consortium (No. 2) [1989] 1 W.L.R. 745, 750; Re Purpoint [1991] BCC 121, 127: "was doomed to end in an insolvent winding up"; Re Hydrodan (Corby) Ltd. [1994] BCC 161ff.; Re PFTMZ [1995] BCC 280, 289ff.

476 Neuling, Deutsche GmbH und englische private company, S. 156; Goode, Principles of Corporate Insolvency Law, S. 460.

477 Schulte, 20 The Company Lawyer 1999, 80, 80; Goode, Principles of Corporate Insolvency Law, S. 460.

478 Goode, Principles of Corporate Insolvency Law, S. 465f.; Pennington, Directors' Personal Liability, S. 193.

479 Nach Pennington, Directors' Personal Liability, S. 193 und Goode, Principles of Corporate Insolvency Law, S. 213 können unzureichende Bemühungen, die ein Enthaftung nicht zulassen, aber bei der Höhe der Haftungssumme Berücksichtigung finden.

480 s. 214 (3) Insolvency Act 1986; vgl. auch Goode, Principles of Corporate Insolvency Law, S. 470, 472 mit 12 Hinweisen zur Vermeidung der Haftung und Re Produce Marketing Consortium Ltd. (No. 2) [1989] BCLC 520, 550 mit der

Frage, ob ein *director* die Unvermeidbarkeit der drohenden Insolvenz hätte erkennen müssen und ob die nachfolgenden Schritte zur Minimierung des Gläubigerschadens ausreichend waren, beurteilt sich nach einem gemischt objektiv/subjektiven Maßstab. So werden bei ihm die Kenntnisse, Fähigkeiten und Erfahrungen erwartet, die vernünftigerweise von einer Person in vergleichbarer Position erwartet werden dürfen. Sofern jedoch seine Qualifikationen diesen objektiven Durchschnittsstandard übersteigen, ist auf diese abzustellen.[481] Des weiteren nehmen die Gerichte bei der Bestimmung des Verhaltensmaßstabs auf den Zuschnitt der betreffenden Gesellschaft Rücksicht.[482]

Wird der Exkulpationsnachweis nicht erbracht, so ordnet das Gericht nach seinem Ermessen eine Innenhaftung bis zur Höhe der von den entsprechenden Gläubigern nachgewiesenen Forderungen an.[483] Des weiteren kann eine Verurteilung wegen eines Verstoßes gegen s. 214 Insolvency Act 1986 zu einem Verbot der Direktorentätigkeit nach s. 10 Company Directors Disqualification Act 1986 führen.[484]

c) Haftung nach dem memorandum of association

Gemäß s. 306 (1) Companies Act 1985 kann im *memorandum of association*[485] einer *private limited company* ausdrücklich festgelegt werden, daß die *directors* unbeschränkt für Verbindlichkeiten der Gesellschaft haften. In diesem Fall haben alle ehemaligen[486] und gegenwärtigen *directors* im Falle der Insolvenz eine Zahlung in dem Umfang zum Gesellschaftsvermögen zu leisten, wie sie es als

---

Feststellung, daß sich directors stets über die finanzielle Situation der Gesellschaft informiert zu halten haben.

481 s. 214 (4), (5) Insolvency Act 1986.

482 Vgl. Knox J in Re Produce Marketing Consortium Ltd. [1989] 5 BCC 569, 594: "the general knowledge, skill and experience postulated will be much less extensive in a small company in a modest way of business, with simple accounting procedures and requirements, than it will be in a large company with sophisticated procedures.".

483 Davies, Gower's Principles of Modern Company Law, S. 155; Neuling, Deutsche GmbH und englische private company, S. 130, 156.

484 Schulte, 20 The Company Lawyer 1999, 80, 80: Es steht im Ermessen des Gerichts neben einer Verurteilung wegen einer Verletzung von s. 214 Insolvency Act 1986 auch noch gleich eine Untersagung der Direktorentätigkeit nach s. 10 Company Directors Disqualification Act 1986 auszusprechen; Goode, Principles of Corporate Insolvency Law, S. 474 mit noch drei anderen Entscheidungsmöglichkeiten der Gerichte.

485 Das „memorandum of association" betrifft das Außenverhältnis und die Grundlagen der Gesellschaft. Vgl. ss. 1 (3) (a) sowie 2 (1), (3), (5) Companies Act 1985.

486 s. 75 (2) Insolvency Act 1986; s. 503 (2) Companies Act 1985.

Gesellschafter einer Gesellschaft ohne Haftungsbeschränkung hätten tun müssen.[487]

2. *Haftung bei der Kapitalerhaltung und Unterkapitalisierung*

Um einer unverhältnismäßigen Verminderung des erwirtschafteten Vermögens durch Rückzahlung an die Anteilseigner zu begegnen, ist im Companies Act 1985 als Grenze der Gewinnausschüttung die Differenz zwischen den realisierten Gewinnen und Verlusten festgelegt worden.[488] Erfolgen Gewinnausschüttungen entgegen dieser Vorschrift, so hat der betroffene Gesellschafter den Wert des Erhaltenen zurückzugewähren, wenn er von der Ausschüttungsgrenze Kenntnis hatte oder hätte haben müssen.[489] Zusätzlich gewährt die englische Rechtsprechung der Gesellschaft einen Erstattungsanspruch gegen die *directors* in Höhe der rechtswidrigen Gewinnausschüttung.[490] Kommen die *directors* diesem Anspruch nach, so können sie jedoch wiederum bei dem durch die rechtswidrige Gewinnausschüttung begünstigten Anteilseigner Regreß nehmen.[491]

Im Hinblick auf die Haftung der Gesellschafter bei nomineller und materieller Unterkapitalisierung ist das englische Recht mit Hinweis auf die selbständige Rechtspersönlichkeit der Gesellschaft traditionell ablehnend gestimmt.[492] Die Gläubiger von unterkapitalisierten Gesellschaften werden jedoch angesichts des Ausfalls der Gesellschafter zum Rückgriff durch die weitgehende Binnenhaftung der Leitungsorgane in ss. 213ff. Insolvency Act 1986 geschützt.[493]

---

487 s. 75 (1) Insolvency Act 1986; s. 503 (1) Companies Act 1985; Pennington, Directors' Personal Liability, S. 190f.

488 ss. 263 (1), (3), 270 Companies Act 1985; vgl. auch Aveling Barford Ltd. v Perion [1989] BCLC 626ff.; Trevor v Whitworth [1887] 12 App Cas 409, 416 zum Ausschüttungsverbot für gebundenes Vermögen und Doran, 10 The Company Lawyer (9) 1991, 169ff.

489 s. 277 Companies Act 1985; vgl. auch Precision Dippings Ltd. v Precision Dippings Marketing Ltd. [1986] Ch 447ff. (C.A.) zur Stellung des Gesellschafters als constructive trustee.

490 Re Exchange Banking Co. [1882] 21 Ch 519, 535f. (C.A.), ("Flitcroft's Case").

491 Re National Funds Assurance Co. [1878] 10 Ch 118, 129; Re Alexandra Palace Co. [1882] 21 Ch 149, 161f.; Moxham v Grant [1900] 1 QB 88ff.

492 Vgl. die immer noch gültige Entscheidung des House of Lords in Salomon v Salomon [1897] AC 22, 51: "The corporation is a legal entity distinct from its members", in der auch die nachträgliche Umdeutung von Fremdkapital der Gesellschafter in haftendes Eigenkapital abgelehnt wurde. Vgl. auch s. 99 (2) Companies Act 1985; Lutter, in: Festschrift für Stefan Riesenfeld, S. 165, 172ff.; Neuling, Deutsche GmbH und englische private company, S. 154ff.

493 Vgl. auch die zusätzliche Möglichkeit der Gläubiger und des Department of Trade and Industry, nach ss. 122, 124f. Insolvency Act 1986 die Auflösung offensichtlich

Grundsätzlich trifft nach s. 221 (1) und (2) Companis Act 1985 die Gesellschaft die Pflicht, eine ordnungsgemäße Buchführung sicherzustellen, aus welcher sich für den Bilanzzeitraum ein klarer Überblick über die wahre finanzielle Lage der Gesellschaft anhand einer Gewinn- und Verlustrechnung ergibt („true and fair view“).[494] Verstößt die Gesellschaft gegen diese Pflichten, so können die *directors* strafrechtlich oder mit einer Geldstrafe belangt werden.[495]

Hingegen reichen häufig die finanziellen Angaben noch nicht, um sich ein umfassendes Bild von der Lage der Gesellschaft machen zu können. Entsprechend ist von den *directors* im Rahmen des von ihnen aufzustellenden Jahresabschlusses (Bilanz/Gewinn- und Verlustrechnung)[496] in einem Lagebericht („*directors' report*“) ein Überblick über die Geschäftsentwicklung des vergangenen Geschäftsjahres sowie über die Lage des Unternehmens am Ende des Geschäftsjahres zu geben.[497] Ferner ist auf die voraussichtliche wirtschaftliche Entwicklung der Gesellschaft einzugehen und zu Umständen und Entwicklungen Stellung zu nehmen, welche sich positiv oder negativ auf die finanzielle Lage der Gesellschaft auswirken könnten.[498]

Jedoch bestehen bei kleineren Gesellschaften gewisse Ausnahmen, so daß nur eine gekürzte Bilanz sowie keine Gewinn- und Verlustrechnung aufgestellt werden muß.[499] Ebenso entfällt das Erfordernis für die directors einen Lagebericht

---

unterkapitalisierter Gesellschaften zu beantragen; hierzu Re Purpoint [1991] BCLC 491ff.

494 Vgl. auch zu den Pflichtangaben, Bewertungsregeln und Rechnungslegungsstandards Schedule 4 des Companies Act 1985; hierzu s. 245 (1) und (2) Companies Act 1985; interessant auch s. 137 (2) Companies Act 1989, welche Angaben über vorhandene D&O-Versicherungen nach s. 310 (3) (a) Companies Act 1985 im Jahresbericht erfordert. Nach s. 252 Companies Act 1985 können die Gesellschafter einer private limited company auch im Rahmen einer elective resolution über die Abschaffung des Erfordernisses der Vorlage von Rechnungsbeschlüssen und Jahresberichten an die Hauptversammlung entscheiden.

495 ss. 221 (3), 222 (6) Companies Act 1985.

496 s. 233 Companies Act 1985; zu den Bestandteilen des Jahresabschlusses vgl. s. 226 Companies Act 1985 und Schedule 4 Companies Act 1985; Bei mittelgroßen und kleinen Gesellschaften gelten Erleichterungen bei der Erstellung der Bilanz sowie der Gewinn- und Verlustrechnung, s. 246 Companies Act 1985; zur Bestimmung, ob eine kleine oder mittelgroße Gesellschaft i.S.d. Companies Act 1985 vorliegt, vgl. s. 247 (3) Companies Act 1985.

497 s. 234 (1), (2) Companies Act 1985.

498 Schedule 7, para 6, Companies Act 1985.

499 Schedule 8, para 1, 2 Companies Act 1985.

(*director's report*) anfertigen und einreichen zu müssen.[500] Um eine kleinere Gesellschaft handelt es sich, wenn in den letzten zwei Jahren nicht mehr als 50 Arbeitnehmer beschäftigt wurden, ein Umsatz von weniger als £ 2.8 Millionen erwirtschaftet wurde oder ein Bruttovermögen von weniger als £ 1.4 Millionen vorhanden ist.[501]

IV. Folgen einer Pflichtverletzung

Wenn die Konsequenzen einer Pflichtverletzung nicht schon wie z.B. in ss. 320, 322A Companies Act 1985 festgeschrieben sind, bieten sich mehrere Folgen zur Sanktionierung einer Pflichtverletzung an, wobei es bei deren Bestimmung jeweils auf die Art der Pflichtverletzung ankommt. Neben der Rückgabe von Vermögenswerten[502], der Aufhebung von Verträgen[503], dem Abführen von Gewinnen[504] und den Rechtsfolgen des einstweiligen Rechtsschutzes[505], kommen hauptsächlich der Schadensersatz sowie das Verbot der Organtätigkeit als Sanktionen in Betracht.

500 Schedule 8, para 4 Companies Act 1985.

501 s. 247 (3), (4) Companies Act 1985.

502 Vgl. Precision Dippings Ltd. v Precision Dippings Marketing Ltd. [1986] Ch 447ff.; Re Exchange Banking Co. [1882] 21 Ch 519, 535f. ("Flitcroft's Case"); Cook v Deeks [1916] 1 AC 554, 563f.; Zemco Ltd. v Jerrom-Pugh [1993] BCC 275, 281 (C.A.).

503 Vgl. Aberdeen Railway Co. v Blaikie Bros [1854] 1 Macq 461ff.; Bray v Ford [1896] AC 44, 51; Lagunas Nitrate Co. v Lagunas Syndicate [1899] 2 Ch 392, 454; Boulting v Association of Cinematograph Television and Allied Technicians [1963] 2 QB 606, 635; Guinness plc. v Saunders [1990] 2 AC 663, 697; Transvaal Lands. Co. v New Belgium Transvaal Building & Development Co. [1914] 2 Ch 488, 499 (C.A.); Hely Hutchinson v Brayhead Ltd. [1968] 1 QB 549, 571f.; Farrar, Farrar's Company Law, S. 396f.; Davies, Gower's Principles of Modern Company Law, S. 650.

504 Vgl. Regal (Hastings) Ltd. v Gulliver [1967] 2 AC 134, 137, 143, 145; Gluckstein v Barnes [1900] AC 240, 254, 257, (H.L.); Re Lady Forrest (Murchison) Gold Mine [1901] 1 Ch 582ff.; Jacobus Marler v Marler [1913] 85 LJPC. 167, 167; Davies, Gower's Principles of Modern Company Law, S. 650f.

505 Vgl. Baker v Gibbons [1972] 1 W.L.R. 693ff.; Davies, Gower's Principles of Modern Company Law, S. 649; auch bei schon andauernden Pflichtverletzungen, vgl. hierzu Cranleigh Precision Engineering Ltd. v Bryant [1964] 3 All ER 289ff.

1. *Schadensersatz*

Insbesondere bei der Verletzung von Sorgfaltspflichten kommt die Verpflichtung zum Schadensersatz in Frage.[506] Gleichwohl verbleibt hier immer auch die nicht einfache Nachweispflicht, daß der Verlust vorhersehbar war und gerade auf dieser Pflichtverletzung beruhte.[507] Aber auch bei der Verletzung von Treuepflichten wird Schadensersatz gewährt, wenn die Gesellschaft aufgrund des Verhaltens des *directors* einen Verlust erleidet.[508] Jedoch läßt sich häufig eine höhere Summe durch das Abführen der unrechtmäßig erwirtschafteten Gewinne realisieren.[509]

2. *Verbot der Organtätigkeit – Disqualification of directors*

Im Gegensatz zur Entschädigung der Gesellschaft steht bei dem gerichtlich verhängten Verbot der Organtätigkeit der Schutz der Allgemeinheit für die Zukunft im Vordergrund. So kann nach dem Company Directors Disqualification Act 1986 eine Person von der Tätigkeit als *director*[510] abhängig von der Art der Begründung für einen Zeitraum von bis zu 15 Jahren[511] ausgeschlossen werden. Antragsberechtigt sind sowohl die Anteilseigner, Gläubiger, der *liquidator*, aber

---

506 Dorchester Finance Co. Ltd. v Stebbings [1989] BCLC 498, 505f.; Davies, Gower's Principles of Modern Company Law, S. 649.

507 Vgl. hierzu Permanent Building Society (in liq) v Wheeler [1994] 14 ACSR 109, 161f.; Barnes v Andrews {1924] 298 F. 614, 616ff. sowie Stapledon, in: Prentice/Holland (Hrsg.), Contemporary Issues in Corporate Governance, S. 187, 206.

508 Re Leeds & Hanley Theatres of Varieties Ltd. [1902] 2 Ch 809ff.; Mahoney v Purnell [1996] 3 All ER 61, 86ff.

509 Industrial Development Consultants Ltd. v Cooley [1972] 1 W.L.R. 443, 454.

510 Vgl. auch s. 1 (1) Company Directors Disqualification Act 1986 mit der Ausdehnung der Untersagung auf die Funktion des liquidators, administrators, receivers oder managers des Gesellschaftsvermögens und alle Positionen, welche "in any way, directly or indirectly, be concerned or take part in the promotion, formation or management of a company." Vgl. hierzu auch s. 29 Pensions Act 1995; R v Campbell [1983] 78 Cr App Rep 95, 100f. (C.A.); Drew v Lord Advocate [1996] S.L.T. 1062, 1064ff.; Davies, Gower's Principles of Modern Company Law, S. 682; Farrar, Farrar's Company Law, S. 358f. und Goddard, 20 The Company Lawyer (7), 239ff mit dem Hinweis und m.w.N., daß die Gerichte unter bestimmten Umständen auch Ausnahmen von der Untersagung für bereits bestehende Direktorentätigkeiten aussprechen können.

511 Vgl. aber die Höchstgrenze von 5 Jahren in s. 3 (5), s. 2 (3) (a), s. 5 (5) und zur Mindestlänge von 2 Jahren im Falle von Unfähigkeit in s. 6 (4) Company Directors Disqualification Act 1986; Richtlinien zur Länge der Untersagung wurden von Dillon LJ in Re Sevenoaks Stationers (Retail) Ltd. [1991] Ch 164, 174 entwickelt.

auch der *official receiver* sowie die Gerichte. Der weit meiste Teil der Anträge auf Untersagung wird jedoch durch die *Insolvency Service Executive Agency* des *Department of Trade and Industry* gestellt.[512] Die Einzelheiten einer Untersagungsverfügung können durch die Öffentlichkeit im *Register* des *Companies House* eingesehen werden.[513] Wer entgegen einer ergangenen Untersagungsverfügung die Tätigkeit eines *directors* ausübt, unterliegt der persönlichen Haftung[514] und macht sich zusätzlich strafbar.[515]

Hauptsächlich kann zwischen fünf verschiedenen Fallszenarien unterschieden werden, die zu einer gerichtlichen Untersagungsverfügung führen oder führen können:

a) Verbraucherinsolvenz

Schon im Companies Act 1929 war die Untersagung der Direktorentätigkeit eine Folge der Verbraucherinsolvenz und hat in s. 11 Company Directors Disqualification Act 1986 ihren Niederschlag gefunden.[516] Hintergrund dieser Automatik war die Überlegung, daß einer Person nicht fremdes Vermögen anvertraut werden kann, wenn sie bereits ihre Unfähigkeit unter Beweis gestellt hat, ihre eigenen Finanzen zu verwalten.[517]

b) Verurteilung wegen eines indictable offence

Nach s. 2 Company Directors Disqualification Act 1986 kann eine Person von der Ausübung der Direktorentätigkeit und anderer Funktionen in einer Gesellschaft ausgeschlossen werden, wenn sie ein *indictable offence*[518] begangen hat, welches mit der Förderung, Gründung, dem Management, der Auflösung oder Löschung der Gesellschaft sowie dem Management des Gesellschafts-

512 Davies, Gower's Principles of Modern Company Law, S. 679.
513 ss. 18 (1), (2) und (4) Company Directors Disqualification Act 1986.
514 s. 15 Company Directors Disqualification Act 1986.
515 ss. 13 und 14 Company Directors Disqualification Act 1986.
516 Vgl. auch s. 12 Company Directors Disqualification Act 1986 und s. 429 Insolvency Act 1986.
517 Davies, Gower's Principles of Modern Company Law, S. 680f.; Farrar, Farrar's Company Law, S. 346f.
518 Collin, Dictionary of Law: „indictable offence = a serious offence which could be tried in the Crown Court".

vermögens in Verbindung zu bringen ist.[519] Die Untersagungsverfügung ergeht zumeist mit der Verurteilung durch das zuständige Gericht.[520]

c) Verstoß gegen gesetzliche Mitteilungspflichten

Die Gerichte haben auch die Befugnis, eine Untersagungsverfügung gegen eine Person auszusprechen, die es fortlaufend unterlassen hat, die gesetzlich vorgeschriebenen Angaben[521] gegenüber dem Firmenregister zu machen.[522] Zum Nachweis der fortlaufenden Mißachtung der gesetzlichen Mitteilungspflichten reicht u.a. die Tatsache, daß die entsprechende Person in den letzten 5 Jahren dreimal wegen eines Verstoßes gegen die Mitteilungspflichten belangt wurde.[523]

d) Haftung wegen betrügerischer bzw. unrechtmäßiger Geschäftsfortführung

Zusätzlich zu einer persönlichen Inanspruchnahme des *directors* aus ss. 213 und 214 Insolvency Act 1986 kann das Gericht auch auf eigene Veranlassung dem *director* die weitere Tätigkeit als *director* oder in einer anderen Funktion verbieten.[524]

e) Ungeeignetheit

Einem Direktor kann jedoch auch aufgrund von Ungeeignetheit die Tätigkeit als *director* untersagt werden, wobei das Initiativrecht hierfür beim *Secretary of State for Trade and Industry* oder beim *official receiver* liegt.[525] Die Möglichkeit hierzu eröffnet ss. 6 und 8 Company Directors Disqualification Act 1986, wobei nach s. 8 nur eine Untersagung ausgesprochen werden kann, wenn zuvor eine

---

519 Vgl. zu der weiten Interpretationmöglichkeit der Gerichte R v Georgiou [1988] 4 BCC 625ff.; R v Goodman [1994] 1 BCLC 349ff. (C.A.).

520 Davies, Gower's Principles of Modern Company Law, S. 688.

521 vgl. s. 22 (7) Company Directors Disqualification Act 1986.

522 s. 3 (1) Company Directors Disqualification Act 1986.

523 s. 3 (2) und (3) Company Directors Disqualification Act 1986; vgl. ss. 242 (4), 245B, 713 Companies Act 1985; ss. 41, 170 Insolvency Act 1986; s. 5 Company Directors Disqualification Act 1986.

524 s. 10 (1) Company Directors Disqualification Act 1986.

525 s. 7 (1) (a) und (b) Company Directors Disqualification Act 1986; vgl. auch Davies, Gower's Principles of Modern Company Law, S. 690: von den 903 in den Jahren 1995-1996 ausgesprochenen Untersagungsverfügungen waren 718 auf nachgewiesene Unfähigkeit zurückzuführen.

offizielle Untersuchung der Gesellschaft erfogt ist.[526] Der größte Teil der Untersagungsverfügungen erfolgt jedoch nach s. 6 für den Fall, daß eine Gesellschaft aufgrund von Insolvenz[527] abgewickelt wird. In diesem Fall ist der Mindestzeitraum der Untersagung zwei Jahre.[528] Weit schwieriger ist jedoch die Bestimmung des Begriffs „Ungeeignetheit", und die Gerichte haben hierbei zunächst nach zwei verschiedenen Kategorien entschieden, wobei das Verhalten der *directors* hingegen häufig nicht eindeutig zwischen den beiden Kategorien abzugrenzen ist.[529]

(1) Verstoß gegen die kaufmännische Moral

Die erste Kategorie läßt sich allgemein als Verstoß gegen die kaufmännische Moral beschreiben und beinhaltet generell das Betreiben eines Geschäftes auf Kosten der Gläubiger.[530] So beschrieb das Gericht in *Douglas Construction Services Ltd.* den *director* als

> „man who is simply exploiting limited liability in a cynical way with a disregard for proper responsibility."[531]

Die große Anzahl von Fällen, in denen Gesellschaften nur gegründet und anschließend abgewickelt wurden, um den Forderungen der Gläubiger zu entgehen (sog. Phönix Syndrom), führte schließlich zu den Reformbestrebungen, die ihr Ergebnis im Company Directors Disqualification Act 1986 gefunden haben.[532] Insbesondere die Angewohnheit, nur solche Gläubiger zu befriedigen,

---

526 Vgl. hierzu Farrar, Farrar's Company Law, S. 347 und Insolvent Companies (Disqualification of Unfit Directors) Proceeding Rules 1987 (S.I. 1987/2023).

527 s. 6 (2) Company Directors Disqualification Act 1986.

528 s. 6 (1) Company Directors Disqualification Act 1986.

529 Einteilung wie bei Davies, Gower's Principles of Modern Company Law, S. 685ff.; vgl. aber auch Farrar, Farrar's Company Law, S. 351f. mit dem Hinweis auf Schedule 1, Part I und II, Company Directors Disqualification Act 1986.

530 Re Keypak Homecare Ltd. [1990] BCLC 440, 444; Re Travel Mondial (UK) Ltd. [1991] BCLC 120, 123; Re Linvale Ltd. [1993] BCLC 654, 659f.; Re Swift 736 Ltd. [1993] BCLC 1, 3; Re Dawson Print Group Ltd. [1987] BCLC 601, 606; vorsichtiger in der Wahl des Ausdrucks aber Re Sevenoaks Stationers (Retail) Ltd. [1991] Ch 164, 176.

531 [1988] 4 BCC 553, 557.

532 Finch, 53 M.L.R. 1990, 385, 386; vgl. auch Re Sevenoaks Stationers (Retail) Ltd. [1991] Ch 164, 176: „It is beyond dispute that the purpose is to protect the public, and in particular potential creditors of companies, from losing money through companies becoming insolvent when the directors of those companies are people unfit to be concerned in the management of the company." und Re Swift 736 Ltd. [1993] BCLC 1, 3: „That form of trading, where one had a succession of companies which

die ihre Forderungen mit äußerstem Nachdruck betreiben, führt nun zu Anträgen auf Untersagung der Direktorentätigkeit.[533] Dies ist insbesondere der Fall, wenn dieses Verhalten noch mit nicht im Verhältnis stehenden Vergütungen der *directors* einhergeht.[534]

(2) Rücksichtslosigkeit und Unfähigkeit

Während die erste Kategorie primär dem Verhältnis zwischen dem *director* und den Gläubigern und dem Fehlgebrauch von Geldern gewidmet ist, fällt in die zweite Kategorie ein Verhalten des *directors*, welches den *director* als rücksichtslos[535] oder unfähig[536] erscheinen läßt. Naturgemäß liegt im Bereich der Unfähigkeit jedoch wieder die Grenze zur von den Gerichten nicht gewollten nachträglichen Beurteilung von unternehmerischen Entscheidungen sehr nahe.[537] Gleichwohl erfordert eine Untersagungsverfügung mehr als bloßes Mißmanagement und Versagen.[538] Vielmehr muß eine erhebliche Unfähigkeit vorliegen, so daß es als nicht mehr gerechtfertigt angesehen werden kann, diese Person weiterhin im Rechtsverkehr als *director* einer Gesellschaft auftreten zu lassen.[539] Entsprechend wird auch die Beurteilung des Verhaltens des *directors* anhand der gesamten Amtszeit vorgenommen, wobei auch ggf. das Verhalten in anderen Gesellschaften eine Untersuchung erfährt.[540] Daneben wird in diesem Bereich

---

no doubt pay a salary to their principal directors and are then allowed to sink, having lived on involuntary credit provided by the Crown, is the very thing which the provisions for disqualification of directors is intended to prevent“.

533 Re Sevenoaks Stationers (Retail) Ltd. [1991] Ch 164, 183; vgl. auch Farrar, Farrar's Company Law, S. 356 m.w.N.; vgl. auch Re Hitco 2000 Ltd. [1995] 2 BCLC 63ff. für den Fall der systematischen Hingabe von Schecks, deren Deckung nicht sicher war.

534 Re Synthetic Technology Ltd. [1993] BCC 549, 560; Secretary of State for Trade and Industry v Van Hengel [1995] 1 BCLC 545, 554f.; vgl. auch Davies, Gower's Principles of Modern Company Law, S. 686.

535 Re Stanford Services Ltd. [1987] BCLC 607, 607, 617.

536 Re Sevenoaks Stationers (Retail) Ltd. [1991] Ch 164, 184.

537 Vgl. hierzu Re Richborough Furniture Ltd. [1996] 1 BCLC 507, 528: Es erging eine Untersagungsverfügung aufgrund von „lack of experience and knowledge“.

538 Re Lo-Line Electric Motors Ltd [1988] Ch 477, 486; Ong, 19 The Company Lawyer (1) 1998, 7, 8; Finch, 53 M.L.R. 1990, 385, 387.

539 Re Sevenoaks Stationers (Retail) Ltd. [1991] Ch 164, 184: „incompetence or negligence to a very marked degree“.

540 Vgl. Re Bath Glass Ltd. [1988] 4 BCC 130, 133; Davies, Gower's Principles of Modern Company Law, S. 688; vgl. auch Secretary of State for Trade and Industry v Gray [1995] 1 BCLC 276, 285 mit der Feststellung, daß nicht die Ungeeignetheit zur Zeit der Verhandlung, sondern eine Beurteilung des Verhaltens im vorgelagerten Zeitraum entscheidend ist.

von den Gerichten besonderen Wert auf die Befolgung von gesetzlichen Mitteilungs[541]- und Buchführungspflichten[542] gelegt, da die Befolgung eben jener Pflichten für die Information und das Verhalten bzw. die Risikoeinschätzung der Gläubiger essentiell ist. Ein Verstoß hiergegen allein reicht jedoch noch nicht für eine Untersagungsverfügung nach s. 6.[543] Generell ist dieses Erfordernis auch noch ein Ausfluß des Grundsatzes, daß sich *directors* stets über die finanzielle Situation der Gesellschaft auf dem Laufenden zu halten haben.[544]

B) Pflichten aus dem Anstellungsvertrag

Eine Folge der selbständigen Rechtsindentität der Gesellschaft ist es, daß ein *director* nicht automatisch ein Angestellter der Gesellschaft sein muß, wie es sich insbesondere am Beispiel des *non-executive directors* zeigt. Auch hat er in seiner Eigenschaft als *director* keinen Anspruch auf Bezüge, wenn die Satzung dies nicht vorsieht.[545] In der Regel verweist die Satzung aber in dieser Fragestellung auf die Hauptversammlung.[546] Ob ein *director* in Ermangelung eines besonderen Anstellungsvertrages aber zugleich Angestellter der Gesellschaft ist, bedarf einer genauen Beurteilung des Einzelfalls.[547]

Von besonderer Bedeutung ist im Rahmen dieser Abhandlung jedoch die Frage nach dem im Anstellungsverhältnis zu beachtenden Sorgfaltsmaßstab und dem sich daraus ergebenden Haftungsrisiko. Die englische Rechtsprechung äußert sich insofern, daß Arbeitnehmer bei der Ausführung ihrer Arbeiten einem objektiven Standard *(reasonable skill and care)* zu entsprechen haben.[548] Dies ergebe sich aus den ausdrücklichen und impliziten Klauseln des Anstellungsver-

---

541 ss. 242, 363 Companies Act 1985.

542 s. 221 Companies Act 1985.

543 Finch, 53 M.L.R. 1990, 385, 386; Davies, Gower's Principles of Modern Company Law, S. 687.

544 Re Stanford Services Ltd. [1987] BCLC 607, 617; Re City Investment Centres Ltd. [1992] BCLC 956ff.; Secretary of State for Trade and Industry v Van Hengel [1995] 1 BCLC 545, 556f.; Re Majestic Recording Studios Ltd. [1989] BCLC 1ff.

545 Triebel/Hodgson/Kellenter/Müller, Englisches Handels- und Wirtschaftsrecht, S. 273.

546 Vgl. Art. 82, Table A, Companies Act 1985.

547 Jefferson, 19 The Company Lawyer, (10) 1998, 307f.; Trussel Steel Concrete Co. Ltd. v Green [1946] Ch 115, 120; Lee v Lee's Air Farming Ltd [1961] AC 12, 24f; Albert J Parson & Sons Ltd v Parsons [1979] ICR 271, 275ff.; a. A. Triebel/Hodgson/Kellenter/Müller, Englisches Handels- und Wirtschaftsrecht, S. 273.

548 Lister v Romford Ice and Cold Storage Co. Ltd. [1957] AC 555, 572ff., 598 (H.L.).

trags.[549] Im Gegensatz zu dem bisher angewandten, historisch bedingten, rein subjektiven Sorgfaltsmaßstab bei der Beachtung von Organpflichten, haben die englischen Gerichte bei der Beurteilung des beim Anstellungsverhältnis anzuwendenden Sorgfaltsmaßstabs somit ein objektives Beurteilungskriterium gewählt. Entsprechend müßten *directors* als Angestellte der Gesellschaft einem höheren Sorgfaltsmaßstab genügen als in ihrer Eigenschaft als Leitungsorgan.[550] Daher stellt sich die Frage, wie die Gerichte mit dem unterschiedlichen Sorgfaltsmaßstab umgegangen sind, da die über Jahrzehnte ausgeübte äußerste Zurückhaltung im Hinblick auf die organschaftlichen Sorgfaltspflichten durch die anstellungsvertraglichen Sorgfaltspflichten ausgehebelt zu werden drohte.

Zur Hilfe kam den Gerichten die Versicherungswirtschaft. Auch in England ergab sich bei fortschreitender Industrialisierung mit gleichzeitiger Emanzipierung der Arbeitnehmerschaft die Notwendigkeit einer Haftungsbeschränkung der Arbeitnehmer, ähnlich der deutschen Grundsätze zur betriebsbedingten Arbeit. Als jedoch das oberste Gericht es im Jahr 1957 ablehnte, den Sorgfaltsmaßstab im Arbeitnehmerverhältnis herabzusetzen[551], beschränkten die Mitglieder der British Insurance Association im Rahmen eines "*gentlemen's agreement*" die Haftung der Arbeitnehmer.[552] Diese versicherungstechnische Lösung im Rahmen der Betriebshaftpflicht sieht vor, daß die Versicherer die durch die Arbeitnehmer der versicherten Gesellschaft entstandenen Schäden grundsätzlich ersetzen müssen, ohne im Rahmen der "*doctrine of subrogation*" die Arbeitnehmer in Regreß zu nehmen.[553] Nach der "*doctrine of subrogation*" bleibt die versicherte Gesellschaft Inhaberin der Ansprüche der Gesellschaft gegen den Arbeitnehmer.[554] Jedoch muß die versicherte Gesellschaft auf Verlangen des Versicherungsträgers eine Entscheidung treffen. So steht ihr zum einen offen, den Arbeitnehmer selbst haftbar machen, muß dann aber Zahlungen an den Versicherer wieder zurückführen.[555] Zum anderen kann sie aber ihr Einverständnis erklären, daß die Versicherung im Namen der versicherten Gesellschaft den Schädiger in Anspruch nimmt.[556]

---

549 Davies, Gower's Principles of Modern Company Law, S. 641.

550 Jackson v Invicta Plastics Ltd. [1987] BCLC 329, 347, 349ff.

551 Lister v Romford Ice and Cold Storage Co. Ltd. [1957] AC 555, 572ff., 598 (H.L.).

552 Abgedruckt in Morris v Ford Motor Co. Ltd. [1973] 1 QB 792, 799 (C.A.).

553 Anderman, Labour Law, S. 44.

554 M.H. Smith (Plant Hire) Ltd. v D.L. Mainwaring (T/A Inshore) [1986] 2 Lloyd's Rep 244, 246 (C.A.); Morris v Ford Motor Co. Ltd [1973] 1 QB 792, 800f. (C.A.).

555 Morley v Moore [1936] 2 KB 359, 366ff. (C.A.); Yorkshire Insurance Co. Ltd. v Nisbet Shipping Co. Ltd. [1962] 2 QB 331, 340f.

556 M.H. Smith (Plant Hire) Ltd. v D.L. Mainwaring (T/A Inshore) [1986] 2 Lloyd's Report 244, 245f. (C.A.); Morris v Ford Motor Co. Ltd [1973] 1 QB 792, 800ff. (C.A.).

Durch die Zusage der Versicherungswirtschaft, den versicherten Gesellschaften grundsätzlich den Schaden zu ersetzen, den ihre Arbeitnehmer verursacht haben, ohne unter der "*doctrine of subrogation*" Regreß zu nehmen, wurde für die meisten Arbeitnehmerhaftungsfälle eine faktische Haftungsbeschränkung erreicht. Hierbei ist besonders hervorzuheben, daß es die an sich ertragsorientierte Versicherungswirtschaft war, die den Arbeitnehmern in Haftungsfragen helfend „unter die Arme griff", während die oberste Rechtsprechung in seiner oben erwähnten Entscheidung aus dem Jahr 1957 es abgelehnt hatte, das Haftungspotential der Arbeitnehmer einzuschränken. Entsprechend mußten sich die Gerichte in der Vergangenheit auch nicht mit dem Widerspruch zwischen den unterschiedlichen Sorgfaltsmaßstäben des Anstellungsvertrages und der Organmitgliedschaft beschäftigen.

Auch ergab sich im Hinblick auf den Sorgfaltsmaßstab der *directors* durch die Einführung des Supply of Goods and Services Act 1982 kein neuer Handlungsbedarf, auf den die Gerichte hätten reagieren müssen. Zwar sieht das Gesetz in s. 13 Supply of Goods and Services Act 1982 vor, daß die Anbieter einer Dienstleistung diese nach einem vernünftigen und angemessenen (*reasonable*) Standard zu erbringen haben, jedoch wurden *directors* noch im Beratungsstadium ausdrücklich von dieser Regelung ausgeschlossen.[557]

Mit dem in den letzten Jahren festzustellenden Trend, im Organverhältnis einen verstärkt objektiven Sorgfaltsmaßstab anzuwenden, ergibt sich jedoch wiederum ein Problem. So würde eine Umorientierung im organrechtlichen Sorgfaltsmaßstab eine neue Betrachtung der versicherungstechnischen Lösung, zumindest im Hinblick auf *directors*, zur Folge haben müssen, um nicht erneut einen Widerspruch zwischen organschaftlicher und anstellungsvertraglicher Haftung in Kauf nehmen zu müssen. Denn das Ungleichgewicht, welches das "*gentlemen's agreement*" gerade, wenn auch im Hinblick auf alle Arbeitnehmer, beseitigen wollte, würde ansonsten in umgekehrter Qualifizierung zu beobachten sein.

C) Die Bedeutung für das Jahr-2000-Problem

Auch in England kam dem Jahr-2000-Problem wegen des Auswirkungspotentials auf ein Unternehmen und der hierdurch erforderlichen erheblichen Gegenmaßnahmen eine herausragende Bedeutung für die Geschäftsführung des ausgehen-

557 Supply of Services (Exclusion of Implied Terms) Order 1982 (S.I. 1982/1771): s. 13 findet keine Anwendung auf „services rendered to a company by a director in his capacity as such"; vgl. auch Bourne, Essential Company Law, S. 69.

den 20. Jahrhunderts zu. Da die Organisation von Unternehmen international vergleichbar ist, waren auch in England sämtliche datenverarbeitende Bereiche eines Unternehmens möglichen Funktionsstörungen ausgesetzt, und so traf die Geschäftsleitung eine besondere Verpflichtung, das Unternehmen auf diese bisher einmalige Herausforderung vorzubereiten.

I. Gesetzesinitiativen

In einigen Staaten waren Gesetzesinitiativen zu verzeichnen, welche eine obligatorische Jahr-2000-Kompatibilitätsprüfung der Unternehmen zum Ziel hatte. Neben einer solchen Initiative in Neuseeland[558] wurde Anfang 1997 auch in England im Rahmen einer „*Private Member's Bill*" nach dem „*Ten Minute Rule Bill*"-Verfahren von dem Abgeordneten David Atkinson die „*Companies (Millenium Computer Compliance) Bill 1997*" im *House of Commons* eingebracht. Ziel dieses Gesetzes sollte es sein, die Unternehmen zu verpflichten, Jahr-2000-Kompatibilitätsprüfungen durchzuführen sowie über deren Ergebnisse und die vorgeschlagenen Maßnahmen zu berichten.[559] Nachdem der Gesetzentwurf nach den Wahlen im Frühjahr 1997 neu eingebracht wurde, fand er nach der Behandlung durch den zuständigen Ausschuß abermals keine Unterstützung der Parla-

---

558 Vgl. hierzu Knolmeyer, in: Baetge (Hrsg.), Euro-Umstellung und Jahr-2000-Problem, S. 107, 146.

559 Punkt 1 (3) Companies (Millenium Computer Compliance) Bill 1997 sollte s. 719A in das Companies Act 1985 einfügen:
„(1) It shall be the duty of every company in each financial year ending before 31st December 1997 to assess the capability of every computer system operated by the company and essential to the continued trading of the company and programmed to manipulate calendar dates to deal accurately with dates later than 31st December 1999 (a millenium computer assessment"). [...]"
Des weiteren sollte in Schedule 7, Companies Act 1985 eingefügt werden:
„13.
(1) This part of this schedule applies to a report by the directors of a company for a financial year ending in 1998 or 1999 (a "relevant year").
(2) The Report shall with respect to a relevant year state -
  (a) the outcome of the millenium computer assessment required under section 719A above; and
  (b) the proposals of the directors (if any are necessary) to make reasonable efforts to ensure that every computer system operated by the company and essential to the continued trading of the company and which is programmed to manipulate calendar dates will be able to deal accurately with dates later than 31st December 1999."
Nachzulesen in Halberstam/Turner, Countdown to 2000, S. 146f.; vgl. hierzu u.a. Kein Verfasser, 2 Insurance Specialist (4) 1997, 46, 46; Knolmeyer, in: Baetge (Hrsg.), Euro-Umstellung und Jahr-2000-Problem, 107, 145f.

mentsmehrheit und wurde letztendlich im Oktober 1998 zurückgezogen. Zumindest erlangte jedoch der Gesetzentwurf einen Teilerfolg, da im Rahmen des Beratungsverfahrens das Jahr-2000-Problem eine gesteigerte Aufmerksamkeit in Regierungs- und Medienkreisen erlangte, was schließlich zur Bildung der Regierungsinitiative „*Task Force 2000*“ führte.

Eine Umsetzung erfuhr hingegen ein Gesetzesentwurf in den Vereinigten Staaten („*Year 2000 Information and Readiness Disclosure Act*“), wonach außerhalb bestehender Vertragsbeziehungen bei einfacher Fahrlässigkeit die kapitalmarkt- und zivilrechtliche Haftung für falsche oder irreführende Auskünfte oder Veröffentlichungen über die Jahr-2000-Kompatibilität von Unternehmen, Produkten und Dienstleistungen ausgeschlossen ist.[560] So soll der Informationsaustausch gefördert werden, indem Außenstehende keine Ansprüche auf solche Auskünfte oder Veröffentlichungen stützen können, welche das Unternehmen über die Jahr-2000-Kompatibilität bis zum 3. Dezember 1998 gegeben hatte. Daneben enthält das Gesetz u.a. auch noch einige „prozeßabschreckende“ Besonderheiten zur prozessualen Vorgehensweise sowie eine Deckelung der *punitive damages* bei Unternehmen mit weniger als 50 Mitarbeitern.

II. Jahr-2000-Risikomanagement

Von erheblicher Bedeutung bei der Beurteilung der potentiellen Haftungsrisiken der *directors* ist die Frage, welcher Sorgfaltsmaßstab Anwendung findet. So steht bei einem subjektiven Sorgfaltsmaßstab einem *director* stets die Entschuldigung offen, er habe keine Kenntnisse im Risikomanagement gehabt. Anders ist die Beurteilung hingegen bei der Heranziehung eines objektiven Standards. Hier müßte sich das Verhalten eines *director* an einem objektiven Sorgfaltsmaßstab mit allgemein gültigen Kriterien messen lassen. Wie oben dargestellt, scheint sich in der englischen Jurisprudenz langsam eine objektive Beurteilung der Sorgfaltspflichten durchzusetzen. Mithin lassen sich im Zusammenhang mit dem Jahr-2000-Problem die Ausführungen zu den objektiven Leitungspflichten der GmbH-Geschäftsführer auf den Pflichtenrahmen der *directors* übertragen.

Aufgrund der weltweiten Verbreitung von EDV-Systemen und -Anwendungen hatte sich auch in England jedes Unternehmen mit der Umstellungsproblematik und den hierdurch möglichen Konsequenzen für den Betriebsablauf auseinanderzusetzen. Sämtliche Bereiche eines Unternehmens konnten betroffen

560 2 D-Session, 105 TH Congress, S. 2392; vgl. hierzu auch Remis, The Boston Globe vom 13. Juli 1999, S. 4; Kein Verfasser, 15 The Computer Lawyer (9) 1998, 29, 29; Reiner, BB 1999, 1, 1; Heussen/Damm, BB 1999, 481, 481f.; zu weiteren gesetzlichen Bemühungen in den Vereinigten Staaten vgl. Fenwick/Glende, 15 The Computer Lawyer (10) 1998, 1ff.

sein und so waren entsprechende Gegenmaßnahmen bis zur Jahrtausendwende durchzuführen bzw. Notfallpläne zu erarbeiten. Folglich traf die *directors* einer Gesellschaft die Verpflichtung, ein Jahr-2000-Risikomanagementsystem einzurichten, welches entsprechend der Größe, Branche und Abhängigkeit von EDV-Systemen und -Anwendungen auszugestalten war.[561] Im Hinblick auf die Ausgestaltung und den Umfang eines solchen Jahr-2000-Risikomanagementsystems kann wiederum auf die Erläuterungen im deutschen Teil verwiesen werden.

Entsprechend dem branchenübergreifenden Charakter des Jahr-2000-Problems und der einzusetzenden personellen sowie finanziellen Ressourcen war die Verantwortlichkeit für ein Jahr-2000-Risikomanagementsystem auch in England bei der Geschäftsleitung angesiedelt. Entsprechend war betriebsübergreifend durch die *directors* sicherzustellen, daß Risiken, die sich aus der Datumsumstellung ergaben, vollständig erkannt, bewertet und entsprechend begegnet wurde. Hierbei war, wie auch in Deutschland, eine Delegation der Aufgabenerfüllung an innerbetriebliche Mitarbeiter oder externe Dienstleister[562] möglich, wobei die Gesamtkoordination und Verantwortung jedoch weiterhin bei den *directors* lag. Die Entscheidungen und darauf eingeleiteten Maßnahmen waren umfassend zu dokumentieren, insbesondere unter dem Aspekt des Nachweises, daß die Leitungsorgane alles Mögliche und Zumutbare unternommen haben, um potentielle Auswirkungen des Jahr-2000-Problems auf den Betriebsablauf auszuschließen oder so gering wie möglich zu halten.[563] Dies ist aber auch auf der Seite der Anspruchsteller, seien es direkte Ansprüche gegen das Leitungsorgan oder Regreßansprüche der Gesellschaft, unter dem Aspekt der Schadensminimierung (*mitigation*) von erheblicher Bedeutung.

Des weiteren trifft den Geschädigten auch die allgemeine Rechtspflicht, das Schadensausmaß so gering wie möglich zu halten (*mitigation*).[564] Dies hatte bei

---

561 Vgl. u.a. The British Computer Society, The Year 2000, Vol. 1 - 4; Halberstam/ Turner, Countdown to 2000, S. 21, 26f., 30f.; Beispieltext des „Year 2000 Information Service“ zur Information des board of directors, abgedruckt bei Knolmayer, in: Baetge (Hrsg.) Euro-Umstellung und Jahr 2000-Problem, S. 107, 134f.; British Bankers' Association, Checklist for Year 2000 Compliance, abgedruckt in The British Computer Society, The Year 2000, Vol. 3, S. 55ff.; Swycher, 9 International Company and Commercial Law Review (6) 1998, 155, 156; Bell, The Insurance Insitute of London Journal 1998, 11, 23; Gordon/Baker, 16 The Computer Lawyer (9) 1999, 13ff.

562 Vgl. Rosenberg, 16 The Computer Lawyer (8) 1999, 32f. zur Vertragsgestaltung eines „remediation contract“.

563 Vgl. zu dem Dokumentationserfordernis auch die zuvor gemachten Ausführungen zu den Grundsätzen der business judgement rule.

564 Vgl. British Westinghouse Electric and Manufacturing v Underground Electric Rlys Co. of London [1912] AC 673ff. durch Viscount Haldane LC: „[...] imposes

einem geschädigten Unternehmen ebenso wie bei dem Schädiger durch eine sorgfältige Vorbereitung und die Errichtung eines Jahr-2000-Projektes zu erfolgen. Aber auch private Nutzer waren aufgrund der allgemeinen Kenntnis um das Auswirkungspotential des Jahr-2000-Problems verpflichtet, ihre Systeme, Anwendungen und Produkte auf deren Jahr-2000-Fähigkeit zu testen und entsprechende zumutbare Gegenmaßnahmen einzuleiten.

III. Rechnungslegungspflichten

Auch in englischen Unternehmen von kleiner und mittlerer Größe hat sich die computergestützte Buchführung fast vollständig durchgesetzt. Daher konnte es im Zusammenhang mit der Jahr-2000-Problematik durch die weitgehende Verwendung von termingestützten Daten zu falschen Berechnungen kommen, welche zu Fehlkalkulationen und Systemzusammenbrüchen führen konnten. Entsprechend traf die *directors* die Pflicht, die Auswirkungen des Jahr-2000-Problems für die Rechnungslegung des Unternehmens zu berücksichtigen.[565] So hatten sie zum einen im Bereich der Buchführung Jahr-2000-konforme Hard- und Software bereitzustellen sowie u.a. Sicherungskopien bzw. Ausdrucke von allen vitalen Daten anzufertigen. Zum anderen waren bei dem nach s. 221 (1) und (2) Companies Act 1985 aufzustellenden Jahresabschluß die mit der Datumsumstellung auftretenden finanziellen und steuerrechtlichen Erfordernisse zu berücksichtigen, deren Erörterung jedoch den Rahmen dieser Arbeit sprengen würde.[566]

Des weiteren ist von den *directors* grundsätzlich im Rahmen des von ihnen aufzustellenden Jahresabschlusses (Bilanz/Gewinn- und Verlustrechnung)[567] in

---

on the plaintiff the duty of taking all reasonable steps to mitigate the loss consequent on the breach and debars him claiming an part of the damage which is due to his neglect to take such steps."; Zur Beweislast des Beklagten vgl. Payzu v Saunders [1919] 2 KB 581ff.

565 Vgl. The British Computer Society, The Year 2000, Vol. 3, S. 36f.

566 Vgl. u.a. auch The British Computer Society, The Year 2000, Vol. 3, S. 36f. und Halberstam/Turner, Countdown to 2000, S. 25f. mit dem Hinweis auf folgende mögliche Auswirkungen auf die Buchführung:
- The write down of assets such as software or computer-controlled equipment that may be rendered inoperable;
- disclosure and treatment of costs that can be foreseen or disclosure of commitments;
- capitalisation of costs, though this would only be on new equipment and software or where the life was enhanced or extended;
- disclosure of contingent liabilities such as for litigation or compensation;
- consequential taxation adjustments.

567 s. 233 Companies Act 1985; zu den Bestandteilen des Jahresabschlusses vgl. s. 226 Companies Act 1985 und Schedule 4 Companies Act 1985; Bei mittelgroßen und

einem Lagebericht („*directors' report*“) ein wahrheitsgetreuer Überblick über die Geschäftsentwicklung des vergangenen Geschäftsjahres sowie über die Lage des Unternehmens am Ende des Geschäftsjahres zu geben.[568] Ferner ist auf die voraussichtliche wirtschaftliche Entwicklung der Gesellschaft einzugehen und zu Umständen und Entwicklungen Stellung zu nehmen, welche sich positiv oder negativ auf die finanzielle Lage der Gesellschaft hätten auswirken können.[569] Mithin war im *director's report* auf die Notwendigkeit von Anpassungsmaßnahmen einzugehen und darzustellen, welche Umstellungsprojekte mit welchem Kostenaufwand ggf. eingeleitet wurden. Ebenso hatte der *director's report* darüber Auskunft zu geben, ob die eingeleiteten Anpassungsmaßnahmen rechtzeitig einen positiven Abschluß finden würden und ob Notfallpläne erarbeitet bzw. bereits aktiviert wurden. Hingegen entfiel bei kleineren Gesellschaften das Erfordernis, einen solchen *director's report* anfertigen und einreichen zu müssen.[570]

IV. Treuepflicht

Die jedem *director* individuell obliegende Treuepflicht gegenüber der Gesellschaft kann generell und ohne Anspruch auf Ausschließlichkeit in vier unterschiedliche Einzelpflichten unterteilt werden. So sind dies die Pflichten, (1) daß ein *director* stets nach Treu und Glauben im besten Interesse der Gesellschaft zu handeln hat, (2) daß Kompetenzen nicht zu unzulässigen Zwecken mißbraucht werden, (3) den eigenen Ermessensspielraum zu bewahren und (4) bei Interessenskonflikten dem Interesse der Gesellschaft Vorrang vor eigenen Interessen zu geben. Im Hinblick auf das Jahrtausendproblem ist hier insbesondere an die Pflicht, in gutem Glauben und im besten Interesse der Gesellschaft zu handeln, zu denken. So kann ein Verhalten als treuwidrig angesehen werden, welches sich dadurch auszeichnet, daß das Leitungsorgan um die erheblichen potentiellen Folgen seiner Inaktivität bei der Datumsumstellung wußte und es dennoch unterließ, entsprechende Maßnahmen in ausreichendem Umfang einzuleiten.

Ein Problem ergibt sich hingegen zunächst durch die prinzipiell subjektive Beurteilung des Verhaltens. So kommt es bei der Beurteilung der Entscheidung darauf an, was der entsprechende *director* als das Beste für die Gesellschaft

---

kleinen Gesellschaften gelten Erleichterungen bei der Erstellung der Bilanz sowie der Gewinn- und Verlustrechnung, s. 246 Companies Act 1985; Zur Bestimmung, ob eine kleine oder mittelgroße Gesellschaft i.S.d. Companies Act 1985 vorliegt, vgl. s. 247 (3) Companies Act 1985.

568 s. 234 (1), (2), Companies Act 1985.

569 Schedule 7, para 6, Companies Act 1985.

570 Vgl. Schedule 8, para 4 Companies Act 1985; s. 247 (3), (4) Companies Act 1985.

ansah und nicht wie es ein Gericht sehen mag.[571] Gleichwohl setzen die Gerichte dieser subjektiven Beurteilung auch gewisse Schranken, wenn es für ein Verhalten keine nachvollziehbare Begründung gibt.[572] Auch in England wußten *directors* zumindest ab Ende 1997[573] von dem Ausmaß des Jahr-2000-Problems und den möglichen Konsequenzen für das Unternehmen. Leiteten sie dennoch keine entsprechenden Gegenmaßnahmen ein, so kann vordergründig nicht davon ausgegangen werden, daß sie nach Treu und Glauben im besten Interesse der Gesellschaft gehandelt haben. Unerheblich bei der Beurteilung der Interessen ist hier auch die Frage, was als das Interesse der Gesellschaft angesehen werden muß, da es im Interesse aller stakeholder lag, daß die Gesellschaft auf die Datumsumstellung optimal vorbereitet war.

Ein nicht zu übersehendes Problem ergibt sich jedoch aus dogmatischer Sicht. Trotz der „Noteingriffsbefugnis" der Gerichte ist stets darauf zu achten, daß es zu keiner Vermischung und Gleichsetzung der Sorgfalts- und Treuepflichtverstöße kommen darf. So kann zwar grundsätzlich jeder Sorgfaltspflichtverstoß als nicht im Interesse der Gesellschaft liegend gesehen werden, eine Gleichsetzung würde jedoch stets eine objektive Beurteilung „durch die Hintertür" ermöglichen. Dies war und ist jedoch nicht gewollt. Die rechtshistorisch bedingte Zurückhaltung der englischen Gerichte hat zum Inhalt, daß die Gerichte nur dann einschreiten, wenn ein Stillhalten schlichtweg nicht mehr hinzunehmen ist. Keinesfalls soll hierdurch jedoch eine allgemeine Beurteilung von Sorgfaltsverstößen erfolgen. Entsprechend kann sich auch im Zusammenhang mit der Jahr-2000-Problematik kein Haftungsrisiko aus der Pflicht, nach Treu und Glauben im besten Interesse der Gesellschaft zu handeln, für den *director* ergeben.

---

571 Re Smith & Fawcett Ltd. [1942] Ch 304, 306: "[...] bona fide in what they consider - not what a court may consider - is in the interests of the company."; bestätigt in John Crowther Group plc. v Carpets International plc. [1990] BCLC 460, 465 und Dawson International plc. v Coats Patons plc. [1988] S.L.T. 854, 859.

572 Charterbridge Corp. v Lloyds Bank [1970] Ch 62, 74: "the proper test [...] in the absence of actual separate consideration must be whether an intelligent and honest man in the position of a director of the company concerned, could in the whole of the existing circumstances have reasonably believed that the transactions were for the benefit of the company."; vgl. auch Farrar, Farrar's Company Law, S. 381.

573 In England ist der Zeitpunkt, an dem von allgemeiner Kenntnis auszugehen war, eher noch zeitlich nach vorne zu verlegen, da historisch- und sprachbedingt der Austausch mit den Vereinigten Staaten eine größere Intensivität aufweist als der Deutschlands mit den Vereinigten Staaten.

Doch auch nach dem Insolvency Act 1986 besteht für den *director* die Gefahr der persönlichen Inanspruchnahme. So kann nach s. 214 (1) Insolvency Act 1986 (*wrongful trading*) ein *director* persönlich in Anspruch genommen werden, wenn er in dem der Abwicklung vorgelagerten Zeitraum gewußt hatte oder hätte wissen müssen, daß keine vernünftigen Aussichten bestehen, die Abwicklung aufgrund von Überschuldung (*insolvent liquidation*)[574] zu vermeiden.[575] Wurde die Einrichtung eines Jahr-2000-Projektes nicht veranlaßt oder traten schwerwiegende Organisationsmängel während der Projektphase auf und entstanden dem Unternehmen als Folge davon schwere Schäden, so konnte sehr schnell der Punkt der Insolvenz erreicht werden. Gleichwohl findet bei s. 214 Insolvency Act 1986 nicht das Mißmanagement, welches eine Gesellschaft in die Insolvenz bringt, eine Sanktionierung, sondern vielmehr die fehlenden Bemühungen danach, den Schaden der Gläubiger so minimal wie möglich zu halten.

Dem *director* bleibt daher als Exkulpationsmöglichkeit der Nachweis, daß er, sobald er erkannt hatte oder hätte erkennen müssen, daß die Abwicklung der Gesellschaft aufgrund von Überschuldung unabwendbar war, alles[576] objektiv und persönlich Mögliche unternommen hatte, die den Gesellschaftsgläubigern drohenden Verluste so gering wie möglich zu halten. Entsprechend hatte im Zusammenhang mit dem Jahr-2000-Problem ein *director* nach dem Erreichen der Insolvenz z.B. die Geschäftstätigkeit einzustellen bzw. zu reduzieren oder zu versuchen, das Eigenkapital zu erhöhen sowie Regreß bei Geschäftspartnern (z.B. Lieferanten oder Versicherungen) zu suchen. Auch müßte einem *non-executive director* eine Exkulpation schwer fallen, wenn er im Stadium der Insolvenz nicht an den Sitzungen des *board* teilgenommen hat.

Des weiteren kann eine Verurteilung wegen eines Verstoßes gegen s. 214 Insolvency Act 1986 zu einem Verbot der Direktorentätigkeit nach s. 10 Company Directors Disqualification Act 1986 führen. Unabhängig von einer Verurteilung wegen *wrongful tradings* kann einem *director* einer insolventen

574 Vgl. s. 214 (6) Insolvency Act 1986: Die Schulden, Verbindlichkeiten und Kosten des Verfahrens übersteigen die Aktiva der Gesellschaft.

575 s. 214 (2) Insolvency Act 1986; vgl. auch Re Produce Marketing Consortium (No. 2) [1989] 1 W.L.R. 745, 750; Re Purpoint [1991] BCC 121, 127ff.; Re Hydrodan (Corby) Ltd. [1994] BCC 161ff.; Re PFTMZ [1995] BCC 280, 289ff.

576 Nach Pennington, Directors' Personal Liability, S. 193 und Goode, Principles of Corporate Insolvency Law, S. 213 können unzureichende Bemühungen, die eine Enthaftung nicht zulassen, aber bei der Höhe der Haftungssumme Berücksichtigung finden.

Gesellschaft[577] aber auch aufgrund von Ungeeignetheit nach s. 6 Company Directors Disqualification Act 1986 die Tätigkeit als *director* untersagt werden. Bei der Bestimmung des Begriffes „Ungeeignetheit" richten sich die Gerichte nach einem Verhalten des *directors*, welches ihn als rücksichtslos oder unfähig erscheinen läßt. So könnte im Zusammenhang mit der Jahr-2000-Problematik eine Untersagungsverfügung darauf gestützt werden, daß das Leitungsorgan entsprechende Gegenmaßnahmen nicht oder in nur ungenügendem Ausmaß eingeleitet hatte, obwohl seit Ende 1997 jedem bewußt sein mußte, daß sich die Datumsumstellung als schwerwiegendes, ja sogar bestandsgefährdendes Problem für die Funktionsfähigkeit des Unternehmens hätte erweisen können. Letztendlich kommt es aber auf eine Beurteilung des Einzelfalles an, da eine Untersagungsverfügung wegen Unfähigkeit mehr als bloßes Mißmanagement und Versagen erfordert. Jedoch spricht vieles dafür, daß eine vollständige Ignoranz der Datumsproblematik und ihres Auswirkungspotentials eine Untersagungsverfügung rechtfertigen würde, wenn aufgrund einer durch das Jahr-2000-Problem herbeigeführten Funktionsstörung die Gesellschaft in die Insolvenz geraten ist.[578]

§ 3 Rechtsvergleichende Bewertung

Von zentraler Bedeutung ist sowohl in der deutschen als auch in der englischen Rechtsordnung die binnenrechtliche Haftung des Leitungsorgans gegenüber der Gesellschaft. So trifft nach beiden Rechtsordnungen das Leitungsorgan eine persönliche Einstandspflicht, wenn es gegen die ihm zugewiesenen Organpflichten verstößt. Hingegen ist dem englischen Recht eine dem § 43 GmbHG vergleichbare gesetzliche Festlegung der allgemeinen Sorgfaltspflichten fremd. Vielmehr oblag es der englischen Rechtsprechung, die Sorgfalts- und Treuepflichten eines *directors* in Anlehnung an die Stellung als *trustee* zu entwickeln, welche ihn zur odnungsgemäßen Geschäftsführung und zur gewissenhaften Verwaltung des Gesellschaftsvermögen anhalten.

Ein erheblicher Unterschied zeigt sich bei der Ausgestaltung der unternehmerischen Leitungstätigkeit. So ist der deutsche GmbH-Geschäftsführer gegenüber den Gesellschaftern einer umfassenden Berichts- und Auskunftspflicht über alle wesentlichen Entwicklungen im Unternehmen unterworfen. Stets können die Anteilseigner einer GmbH, im Gegensatz zu denen einer Aktiengesellschaft,

---

577 s. 6 (2) Company Directors Disqualification Act 1986.

578 Vgl. Re Sevenoaks Stationers (Retail) Ltd. [1991] Ch 164, 184: „incompetence or negligence to a very marked degree"; interessant auch Re Richborough Furniture Ltd. [1996] 1 BCLC 507, 528: Es erging eine Untersagungsverfügung aufgrund von „lack of experience and knowledge".

Auskunft verlangen und Weisungen erteilen. Das englische Company Law verfolgt jedoch konzeptionell nicht den dualistischen Ansatz im System des Kapitalgesellschaftsrechts, wie er in Deutschland im GmbHG und AktG eine Ausprägung gefunden hat. Entsprechend kommt auch dem *director* einer *private limited company* eine ebenso starke und weisungsfreie[579] Position mit den damit verbundenen enormen operativen Befugnissen eines Leitungsorgans einer *public company* zu. Diese unabhängige Position des englischen Leitungsorgan wird auch noch durch erhebliche Einschränkungen bei den Informationsrechten der Anteilseigner verstärkt. Obwohl die Protokolle der Gesellschafterversammlung[580] und alle anderen beim Gesellschaftsregister zu hinterlegenden Berichte[581] für die Anteilseigner einsehbar sind, haben grundsätzlich nur die *directors* und Rechnungsprüfer[582] ein Einsichtsrecht bei den internen Unterlagen der Gesellschaft oder von Geschäftsleitungssitzungen.[583] Diese recht strenge Regelung erfährt jedoch durch die Möglichkeit, ein Einsichtsrecht durch Satzungsbestimmungen, Beschluß der Gesellschafterversammlung sowie durch die Zustimmung der *directors* zu gewähren, eine Relativierung.[584]

Doch auch im Hinblick auf den vom Leitungsorgan zu beachtenden Sorgfaltsmaßstab zeigen sich bisher erhebliche Differenzen zwischen den beiden Rechtsordnungen. So geht das GmbH-Recht mit § 43 GmbHG von einem objektiven Sorgfaltsmaßstab aus, während das englische Richterrecht aus der rechtshistorischen Verwurzelung im Treuhandrecht (*trust*) einer subjektiven Beurteilung des Organhandelns den Vorzug gibt. Entsprechend hat der *director* „nur sein Bestes zu geben", jedoch sein Verhalten nicht objektiven Kriterien zu unterwerfen. Beide Rechtssysteme haben eine für die jeweilige Rechtsordnung folgerichtige und historisch gewachsene Entwicklung genommen. Die fortschreitende Professionalisierung des Wirtschaftslebens sowie Gesetzgebungsakte in angrenzenden Rechtsgebieten haben jedoch in der neueren englischen Rechtsprechung zu Tendenzen geführt, den bisherigen Sorgfaltsmaßstab der *common law duty of care and skill* einer objektiveren Beurteilung zu öffnen. So ist auch das wahre Problem der traditionellen Rechtsprechung darin zu sehen, daß sie zu wenig von de-

---

579 Vgl. aber auch die richterlich anerkannte Möglichkeit, ein Weisungsrecht der Gesellschafter in der Satzung festzulegen; hierzu Scott v Scott [1943] 1 All ER 582, 584; Breckland Group Holdings Ltd. v London and Suffolk Properties Ltd. [1989] 100, 106.

580 s. 383 Companies Act 1985.

581 Vgl. z.B. Gesellschaftsatzung (s. 19 (1) Companies Act 1985), Register der Leitungsorgane (s. 288 Companies Act 1985) und das Pfandrechtsregister (s. 191 Companies Act 1985).

582 z.B. s. 237 Companies Act 1985.

583 Parkinson, Corporate Power and Responsibility, S. 243.

584 Vgl. Art 109, Table A, Companies 1985.

nen fordert, die in Wirklichkeit und inzwischen zu mehr fähig sind.[585] Entsprechend findet derzeit zu diesem Thema eine lebhafte Diskussion in der englischen Literatur statt, wobei weitgehend anerkannt ist, daß die seit 1925 vertetene Auffassung über den anzuwendenenden Sorgfaltsmaßstab den veränderten Umständen in einer weitgehend professionalisierten Wirtschaft nicht mehr gerecht wird. Ähnliche Entwicklungen waren in anderen Ländern des *Common Law* festzustellen und führten zu entsprechenden Gesetzesinitiativen, welche größtenteils eine Umsetzung erfuhren. Eine weitere Entwicklung hin zu einem objektiven Sorgfaltsmaßstab ist auch durch die im März 1998 von der britischen Regierung beschlossene umfassende Standortbestimmung und Überprüfung des Gesellschaftsrechts bis Ende 2001 zu erwarten.

Ein Neuorientierung bei der *common law duty of care and skill* müßte jedoch eine flankierende Anerkennung der Grundsätze der *business judgement rule* zur Folge haben, um der mit einem objektiven Maßstab verbundenen Gefahr eines risikoaversen Leitungsverhalten entgegenzuwirken. Auch bekämen die Gerichte hierdurch die nötigen objektiven Kriterien zur richterlichen Kontrolle unternehmerischer Entscheidungen, ohne hingegen die Entscheidung einer inhaltlichen Überprüfung unterziehen zu müssen. Eine ähnliche Entwicklung ist auch in Deutschland seit der ARAG/Garmenbeck-Entscheidung des BGH festzustellen. Ob sich jedoch die in den Vereinigten Staaten praktizierte widerlegbare Rechtmäßigkeitsvermutung in England durchsetzen wird, bleibt abzuwarten.

Die potentiellen Haftungsrisiken eines objektiven Sorgfaltsmaßstabs würden jedoch auch durch die in England anerkannten Regeln zur Geschäftsverteilung und Delegation eine Relativierung erfahren. So ist es in England, wie auch in Deutschland, anerkannt, daß eine Ressortaufteilung eine Haftungskonzentration auf die zuständigen Leitungsorgane zur Folge hat. Bei der verbleibenden Verantwortung des nicht zuständigen Mitglieds des Leitungsgremiums sind jedoch Intensitätsunterschiede insoweit festzustellen, daß in Deutschland einer aktive Überwachung verlangt wird, während das Leitungsorgan in England erst bei Hinweisen auf Pflichtverstöße wieder eine Handlungsverantwortung trifft. Zusätzliche Unterschiede bei der Gesamtzuständigkeit des Leitungsgremiums lassen daher den Schluß zu, daß der Gesamtverantwortlichkeit des einzelnen Leitungsorgans in England eine weniger starke Bedeutung zukommt als in Deutschland.

Durch die frühzeitige Orientierung auf einen objektiven Sorgfaltsmaßstab konnte sich in Deutschland ein umfangreicher Pflichtenkatalog eines Leitungsorgans entwickeln, ohne hierbei jedoch im Einzelfall die objektiven Begebenheiten, wie z.B. die Größe der Gesellschaft oder das Geschäftsumfeld zu vernachlässigen. Entsprechend geriet die Ausgestaltung des Treuepflichtenkatalogs weniger

585 Vgl. Riley, 20 The Company Lawyer (6) 1999, 196, 200.

umfangreich. Spiegelbildlich war jedoch in England durch die unterentwickelte disziplinarische Wirkung des bisherigen subjektiven Standards der *common law duty of care and skill* eine dies kompensierende, starke Fokussierung auf die Loyalitätspflichten eines *directors* festzustellen. Inhaltlich bestehen hierbei weitgehend Übereinstimmungen zwischen den beiden Rechtsordnungen, wie u.a. ein rechtsvergleichender Blick auf das Wettbewerbsverbot und die Geschäftschancenlehre zeigt. Es fällt jedoch auf, daß sich aus dem gerade genannten Grund die englische Judikatur wesentlich ausführlicher mit dieser Problematik auseinandergesetzt hat, als es in Deutschland der Fall war.

Die traditionelle Zurückhaltung der englischen Rechtsprechung bei der Beurteilung von unternehmerischen Entscheidungen und Sorgfaltspflichtverstößen führte hingegen Mitte der 80er Jahre des 20. Jahrhunderts zu Gesetzen, welche Leitungsorgane einer gewissen Disziplinierung und staatlichen Kontrolle unterwarf. So erfolgt nach s. 214 Insolvency Act 1986 in der Insolvenz der Gesellschaft eine Verschiebung des Inhalts und der Schutzrichtung der Leitungspflichten insofern, daß die *directors* ab dem Zeitpunkt, in dem die Gesellschaft in finanzielle Schwierigkeiten gerät, erstmals umfassend die Interessen der Gläubiger zu berücksichtigen haben. Führt ein *director* die Geschäfte der Gesellschaft gläubigerschädigend weiter, obwohl abzusehen war, daß die Liquidation wegen Überschuldung nicht mehr abwendbar war, so kann der *director* auf Antrag des *liquidators* auf eine angemessene Ausgleichszahlung in das Gesellschaftsvermögen verklagt werden.[586] Die gleiche Rechtsfolge trifft auch in Deutschland einen Geschäftsführer, der es bei Insolvenz der Gesellschaft unterlassen hat, einen Insolvenzantrag zu stellen. Diese Pflicht eines deutschen Leitungsorgans, bei Insolvenz der Gesellschaft eine Anzeige gegenüber staatlichen Stellen zu machen (vgl. § 64 GmbHG), ist dem englischen Recht hingegen unbekannt. Beide Rechtsordnungen eröffnen den Leitungsorganen jedoch einen gewissen Entscheidungsspielraum bei der Bestimmung der Notlage der Gesellschaft und somit beim zeitlichen Anfang der ihnen übertragenen Pflichten.[587] Dies zeigt sich sowohl in England als auch in Deutschland in Form der Fortbestehungsprognose im Hinblick auf die Gesellschaft, welche das Leitungsorgan abzugeben hat und bei dessen negativer

---

586 s. 214 (1) Insolvency Act 1986.

587 Vgl. Re Produce Marketing Consortium Ltd. (No. 2) [1989] BCLC 520ff.; BGH GmbHR 1998, 981, 982; vgl. auch Uhlenbruck, GmbHR 1996, R 53, R 53: In der Praxis ergeben sich häufig Schwierigkeiten, da der Geschäftsführer trotz auseichender Liquidität den Antrag zu Eröffnung des Konkursverfahrens stellen muß, wenn die Aktiva nicht mehr alle Verbindlichkeiten abdecken. So wird ein betriebswirtschaftlich ausgebildeter Geschäftsführer Probleme damit haben, daß die betriebswirtschaftlich optimale Finanzstruktur der Gesellschaft unter dem Gesichtspunkt des Gläubigerschutzes durchaus den Tatbestand der Überschuldung erfüllen kann.

Beurteilung es dann die zuvor beschriebenen gläubigerschützenden Pflichten treffen.

Eine weitere disziplinierende Wirkung trat in England durch die Verabschiedung des Company Directors Disqualification Act 1986 ein. Hiernach kann *directors* aufgrund eines bestimmten Fehlverhaltens ein gerichtlich verhängtes Verbot der Organtätigkeit auferlegt werden. Insbesondere erfährt hierdurch ein Fehlverhalten eines *directors*, welches zur Insolvenz der Gesellschaft geführt hat (Ungeeignetheit nach s. 10 Company Directors Disqualification Act 1986) oder darauf folgende gläubigerschädigende Wirkung hatte (Verurteilung nach ss. 213f. Insolvency Act 1986), eine Sanktionierung. Eine weitere rechtsvergleichende Erörterung dieses Themenkomplexes ist jedoch Kapitel III. vorbehalten, da sich aus einem Verstoß gegen das gerichtliche Verbot der Organtätigkeit Ansprüche Dritter ergeben können. Entsprechendes gilt bei den Pflichten zur Kapitalerhaltung.[588]

Eine grundsätzliche Übereinstimmung zwischen den beiden Rechtsordnungen ist bei den Pflichten des Leitungsorgans festzustellen, ein ordnungsgemäße Rechnungslegung sicherzustellen. Inhaltlich entsprechen die Anforderungen an die Rechnungslegung im HGB in weiten Teilen denen des Company Law. Ein weitere Harmonisierung ist hierbei jedoch auch durch die sich international weiter durchsetzenden *International Accounting Standards* (IAS) sowie die US-amerikanischen *Generally Accepted Accounting Principles* (US-GAAP) zu erwarten.

Aber auch bei den haftungsrechtlichen Folgen eines Sorgfaltsverstoßes gegen die Pflichten aus dem Anstellungsvertrag bestehen vom Ergebnis her Übereinstimmungen. So besteht in beiden Rechtsordnungen kaum ein eigenständiger Anwendungsbereich der persönlichen Haftung für Sorgfaltspflichtverletzungen aus dem Anstellungsvertrag, da die deutsche Rechtsprechung davon ausgeht, daß die Organhaftung die vertragliche Haftung in sich aufnimmt, während in der englischen Rechtspraxis die Versicherungswirtschaft eine faktische Haftungsfreistellung für Angestellte gewährt. Eine Umorientierung bei der *common law duty of care and skill* müßte jedoch auch im Hinblick auf *directors* eine erneute Beleuchtung dieses Themenkomplexes zur Folge haben, um nicht in erneute Wertungswidersprüche zu geraten.

588 Vgl. Kapitel III., § 1, C).

Kapitel II.
Die Haftung gegenüber den Gesellschaftern und außenstehenden Dritten

§ 1 Die Haftung gegenüber den Gesellschaftern

A) Haftungssituation in Deutschland

Da die GmbH eine eigenständige Rechtssubjektivität aufweist, bestehen, abgesehen von dem Fall der Drittanstellung, zwischen dem Geschäftsführer und den Gesellschaftern grundsätzlich keine unmittelbaren Vertragsbeziehungen. Dennoch ist es in seltenen Fällen möglich, daß einzelne Pflichten aus der Sonderrechtsbeziehung Gesellschaft - Geschäftsführer nach dem Vorbild des Vertrags mit Schutzwirkung zugunsten Dritter drittschützenden Charakter für die Gesellschafter entfalten.[589] Im außervertraglichen Beziehungsgeflecht können sich jedoch zwischen dem Geschäftsführer und den Gesellschaftern Haftungsansprüche sowohl aus dem GmbH-Recht als auch aus dem allgemeinen Deliktsrecht ergeben.

I. Haftung nach dem GmbHG

Die allgemeine organschaftliche Pflicht zur ordnungsgemäßen Unternehmensleitung obliegt dem Geschäftsführer gegenüber der Gesellschaft und nicht gegenüber den Gesellschaftern.[590] Mithin scheidet § 43 Abs. 2 GmbHG als Anspruchsgrundlage der Gesellschafter gegen den Geschäftsführer ihrer Gesellschaft aus.

Gleichwohl können sich spezielle organschaftliche Pflichten des Geschäftsführers aus dem weisungsfreien[591] § 30 GmbHG ergeben, welcher Zahlungen

---

589 BGH NJW 1995, 1353ff. für den Fall der stillen Gesellschafter bei einer Publikums-KG; Roth/Altmeppen § 43 Rdnr. 22; Hachenburg/Mertens § 43 Rdnr. 108f.; Reese, DStR 1995, 532, 536; a.A.:Baumbach/Hueck/Zöllner § 43 Rdnr. 2a; MünchHdb.GesR III/Marsch-Barner/Diekmann, S. 672; Scholz/Schneider, § 43 Rdnr. 213; Schaub, DStR 1992, 1021, 1023; zu einer möglichen Haftung des Geschäftsführers gegenüber einem Gesellschafter aus culpa in contrahendo siehe BGH NJW-RR 1986, 968f.

590 Heidelberger Kommentar/Fichtelmann § 43 Rdnr. 65; Scholz/Schneider § 43 Rdnr. 211.

591 BGHZ 31, 258, 277f.: Aus dem Gläubigerschutzgedanken entspringt auch der Ausschluß der enthaftenden Wirkung eines die Zahlung anordnenden Gesellschafterbeschlusses.

entgegen der Kapitalerhaltungpflicht verbietet. Bei § 30 GmbHG handelt es sich um die zentrale Gläubigerschutzbestimmung zur Erhaltung des Stammkapitals, da Zweck dieser Norm ist, zumindest das gezeichnete Kapital als Haftungsfond für die Gesellschafter zu erhalten.[592] Prinzipiell haben Gesellschafter nach § 29 Abs. 1 S. 1 GmbHG zwar einen Anspruch auf Gewinnausschüttung, jedoch dürfen Zuwendungen an die Gesellschafter nicht dazu führen, daß das zur Erhaltung des Stammkaptitals erforderliche Vermögen angegriffen wird.[593] Werden daher entgegen § 30 Abs. 1 GmbHG Zahlungen oder sachlich entsprechende Vorgänge aus dem zur Erhaltung des Stammkapitals erforderlichen Vermögen der Gesellschaft geleistet, so müssen die betroffenen Gesellschafter diese nach § 31 Abs. 1 GmbHG an die Gesellschaft zurückerstatten.[594] Sind diese Beträge vom Empfänger nicht mehr zu erlangen, so haften die Mitgesellschafter solidarisch jeweils im Verhältnis der Höhe ihrer Geschäftsanteile (sog. Ausfallhaftung nach § 31 Abs. 3 GmbHG). Den Mitgesellschaftern haben dann jedoch ihrerseits die schuldhaft handelnden Geschäftsführer Ersatz zu leisten. In § 31 Abs. 6 GmbHG hat dieser direkte Rückgriffsanspruch eine entsprechende gesetzliche Regelung erlangt, wobei sich der Verschuldensmaßstab wiederum nach der Sorgfalt eines ordentlichen Geschäftsmannes gemäß § 43 Abs. 1 GmbHG richtet.[595] Entsprechend haftet der Geschäftsführer zum einen den Gesellschaftern gegenüber nach § 31 Abs. 6 GmbHG, zum anderen aber auch gegenüber der Gesellschaft nach § 43 Abs. 3 GmbHG für die Erhaltung des Stammkapitals.[596] Eine darüber hinausgehende Haftung des Geschäftsführers gegenüber den Gesellschaftern, z.B. bei der Verletzung von Pflichten zur Rechnungslegung oder Erteilung von Auskunft, besteht nicht.[597]

II. Haftung aus unerlaubter Handlung

Ferner können wegen schuldhafter Verletzung der organschaftlichen Pflichten gegenüber den Gesellschaftern auch Schadenersatzansprüche aus unerlaubter Handlung in Betracht kommen. Voraussetzung ist jedoch, daß die von den Ge-

---

592 Roth/Altmeppen § 43 Rdnr. 1 m.w.N.

593 Vgl. BGHZ 60, 324, 331; 76, 326, 335; 81, 252, 259.

594 Vgl. auch die Gutglaubensvorschrift in § 31 Abs. 2 GmbHG; hierzu BGH ZIP 1984, 170, 171; BGH ZIP 1987, 1113, 1114.

595 Schaub, DStR 1992, 1021, 1023; Scholz/Schneider § 43 Rdnr. 212 mit der Ansicht, daß der Anspruch aus § 31 Abs. 6 allgemeine Geltung hat; a.A. Heidelberger Kommentar/Fichtelmann § 43 Rdnr. 68.

596 Vgl. auch § 43 Abs. 3 S. 3 GmbHG.

597 MünchHdb.GesR III/Marsch-Barner/Diekmann S. 672; Baumbach/Hueck/Zöllner § 43 Rdnr. 2; a.A. Scholz/Schneider § 43 Rdnr. 212; Hübner, Managerhaftung, S. 38.

schäftsführern im Rahmen ihrer Geschäftsführungstätigkeit begangenen Pflichtverletzungen alle objektiven und subjektiven Tatbestandsvoraussetzungen für eine solche Inanspruchnahme erfüllen.

1. Haftung aus § 823 Abs. 1 BGB

Eine sehr weitgehende deliktische Haftung des Geschäftsführers gegenüber den Gesellschaftern und hier insbesondere gegenüber den Minderheitsgesellschaftern könnte sich bei der Annahme ergeben, daß der Geschäftsführer durch die Beschränkung der im Mitgliedschaftsrecht enthaltenen Herrschafts-, Teilhabe- und Vermögensfunktionen das Mitgliedschaftsrecht als absolutes Recht i.S.v § 823 Abs. 1 BGB verletzt.

Allgemein anerkannt ist, daß es sich bei der Mitgliedschaft um ein sonstiges Recht i.S.v § 823 Abs. 1 BGB handelt.[598] Einigkeit herrscht auch bei der Annahme, daß nicht jede Verminderung des Verbandsvermögens zugleich eine Beeinträchtigung der Mitgliedschaft darstellt und somit zu einem Ersatzanspruch der Gesellschafter führt.[599] So reicht eine Entwertung der Mitgliedschaft als Reflex einer Veränderung des Gesellschaftsvermögens allein nicht aus, da sich der Schaden der Anteilseigner typischerweise in der Entwertung seiner Anteile an der Gesellschaft niederschlägt. Eine Inanspruchnahme des Geschäftsführers für diesen Schaden würde zu einer doppelten Haftung des Unternehmensleiters neben der Innenhaftung gegenüber der Gesellschaft führen, so daß bei reinen Reflexschäden nur eine Klage auf Leistung an die Gesellschaft in Frage kommt.[600]

Entsprechend vertritt die Rechtsprechung, daß ein Gesellschafter einen über den reinen Reflexschaden hinausgehenden eigenen Schaden aufgrund eines Eingriffs in das Mitgliedschaftsrecht gegenüber dem Geschäftsführer geltend machen könne. So könne ein schwerer Eingriff in den Kern des Mitgliedschaftsrecht bei wesentlichen strukturändernden Maßnahmen, faktischen Veränderungen des Unternehmensgegenstandes sowie bei Nichtbeachtung des Gleichbehandlungs-

598 BGHZ 83, 122, 133ff.; BGHZ 110, 323, 327; Scholz/Schneider § 43 Rdnr. 216; Hachenburg/Mertens § 43 Rdnr. 105; Schmidt, JZ 1991, 157, 158; Reuter, in: Festschrift für Lange, S. 707, 710ff.; a.A. Lutter/Hommelhoff § 43 Rdnr. 25.

599 RGZ 158, 248, 255; BGHZ 94, 55, 58; Scholz/Schneider § 43 Rdnr. 216; Hachenburg/Mertens § 43 Rdnr. 105, Reese, DStR 1995, 532, 536; Schaub, DStR 1992, 1021, 1023; Reuter, in: Festschrift für Lange, S. 707, 717; Mertens, in: Festschrift für Fischer, 461, 469.

600 BGHZ 65, 15, 18ff.; BGH AG 1987, 126, 128; BGH NJW 1988, 413, 415; Rowedder/Koppensteiner § 43 Rdnr. 40f.; Thümmel/Sparberg, DB 1995, 1013, 1016; Felix, DStZ 1987, 455, 460.

grundsatzes gegenüber den Gesellschaftern angenommen werden.[601] Als Schaden wären alle aus der Beeinträchtigung der Mitgliedschaft folgenden Nachteile zu ersetzen, sofern sie nicht einem Verbandsschaden entsprechen.[602] Weite Teile der Literatur sind dieser Auffassung jedoch mit dem Argument entgegengetreten, daß es sich hierbei nicht um einen „Außeneingriff" handele, sondern der Geschäftsführer vielmehr seine vertraglichen und organschaftlichen Pflichten als Leitungsorgan verletze. Pflichtwidrigkeiten in diesem Bereich seien vielmehr im Innenverhältnis zwischen Gesellschaft und Geschäftsführer und nicht im „Außenverhältnis" zwischen Gesellschafter und Geschäftsführer abzuwickeln.[603]

2. *Haftung aus § 823 Abs. 2 BGB i.V.m. Schutzgesetz*

Ein Gesellschafter kann hingegen Schadensersatzansprüche aus § 823 Abs. 2 BGB i.V.m. einem Schutzgesetz geltend machen. Zwar ist § 43 GmbHG unbestritten kein Schutzgesetz zugunsten der Gesellschafter i.S.v § 823 Abs. 2 BGB[604], jedoch stellt § 82 Abs. 1 Nr. 1 und Nr. 3 GmbHG eine derartige Schutzvorschrift dar.[605] Entsprechend haftet der Geschäftsführer gegenüber den Gesellschaftern für vorsätzlich falsche Angaben bei der Anmeldung der Gesellschaft bzw. einer späteren Kapitalerhöhung.[606] Ferner kommt bei kriminellen Handlungen eine Haftung nach § 823 Abs. 2 BGB i.V.m. § 266 StGB in Betracht.[607]

---

601 BGHZ 83, 122, 133ff.; BGHZ, 110, 323, 334f: Offenlassend, ob jede schuldhafte Verletzung des Mitgliedschaftsrechts zur Auslösung dieser Rechtsfolge geeignet ist oder ob dazu ein unmittelbar gegen den Bestand der Mitgliedschaft oder die in ihr verkörperten Rechte gerichteter Eingriff von erheblichem Gewicht erforderlich ist. Jedoch greife der Vereinsvorstand nicht schuldhaft in die Mitgliedschaft ein, sofern dieser Eingriff auf einem rechtmäßigen Beschluß der Mitgliederversammlung beruhe; zustimmend Hachenburg/Mertens § 43 Rdnr. 105; Mertens, in: Festschrift für Fischer, S. 461, 471.

602 Hachenburg/Mertens § 43 Rdnr. 105.

603 Baumbach/Hueck/Zöllner § 43 Rdnr.2a; zustimmend Heidelberger Kommentar/Fichtelmann § 43 Rdnr. 66; MünchHdb.GesR III/Marsch-Barner/Diekmann, S. 672f.; vgl. auch Scholz/Schneider § 43 Rdnr. 215f.; Rowedder/Koppensteiner § 43 Rdnr. 40.

604 Statt aller vgl. nur Scholz/Schneider § 43 Rdnr. 211, Hachenburg/Mertens § 43 Rdnr. 102f. m.w.N.

605 Baumbach/Hueck/Zöllner § 43 Rdnr. 2; Reese, DStR 1995, 532, 536; Schaub, DStR 1992, 1021, 1024; Kion, BB 1984, 864, 868.

606 Baumbach/Hueck/Zöllner § 43 Rdnr. 2; Heidelberger Kommentar/Fichtelmann § 43 Rdnr. 67; MünchHdb.GesR III/Marsch-Barner/Diekmann, S. 673; Schaub, DStR 1992, 1021, 1024; Kion, BB 1984, 864, 868; vgl. die parallelen Ansprüche der Gesellschaft aus §§ 9a Abs. 2 und 57 Abs. 4 GmbHG.

607 Vgl. Hachenburg/Mertens § 43 Rdnr. 103; Reese, DStR 1995, 532, 536; Schaub, DStR 1992, 1021, 1024; vgl. auch zu § 266 StGB Fleck, GmbHR 1974, 224, 235

3. *Haftung aus § 826 BGB*

Letztendlich ist bei einer sittenwidrigen Schädigung eines Gesellschafters durch einen Geschäftsführer auch an einen Anspruch aus § 826 BGB zu denken. Jedoch ist nicht jeder eigennützige Pflichtenverstoß als sittenwidrig anzusehen. Vielmehr liegt ein Verstoß gegen die guten Sitten nur dann vor, wenn die Stellung als Leitungsorgan zur Durchsetzung eigener Interessen „derart mißbraucht wird, daß es als grobe Mißachtung des Mindestmaßes an Loyalität und Rücksichnahme zu werten ist, deren Aufrechterhaltung die Gemeinschaft als für ihre Ordnung maßgebenden Wert für geboten erachtet".[608]

B) Haftungssituation in England

Traditionell geht die englische Rechtsordnung von der Immunität eines *directors* vor persönlicher Inanspruchnahme durch die Anteilseigner aus. Gestützt wird dies auf die Grundsatzentscheidung *Percival v Wright.*[609] In dem dieser Entscheidung zugrundeliegenden Fall baten die Anteilseigner unverbindlich die *directors*, Käufer für ihre Anteile ausfindig zu machen. Die *directors* kauften jedoch die Anteile selbst zu einem angemessenen Preis, ohne den Gesellschaftern mitzuteilen, daß sie von einem Dritten ein höheres Angebot für die Anteile erhalten hatten. Sodann übertrugen sie unter Gewinnmitnahme die Anteile auf den Dritten. Die Klage der Anteilseigner blieb ohne Erfolg, da das Gericht der Überzeugung war, daß *directors* zu den Anteileignern generell in keinem pflichtenbegründenden Rechtsverhältnis stehen.[610] Dieser Grundsatz hat jedoch in den letzten Jahrzehnten durch die Rechtsprechung der Gerichte und deren Anwendung allgemeiner Rechtsätze auf *directors* eine Relativierung erfahren. Demnach haften *directors* gegenüber den Anteilseignern, wenn ein selbständiger Verpflichtungsgrund besteht, der über das Organverhältnis hinausgeht.[611]

---

mit dem Hinweis der Haftung bei nur pflichtwidrigem Handeln zum Nachteil der Gesellschaft.

608 BGH GmbHR 1989, 365, 368

609 [1902] 2 Ch 421ff.

610 Pennington, Directors' Personal Liability, S 150; siehe hierzu auch Lindgren v L and P Estates Co. Ltd. [1968] Ch 572, 595; Multinational Gas and Petrochemical Co. v Multinational and Petrochemical Services Ltd. [1983] Ch 258, 288.

611 Pennington, Directors' Personal Liability, S. 153.

I. Haftung aufgrund selbständiger Verpflichtung

Ein besonderer Verpflichtungsgrund ist zunächst dem Vertretungsrecht zu entnehmen. So können bei bestimmten Begebenheiten, wie z.B. dem Kauf und Verkauf von Anteilen sowie der Stimmrechtsausübung[612] *directors* auch als Vertreter der Anteilseigner agieren.[613] Entsprechend übernehmen sie gegenüber den Anteilseignern als Vertretenenen bestimmte Sorgfalts- und Treuepflichten.

Aufgrund des fehlenden Auskunfts- und Informationsrechts der Gesellschafter besteht in der englischen Gesellschaft aber auch häufiger als in der GmbH die Notwendigkeit, daß *directors* in der Funktion des Beraters der Anteilseigner auftreten. Dies hat zur Folge, daß sie bei einer Pflichtverletzung im Rahmen dieser Tätigkeit auch persönlich in Anspruch genommen werden können. So wurde in der neuseeländischen Entscheidung *Coleman v Myers* ausgeführt, daß *directors* in ihrer Eigenschaft als Berater sowohl nach *common law* als auch nach *equity* den Anteilseignern bestimmte Sorgfalts- und Treuepflichten schulden.[614] In dem vorliegenden Fall hatten die beiden *directors* den Gesellschaftern die Annahme eines Übernahmeangebotes empfohlen, welches von einer Gesellschaft abgegeben worden war, die den beiden *directors* gehörte. Diese teilten jedoch den Anteilseignern nicht alle Umstände im Zusammenhang mit diesem Geschäft mit. Insbesondere verschwiegen sie den beabsichtigten Verkauf des Grundeigentums der zu übernehmenden Gesellschaft, was zu einem höheren Übernahmepreis geführt hätte. Entsprechend urteilte das Gericht, daß die beiden *directors* bei der Beratung der Anteilseigner nicht deren Interessen mit der gebotenen Sorgfalt wahrgenommen sowie nicht alle verfügbare Information offenbahrt hatten. Entsprechend hafteten sie den Anteilseignern in Höhe der Preisdifferenz.

Directors können mithin ohne förmlichen Vertrag persönlich in Anspruch genommen werden, wenn sie Ratschläge und Informationen geben und hierbei wissen, daß die andere Partei bei ihren Handlungen hierauf vertraut sowie daß ein sorgfaltswidriger Ratschlag oder eine unrichtige Information zu einem

---

612 Vgl. Pennington, Directors' Personal Liability, S. 154 auch mit dem Hinweis für den Fall, daß die Stimmrechtsausübung die Rechte des Vertreters schützen soll, so z. B. wenn Anteile als Sicherheiten dienen. Siehe hierzu auch Cuckmere Brick Co. Ltd. v Mutual Finance Ltd [1971] Ch 949, 966ff.

613 Pennington, Directors' Personal Liability, S. 154.

614 Coleman v Myers [1977] 2 N.Z.L.R. 225ff.; Pennington, Directors' Personal Liability, S. 163; siehe auch schon Nocton v Lord Ashburton [1914] AC 932, 955; Hedley Byrne & Co. Ltd. v Heller and Partners Ltd. [1964] AC 465, 500, 518 und für die Pflichten in equity Lloyds Bank Ltd. Bundy [1975 QB 326, 339ff.; National Westminster Bank Ltd. v Morgan [1983] 3 All ER 85, 90ff.

Schaden führen würde.[615] Gleichwohl ist es der Beurteilung des Einzelfalles vorbehalten, den Umfang des Pflichtenkreises durch die Bedeutung des entsprechenden Geschäfts sowie den Informationsstand der Anteilseigner und *directors* zu bestimmen.[616] Aufgrund des Informationsvorsprungs der *directors* und der hieraus entspringenden Abhängigkeit der Anteilseigner von einer Beratung durch die Leitungsorgane ist jedoch in englischen Kapitalgesellschaften nicht selten von einem pflichtenbegründenden Beratungsverhältnis auszugehen. Dies ist insbesondere der Fall, wenn es sich um weitreichende und die Existenz der Gesellschaft oder der Gesellschafterstellung betreffende Entscheidungen handelt.

II. Deliktsrechtliche Haftung

Wie in Deutschland stellt sich auch im englischen Recht die Frage nach der deliktsrechtliche Schutzmöglichkeit der Mitgliedschaft. Diese Problematik erfuhr eine Erörterung in dem Fall *Prudential Insurance Co. Ltd. v Newman Industries Ltd. (No.2)*.[617] Die klagenden Partei trug vor, daß den *directors* gegenüber den Anteilseignern grundsätzlich die Verpflichtung zukomme, die Gesellschaft nicht einem Schaden auszusetzen, welcher sich negativ auf den Wert der Anteile oder der Dividende auswirke und daher einen Schaden der Anteilseigner darstelle. Der Court of Appeal verwarf jedoch die Ersatzfähigkeit eines solchen "Reflexschadens":

> "He cannot recover a sum equal to the diminution in the market value of his shares, or equal to the likely diminution in dividend, because such a "loss" is merely a reflection of the loss suffered by the company. [...] The plaintiff's shares are merely a right of partici-

615 Vgl. auch Arenson v Casson Beckman Rutley & Co. [1977] AC 405, 430ff.

616 Vgl. Woodhouse J in Coleman v Myers [1977] 2 N.Z.L.R. 225, 324f.: "[...] the standard of conduct required from a director in relation to dealings with a shareholder will differ depending upon all the surrounding circumstances and the nature of the responsibility which in real and practical sense the director has assumed towards the shareholder. [...] it may not be possible to lay down any general test as to when the fiduciary duty will arise for a company director or to prescribe the exact conduct which will always discharge it when it does, there are nevertheless some factors that will usually have an influence upon a decision one way or the other. They include, I think, dependence upon information and advice, the existence of a relationship of confidence, the significance of some particular transaction for the parties, and of course, the extent of any positive action taken by or on behalf of the directors to promote it."

617 [1982] 1 Ch 204ff. (C.A.).

pation in the company on the terms of the articles of association. The shares themselves, his right of participation, are not directly affected by the wrongdoing."[618]

Durch die Forderung der Schadenersatzleistung in das Vermögen des klagenden Anteilseigners sah die Rechtsprechung aber auch die Gefahr der doppelten Inanspruchnahme, da die Möglichkeit bestehe, daß die *directors* zusätzlich auch von der Gesellschaft selbst in Anspruch genommen werden.[619]

C) Rechtsvergleichende Bewertung und die Bedeutung für das Jahr-2000-Problem

Beide Rechtsordnungen gewähren den Anteilseignern individuelle Teilhabe-, Schutz- und Vermögensrechte, die sich aus dem Mitgliedschaftsrecht herleiten. Gleichwohl besteht prinzipiell zwischen den Leitungsorganen und den Gesellschaftern kein direktes pflichtenbegründendes Rechtsverhältnis, da die Gesellschafterrechte nur gegenüber dem Verband bestehen. Vielmehr obliegen dem Leitungsorgan nur spezielle Pflichten gegenüber den Gesellschaftern, wenn er sich unabhängig von seiner Organstellung gegenüber den Gesellschaftern schuldrechtlich verpflichtet hat oder sein Verhalten deliktsrechtlich erheblich ist.

Als Ausgleich des fehlenden Informationsanspruches der Gesellschafter ist im englischen Gesellschaftsrecht eine stärkere Heranziehung des Leitungsorgans im Rahmen einer pflichtenbegründenden Beraterstellung festzustellen. Dies trifft insbesondere bei weitreichenden Entscheidungen in kleineren Gesellschaften mit der Rechtsform der *private limited company* zu. Eine solche sich aus der Organisationsstruktur der englischen Gesellschaft ergebende Abhängigkeit der Gesellschafter ist im GmbH-Recht strukturell nicht angelegt, wie auch ein Blick auf § 51a GmbHG zeigt. So hat der GmbH-Gesellschafter einen gesetzlich vorgese-

618 Prudential Insurance Co. Ltd. v Newman Industries Ltd. (No. 2) [1982] 1 Ch 204, 222f. (C.A.); vgl. aber Habetha, Direktorenhaftung und gesellschaftsfinanzierte Haftpflichtversicherung, S. 79f. mit dem Hinweis auf die kontrastierenden Entscheidungen in Smith, Stone and Knight Ltd. v Lord Mayor, Alderman and Citizens of Birmingham [1939] 4 All ER 116, 121; D.H.N. Food Distributors Ltd. v London Borough of Tower Hamlets [1976] 3 All ER 462, 467f., 474 (C.A.); Esso Petroleum Co. Ltd. v Mardon [1976] 1 QB 801, 821, 830ff.; vgl. auch Heron International v Lord Grade [1983] BCLC 244, 261ff. (C.A.) zur Möglichkeit der Anteilseigner, Schäden, die sich erst bei der Veräußerung der Anteile realisieren, gegenüber den directors geltend zu machen; hierzu kritisch aber Habetha, Direktorenhaftung und gesellschaftsfinanzierte Haftpflichtversicherung, S. 80.

619 Prudential Insurance Co. Ltd. v Newman Industries Ltd. (No. 2) [1982] 1 Ch 204, 223 (C.A.).

henen Auskunfts- und Einsichtsanspruch gegenüber der Gesellschaft. Die derart geschützte Informationsgrundlage erlaubt dem Gesellschafter erst eine sachgerechte Entscheidung und Beteiligung an der organschaftlichen Willensbildung. Entsprechend ist im deutschen GmbH-Recht eine verstärkte Disziplinierung und Heranziehung der über die Information verfügenden Leitungsorgane im Rahmen einer pflichtenbegründenden Beraterstellung nicht erforderlich. Gleichwohl ist jedoch auch nach deutschem Recht eine Haftung des Leitungsorgans für falsch erteilte Auskünfte und Ratschläge möglich. So kann sich eine persönliche Inspruchnahme wie auch schon in England aus dem Umstand ergeben, daß für den Erteilenden erkennbar ist, daß die Auskunft oder der Ratschlag für den Anfragenden von erheblicher Bedeutung ist und dieser sie zur Grundlage einer wesentlichen Entscheidung machen will. Dies gilt insbesondere, wenn der Auskunftsgebende für die Erteilung besonders sachkundig oder selbst wirtschaftlich interessiert ist.[620]

Im Hinblick auf das Jahr-2000-Problem können sich daher Haftungsfragen aufgrund eines unrichtigen Ratschlags ergeben. Der Anwendungsbereich dieser Haftungsgrundlage relativiert sich jedoch unter dem Eindruck der auf das *board* zentrierten Organisations- und Lenkungsverfassung des englischen Gesellschaftsrechts und der gegensätzlichen relativ starken Gesellschafterstellung im GmbH-Recht. So fällt in England nur sehr selten eine Organisations- und Lenkungsentscheidung in die Kompetenz der Gesellschafter, während in Deutschland die häufig starke Position der Gesellschafter die Annahme einer pflichtenbegründenden Beraterstellung ausschließt. Im Hinblick auf das Jahr-2000-Problem haben die Ansprüche der Gesellschafter gegen das Leitungsorgan daher nur eine untergeordnete Bedeutung. Eine andere Berurteilung ergibt sich auch nicht unter dem Gesichtspunkt der deliktischen Leitungshaftung gegenüber den Gesellschaftern. Zwar stellt sich grundsätzlich sowohl im englischen als auch im deutschen Recht die Frage, ob dem Mitgliedschaftsrecht per se ein deliktischer Schutz zukommt. Beide Rechtsordnungen lehnen jedoch die Ersatzfähigkeit des reinen Reflexschadens ab. So reicht für einen Schadenersatzanspruch eine Entwertung der Mitgliedschaft als Reflex einer Veränderung des Gesellschaftsvermögens nicht aus. Gleichwohl eröffnet die deutsche Rechtsprechung - entgegen vieler Stimmen in der Literatur - die Möglichkeit, bei schweren Eingriffen in die Mitgliedschaft einen Ersatz für Schäden an absolut geschützten Rechtsgütern i.S.v. § 823 Abs. 1 BGB zu erlangen, die nicht gleichzeitig einem Verbandsschaden entsprechen.

Ein zentrales Problem im Recht der GmbH und der *private limited company* ist die häufig unzureichende Eigenkapitalausstattung und die hieraus resultieren-

620 Ausnahme zu grundsätzlicher Unverbindlichkeit gem. § 675 Abs. 2 BGB; vgl. hierzu BGH NJW 1989, 2882ff.; Palandt/Sprau § 675 Rdnr. 29ff.; § 826 Rdnr. 25f.

de Gläubigergefährdung. Mangels eines gesetzlich festgelegten Mindestkapitals und dem Verzicht auf die Vollwertigkeit der Einlageleistung kommt dem Grundsatz der Kapitalaufbringung in England nur wenig Bedeutung zu. So erfolgt die Aufbringung des gezeichneten, aber nicht notwendig realen Kapitals meist erst zu einem nicht festgelegten Zeitpunkt mit Aufforderung der *directors*. Anders ist es jedoch in Deutschland, wo die Geschäftsführer sowohl der Gesellschaft (§ 9a Abs. 1 GmbHG) als auch den Gesellschaftern gegenüber (§ 823 Abs. 2 BGB i.V.m. § 82 Abs. 1 Nr. 1 GmbHG) für die Richtigkeit der Angaben über die Leistung der Einlagen bei der Gründung einzustehen haben.

Schüttet ein *director* mehr als die Differenz zwischen den realisierten Gewinnen und Verlusten an die Anteilseigner aus, so gewährt die englische Rechtsprechung der Gesellschaft alternativ zu dem gesetzlichen Rückgewähranspruch gegen die betroffenen Gesellschafter einen Erstattungsanspruch gegen den handelnden *director* in Höhe der rechtswidrigen Gewinnausschüttung. Dieser kann jedoch wiederum die begünstigten Gesellschafter in Regreß nehmen.[621] Auch das GmbH-Recht gewährt der Gesellschaft alternativ gegen die begünstigten Gesellschafter bzw. den schuldhaft handelnden Geschäftsführer einen Ersatzanspruch. Zusätzlich sieht es eine solidarische Ausfallhaftung der Mitgesellschafter vor, welche ihrerseits wieder den Geschäftsführer in Anspruch nehmen können. Aufgrund dieser Rückgriffsmöglichkeit ist trotz der zusätzlichen Ausfallhaftung der Mitgesellschafter im GmbH-Recht kein geringeres Haftungsrisko für Leitungsorgane zu erblicken. Letztendlich trägt somit in beiden Rechtsordnungen das Leitungsorgan das Kapitalerhaltungsrisko, wenn der begünstigte Gesellschafter als Haftender ausfällt. Im Hinblick auf einen effektiven Gläubigerschutz sind die Haftungsnormen zur Kapitalerhaltung jedoch nicht zu überschätzen. So schützen sie die Gläubiger nur vor Mißbrauch durch die Gesellschafter aber nicht vor einem Schaden, der auf ihrem Vertrauen in eine ausreichende Kapitaldecke der Gesellschaft beruht.

§ 2 Die Haftung gegenüber außenstehenden Dritten

Die Frage nach der Haftung eines Handlungsorgans gegenüber außenstehenden Dritten gewinnt insbesondere dann an Bedeutung, wenn die Gesellschaft mangels Haftungsmasse als Schuldner ausscheidet. Für den geschädigten Gläubiger bedeutet die Inanspruchnahme des Leitungsorgans zumeist dann die letzte Chance, einen endgültigen Forderungsausfall zu vermeiden.

---

621 Vgl. Gliederungspunkt Kapitel I, § 2, A), III., 2.; S. 145.

A) Haftungssituation in Deutschland

Im Gegensatz zur Innenhaftung ist die Außenhaftung des Geschäftsführers im GmbHG nicht geregelt. Vielmehr wurde es der Rechtsprechung überlassen, sie aus dem allgemeinen Haftungsrecht zu entwickeln. Diese nahm die Herausforderung an. Bei dieser richterlichen Rechtsfortbildung ist den letzten Jahren tendenziell eine erhebliche Verschärfung des Pflichtenkatalogs des Geschäftsführers gegenüber Dritten festzustellen, so daß dem Verhalten des Geschäftsführers im Rahmen des Gläubigerschutzes nun eine erhebliche Bedeutung zukommt.

I. Haftung im Zusammenhang mit dem Vertragsschluß

Zunächst ist an Haftungstatbestände zu denken, die mit dem Vertragsschluß zusammenhängen. Hierbei kommt insbesondere eine Haftung aus mit dem Geschäftsführer persönlich geschlossenen Verträgen sowie eine Haftung nach den Grundsätzen des Mißbrauchs der Vertretungsmacht in Frage. Doch ein persönliches Einstehenmüssen des Geschäftsführers kann sich auch aus dem Aspekt der Rechtsscheinhaftung oder nach den Grundsätzen der culpa in contrahendo ergeben.

1. Haftung aus Vertrag im eigenen Namen

Grundsätzlich handelt der Geschäftsführer im Namen der Gesellschaft. Mithin wird diese nach §§ 164ff. BGB i.V.m. § 35 GmbHG durch das Handeln ihres Leitungsorgans vertraglich verpflichtet. Gleichwohl ist aber von vertraglichen Ansprüchen gegen den Geschäftsführer persönlich auszugehen, wenn dieser gemäß § 164 Abs. 2 BGB nicht hinreichend nach außen klar gemacht hat, daß er als vertretungsberechtigtes Organ die Gesellschaft vertritt. Hierbei gehen indifferente Aussagen zu Lasten des Geschäftsführers[622], so daß er für die Verletzung der ihn selbst treffenden Aufklärungspflichten aufgrund seines Auftretens im Rechtsverkehr haftet.

Des weiteren ist eine persönliche Haftung des Geschäftsführers gegeben, wenn von Außenstehenden ausdrücklich seine eigene vertragliche Verpflichtung

---

622 OLG Köln, GmbHR 1972, 65, 65; vgl. auch die sehr weitgehende Entscheidung OLG Frankfurt GmbHR 1993, 158, 159; zu den Grundsätzen des unternehmensbezogenen Geschäfts (vgl. § 164 Abs. 1 S. 2 BGB) aber BGH WM 1994, 2233, 2234ff.; BGH NJW 1990, 2678ff.; Hachenburg/Stein § 35 Rdnr. 44; Scholz/Schneider § 36 Rdnr. 2.

gewollt ist, wie es z.B. bei einer Bürgschaft, Garantie oder Schuldübernahme der Fall ist.[623]

2. *Haftung beim Mißbrauch der Vertetungsmacht*

Grundsätzlich haben die Geschäftsführer einer GmbH eine umfassende und unbeschränkbare Vertretungsmacht nach außen (§§ 35 Abs. 1, 37 Abs. 2 GmbHG). Entsprechend wird hierdurch auch nur die Gesellschaft verpflichtet. Eine Direkthaftung des Geschäftsführers kann jedoch ausnahmsweise gegeben sein, wenn dieser unter Mißbrauch seiner Vertretungsmacht im Rechtsverkehr gehandelt hat und eine Genehmigung durch die anderen Geschäftsführer oder die Gesellschafter nach § 177 BGB nicht erfolgt. Vorausssetzung eines solchen Mißbrauchs ist, daß der Geschäftsführer bei der Vertretung seine Geschäftsführungsbefugnis objektiv überschreitet und dies der anderen Partei klar und sofort erkennbar (evident) ist.[624]

3. *Rechtsscheinhaftung*

Es ist überdies an eine persönliche Haftung des Geschäftsführers nach den Grundsätzen der Rechtsscheinhaftung zu denken. Hierbei muß von dem Geschäftsführer zurechenbar der Eindruck vermittelt worden sein, daß dem Vertragspartner gegenüber mindestens eine Person unbeschränkt persönlich haftet, wie es beim Einzelkaufmann oder der Personengesellschaft der Fall ist.[625] Insoweit ist es unerheblich, ob der Vertragspartner den Geschäftsführer als Inhaber des Unternehmens oder als Vertreter einer unbeschränkt persönlich haftenden Person begreift.[626] Des weiteren ist Voraussetzung, daß der Vertragspartner im Vertrauen auf den gesetzten Rechtsschein geschäftlich gehandelt hat, obwohl er

---

623 Scholz/Schneider §43 Rdnr. 219; Roth/Altmeppen § 13 Rdnr. 12f.; Hachenburg/Mertens § 43 Rdnr. 111.

624 BGHZ 113, 320, 315; Lutter/Hommelhoff § 35 Rdnr. 13ff; vgl. hierzu Medicus, GmbHR 1993, 533, 534 mit der Anmerkung, daß eine Haftung in diesem Fall regelmäßig an § 179 Abs. 3 S. 1 BGB scheitern würde, da der Vertragspartner in der Regel über das Handelsregister nach § 39 GmbHG Kenntnis vom Mangel der Vertretungsmacht haben wird oder hätte haben müssen; zustimmend Ihlas, Organhaftung und Haftpflichtversicherung, S. 149; zurückhaltend BGH NJW 1996, 589, 590; BGH NJW 1990, 387, 388; vgl. in diesem Zusammenhang auch Sandberger, Die Außenhaftung des GmbH-Geschäftsführers, S. 41mit dem Hinweis auf die positive Beweiskraft des Handelsregisters nach § 15 Abs. 2 HGB.

625 BGH GmbHR 1975, 129ff.; BGH NJW 1981, 2569f.; BGH WM 1990, 600; Scholz/Schneider § 43 Rdnr. 222; Baumbach/Hueck § 4 Rdnr. 42.

626 BGH NJW 1966, 1915, 1916f.; 1981, 2569, 2570; Roth/Altmeppen § 4 Rdnr. 40.

bei Kenntnis der wahren Sachlage eine andere Entscheidung getroffen hätte. Resultiert hierdurch ein Schaden beim Vertragspartner, so muß der Geschäftsführer hierfür persönlich einstehen.[627] Von besonderer Bedeutung in der Rechtsprechungspraxis war bisher das Erfordernis, daß die Firma der Gesellschaft beim Auftreten im Rechtsverkehr stets mit dem GmbH-Rechtsformzusatz verwendet wird (§ 4 Abs. 2 GmbHG i.V.m. § 35 Abs. 3 GmbHG). Schutzzweck dieser Normen ist es, den Geschäftsverkehr beim Umgang mit dem Unternehmen darauf hinzuweisen, daß nur das Gesellschaftsvermögen und somit eine beschränkte Haftungsmasse zur Verfügung steht.[628] Verletzt der Geschäftsführer seine Zeichnungspflicht mit dem GmbH-Rechtsformzusatz, so haftet er bei Annahme der zuvor genannten Voraussetzungen für den gesetzten Rechtsschein.[629] Die persönliche Haftung des Geschäftsführers entfällt auch nicht durch den Umstand, daß sich die Beschränkung der Haftung aus dem Handelsregister ergibt, da die spezielle Regelung in § 4 Abs. 2 GmbHG der Allgemeinvorschrift in § 15 Abs. 2 GmbHG vorgeht.[630] Jedoch besteht auch bei fehlender Angabe des GmbH-Rechtsformzusatzes eine Haftung der Gesellschaft nach den Grundsätzen der unternehmensbezogenen Geschäfts.[631] Der Geschäftsführer haftet daher ggf. gesamtschuldnerisch mit der Gesellschaft.[632]

4. *Haftung aus culpa in contrahendo*

Der BGH beschreibt die Haftung aus culpa in contrahendo wie folgt: „Die Haftung aus Verschulden bei Vertragsschluß (culpa in contrahendo) ist eine solche aus einem in Ergänzung des geschriebenen Rechts geschaffenen gesetzlichen

---

627 Roth/Altmeppen § 13 Rdnr. 14; Scholz/Emmerich § 4 Rdnr. 55.

628 Vgl. BGH WM 1981, 873ff.

629 BGH DB 1996, 1915, 1915; BGH NJW 1991, 2627, 2627f; OLG Hamm, GmbHR 1995, 127, 127; OLG Naumburg, GmbHR 1997, 445f.; Baumbach/Hueck/Hueck § 4 Rdnr. 42 und § 13 Rdnr. 9; Hachenburg/Mertens § 43 Rdnr. 112; Hachenburg/Stein § 35 Rdnr. 44; MünchHdb.GesR III/Marsch-Barner/Diekmann S. 673; Roth/Altmeppen § 13 Rdnr.24; Rowedder/Koppensteiner § 43 Rdnr. 46; Scholz/Schneider § 36 Rdnr. 5 und § 43 Rdnr. 222; Bühler, GmbHR 1991, 356, 357; Impelmann, WiB 1994, 801, 801; Sandberger, Die Außenhaftung des GmbH-Geschäftsführers, S 43 m.w.N.; a.A. Haas, Geschäftsführerhaftung und Gläubigerschutz, S. 93ff, der vielmehr eine Haftung nach § 823 Abs. 2 i.V.m. §§ 4 Abs. 2, 35 Abs. 3 und 35a GmbHG annimmt; vgl. zur Frage der Rechtsscheinhaftung bei mündlichen Geschäftsabschlüssen siehe ausführlich Sandberger, Die Außenhaftung des GmbH-Geschäftsführers, S. 44f.

630 BGHZ, 62, 216, 222f.; BGH WM 1990, 600, 601.

631 Vgl. BGH NJW 1990, 2678ff.; OLG Hamm, GmbHR 1995, 661, 661.

632 BGH NJW 1991, 2627, 2628; BGH NJW 1990, 2678, 2679; Impelmann, WiB 1994, 801, 802; a.A. Roth/Altmeppen § 35 Rdnr. 25.

Schuldverhältnis, das aus der Aufnahme von Vertragsverhandlungen entspringt und zur verkehrsüblichen Sorgfalt im Verhalten gegenüber dem Geschäftspartner verpflichtet."[633] Hierbei wird das in Anspruch genommene und gewährte Vertrauen als Grund für die Annahme vorvertraglicher Pflichten angesehen. Tritt die Gesellschaft durch ihre gesetzlichen Vertreter mit Dritten in Vertragsverhandlungen oder in die Vertragsverhandlungen vorbereitende rechtsgeschäftliche Kontakte, so kann die Verletzung von Verhaltenspflichten eine Haftung der Gesellschaft nach Vertragsgrundsätzen zur Folge haben.[634] Typische Fallgruppen der culpa in contrahendo (c.i.c.) sind die Verletzung von Sorgfalts-, Obhut- und Aufklärungspflichten im vorvertraglichen Stadium. Entsprechend hat derjenige, der in Vertragsverhandlungen eintritt, gegenüber dem Verhandlungspartner eine erhöhte Sorgfaltspflicht. Die Haftung aus Verschulden bei Vertragsverhandlungen trifft aber grundsätzlich nur die potentiellen Vertragspartner, da das pflichtenbegründende vorvertragliche Schuldverhältnis nur zwischen diesen besteht.[635] So wird der Gesellschaft das Verschulden ihres Vertretungsorgans über § 31 BGB zugerechnet.

Gleichwohl ist aber in Ausnahmefällen auch an eine Eigenhaftung des Geschäftsführers zu denken, die entweder neben oder anstelle einer Haftung der Gesellschaft in Betracht kommt.[636] So treffen den Geschäftsführer als organschaftlichem Vertreter der Gesellschaft gewisse Aufklärungs-, Hinweis- und Beratungspflichten, wenn er bei Geschäftspartnern der Gesellschaft in besonderem Maße persönliches Vertrauen in Anspruch nimmt oder an dem Geschäft ein unmittelbares wirtschaftliches Eigeninteresse hat.[637]

---

633 BGHZ 6, 330, 333. Die von der Literatur und Rechtsprechung (siehe hierzu insbesondere RGZ 78, 238, 239 und RGZ 95, 58) entwickelte Rechtsfigur der culpa in contrahendo fand durch die Erwähnung in § 11 Nr. 7 AGBG eine gesetzliche Anerkennung.

634 BGHZ 66, 51, 54; Scholz/Schneider § 43 Rdnr. 223; Palandt/Heinrichs § 276 Rdnr. 65.

635 Scholz/Schneider § 43 Rdnr. 223; Schmidt, ZIP 1988, 1497, 1500.

636 Vgl. schon RGZ 120, 249, 252f.; BGHZ 71, 284, 286; BGH NJW 1987, 2511, 2512; BGH NJW 1986, 586, 588.

637 BGH DStR 1991, 1089f. m.w.N.; Roth/Altmeppen § 43 Rdnr. 23; Hachenburg/Mertens § 43 Rdnr. 113; MünchHdb.GesR III/Marsch-Barner/Diekmann S. 674; Rowedder/Koppensteiner § 43 Rdnr. 66; Scholz/Schneider § 43 Rdnr. 224ff.; Bork, ZGR 1995, 505, 507ff.; Ebenroth/Kräutter, BB 1990, 569, 570; Geißler, ZIP 1997, 2184, 2186ff.; Goette, DStR 1998, 1308, 1312; Impelmann, WiB 1994, 801, 802ff.; Maser/Sommer, BB 1996, 65, 68; Medicus, GmbHR 1993, 533, 535ff.; ders. in: Festschrift für Steindorff, S. 725, 727ff.; Müller, ZIP 1993, 1531, 1533; Reese, DStR 1995, 688, 688f.; Wellkamp, INF 1994, 210, 211; ders. DB 1994, 869, 870; Westermann/Mutter DZWir 1995, 184, 186f.

a) Haftung aufgrund wirtschaftlichen Eigeninteresses

Für eine Haftung eines Geschäftsführers aufgrund wirtschaftlichen Eigeninteresses ist zunächst ein maßgeblicher Einfluß desselben auf die Vertragsverhandlungen erforderlich.[638] Von einer Eigenhaftung des Geschäftsführers kann jedoch begriffsbedingt nur ausgegangen werden, wenn dieser am Zustandekommen des Vertrages ein eigenes wirtschaftliches Interesse hat sowie aus dem Geschäft eigenen Nutzen erstrebt.[639] Entsprechend ist erforderlich, daß der Geschäftsführer gewissermaßen wirtschaftlich „in eigener Sache handelt".[640] Über dieses Merkmal der c.i.c.-Vertreterhaftung herrscht jedoch schon über viele Jahre Uneinigkeit in Rechtsprechung und Literatur.[641]

So war es lange umstritten, ob eine Beteiligung des Geschäftsführers an der Gesellschaft ein wirtschaftliches Eigeninteresse darstellt. Mit dem Urteil des VI-II. Zivilsenats des Bundesgerichtshofs vom 23.10.1985 wurde aber dann höchstinstanzlich festgestellt, daß allein die maßgebliche oder beherrschende Beteiligung des Vertreters an der von ihm vertretenen Gesellschaft nicht für eine Außenhaftung wegen unmittelbaren wirtschaftlichen Eigeninteresses genüge, da dies zu einer Aushebelung von § 13 Abs. 2 GmbHG führen würde.[642] Auch reiche zur Darlegung des besonderen Eigeninteresses nicht die Behauptung, daß der Geschäftsführer für den von ihm vermittelten Vertrag von der Gesellschaft eine Provision erhalte, da der Geschäftsführer nicht gleichsam wirtschaftlich in eigener Sache handelt, sondern hierdurch nur einen mittelbaren Vorteil erlangt.[643] Gleichwohl war nach früherer Rechtsprechung der Vortrag ausreichend, daß der Geschäftsführer zur Absicherung der Gesellschaftsverbindlichkeiten zusätzlich persönliche Bürgschaften oder dingliche Sicherheiten gestellt hatte. Von dieser Rechtsprechung hat sich der Bundesgerichtshof aber wieder distanziert. So entschied der II. Zivilsenat in seinem Urteil vom 6.6.1994, daß ein solches Eigeninteresse nicht damit begründet werden könne, daß der Geschäftsführer der Gesell-

---

638 Scholz/Scheider § 43 Rdnr. 226.

639 Ständige Rechtsprechung seit RGZ 120, 249, 252f.: Zunächst bei Fällen, in denen der Vertreter der eigentliche Vertragsinteressent war und nur aus formalen Gründen nicht selbst als Vertragspartei, sondern als Vertreter auftrat („procurator in rem suam"); stetig weiterentwickelt durch BGH seit BGHZ 14, 313, 318.

640 BGH ZIP 1987, 175, 177; BGH ZIP 1992, 694, 694; vgl. auch Wellkamp INF 1994, 210, 211.

641 Vgl. hierzu nur BGH ZIP 1993, 763, 764ff. mit einer ausführlichen Übersicht zu dem Meinungsstand in Rechtsprechung und Literatur bezüglich der Haftung aufgrund wirtschaftlichen Eigeninteresses.

642 BGH NJW 1986, 586, 587; BGH BB 1989, 2210, 2211; vgl. auch den II. Zivilsenat in BGH ZIP 1993, 763, 764 sowie OLG Köln BB 1997, 112, 112.

643 BGH ZIP 1992, 694f.

schaft Sicherheiten gewährt habe.[644] Der Umstand, daß der BGH dies am Fall eines Gesellschafter-Geschäftsführers entwickelt und zur Begründung seiner Ansicht die Kapitalersatzregeln[645] herangezogen hat, kann jedoch auch nicht zu dem Schluß führen, daß der Fremdgeschäftsführer, der die Gesellschaft mit der Gewährung von Sicherheiten unterstützt, strenger haftet als der Gesellschafter-Geschäftsführer.[646] So ist dem verbleibenden Risiko, daß der Fremdgeschäftsführer zu Lasten der anderen Gesellschaftsgläubiger und zu seinen Gunsten aufgrund seines Informationsvorsprungs die von ihm abgesicherten Verbindlichkeiten zurückführt, durch die Heranziehung deliktischer Haftungsvorschriften wie z.B. § 823 Abs. 2 BGB i.V.m Schutzgesetz zu begegnen.[647]

In einer anderen Entscheidung nannte der BGH hingegen zwei Fallgruppen, die eine Eigenhaftung auslösen könnten.[648] So sei von einer persönlichen Inanspruchnahme auszugehen, falls das Vertretergeschäft auf die Beseitigung von Schäden abziele, für die der Geschäftsführer andernfalls von der Gesellschaft in Anspruch genommen werden könne oder falls er die Gegenleistung des Vertragspartners an der Gesellschaft vorbei in seine eigene Tasche lenken wolle. Abgesehen von der Tatsache, daß diesen beiden Alternativen nur ein beschränkter Anwendungsbereich in der Praxis zukommt, formulierte der BGH in einer Entscheidung aus dem Jahr 1995, daß einer Eigenhaftung des Geschäftsführers wegen wirtschaftlichen Eigeninteresses „in aller Regel" wegen eines Wertungswider-

---

644 BGHZ 126, 181ff.; vgl. auch BGH ZIP 1995, 211, 212; BGH ZIP 1995, 733ff.; OLG Köln, GmbHR 1996, 766ff.; Bork, ZGR 1995, 505, 508; Lutter, DB 1994, 129, 133; Wellkamp, DB 1994, 869, 870; Schmidt, NJW 1993, 2934, 2935; Müller, ZIP 1993, 1531, 1534; Westermann/Mutter, DZWir 1995, 184, 188; zu BGHZ 126, 181ff. kritisch Flume, ZIP 1994, 337, 338f.; Canaris, JZ 1993, 649, 650; Geißler, ZIP 1997, 2184, 2187.

645 Der Gesellschafter-Geschäftsführer habe nur die Sanktionen des Kapitalersatzrechts zu befürchten. Stellen die Gesellschafter ihrer GmbH Sicherheiten als Einlage zur Verfügung, so könne dies deren Außenhaftung nicht begründen. Etwas anderes darf daher auch nicht für den Fall gelten, daß das Kapital nicht formell, sondern durch Leistung von Sicherheiten zugeführt werde.

646 BGH GmbHR 1995, 125, 126; Westermann/Mutter, DZWir 1995, 184, 188; Goette, DStR 1998, 1308, 1312.

647 Westermann/Mutter, DZWir 1995, 184, 188; Goette, DStR 1998, 1308, 1312.

648 BGH NJW 1986, 586, 588; vgl auch BGH NJW 1995, 398f.; kritisch hierzu Medicus, in: Festschrift für Steindorff, S. 725, 729ff.; ders. GmbHR 1993, 533, 536 mit dem dogmatischen Hauptgegenargument, daß die Haftung aus culpa in contrahendo weithin als eine Haftung aus gewährtem und in Anspruch genommenen Vertrauen verstanden werde. Ein gesteigertes Eigeninteresse indiziere jedoch eher das Gegenteil von besonderer Vertrauenswürdigkeit. Ferner sei die Umgehung einer internen Regresspflicht bzw. die „Zweckentfremdung" der Gegenleistung nur als mittelbares Interesse anzusehen; vgl. auch Ebenroth/Kräutter, BB 1990, 569, 571.

spruches zu § 13 Abs. 2 GmbHG nicht in Betracht zu ziehen sei.[649] Wie aber schon in anderen Entscheidungen betont der BGH auch hier die Bedeutung des jeweiligen Einzelfalls für die Entscheidung und relativiert hiermit wieder seine zuvor generell gefaßte Aussage.

Zumindest bleibt festzuhalten, daß für eine Eigenhaftung mehr vorauszusetzen ist, als die bloße nützliche Vermehrung des GmbH-Vermögens.[650] Entsprechend muß die Durchbrechung des Haftungsgrundsatzes des § 13 Abs. 2 GmbHG den Extremfällen vorbehalten sein, in denen der Geschäftsführer „gleichsam in eigener Sache handelt".[651] An das Vorliegen eines wirtschaftlichen Eigeninteresses sind somit strenge Maßstäbe zu richten. Daher muß es letztendlich hingenommen werden, daß der GmbH ein gewisser wirtschaftlicher Interessengleichlauf mit ihren Organen immanent ist.[652] Jedoch ist auch häufig eine Verbindung zwischen der Variante des unmittelbaren wirtschaftlichen Eigeninteresses und der der Vertrauenshaftung des Geschäftsführers festzustellen.[653] Hat der Geschäftsführer an dem konkreten Geschäft ein persönliches wirtschaftliches Interesse, so ist auch nicht auszuschließen, daß er mit vertrauenschaffenden Tatbeständen ein besonderes persönliches Vertrauen hervorruft.

b) Haftung aufgrund Inanspruchnahme besonderen persönlichen Vertrauens

Voraussetzung für eine Eigenhaftung des Geschäftsführers ist stets, daß er eigenes persönliches Vertrauen in Anspruch nimmt und nicht nur als Vertreter für die GmbH auftritt, da dies der Haftungsstruktur des GmbH-Gesetzes widersprechen würde.[654] Die Werbung für die Bonität und Seriosität der Gesellschaft allein reicht daher noch nicht aus.[655] Daher kommt der Abgrenzung zwischen persönlicher Vertrauenswerbung und bloßer Vertrauenswerbung für die Gesellschaft eine besondere Bedeutung zu. Die Kriterien für die auf ein besonderes persönliches Vertrauen gestützte Eigenhaftung des Vertreters wurden vom IX. Zivilsenat des Bundesgerichtshofes wie folgt umschrieben: Der Vertreter müsse „über das normale Verhandlungsvertrauen hinausgegangen (sein), das bei Anbahnungen von Geschäftsbeziehungen immer gegeben ist oder doch vorhanden sein sollte". Er

---

649 BGH ZIP 1995, 733, 734.
650 Bork, ZGR 1995, 505, 508.
651 Vgl. BGH ZIP 1987, 175, 177; BGH ZIP 1992, 694, 694.
652 Geißler, ZIP 1997, 2184, 2187.
653 Impelmann, WiB 1994, 801, 804.
654 BGH ZIP 1993, 1543, 1546f.; BGH NJW 1994, 197, 198; MünchHdb.GesR III/Marsch-Barner/Diekmann S. 674; Wellkamp, DB 1994, 869, 871; ders. INF 1994, 210, 211.
655 Kort, DB 1990, 921, 921.

müsse "dem Verhandlungspartner eine zusätzliche, von ihm persönlich ausgehende Gewähr für den Bestand und die Erfüllung des in Aussicht genommenen Geschäfts geboten haben, die für den Willensentschluß des anderen Teils bedeutsam war". Entsprechend könne von einer persönlichen Haftung ausgegangen werden, wenn der Geschäftsführer die Verhandlungen mit dem Hinweis auf die eigene zusätzliche außergewöhnliche Sachkunde bzw. seine große persönliche Zuverlässigkeit geführt habe oder das besondere Vertrauen auf engen verwandtschaftlichen oder vergleichbaren Beziehungen beruht.[656]

Bezogen auf den Sachwalter wurde diese Umschreibung auch vom II. Zivilsenat des Bundesgerichtshofes durch eine fast wörtliche Übernahme bestätigt. Hiernach müsse der Sachwalter auf der Seite des Vertragspartners an dem Zustandekommen des Vertrages beteiligt gewesen sein und dabei über das bei der Anbahnung von Geschäftsbeziehungen immer vorauszusetzende normale Verhandlungsvertrauen hinaus in besonderem Maß Vertrauen für sich persönlich in Anspruch genommen haben. Dadurch habe er dem anderen Verhandlungspartner eine zusätzliche, von ihm persönlich ausgehende Gewähr für Bestand und Erfüllung des in Aussicht genommenen Rechtsgeschäfts geboten, die im „Vorfeld einer Garantiezusage" liege.[657] Es ist mithin von einer Art Doppelrolle des Geschäftsführers auszugehen. So handelt er nicht nur in seiner Rolle als Organ der Gesellschaft, sondern er stellt sich mit einer gewissen Selbständigkeit durch sein konkretes vertrauensbildendes Verhalten neben sie, wobei das Eigeninteresse zumindest eine motivierende Rolle spielen kann.[658]

---

656 Vgl BGHZ 87, 27, 33; BGH NJW-RR 1988, 615, 616; BGH ZIP 1989, 1455, 1457f.; BGH ZIP 1991, 1140, 1143; aber OLG Köln, GmbHR 1996, 766, 767 verneinend bei der Zusage der persönlichen Überwachung und BGH BB 1989, 2210, 2211 zurückhaltend bei außergewöhnlicher Sachkunde.

657 BGH ZIP 1988, 1576, 1580; vgl auch BGH NJW 1989, 293, 294; ZIP 1993, 763, 768; Müller, ZIP 1993, 1531, 1534; vgl. auch Medicus, in: Festschrift für Steindorff, S. 725, 734f.; ders. in GmbHR 1993, 533, 537; Westermann/Mutter DZWir 1995, 184, 186; Goette, DStR 1998, 1308, 1312; Impelmann, WiB 1994, 801, 802; Maser/Sommer BB 1996, 65, 67; Geißler, ZIP 1997, 2184, 2188ff.; Reese, DStR 1995, 688, 689; Thümmel/Sparberg DB 1995, 1013, 1015; Kort, DB 1990, 921, 921; Brandner, in: Festschrift für Werner, S. 53ff.; Goette, DStR 1994, 1048, 1049; Bork, ZGR 1995, 505, 509; kritisch Geißler, ZIP 1997, 2184, 2188ff.; ausführlich Sandberger, Die Außenhaftung des GmbH-Geschäftsführers, S. 98ff.; Lutter/Hommelhoff § 43 Rdnr. 29f.; Scholz/Schneider § 43 Rdnr. 224 m.w.N.

658 Medicus, in: Festschrift für Steindorff, S. 725, 737; Hachenburg/Mertens § 43 Rdnr. 113; Impelmann, WiB 1994, 801, 803; zurückhaltend Rowedder, in: Festschrift für Semler, S. 311, 319; vgl. auch Schmidt, ZIP 1988, 1497, 1503; ders. NJW 1993, 2934, 2935, der zumindest für die Zeit nach unterlassener Konkursantragsstellung eine „Repräsentantenhaftung" des GmbH-Geschäftsführers annimmt, wenn dieser nicht auf die Konkursreife der Gesellschaft hinweise; dies wird hinge-

Umstritten ist jedoch, wie diese „Quasigarantie" in Abgrenzung zu den Rechtsfiguren der Bürgschaft, dem Garantievertrag, dem Auskunftsvertrag sowie dem Schuldbeitritt zu beurteilen ist. So sehen Teile der Literatur hierin eine Einmischung in die Privatautonomie durch einen Verzicht auf das Vertragserfordernis des § 305 BGB.[659] Wünscht der Vertragspartner eine persönliche Inanspruchnahme des Geschäftsführers, so könne er mit diesem einen Bürgschaftsvertrag für die entsprechenden Verbindlichkeiten der Gesellschaft schließen. Entsprechend hafte der Geschäftsführer dann nach den Vorschriften über die Bürgschaft (§§ 765ff. BGB) oder eine Haftung scheitere an der zwingenden Formerfordernis des § 766 BGB. Eine Haftung aus dem Gesichtspunkt der culpa in contrahendo beinhalte hingegen die Gefahr, daß formlose Erklärungen im Rahmen von Verhandlungen auf ein Umgehung der Formvorschriften hinauslaufen.[660] Diesen Ausführungen hält jedoch *Medicus* entgegen, daß der Schadenersatzanspruch wegen der Verletzung eines besonderen vorvertraglichen Vertrauensverhältnisses im Gegensatz zu den Ersatzansprüchen aus der Bürgschaft nur auf das negative Interesse gerichtet sei. Gleiches gelte für einen Garantievertrag sowie einen Schuldbeitritt. Daher sei es wertungsgerecht, daß die Voraussetzungen eines Bürgschaftsanspruchs strenger seien als diejenigen eines Anspruches aus culpa in contrahendo. Folglich stelle sich die Frage der Verletzung der Privatautonomie nur bei der Unterscheidung zwischen der Haftung wegen der Inanspruchnahme besonderen persönlichen Vertrauens und einem Auskunftsvertrag.[661] Gleichwohl ist hiergegen zu erwidern, daß auch bei Ansprüchen aus culpa in contrahendo das Erfüllunginteresse zu ersetzen ist, wenn der Vertragspartner ohne die Pflichtverletzung einen Vertrag gleichen Inhalts mit einem anderen Vertragspartner geschlossen hätte.[662]

---

gen vom BGH ausdrücklich in BGH NJW 1994, 2220, 2222 abgelehnt: Es bestehe für diese Rechtsfortbildung kein Bedürfnis, da die gesetzliche Haftung des §§ 64 GmbHG, 823 Abs. 2 BGB eine weitgehende Übereinstimmung in den Voraussetzungen beinhalte. Die für eine Rechtsfortbildung notwendige Regelungslücke bestünde daher nicht.

659 Lutter/Hommelhoff, § 43 Rdnr. 29; Medicus, in: Festschrift für Steindorff, S. 725, 737f.; ders. GmbHR 1993, 533, 537; Müller, ZIP 1993, 1531, 1534; Westermann/Mutter, DZWir 1995, 184, 186.

660 Westermann/Mutter, DZWir 1995, 184, 186; Müller, ZIP 1993, 1531, 1535.

661 Medicus, in: Festschrift für Steindorff, S. 725, 738, vgl. auch Sandberger, Die Außenhaftung des GmbH-Geschäftsführers, S. 116.

662 Frisch, Haftungserleichterungen für GmbH-Geschäftsführer, S. 43; Palandt/Heinrichs § 276 Rdnr. 101; siehe auch Sandberger, Die Außenhaftung des GmbH-Geschäftsführers, S. 116, der aufgrund der sehr hohen Anforderungen an die Haftung wegen der Inanspruchnahme besonderen persönlichen Vertrauens keinen Konflikt mit dem Grundsatz der Privatautonomie sieht.

Zusammenfassend läßt sich die Problematik der Haftung aufgrund der Inanspruchnahme besonderen persönlichen Vertrauens daher wohl nur durch eine äußerst restriktive Anwendung bewerkstelligen. Stets ist ausführlich zu prüfen, ob das Vertrauen wirklich dem einzelnen Leitungsorgan persönlich und nicht der Gesellschaft gegolten hat. Diese Abgrenzung fällt jedoch umso schwerer, je länger die Geschäftsbeziehungen andauern.

II. Haftung aus unerlaubter Handlung

Die Frage, ob und unter welchen Bedingungen ein Geschäftsführer von außenstehenden Dritten persönlich in Anspruch genommen wird, stellt sich meist, wenn die Gesellschaft mangels Masse als Schuldnerin in der Insolvenz ausscheidet. Grundlage einer solchen deliktischen Außenhaftung sind nicht die gesellschaftsrechtlichen Normen des GmbH-Gesetzes, sondern die allgemeinen deliktsrechtlichen Vorschriften der §§ 823ff. BGB und die hierzu entwickelten Grundsätze.

1. Haftung aus § 823 Abs. 1 BGB

a) Unmittelbare Schadensverursachung

Prinzipiell stellt sich bei einer deliktsrechtlich erheblichen Handlung eines Geschäftsführers die Frage, ob das Verhalten des Leitungsorgans neben der Haftung der Gesellschaft auch eine persönliche Inanspruchnahme des Leitungsorgans nach sich ziehen kann. So wird der Geschäftsführer durch seine Stellung als Organ der Gesellschaft nicht per se von der persönlichen Haftung ausgenommen, da im Deliktsrecht Pflichten eine Regelung erfahren haben, die grundsätzlich von jedermann[663] zu erfüllen sind.[664] Mithin kann er aber in Anspruch genommen werden, wenn er in der Funktion des Leitungsorgans persönlich in kausaler und adäquat zurechenbarer Weise alle Tatbestandsmerkmale der unerlaubten Handlung nach § 823 Abs. 1 BGB erfüllt, ungeachtet dessen, daß das Verhalten - ohne Exkulpationsmöglichkeit - auch der Gesellschaft nach § 31 BGB zuzurechnen

---

663 Vgl. hierzu Medicus, in: Festschrift für Lorenz, S. 155, 157f.

664 Vgl. Keßler, GmbHR 1994, 429, 432; Dreher, ZGR 1992, 22, 25f; Scholz/Schneider § 43 Rdnr. 228; Lutter/Hommelhoff § 43 GmbHG, Rdnr. 35; Medicus, in: Festschrift für Lorenz, S. 155, 156; Schaub, DStR 1992, 1766, 1766; Roth/Altmeppen § 43 Rdnr. 25; Rowedder/Koppensteiner § 43 GmbHG, Rdnr. 67; Kort, DB 1990, 921, 923.

ist.[665] Als Beispiel mag hier der Geschäftsführer dienen, der am Steuer seines Dienstwagens einen drittschädigenden Verkehrsunfall verursacht. Die Folge einer solchen Verletzung ist, daß der Geschäftsführer mit der Gesellschaft gesamtschuldnerisch nach § 840 Abs. 1 BGB in Haftung genommen werden könnte. Die dogmatischen Hintergünde dieser Zurechnung, insbesondere die Unterscheidung zwischen der Organ- und der Vertretertheorie und die sich daraus ergebenden Folgen für die Zurechnung, können jedoch im Rahmen dieser Abhandlung über die persönliche Haftung des Leitungsorgans unberücksichtigt bleiben. Eine Haftung gegenüber geschädigten Dritten besteht auch dann, wenn der GmbH-Geshäftsführer Mittäter, Anstifter oder Gehilfe des unmittelbar Handelnden i.S.d. § 830 BGB ist.[666]

b) Mittelbare Schadensverursachung

(1) Kenntnis der Rechtsgutgefährdung

Unbestritten ist, daß der Geschäftsführer persönlich in Anspruch genommen werden kann, wenn er von einem fremde Rechtsgüter verletzenden Verhalten der Mitarbeiter oder dem Bevorstehen eines solchen Verhaltens Kenntnis erlangt, gleichwohl es aber unterläßt, dagegen einzuschreiten, obwohl ihm dies aufgrund seiner Leitungsbefugnis möglich gewesen wäre.[667]

(2) Unkenntnis der Rechtsgutgefährdung

Weit mehr umstritten und von erheblicher praktischer Bedeutung ist die persönliche Inanspruchnahme des Geschäftsführers bei der mittelbaren Verursachung eines Schadens, der bei ordnungsgemäßer Organisation seitens des Leitungsorgans hätte vermieden werden können. Hierbei ist insbesondere an die stark umstrittene „Baustoff"-Entscheidung des BGH aus dem Jahr 1989 im Hinblick auf die Verletzung von Verkehrssicherungspflichten zu denken.

---

665 BGHZ 109, 297, 302; BGH ZIP 1986, 183, 186; Lutter, GmbHR 1997, 329, 334; Medicus, in: Festschrift für Lorenz, S. 155, 156f.; Keßler, GmbHR 1994, 429, 433; Roth/Altmeppen § 43 Rdnr. 25.

666 Vgl. Lutter, GmbHR 1997, 329, 334; Sandberger, Die Außenhaftung des GmbH-Geschäftsführers, S. 128 m.w.N.

667 Vgl. BGH NJW 1975, 1969, 1970; BGH ZIP 1986, 183, 186; vgl. auch Lutter, ZHR 157 (1993), 464, 468; Impelmann, WiB 1994, 801, 805; Groß, ZGR 1998, 551, 563f.; Westermann/Mutter, DZWir 1995, 184, 188.

(a) Die „Baustoff" - Entscheidung des BGH

Die Entscheidung des VI. Zivilsenats vom 5.12.1989[668], die weithin als die „Baustoff"-Entscheidung des BGH bekannt ist, führte zu einer Neubewertung der deliktischen Außenhaftung des GmbH-Geschäftführers aus dem Gesichtspunkt der Verletzung der Verkehrssicherungspflichten. Der Entscheidung lag der folgende Sachverhalt zugrunde: Die Klägerin, eine Baustoffgroßhandlung, hatte einer GmbH Baumaterialien unter verlängertem Eigentumsvorbehalt geliefert, wobei die Werklohnforderungen der GmbH zur Sicherung abgetreten wurden. Die Baumaterialien wurden vorwiegend für ein Bauvorhaben eines Dritten verwandt. Dieser hatte mit der GmbH in seinen Allgemeinen Geschäftsbedingungen ein Abtretungsverbot der Forderungen der GmbH an Dritte vereinbart. Mit dem Einbau der Baumaterialien verlor die Klägerin nach §§ 946, 94 Abs. 2 BGB ihr daran bestehendes Eigentum, ohne jedoch die Werklohnforderungen der GmbH als Sicherheit zu erhalten.[669] Die GmbH fiel in Konkurs. Die Klägerin forderte gerichtlich Schadenersatz von dem ehemaligen Geschäftsführer der GmbH für den Verlust des Eigentums an den Baustoffen, obwohl dieser weder am Einkauf der Baumaterialien, am Bauvertragsabschluß noch am Einbau der Baumaterialien beteiligt gewesen war.[670]

Mit Urteil vom 5.12.1989 stellte der VI. Zivilsenat des BGH fest, daß die Klägerin einen Schadenersatzanspruch gegen den ehemaligen Geschäftsführer wegen einer fahrlässigen Eigentumsverletzung nach § 823 Abs. 1 BGB habe. Da der beklagte Geschäftsführer aber weder bei den Vertragsverhandlungen noch am Einbau der Materialien aktiv beteiligt gewesen war, konnte er den Tatbestand des § 823 Abs. 1 BGB nur durch pflichtwidriges Unterlassen verwirklicht haben. Entsprechend führte der BGH aus, daß der Geschäftsführer durch die Verletzung der ihm obliegenden Organisationspflicht erst den Verlust des Vorbehaltseigentums an den Baumaterialien ermöglicht habe. So hätte er durch entsprechende organisatorische Maßnahmen, wie z.B. durch geeignete Anweisungen an die Sachbearbeiter, den Konflikt zwischen Vorbehaltsabrede und dem Abtretungsverbot und die daraus folgende Verletzung des Vorbehaltseigentums der Klägerin verhindern müssen.

Zwar bestünden die aus der Organstellung resultierenden Organisationspflichten zur ordnungsgemäßen Führung der Geschäfte der von ihm vertretenen Gesellschaft grundsätzlich nur gegenüber dieser, so daß sich bei der Verletzung

---

668 BGHZ 109, 297ff.

669 Vgl. aber den durch Gesetz vom 25.7.1994 in das HGB eingefügte § 354a HGB.

670 Vgl. zur Vorgeschichte des Urteils vom 5.12.1989 auch das vorgelagerte Urteil in gleicher Sache BGHZ 100, 19ff., dessen Thesen jedoch seit BGHZ 126, 181ff. nicht mehr ernsthaft vertreten werden.

dieser Pflichten nur Schadenersatzansprüche der Gesellschaft nach § 43 Abs. 2 GmbHG ergäben. Jedoch können über die Organstellung hinaus auch Pflichten bestehen, die den Geschäftsführer aus besonderen persönlichen Gründen gegenüber Dritten treffen. So obliege dem Geschäftsführer eine Garantenstellung zum Schutz fremder Rechtsgüter i.S.v § 823 Abs. 1 BGB, die ihre Träger der Einflußsphäre der Gesellschaft überantwortet haben. Eine Garantenpflicht ergebe sich aus dem Umstand, daß der Geschäftsführer eine mit der „Zuständigkeit für Organisation und Leitung und der daraus erwachsenden persönlichen Einflußnahme auf die Gefahrenabwehr bzw. -steuerung verbundene persönliche Verantwortung“[671] gegenüber Außenstehenden übernommen habe. Selbst wenn von einer eigenhändigen Schädigung nicht auszugehen sei, so könne die Ursache für die Schädigung in einem Versäumnis bei der dem Organ übertragenen Organisation und Kontrolle gesehen werden. Jedoch sei von einer persönlichen Inanspruchnahme nur dann auszugehen, wenn die Pflichtverletzung in den Aufgabenbereich des entsprechenden Organs falle. Auch sei von einer generellen Außenhaftung des Leitungsorgans nicht auszugehen. Der Geschäftsführer trete somit nicht in die Pflichtenstellung des § 831 Abs. 1 BGB ein.

(b) Reaktionen auf die „Baustoff“-Entscheidung des BGH

Die Entscheidung des VI. Zivilsenats des BGH hat sowohl in der Literatur als auch in der Rechtsprechung ein geteiltes Echo gefunden, wobei das Spektrum von uneingeschränkter Zustimmung bis zu genereller Ablehnung reicht.

(aa) Reaktion der Literatur

Überwiegend kritisch setzt sich die Literatur mit der „Baustoff“-Entscheidung auseinander[672], obwohl sich auch einige Autoren durchaus zustimmend äußern. Dies geht bis zur uneingeschränkten Akzeptanz der Entscheidung durch *Brüggemeier*, der dem Leitungsorgan aus der internen Organisations- und Leitungskompetenz in seinem Zuständigkeitsbereich eine allgemeine Schutzpflicht gegenüber Außenstehenden zuspricht.[673] Eine ebenso positive Reaktion hat der Urteils-

671 BGHZ 109, 297, 303.

672 Vgl. nur Sandberger, Die Außenhaftung des GmbH-Geschäftsführers, S. 144, Fn. 512 mit sehr ausführlichen Nachweisen.

673 Brüggemeier, AcP 191 (1991), 33., 63ff.; ähnlich v. Bar, in: Festschrift für Kitagawa, S. 279, 293f., der eine deliktische Außenhaftung bejaht, wenn der Geschäftsführer über berufsspezifische Sachkunde verfügt und damit eine Sicherheitserwartung hervorruft; auch zustimmend Groß, ZGR 1998, 551, 569 mit dem Hinweis auf den „Sporthosen“-Fall des BGH (BGH GRUR 1986, 248ff.) und das Abgrenzungs-

spruch bei *Schneider* gefunden, der, die Argumentation des VI. Zivilsenats übernehmend, von einer auch gegenüber Dritten bestehenden, von der Organtätigkeit abgeleiteten Garantenstellung durch Organisations- und Überwachungsherrschaft ausgeht.[674] Ähnlich befürwortet auch *Keßler* eine persönliche Inanspruchnahme des Geschäftsführers, wenn dieser seine originären organisationsrechtlichen Aufgaben, wie „zentrale Koordinationspflichten" oder aber „materiale Bewahrungspflichten" bei der Bedrohung von Schutzgütern mit hoher Wertigkeit verletze.[675] *Altmeppen* hingegen entnimmt die persönliche Haftung einer historisch konzeptionellen Betrachtung des § 31 BGB, der tatbestandlich eine deliktische Handlung des Leitungsorgans nach § 831 Abs. 2 BGB[676] zur Voraussetzung habe und entsprechend eine kumulative Haftung der Gesellschaft nach §§ 831 Abs. 2 i.V.m. 31 BGB begründe.[677] Hingegen fänden als entscheidender Gesichtspunkt die die Gesellschaft benachteiligenden Beweislastgrundsätze hinsichtlich des Verschuldens und der Kausalität bei der persönlichen Inanspruchnahme des Leitungsorgans keine Anwendung. Es bleibe somit bei den allgemeinen Beweislastregeln.[678]

Bei der überwiegenden Anzahl der Autoren ist die „Baustoff"-Entscheidung hingegen auf eindeutige Ablehnung gestoßen. So wird zumeist die Ansicht vertreten, daß die Übernahme von betriebsinternen Organisationspflichten nach § 43 Abs. 2 GmbHG nicht in das Außenverhältnis übertragen werden könne, da diese

---

kriterium des „Anvertrautseins" der fremden Rechtsgüter; vgl. zu Brüggemeier aber kritisch Medicus, in: Festschrift für Lorenz, S. 155, 163f.; Lutter, ZHR 157 (1993), 464, 473f.; ders., DB 1994, 129, 132; Sandberger, Die Außenhaftung des GmbH-Geschäftsführers, S. 169f.; Heil/Russenschuck, BB 1998, 1749, 1751.

674 Scholz/Schneider, § 43 Rdnr.229f., jedoch auch mit dem Hinweis, daß eine Beschränkung der Haftungsrisiken durch eine Konkretisierung der Organisations- und Überwachungspflichten erreicht werden könnte.

675 Keßler, GmbHR 1994, 429, 436 mit der Begründung, daß die deliktsrechtlichen Zurechnungsnormen aufgrund des in § 13 Abs. 2 GmbHG statuierten Trennungsgebots teleologisch zu reduzieren seien, um nicht eine vollständige Übertragung der organschaftlichen Sorgfaltspflichten ins Außenverhältnis zu erreichen. Vgl. zur Bedrohung von Schutzgütern mit besonders hoher Wertigkeit auch Lutter/Hommelhoff, § 43 Rdnr. 41; Möllers, DB 1996, 1455, 1457ff.; Sieg, VersR 1996 1210, 1210.

676 Hier stellt sich Altmeppen in Kontrast zur herrschenden Ansicht in Rechtsprechung und Literatur. vgl. hierzu nur Sandberger, S. 136, Fn. 482 m.w.N.

677 Altmeppen, ZIP 1995, 881, 884ff.; ders. NJW 1996, 1017, 1023

678 Roth/Altmeppen § 43 Rdnr. 27; Altmeppen , ZIP 1995, 881, 889 auch mit dem Hinweis auf eine Verschiebung der Darlegungslast im Hinblick auf Sphärengesichtspunkte

Pflichten für das Leitungsorgan nur gegenüber der Gesellschaft bestünden.[679] Im Außenverhältnis sei die Gesellschaft hingegen alleinige Trägerin der Verkehrspflichten. Entsprechend konzentriere § 43 Abs. 2 GmbHG die haftungsrechtlichen Folgen von Sorgfaltspflichtverstößen ausschließlich im Vermögen der Gesellschaft. Eine Außenhaftung könne das Leitungsorgan somit nur treffen, wenn ihm selbst Pflichten gegenüber Außenstehenden oblägen. Dies aufnehmend konzentriert sich ein weiterer Kritikpunkt vieler Autoren auf das vom BGH angeführte Abgrenzungskriterium, welches bestimmt, in welchem Falle von einer Garantenstellung des Geschäftsführers ausgegangen werden könne.[680] So führe das vom BGH entwickelte Kriterium der „Zuständigkeit für die Organisation und Leitung“ mit der „persönlichen Einflußnahme auf die Gefahrenabwehr bzw. -steuerung verbundenen persönlichen Verantwortung“ letztendlich zu einer persönlichen Inanspruchnahme aufgrund der bloßen Organstellung.[681] Dies habe zur Folge, daß die Deliktshaftung des Leitungsorgans unberechenbar ausgeweitet würde und die mit der Stellung des Geschäftsführers einhergehenden Risiken da-

---

679 Westermann/Mutter, DZWir 1995, 184, 189; Dreher, ZGR 1992, 22, 33f.; Medicus, in: Festschrift für Lorenz, S. 155, 166; Lutter/Hommelhoff, § 43 Rdnr. 38; Götting, GRUR 1994, 6, 11

680 Medicus, in: Festschrift für Lorenz, S. 155, 159; Wellkamp, DB 1994, 869, 873; Kort, DB 1990, 921, 923; vgl. aber hierzu Groß, ZGR 1998, 551, 568 mit dem Hinweis auf die vom BGH angeführten Kriterien „absolut geschützte Rechtsgüter i.S.v § 823 Abs. 1 BGB“ und „diese von ihrem Inhaber der GmbH anvertraut“, sowie die unveröffentlichten Nichtannahmebeschlüsse BGH Beschl. v. 29.10.1996, VI ZR 371/95 und BGH Beschl. v. 9.3.1993, VI ZR 198/92; vgl. hierzu jedoch Medicus, in: Festschrift für Lorenz, 155, 166f. und Dreher, ZGR 1992, 22, 41.

681 Dreher, ZGR 1992, 22, 34; Kort, DB 1990, 921, 923; Sieg, VersR 1996, 1210, 1210; Grünwald, Die deliktische Außenhaftung, S. 80; Haas, Geschäftsführerhaftung, S. 240 mit der Anmerkung, daß es bei Annahme der „Baustoff“-Entscheidung nicht des § 69 AO bedürfe, da sich eine persönliche Haftung des Geschäftsführers für Steuerschulden aus einem Organisationsdefizit nach § 823 Abs. 1 BGB ergebe; Lutter, DB 1994, 129, 132f. sowie ders., GmbHR 1997, 329, 334f. und ZHR 157 (1993) 464, 470 auch mit dem Hinweis, daß in der theoretischen ex post Betrachtung nahezu alles durch entsprehende Organisation und Kontrolle zu verhindern gewesen sei; zustimmend Reese, DStR 1995, 688, 689; Heil/Russenschuck, BB 1998, 1749, 1751; Medicus, ZGR 1998, 570, 585; vgl. auch Lutter, ZHR 157 (1995), 464, 472f. mit dem Hinweis auf die USA und die möglichen Probleme bei sehr großen Haftungsrisiken, qualifiziertes Management zu finden sowie die Kritik Lutters an der „Baustoff“-Entscheidung in ZHR 157 (1993), 464, 479f. vor dem Hintergrund eines Vergleichs mit der Außenhaftung in anderen Rechtsgebieten, wo jeweils Kenntnis verlangt wird; hierzu in Bezug auf das Strafrecht auch v. Bar, in: Festschrift für Kitagawa, S. 279, 285f.

her kaum berechenbar seien.[682] Vielmehr müsse eine Verkehrspflichtigkeit des Geschäftsführers gegenüber Außenstehenden gesondert begründet werden, um nicht im Widerspruch zu gesellschaftsrechtlichen Grundsätzen zu stehen.[683]

Daraus ergibt sich als weiteres Gegenargument, daß durch die Haftung wegen eines Verschuldens bei der Organisation und Überwachung das Trennungsprinzip in § 13 Abs. 2 GmbHG eine faktische Aufhebung erfahre.[684] Hintergrund hierfür sei der Umstand, daß bei Inanspruchnahme des Geschäftsführer, und dies wird meist mit der Insolvenz der Gesellschaft einhergehen, die in § 13 Abs. 2 GmbHG normierte Beschränkung der Haftung auf das Gesellschaftsvermögen ausgehebelt und somit dem Leitungsorgan das Insolvenzrisiko des Unternehmens aufgebürtet würde.[685] Des weiteren spreche nach einigen Stimmen in der Literatur gegen eine Annahme einer deliktischen Organisationsverantwortlichkeit der Umstand, daß der Gesetzgeber eine Haftung des Geschäftsführers im Rahmen von Spezialnormen vorgesehen habe. Dies lasse auf den Willen des Gesetzgebers schließen, daß in nicht von diesen Spezialvorschriften umfaßten Fällen eine Haftung des Leitungsorgans für mittelbare Schadensverursachungen bei Außenstehenden nicht vorgesehen sei.[686]

So vielfältig wie die Kritik an der „Baustoff"-Entscheidung des BGH sind aber auch die Versuche der Literatur geraten, die Spannungslage zwischen den Grundsätzen des allgemeinen Deliktsrechts und denen des Kapitalgesellschaftsrechts zu lösen. Während einige Autoren vertreten, daß generell die Übernahme von Verkehrspflichten nur intern erfolge und somit hieraus keine Garantenpflicht

---

682 Grunewald, ZHR 157 (1993), 451, 456f.; Lutter, DB 1994, 129, 132; Lutter/Hommelhoff § 43 Rdnr. 38; Wellkamp, DB 1994, 869, 873.

683 Dreher, ZGR 1992, 22, 41; Götting, GRUR 1994, 6, 12; Lutter/Hommelhoff § 43 Rdnr. 39; Medicus, in: Festschrift für Lorenz, 155, 166; ders. auch auf S. 159 mit der Aussage, daß der BGH keine überzeugende Begründung dafür liefere, daß die Organisationspflicht des Geschäftsführers auch einem Dritten gegenüber bestehe. Vielmehr finde sich in dem Urteil im wesentlichen nur die Behauptung derselben.

684 Westermann, DNotZ 1991, 813, 818; Lutter/Hommelhoff § 43 Rdnr. 38; Ransiek, ZGR 1992, 203, 227 auch mit dem Hinweis, daß das typische Vertragsrisiko nur von dem Vertragspartnerin und nicht von ihren Organen zu tragen sei; Lutter, ZHR 157 (1993), 464, 472f.

685 Vgl. auch Keßler, GmbHR 1994, 429, 433; Medicus, in: Festschrift für Lorenz, S. 155, 160f.; ders., ZGR 1998, 570, 585; Grunewald, ZHR 157 (1993), 451, 458; Westermann, DNotZ 1991, 813, 818 und Westermann/Mutter, DZWir 1995, 184, 188f. mit der Ansicht, daß eine deliktische Haftung des GmbH-Geschäftsführers nur bei Täterschaft und Teilnahme nach § 830 BGB in Frage käme.

686 Lutter, ZHR 157 (1993), 464, 477; Lutter/Hommelhoff § 43 Rdnr. 39; Dreher, ZGR 1992, 22, 42f.

mit einer daraus folgenden Außenhaftung abzuleiten sei[687], differenzieren andere Literaturvertreter zwischen vorsätzlicher und fahrlässiger Verletzung der Verkehrspflicht. So komme eine deliktische Außenhaftung des Leitungsorgans nur bei Vorsatz in Betracht.[688] Andere wiederum argumentieren, daß von einer eine deliktische Außenhaftung auslösenden Verkehrspflicht des Leitungsorgans nur ausgegangen werden könne, wenn diese der Allgemeinheit und nicht nur der anderen Vertragspartei gegenüber bestünde.[689] Des weiteren wird vertreten, daß sich deliktische Verhaltenspflichten des Leitungsorgans aus der Inanspruchnahme von Vertrauen ergeben könne.[690] Zuletzt sei auch auf die zuvor dargelegten die Entscheidung des VI. Zivilsenats des BGH unterstützenden Literaturmeinungen verwiesen.[691]

(bb) Reaktion der Rechtsprechung

Doch auch innerhalb des BGH wird die „Baustoff"-Entscheidung des VI. Zivilsenats differenzierend gesehen.[692] So bestätigte zwar der XI. Zivilsenat, daß interne Organisationspflichten des Leitungsorgans gegenüber der Gesellschaft Außenwirkung haben können[693], jedoch äußerte sich der für Fragen des Gesellschaftsrechts zuständige II. Zivilsenat in seiner Entscheidung vom 13.4.1995[694] kritisch zur „Baustoff"-Entscheidung des VI. Zivilsenats. So ist er der Ansicht,

687 Medicus, in: Festschrift für Lorenz, 155, 165ff.; Dreher, ZGR 1992, 22, 34; Krebs/Dylla-Krebs, DB 1990, 1271, 1274; Kort, DB 1990, 921, 923; Westermann, DNotZ 1991, 813, 817.

688 Lutter, ZHR 157 (1993), 464, 478ff.; ähnlich Westermann/Mutter DZWir 1995, 184, 188f.

689 Ransiek, ZGR 1992, 203, 226ff.; Grunewald, ZHR 157 (1993) 451, 456ff. für die Übernahme von Verkehrssicherungspflichten der Gesellschaft gegenüber der Allgemeinheit durch Vertrag oder Anstellung; vgl. auch Thümmel, DB 1994, 261, 263 mit dem Vorschlag der Limitierung der Einstandspflicht auf grobe Organisationsmängel.

690 Dreher, ZGR 1992, 22, 39ff; Medicus, in: Festschrift für Lorenz, 155, 166f.

691 Vgl. Brüggemeier, AcP 191 (1991), 33, 63ff.; v. Bar, in: Festschrift für Kitagawa, S. 279, 293ff.; Scholz/Schneider § 43 Rdnr. 229 mit dem Hinweis, daß eine Beschränkung der Haftungsrisiken durch eine Konkretisierung der Organisations- und Überwachungspflichten erreicht werden könne; Keßler, GmbHR 1994, 429, 436.

692 Vgl. allgemein zur Entwicklung der Rechtsprechung in diesem Bereich, Altmeppen, ZIP 1995, 881, 884ff.

693 BGH ZIP 1994, 1102, 1103: Die Entscheidung beschäftigte sich jedoch primär mit einer Haftung aus § 826 BGB; vgl. auch die Entscheidung des VI. Zivilsenats in BGH NJW 1996, 1535, 1537; differenziernd OLG Frankfurt, VersR 1992, 240, 241; OLG Köln, BB 747, 748.

694 BGH ZIP 1994, 867, 870; zurückhaltend hierzu Medicus, ZGR 1998, 570, 585 Fn. 63.

daß die Organstellung grundsätzlich nur eine gesellschaftsinterene Organisationspflicht gegenüber der Gesellschaft begründe. Entsprechend wäre dieser Grundsatz „aus den Angeln gehoben", wenn man zulasse, daß Außenstehende, die durch die Verletzung dieser Pflicht mittelbar zu Schaden gekommen seien, Ersatzansprüche gegen die Leitungsorgane hätten.[695]

Insgesamt ist aber festzustellen, daß durch die „Baustoff" - Entscheidung des VI. Zivilsenats die Haftung des Geschäftsführers in der Praxis ausgedehnt wurde, wobei jedoch die Abgrenzung zwischen der rein betriebsinternen Organisationshaftung und der deliktischen Außenhaftung bisher noch keine klare Definition erfahren hat. Mithin wäre es im Sinne der Rechtssicherheit wünschenswert, daß die vom VI. Zivilsenat für eine deliktische Außenhaftung des Leitungsorgans erforderlichen „besonderen Gründe" eine höchstrichterliche Konkretisierung erfahren.

2. *Haftung aus § 823 Abs. 2 BGB i.V.m. Schutzgesetz*

Nachdem über § 823 Abs. 1 BGB nur eine Haftung für die Verletzung von absolut geschützten Rechtsgütern in Frage kommt, besteht über § 823 Abs. 2 BGB i.V.m. Schutzgesetz die Möglichkeit, ein Leitungsorgan für die Verletzung allgemeiner Vermögensinteressen haftbar zu machen.

a) Grundsätzliches

Eine persönliche Inanspruchnahme des Geschäftsführers kann sich aus § 823 Abs. 2 BGB ergeben, wenn er persönlich ein Schutzgesetz im Sinne dieser Vorschrift verletzt.[696] Ein Schutzgesetz im Sinne dieser Bestimmung ist jede Rechtsnorm, die dazu dienen soll, den einzelnen oder einen bestimmten Personenkreis

---

695 BGH ZIP 1994, 867, 870: „Würde jedenfalls die Verletzung der von Geschäftsführern und Vorstandsmitgliedern zu erfüllenden Aufsichtspflichten allgemein dazu führen, daß jeder Außenstehende, der dadurch mittelbar zu Schaden kommt, gegen die Organmitglieder selbst Ersatzansprüche geltend machen könnte, dann wäre oben erwähnter Grundsatz, wonach die Organisationspflichten der Organmitglieder nur der Gesellschaft gegenüber bestehen, praktisch aus den Angeln gehoben."; vgl. hierzu Grunewald, GmbHR 1994 665f.; Schmidt, ZIP 1994, 837ff.; Westermann/ Mutter, DZWir 1995, 184, 189; zu einer Darstellung der uneinheitlichen Rechtsprechung des BGH auch schon vor der „Baustoff"-Entscheidung siehe Altmeppen, ZIP 1995, 881, 884ff.; vgl. aber auch Groß, ZGR 1998, 551, 569 mit einer anderen Einschätzung der Entscheidung des II. Zivilsenats.

696 Siehe nur Scholz/Schneider § 43 Rdnr. 236; Dreher, ZGR 1992, 22, 27; ders., GmbHR 1974, 224, 233; Kiethe, DStR 1993, 1298, 1300; Kort, DB 1990, 921, 923.

gegen die Verletzung eines bestimmten Rechts oder Rechtsgutes zu schützen.[697] Die Anzahl der in Frage kommenden Schutzgesetze ist groß, wobei neben Strafvorschriften wie Betrug und Untreue u.a. auch an gewerbe-, bau-, kartell-, bzw. unweltrechtliche Normen[698] zu denken ist. Es ist aber in jedem Einzelfall zu überprüfen, ob die Norm gerade den Schutz des Verletzten vor dem eingetretenen Schaden zum Zwecke hat und ob der vom Schutzgesetz geforderte Grad des Verschuldens bei dem einzelnen Leitungsorgan festzustellen ist.[699] Dementsprechend ist auch § 43 GmbHG nicht als Schutzgesetz i.S.v § 823 Abs. 2 BGB anzusehen, da die sich aus der Organstellung des Geschäftsführers ergebenden Pflichten diesem nur im Verhältnis zur Gesellschaft obliegen, nicht aber im Verhältnis zu außenstehenden Dritten.[700] Keine Schutzgesetze sind u.a. auch § 130 OWiG (Unterlassen von Aufsichtsmaßnahmen), § 41 Abs. 1 GmbHG (Buchführungspflicht) sowie § 30 Abs. 1 GmbHG (Erhaltung des Stammkapitals).[701]

b) Haftung aus § 823 Abs. 2 BGB i.V.m. § 64 Abs. 1 GmbHG (Insolvenzverschleppung)

Hauptfall der Haftung aus einer Schutzgesetzverletzung ist beim GmbH-Geschäftsführer die Verletzung der den Gläubigerschutz bezweckenden Konkursantragspflicht nach § 64 Abs. 1 GmbHG. Nach dem Eintritt der Zahlungsunfähigkeit oder der Überschuldung der Gesellschaft hat der Geschäftsführer maximal drei Wochen Zeit, entweder die Eröffnung des Insolvenzverfahrens zu beantragen oder die Erfolgsaussichten einer Sanierung der Gesellschaft zu prüfen und entsprechende Initiativen bei den Gläubigern und Gesellschaftern zu unternehmen.[702] Sobald jedoch von der Möglichkeit einer Sanierung der Gesellschaft nicht mehr realistisch ausgegangen werden kann, hat der Antrag zur Eröffnung

---

697 Siehe nur Palandt/Thomas § 823 Rdnr. 140f.

698 Vgl. u.a. Thamm, DB 1994, 1021ff.; Reese, DStR 1995, 688, 691; Schaub, DStR 1992, 1766, 1767f.; Groß, ZGR 1998, 551, 557ff.

699 Vgl. BGHZ 125, 366, 370ff.

700 BGHZ 31, 258, 278; BGH NJW 1974, 1088, 1089; BGH ZIP 1994, 867, 870; Scholz/Schneider § 43 Rdnr. 218; Lutter/Hommelhoff § 43 Rdnr. 26; Roth/Altmeppen § 43 Rdnr. 19; Hachenburg/Mertens § 43 Rdnr. 110; Rowedder/Koppensteiner § 43 Rdnr. 40.

701 Vgl. BGH ZIP 1994, 867, 869ff., 871; BGH GmbHR 1990, 251, 257; Grünwald, Die deliktische Außenhaftung, S. 46ff.; Sandberger, Die Außenhaftung, S. 220ff. m.w.N.; für die Annahme von § 41 GmbHG als Schutzgesetz Scholz/Schneider § 43 GmbHG, Rdnr. 236; Biletzki, ZIP 1996, 2309, 2316; ders., ZIP 1997, 9, 13; Stapelfeld, GmbHR 1991, 94, 99; siehe hierzu auch das bewußte Offenlassen dieser Frage in BGHZ 125, 366, 378 und Schmidt, ZIP 1994, 837, 842.

702 Vgl. § 64 Abs. 1 GmbHG.

des Insolvenzverfahrens zu erfolgen.[703] Tritt aufgrund einer verspäteten Antragstellung eine Schmälerung der Masse ein, so verletzt das Leitungsorgan seine in § 64 Abs. 1 GmbHG normierte Pflicht, die allgemein als Gläubigerschutzgesetz i.S.v 823 Abs. 2 BGB anerkannt ist.[704] Es erwächst den Gläubigern ein Anspruch auf den Differenzschaden, den sog. Quotenschaden. Hierbei handelt es sich um die Differenz zwischen der ursprünglich erzielbaren Quote, die bei fristgemäßer Antragstellung erreicht worden wäre, und der tatsächlich erzielten.[705] Die Geltendmachung dieses Schadens obliegt hingegen nicht den einzelnen Gläubigern, sondern dem Insolvenzverwalter.[706]

Eine weitere Haftungsvoraussetzung ist es, daß der Geschäftsführer die rechtzeitige Antragstellung schuldhaft unterlassen hat. Entsprechend reicht Fahrlässigkeit aus, um eine persönliche Haftung aus § 823 Abs. 2 BGB i.V.m. § 64 Abs. 1 GmbHG zu begründen.[707] Der Geschäftsführer steckt in einem Dilemma: Stellt er den Antrag auf Eröffnung des Insolvenzverfahrens zu früh, so trifft ihn die Haftung gegenüber seiner Gesellschaft aus § 43 Abs. 2 GmbHG, da er seine aus der Treuepflicht abgeleitete Verschwiegenheitspflicht verletzt hat.[708] Erfolgt der Antrag hingegen zu spät, so trifft ihn die volle Haftung gegenüber den Konkursgläubigern.[709]

Die frühere Rechtsprechung differenzierte nicht zwischen den Gläubigern, die ihre Forderungen vor dem Zeitpunkt erworben hatten, in dem der Antrag auf Eröffnung des Insolvenzverfahrens hätte gestellt werden müssen (Altgläubiger) und den Gläubigern, die ihre Forderungen nach diesem Zeitpunkt aber noch vor Eröffnung des Insolvenzverfahrens erworben hatten (Neugläubiger).[710] Mit der Entscheidung des II. Zivilsenats des BGH vom 6. Juni 1994 vollzog sich jedoch eine

---

703 Vgl. BGHZ 75, 96, 111f.

704 BGHZ 75, 96, 106; 100, 19, 21; 126, 181, 190; Scholz/Schmidt § 64, Rdnr. 35; Lutter/Hommelhoff § 64 Rdnr. 22; Hachenburg/Ulmer § 64 Rdnr. 47; Lutter, GmbHR 1997, 329, 331; Altmeppen, ZIP 1997, 1137ff.; Medicus, GmbHR 1998, 9, 12; Baumbach/Hueck/Schulze-Osterloh, § 64 Rdnr. 24.

705 BGH NJW 1994, 2220, 2222 m.w.N.

706 § 92 InsO; vgl. auch RGZ 97, 107, 108; 120, 189, 192; Lutter, DB 1994, 129, 134; Hachenburg/Ulmer § 64 Rdnr. 56; zur Geltendmachung von Individualansprüchen wie z.B. Bürgschaften, Garantieerklärungen und Schuldbeitritte siehe Uhlenbruck, ZIP 1996, 1641, 1642.

707 BGHZ 126, 181, 199; Canaris, JZ 1993, 649, 652; a.A. MünchHdb.Ges. III/ Marsch-Barner/Diekmann, S. 676; Baumbach/Hueck/Schulze-Osterloh § 64 Rdnr. 27; Flume, ZIP 1994, 337, 340 mit dem Vorschlag der Entscheidung „in dubio pro reo".

708 Vgl. hierzu Haas, DStR 1998, 1359, 1362f.

709 Lutter, DB 1994, 129, 134f.; Rowedder, in: Festschrift für Semler, 311, 315f.; Kübler, ZGR 1995, 481, 495f.

710 Vgl. zu Dauerschuldverhältnissen Haas, NZG 1999, 373, 375.

Trendwende[711], indem die Beschränkung auf den Quotenschaden für die Neugläubiger wegfiel.[712] So kann nun von den Neugläubigern der Anspruch auf den individuellen Ausfallschaden, der ihnen dadurch entstanden ist, daß sie in Rechtsbeziehungen zu einer überschuldeten oder zahlungsunfähigen GmbH getreten sind, selbst geltend gemacht werden.[713] § 92 InsO entfaltet mithin zu Lasten der vertraglichen Neugläubiger keine Sperrwirkung. Sie sollen vielmehr so gestellt werden, wie wenn der zum Schadensersatz verpflichtende Umstand nicht eingetreten wäre. Entsprechend hätten sie regelmäßig der insolventen Gesellschaft keinen Zahlungskredit gewährt, so daß sich der Ersatzanspruch nach dem vollständigen Betrag ihres Ausfalls, dem negativen Interesse, richtet.[714]

Als Begründung führt der BGH an, daß der Normzweck der gesetzlichen Konkursantragspflicht darin bestehe, konkursreife Gesellschaften mit beschränktem Haftungsfond vom Geschäftsverkehr fernzuhalten, um hierdurch eine Gläubigerschädigung oder -gefährdung zu vermeiden. So wären die Neugläubiger bei pflichtgemäßem Verhalten des Geschäftsführers gar nicht in die Gläubigerstellung gelangt. Auch müsse ein wirksamer Gläubigerschutz gewährleistet sein, was bei der Begrenzung auf den Quotenschaden nicht der Fall sei. Ferner bedeute die Haftungsverschärfung keine unzumutbare Belastung, da die Haftung ein Verschulden voraussetze, wobei jedoch der Verschuldensgrad der Fahrlässigkeit genüge.[715]

---

711 Vgl. den Kontrast zu der alten Haftungsregelung, BGH NJW 1994, 2220, 2222: „Die Begrenzung der Haftung auf den Quotenschaden hat die Konkursantragsvorschriften als Haftungsnormen weitgehend außer Kraft gesetzt; es ist, soweit ersichtlich, kein Prozeß bekannt geworden, in dem von vorneherein ein auf den Ersatz des Quotenschadens begrenzter Anspruch jemals ernstlich verfolgt worden wäre.“ Hierzu auch Meyke, Die Haftung des GmbH-Geschäftsführers, S. 112; vgl. aber auch ders., ZIP 1998, 1179, 1179 mit der Anmerkung unter Nennung von Gründen, daß es real zu keiner gesteigerten Inanspruchnahme der Geschäftsführer gekommen ist.

712 BGH NJW 1994, 2220ff.; BGH ZIP 1995, 211ff.

713 BGH NJW 1994, 2220, 2222; BGH ZIP 1995, 211, 212f.; VersR 1998, 1555, 1556: Keine Befugnis des Konkursverwalters zur Geltendmachung eines konkurrierenden Quotenschadens der Neugläubiger; hierzu Schmidt, NZG 1998, 9ff.; OLG Naumburg, GmbHR 1998, 183ff.; Meyke, Die Haftung des GmbH-Geschäftsführers, S. 114ff. und ders. ZIP 1998, 1179ff. mit dem Hinweis auf einen möglichen Wettlauf der Gläubiger und die prozessuale Vorgehensweise. Hierzu auch Altmeppen, ZIP 1997, 1173, 1181 und Uhlenbruck, ZIP 1996, 1641, 1644; aufschlußreich auch die Entscheidung des BGH ZIP 1996, 420ff. zum Verweigerungsrecht des Geschäftsführers, wenn der Konkursverwalter es unterlassen hat, eine ausreichende Konkursanfechtung zu erklären, um die Konkursmasse zu erhöhen.

714 Vgl. § 249 S. 1 BGB; Medicus, ZGR 1998, 570, 581.

715 BGH NJW 1994, 2220, 2222.

Diese Art der Schadensberechnung löste in der Literatur eine lebhafte Diskussion aus, wobei sich jedoch ein Teil der Autoren dem BGH anschloß.[716] Gleichwohl übten viele Literaturvertreter heftige Kritik an der neuen Rechtsprechung des BGH[717], wobei jedoch festzustellen ist, daß die zunächst lauten Gegenstimmen nun weitgehend verstummt sind. Aus diesem Grunde und wegen der anderweitigen Fokussierung dieser Abhandlung ist eine genauere Behandlung der Kritikpunkte im Rahmen dieser Besprechung entbehrlich.

3. *Haftung aus § 826 BGB*

Neben der deliktischen Eigenhaftung des Geschäftsführers aus § 823 Abs. 1 und 2 BGB ist eine persönliche Inanspruchnahme auch aus einer vorsätzlichen sittenwidrigen Schädigung nach § 826 BGB möglich. Die Anwendung dieser Norm ist nicht nur auf besondere Ausnahmefälle, wie z.B. das vorsätzliche Beiseiteschaffen von Vermögenswerten der Gesellschaft durch das Leitungsorgan[718], beschränkt, sondern hat durch die Rechtsprechung des BGH in den letzten Jahren eine erhebliche praktische Bedeutung erlangt. Hintergrund für die vielfältige Heranziehung dieser Norm ist die Bestimmung des Begriffs der „guten Sitten", wie er sich aus den Verhältnissen der beteiligten Verkehrskreise ergibt.[719] Entsprechend hat sich das Verhalten des Geschäftsführers an den Regeln des Geschäftsverkehrs und des kaufmännischen Anstands zu messen.[720] Die allgemeine Formulierung der Sittenwidrigkeit als Verstoß gegen das „Anstandsgefühl aller billig und gerecht Denkenden"[721] findet mithin keine direkte Anwendung.

Des weiteren läßt die Rechtsprechung bei der Feststellung des tatbestandsmäßigen Vorsatzes aus Gründen der Beweiserleichterung den Rückschluß von ei-

---

716 Vgl. nur Flume, ZIP 1994, 337, 339ff.; Lutter, GmbHR 1997, 329, 332; Medicus, DStR 1995, 1432, 1435; Goette, DStR 1994, 1048, 1052; Altmeppen, ZIP 1997, 1173, 1178; ders., NJW 1996, 1017, 1022; Roth/Altmeppen § 64 Rdne. 14; Wilhelm, ZIP 1993, 1833, 1834; Wellkamp, DB 1994, 869, 873; Sandberger, Die Außenhaftung des GmbH-Geschäftsführers, S. 219; Kübler, ZGR 1995, 481, 494; Bork, ZGR 1995, 505, 523.

717 Vgl. nur Baumbach/Hueck/Schulze-Osterloh § 64 Rdnr. 26, 29; Mertens, in: Festschrift für Lange, S. 561, 577; Schüppen, DB 1994, 197, 200ff.; Canaris, JZ 1993, 649,650ff.; Müsgen, DZWir 1994, 455ff.; Müller, ZIP 1993, 1531, 1536; Lutter, DB 1994, 129, 134f.; Schmidt, NJW 1993, 2934, 2935; Scholz/Schmidt § 64 Rdnr. 37ff.

718 Vgl. Scholz/Schneider § 43 Rdnr. 238.

719 Vgl. BGH GmbHR 1989, 365, 368; Heidelberger Kommentar/Fichtelmann § 43 Rdnr. 63; Kiethe, DStR 1993, 1298, 1301.

720 BGH NJW 1962, 1099; Kiethe, DStR 1993, 1298, 1301.

721 RGZ 48, 114, 124.

nem besonders leichtfertigen oder gewissenlosen Verhalten auf bedingten Vorsatz zu.[722] Demnach kann ein bedingter Vorsatz bereits dann gegeben sein, wenn der Geschäftsführer sich nicht über die wirtschaftliche Lage der Gesellschaft informiere und daher in Unkenntnis der Überschuldung handelt.[723] Auch müsse sich der Vorsatz nicht auf die Schädigung eines ganz bestimmten Gläubigers beziehen, sondern es genüge das Bewußtsein des Schädigers, daß eine andere Person aufgrund seines Verhaltens einen Schaden erleiden könne und er diese Folge billigend in Kauf nimmt.[724] In der Rechtsprechung kommt es insbesondere bei den folgenden zwei Fallgruppen zu einer Haftung aus § 826 BGB:

a) Verletzung von Aufklärungspflichten bei der Vermittlung von Terminoptionsgeschäften

Der Geschäftsführer eines mit Terminoptionen handelnden Unternehmens hat dafür Sorge zu tragen, daß optionsunerfahrene Kunden unmißverständlich, schriftlich und in auffälliger Form auf die besonderen Risiken von Terminoptionsgeschäften hingewiesen werden. Entsprechend stellte der BGH fest, daß bereits derjenige sittenwidrig handelt, der seinen eigenen Wissens- und Erfahrungsvorsprung auf Kosten eines anderen, der in Terminoptionsgeschäften nicht ausreichend bewandert ist und daher auf die Fairneß des Vertragspartners angewiesen ist, gewerbsmäßig ausnutzt und hierdurch auf grob anstößige Weise seine geschäftliche Überlegenheit mißbraucht.[725]

b) Unterlassene Aufklärung über die schlechte Vermögenslage der Gesellschaft

Des weiteren kommt eine Haftung bei einer unterlassenen Aufklärung über die krisenhafte Vermögenslage der Gesellschaft in Betracht. So trifft den Geschäftsführer eines wirtschaftlich angeschlagenen Unternehmens eine Aufklärungspflicht, wenn bei Abschluß oder der Fortführung von Verträgen die Vertragserfüllung bei Vorleistungspflicht des Vertragspartners durch eine Überschuldung der Gesellschaft absehbar schwerwiegend gefährdet ist.[726] Von einer Haftung ist

---

722 BGH GmbHR 1994, 464, 465; ZIP 1985, 1506, 1508; Lutter/ Hommelhoff § 43 Rdnr. 36.

723 BGH GmbHR 1994, 464, 465.

724 BGHZ 108, 134, 143; vgl. auch Thümmel, Persönliche Haftung von Managern und Aufsichtsräten, S. 139.

725 BGH NJW 1995, 404, 405; NJW 1994, 512, 514.

726 BGHZ 108, 134, 142; BGH ZIP 1982, 1435, 1436; WM 1992, 735, 736; WM 1991, 1548, 1551; ZIP 1991, 1140, 1144f.; NJW-RR 1991, 1312, 1315; hierzu kritisch Roth, ZGR 1993, 170, 173; Kiethe, DStR 1993, 1298, 1302; Rowedder, in:

demnach auszugehen, wenn die nicht mehr abwendbare Liquidation der Gesellschaft so lange wie möglich herausgezögert und dabei die Schädigung der Gesellschaftsgläubiger billigend in Kauf genommen wird.[727]

Hingegen ist von einem Verstoß gegen die guten Sitten nicht auszugehen, wenn der Geschäftsführer die Stellung des Antrages zur Eröffnung des Insolvenzverfahrens nur deshalb unterlassen hat, weil er die Krise den Umständen nach als überwindbar und Sanierungsversuche als lohnend und berechtigt ansehen durfte.[728] Verständlicherweise ist aber die Genzziehung zwischen dem „bloßen Hinauszögern des Todeskampfes" und dem „Kampf um die Erhaltung des Unternehmens" im Einzelfall außerst schwierig.[729] Mithin stellt die korrekte Beurteilung der Vermögenslage häufig eine haftungsrechtliche Gratwanderung für den Geschäftsführer dar.

Handelt es sich um den Kontrahierungsschaden von Neugläubigern bei der Konkursverschleppung, so kommt es nach neuerer Rechtsprechung nicht mehr auf einen Schädigungsvorsatz an, da der Schaden der Neugläubiger bereits bei Fahrlässigkeit nach § 823 Abs. 2 BGB i.V.m. § 64 Abs. 1 GmbHG eine Entschädigung findet.[730]

Festschrift für Semler, 311, 314ff.; vgl. auch BGH ZIP 1992, 694ff. für den Fall, daß der Geschäftsführer durch Gestaltung der Ein- und Verkaufspreise der Gesellschaft das Verlustrisiko einseitig auf die Gläubiger verlagert , sowie Westermann/Mutter, DZWir 1995, 184, 191 mit dem Hinweis auf den Gleichlauf mit der Haftung aus culpa in contrahendo und Roth/Altmeppen § 43 Rdnr. 32 mit der Anmerkung, daß neben einer Haftung aus § 826 BGB auch eine persönliche Inanspruchnahme aus § 823 Abs. 2 BGB i.V.m. 263 StGB in Frage käme.

727 BGHZ 108, 134, 141ff.; vgl. auch die Entscheidung BGH GmbHR 1994, 464, 465, in der festgestellt wird, daß es nach den Maßstäben eines redlichen Geschäftsverkehrs nicht hingenommen werden könne, daß jemand einen anderen dazu veranlasse, wertvolle Vorleistungen zu erbringen, ohne daß einigermaßen gesichert sei, daß die notwendigen Mittel zur Bezahlung beschafft werden können. Der Geschäftsführer habe einem nachgeordnetem Mitarbeiter ohne jede Kontrolle freie Hand gelassen, obwohl es ihm leicht gefallen wäre, dessen Tätigkeit zu überprüfen. Vgl. hierzu Lutter/Hommelhoff § 43 Rdnr. 36; Sandberger, Die Außenhaftung des GmbH-Geschäftsführers, S. 232ff., welche aus dieser Entscheidung des BGH eine Haftung aus § 826 BGB wegen Organisationsverschulden ableiten.

728 BGHZ 108, 134, 144; BGH GmbHR 1990, 69, 71f.; WM 1991, 1548, 1551; Schaub, DStR 1992, 1766, 1769.

729 Groß, ZGR 1998, 551, 562.

730 Roth/Altmeppen § 43 Rdnr. 32.

III. Haftung bei Produktfehlern

Eine persönliche Inanspruchnahme des Geschäftsführers aus dem Produkthaftungsgesetz scheidet aus, da die Gesellschaft und nicht dieser Hersteller i.S.v. § 4 ProdHaftG ist.[731]) Gleichwohl ist aber eine Haftung nach den Grundsätzen der allgemeinen Produzentenhaftung nach § 823 Abs. 1 BGB möglich.[732] Diese beinhaltet, daß jeder, der eine Gefahrenquelle schafft oder unterhält oder der eine Sache beherrscht, die für Dritte gefährlich werden kann, oder der gefährliche Sachen dem allgemeinen Verkehr aussetzt oder in Verkehr bringt, verpflichtet ist, die erforderlichen und zumutbaren Maßnahmen und Vorkehrungen zum Schutze Dritter zu treffen.[733] Anknüpfungspunkt für die persönliche Inanspruchnahme eines Geschäftsführers ist, daß dieser durch seine Organstellung - bei mehrköpfiger Geschäftsleitung innerhalb seines Aufgabenbereichs[734] - die Gesamtverantwortung für die Sicherheit der Produktion und somit für die Vermeidung von Produktfehlern trägt.[735] Entsprechend haftet das Leitungsorgan, wenn es selbst schuldhaft ein fehlerhaftes Produkt in den Verkehr gebracht hat oder es trotz Kenntnis des Fehlers (u.a. Konstruktions-, Fabrikations- und Instruktionsfehler[736]) unterlassen hat, das Inverkehrbringen des Produktes zu verhindern, und aufgrund dieses Verhaltens ein Außenstehender einen Schaden an den durch § 823 Abs. 1 geschützten Rechtsgütern erleidet.[737]

---

731 Erlassen aufgrund der Produkthaftungsrichtlinie 85/374/EWG, ABLEG 1985, Nr. L 210/9ff.; Thümmel, Persönliche Haftung von Managern und Aufsichtsräten, S. 151; Meyke, Die Haftung des GmbH-Geschäftsführers, S. 90; Habetha, DZWir 1995, 272, 281; vgl. aber auch ders., Direktorenhaftung, S. 20 zu der Frage, ob das Organ auch als Hersteller angesehen werden kann. Vgl. auch das Produktsicherheitsgesetz v. 22.4.1997, welches den Behörden Eingriffsbefugnisse zur Gewährleistung der Sicherheit eines Produktes gewährt. Vgl. hierzu Nickel/Kaufmann, VersR 1998, 948, 951.

732 Vgl. auch § 15 Abs. 2 ProdHaftG.

733 Vgl. statt aller Palandt/Thomas § 823 Rdnr. 58.

734 Vgl. auch Schmidt-Salzer, NJW 1996, 1, 4f. und Thümmel, Persönliche Haftung von Managern und Aufsichtsräten, S. 152 mit der Ansicht, daß in besonders schweren Fällen nicht nur die ressortzuständigen Geschäftsführungsmitglieder, sondern die gesamte Geschäftsführung eine Handlungspflicht trifft.

735 BGH NJW 1990, 2560, 2564f.

736 Inzwischen scheint der BGH die Einstandspflicht des Leitungsorgans für die Verletzung von Instruktionspflichten abzulehnen, siehe Hübner, NJW 1988, 441, 446

737 Vgl. zu den Voraussetzungen im einzelnen Palandt/Thomas § 823 Rdnr. 201ff.; siehe aber auch BGH NJW 1969, 269ff.; BGH ZIP 1992, 410ff. und insbesondere BGH NJW 1975, 1827ff. zur Beweislastumkehr in Bezug auf das Verschulden des aus Produzentenhaftung in Haftung genommenen Leitungsorgans.

Ein Unterlassen sowie eine Haftung bei mittelbarer Schadensverursachung setzen jedoch voraus, daß dem Geschäftsführer eine Rechtspflicht zum Handeln oblag. Eine solche Rechtspflicht kann in den Verkehrssicherungspflichten zu sehen sein, die im Produkthaftungsbereich die Konstruktions-, Fabrikations- sowie die Instruktions- und Produktbeobachtungs- mit den daraus sich ergebenden Folgenwarn- und Rückrufpflichten beinhalten.[738] Entscheidend für die persönliche Haftung des Geschäftsführers ist seine positive Kenntnis oder sein bewußtes Sichverschließen vor der Kenntnis von Gefährdungen oder gefahrbegründenden Umständen.

Fraglich ist jedoch, ob der Geschäftsführer auch für die Verletzung von produktbezogenen Verkehrspflichten persönlich einzustehen hat, von denen er selbst keine Kenntnis hatte. Einfallstor für eine Produzentenhaftung des Geschäftsführers könnte hierbei die aus der „Baustoff"-Entscheidung des BGH abgeleitete Garantenstellung und -pflicht des Geschäftsführers gegenüber geschädigten Dritten sein. Entsprechend erfolgt bei Unkenntnis der Pflichtverletzung die Trennungslinie zwischen der Annahme einer produktbezogenen Leitungshaftung und deren Ablehnung entlang der verschiedenen Ansichten in Hinblick auf die persönliche Haftung des Leitungsorgans bei der Verletzung von Verkehrsicherungspflichten im allgemeinen Deliktsrecht.[739]

IV. Handelndenhaftung während der Gründungsphase aus § 11 Abs. 2 GmbHG

Neben der Innenhaftung aus § 9a GmbHG (Gründerhaftung) kann den Geschäftsführer in der Gründungsphase auch eine Inanspruchnahme aus § 11 Abs. 2 GmbHG treffen. So ist die Errichtung einer GmbH stets ein mehrstufiger Prozeß. Zunächst entsteht mit der notariellen Beurkundung des Gesellschaftsvertrages eine Vor-GmbH, wohingegen die Gesellschaft als solche erst durch ihre Eintragung in das Handelsregister existent wird.[740] Daher ist die Vorgesellschaft grundsätzlich eine notwendige Vorstufe zu der mit der Eintragung entstehenden juristischen Person, wird aber bereits als eigenständiges Rechtsgebilde mit eigenen Rechten und Pflichten begriffen.[741] Mit der konstitutiven Eintragung der Gesellschaft in das Handelsregister gehen diese von der Vorgesellschaft begründeten Rechte und Pflichten auf die GmbH über.[742] Bei rechtsgeschäftlichem Handeln in

---

738 BGH NJW 1995, 1286ff.; BGH DB 1994, 526f.; BGH NJW 1992, 560, 561.

739 Vgl. u.a. Heil/Russenschuck BB 1998, 1749ff. und ausführlich Sandberger, Die Außenhaftung des GmbH-Geschäftsführers, S. 239ff.

740 § 11 Abs. 1 GmbHG; zu den weiteren Erfordernissen der Errichtung Lutter, JuS 1073, 1074.

741 BGH ZIP 1998, 109, 110; Dreher, DStR 1992, 33, 34.

742 BGHZ 80, 129, 137; Dreher, DStR 1992, 33, 36; Gehrlein, DB 1996, 561, 562.

der Zeit zwischen der notariellen Beurkundung des Gesellschaftsvertrages und der Handelsregistereintragung legt hingegen § 11 Abs. 2 GmbHG zusätzlich fest, daß diejenigen, welche im Namen der (Vor-)Gesellschaft handeln, für die Verbindlichkeiten der Gesellschaft persönlich haften.[743] Hintergrund dieser Norm ist die Überlegung, einem Außenstehenden, welcher in der Voreintragungszeit in geschäftliche Beziehungen zu der Vorgesellschaft tritt, einen haftenden Schuldner zu verschaffen, wenn es nicht zur Eintragung der Gesellschaft kommt.[744] Als Handelnde i.S.d. Vorschrift werden hierbei diejenigen Personen begriffen, „die bei der Führung der Geschäfte für die künftige GmbH persönlich oder durch andere verantwortlich mitgewirkt und in diesem Rahmen auch die konkrete Geschäftstätigkeit, aus der die Verbindlichkeit herrührt, mitgetragen haben".[745]

Da die Haftung aber erlischt, sobald die Gesellschaft im Handelsregister eingetragen ist[746], kann der praktische Nutzen der Handelndenhaftung als eher gering eingeschätzt werden.[747] Zusätzlichen Raum hat sie auch durch die Anerkennung der Unterbilanz- bzw. Verlustdeckungshaftung der Gesellschafter verloren, da dem Geschäftsführer gegen die Gründergesellschafter ein Freistellungsanspruch nach § 257 BGB bzw. ein Ausgleichsanspruch nach §§ 670, 675 BGB gegen die Gesellschaft zukommt.[748] Dementsprechend gewinnt § 11 Abs. 2 GmbHG nur dann eine eigenständige Bedeutung, wenn die Gesellschafter vor der Eintragung als Haftungsadressaten ausscheiden.

---

743 Vgl. BGHZ 47, 25, 27; 65, 378, 379; 80, 129, 135; Zum stillschweigenden Haftungsausschluß vgl. BGH NJW 1973, 798; zum Anspruch auf Schuldbefreiung und Regreßanspruch gegen die Vorgesellschaft Gehrlein, DB 1996, 561, 564; vgl. auch Jula, BB 1995, 1597ff. mit Vorschlägen zur Haftungsbeschränkung: (a) Aufschiebend bedingte Vereinbarung, daß nur die spätere GmbH verpflichtet werden soll, (b) Vertragliche Abbedingung der Haftung des Geschäftsführers, (c) Vereinbarung einer verschuldensunabhängigen Ausfallhaftung unter evtl. Abtretung des Freistellungsanpruches des Geschäftsführers gegen die Gesellschafter.

744 Felix, DStZ 1987, 455, 458f.; vgl. hierzu auch Krebs/Klerx, JuS 1998, 991, 993 und Jula, BB 1995, 1597, 1598ff. zu Ausschluß- und Abschwächungsmöglichkeiten der Handelndenhaftung; zu weiteren Gründen von § 11 Abs. 2 GmbHG siehe auch BGHZ 47, 25, 29.

745 BGHZ 65, 378, 381; vgl. auch BGHZ 66, 359, 360f.

746 BGHZ 80, 182, 183ff.; Schmidt, ZIP 1996, 353, 358; Scholz/Schmidt, § 11 GmbHG, Rdnr. 118 m.w.N.

747 Lutter, JuS 1998, 1073, 1079; Thümmel, Persönliche Haftung von Managern und Aufsichtsräten, S. 126f.

748 Vgl. zur Haftung der Gesellschafter und zu dem nun beigelegten Streit zwischen BAG, BSG und BGH bezüglich der Höhe der Haftung, BGH NJW 1997, 1507ff.; Hierzu aber Wilhelm, DStR 1998, 457, 457 mit Hinweisen auf nachträgliche abweichende Entscheidungen der unterinstanzlichen Rechtsprechung und Kritik in der Literatur.

B) *Haftungssituation in England*

Auch in England kann ein *director* im Rahmen seiner Organtätikeit gegenüber außenstehenden Dritten persönlich haften. Zwar treffen, trotz des Umstandes, daß eine *private limited company* als juristisches Gebilde einzig durch natürliche Personen handeln kann,[749] grundsätzlich die Gesellschaft die Verpflichtungen aus ihrem Auftreten im Rechtsverkehr, jedoch gibt es einige Ausnahmen, bei denen den *director* eigenständige Verpflichtungen treffen, so daß eine persönliche Inanspruchnahme durch Dritte möglich erscheint.

I. Haftung aus Vertrag in eigenem Namen

Eine Folge der separaten Rechtspersönlichkeit der Gesellschaft ist es, daß deren Entscheidungen und Handlungen durch natürliche Personen zu erfolgen haben. Treten *directors* bei Vertragsverhandlungen für ein Einzelgeschäft als Vertreter der Gesellschaft auf, so haben sie der anderen Partei zu erkennen zu geben, daß sie für die Gesellschaft handeln und daher diese Vertragspartner sein soll.[750] Tritt dies nicht hinreichend zu Tage und hat daher die andere Partei die Vorstellung, daß der *director* Vertragspartei sei, so haftet dieser - und nicht die Gesellschaft - auf Vertragserfüllung.[751] Handelt es sich aber um ein Anschlußgeschäft im Rahmen einer dauerhaften Geschäftsverbindung, so ist auch bei nicht hinreichender Deutlichkeit der Vertretung davon auszugehen, daß die Willenserklärung der Gesellschaft zuzurechnen ist und entsprechend diese Vertragspartei sein soll.[752]

II. Haftung als Vertreter ohne Vertretungsmacht

Die Vertretung der Gesellschaft erfolgt grundsätzlich gemeinschaftlich durch das *board of directors*. Jedoch kann einzelnen *directors* ein Alleinvertretungsrecht oder eine Vertretungsmacht für das ihnen zugeteilte Ressort erteilt werden. Dementsprechend ergibt sich im letzteren Fall durch die Ressortverteilung eine Beschränkung der Vertretungsmacht auf Geschäfte im Zusammenhang mit der übertragenen Aufgabe. Ein Verstoß hiergegen wird als "*act intra vires the company but outside the authority of the director*" und generell als "*breach of*

---

749 Fergusson v Wilson [1866] LR 2 Ch 77, 89; Wilson v Lord Bury [1880] 5 QB 518, 525ff.

750 Davies, Gower's Principles of Modern Company Law, S. 157.

751 Siehe auch Landes v Marcus and Davids [1909] 25 T.L.R. 478, 478; Kettle v Dunster and Wakefield [1927] 138 LT 158, 159; Dutton v Marsh [1871] LR 6 QB 361, 364f.; Penkivil v Connell [1850] 5 Exch 381, 384f.

752 Pennington, Directors' Personal Liability, S. 176.

warranty of authority" bezeichnet und hat die persönliche Haftung des *directors* zur Folge.[753] Eine Heilung ist hingegen durch einen Beschluß des *board of directors* möglich, wenn in der Satzung eine Delegationsmöglichkeit vorgesehen ist.[754]

Eine weitere Beschränkung der Vertretungsmacht entstammt hingegen aus der sog. *ultra-vires-doctrine*.[755] Durch sie wird die Rechts- und Handlungsfähigkeit der Gesellschaft auf den von den Gesellschaftern in der Satzung festgelegten Gesellschaftsgegenstand (*object clause*) beschränkt.[756] Da aber die Vertretungsmacht des Vertreters nicht über den Handlungsbereich des Vertretenen hinausgehen kann, ergibt sich durch die *ultra-vires-doctrine* eine Beschränkung der Vertretungsmacht auf den Gesellschaftsgegenstand. Schließen *directors* daher einen Vertrag im Namen der Gesellschaft, obwohl sie hierfür keine Vertretungsmacht besitzen, so machen sie sich den Gesellschaftsgläubigern persönlich auf den Erfüllungsschaden haftbar.[757] Das Rechtsgeschäft ist grundsätzlich unwirksam.[758] Jedoch ist der Anwendungsbereich der *ultra-vires-doctrine* angesichts der Weite der heute in der Praxis verwandten *object clauses* als minimal zu beurteilen.[759]

Ferner war eine weitere allgemeine Entschärfung der Haftung wegen Vertretung ohne Vertretungsmacht durch den Beitritt des Vereinigten Königreichs zur EG festzustellen.[760] So kann die andere Vertragspartei seitdem alternativ aus s. 35 (1) Companies Act 1985 die Gesellschaft aus dem Rechtsgeschäft in

---

753 Cherry and McDougall v Colonial Bank of Australasia [1869] PC 24ff.; siehe auch Farrar, Farrar's Company Law, S. 372ff. zur Unterscheidung zwischen express und implied authority m.w.H; zur apparent (or ostensible) authority siehe Davies, Gower's Principles of Modern Company Law, S. 201.

754 Vgl. Biggerstaff v Rowatt's Wharf Ltd.[1896] 2 Ch 93, 102.

755 Weeks v Propert [1873] LR 8 CP 427, 438; Ashbury Rly Carriage and Iron Co. v Riche [1875] LR 7, 653, 668ff.; West London Commercial Bank Ltd. v Kitson [1884] 13 QB 360, 363; siehe hierzu ausführlich Davies, Gower's Principles of Modern Company Law, S. 201ff.

756 Rolled Steel Products (Holding) Ltd. v British Steel Corporation [1986] Ch 246, 276ff.

757 Pennington, Directors' Personal Liability, S. 177; siehe auch Firbanks's Executors v Humphreys [1886] 18 QB 54, 61f. für den Fall, daß die Gesellschaft den Vertrag nicht hätte erfüllen können.

758 Jacobus Marler v Marler [1913] 85 LJPC 167ff.

759 Siehe z.B. den gerichtlich bestätigten Gesellschaftsgegenstand in Bell Houses Ltd. v City Wall Properties Ltd. [1966] 2 QB 656, 357, 679ff. (C.A.): „[...] to carry on any other trade or business whatsoever which can, in the opinion of the board of directors, be advantageously carried on by the company in connection with or ancillary to any of the above businesses or the general business of the company."

760 s. 9 (1) European Communities Act 1972.

Anspruch nehmen, wenn sie zum Zeitpunkt des Vertragschlusses hinsichtlich der fehlenden Vertretungsmacht gutgläubig war.[761] Die praktische Bedeutung der Haftung aus Vertretung ohne Vertretungsmacht ist daher als gering zu beurteilen, insbesondere wenn man die - zwar widerlegbare - Gutglaubensvermutung in s. 35A (2) (c) Companies Act 1985 in Betracht zieht.[762] Der Schutz gutgläubiger Dritter erfolgt im Bereich der Haftung bei Vertretung ohne Vertretungsmacht somit umfassend, jedoch auf Kosten einer weiteren Beschränkung der Rechte der Anteilseigner.[763]

III. Haftung aus unerlaubter Handlung

Ebenso wie im deutschen Recht hat sich auch das englische Recht mit dem Problem auseinanderzusetzen, daß sich ein sorgfaltswidriges Verhalten eines Leitungsorgans im Spannungsfeld zwischen dem Gesellschaftsrecht und dem Recht der unerlaubten Handlung befindet. So wird zum einen im englischen Gesellschaftsrecht grundsätzlich die Haftung auf die Gesellschaft konzentriert,

---

761 Eingefügt durch s. 108 Companies Act 1989; siehe auch s. 322A Companies Act sowie Farrar, Farrar's Company Law, S. 368 und Davies, Gower's Principles of Modern Company Law, S. 206f. mit dem Hinweis, daß bis zur Einführung von s. 9 (1) European Communities Act 1972 grundsätzlich bei jedem kontrahierenden Dritten nach dem Grundsatz der constructive notice unwiderleglich die Kenntnis des memorandum und der articles of association und anderer „öffentlicher Dokumente" der Gesellschaft und der hierin enthaltenen Beschränkungen vermutet wurde. Bei Überschreitung der Vertretungsmacht kam kein Vertrag mit der Gesellschaft zustande; vgl. zur alten Rechtslage Ernest v Nickolls [1857] 6 HL Cas 401, 414ff.; Irvine v Union Bank of Australia [1877] 2 App Cass 366ff., (P.C.); jedoch nun durch s. 711A Companies Act 1985 abgeschaft; vgl. s. 3A Companies Act 1985, wonach gutgläubige Dritte darauf vertrauen dürfen, daß das Handeln des directors im Rahmen der Satzung und innerhalb der Ressortverteilung erfolgt.

762 Die Anwendung der „Rule in Turquand's Case" ist im Falle von Handlungen ordnungsgemäß berufener directors nicht nötig. In Royal British Bank v Turquand [1856] 6 E & B 327, 332 wurde die Grundsätze der constructive notice einschränkend festgestellt, daß Dritte nicht verpflichtet sind, gesellschaftsinterne Gültigkeitsvoraussetzungen zu überprüfen, sondern davon ausgehen können, daß alle internen Managementmaßnahmen wirksam ausgeführt wurden. Eine Ausnahme besteht jedoch, wenn sie von den internen Regelabweichungen Kenntnis hatten oder hätten haben müsen.

763 s. 35A (5) Companies Act 1985 stellt jedoch fest, daß die Haftung eines directors gegenüber der Gesellschaft für die Überschreitung der Vertretungsmacht durch s. 35A (1) Companies Act 1985 nicht ausgeschlossen wird. Zur Möglichkeit einer Haftung des Dritten als constructive trustee siehe Farrar, Farrar's Company Law, S. 369f. mit dem Hinweis auf International Sales and Agencies Ltd. v Marcus [1982] 3 All ER 551, 555ff.

der das Verhalten ihrer berufenen Vertretungsorgane zugerechnet wird.[764] Zum anderen steht dies jedoch im Gegensatz zu den Prinzipien des Rechts der unerlaubten Handlung, welche vorsehen, daß jede Person für ihr schädigendes Verhalten persönlich einzustehen hat. Es stellt sich somit die Frage, unter welchen Umständen ein *director* „aus dem Schatten der Gesellschaft heraustritt" und sich einer persönlichen Haftung aussetzt.

Traditionell zogen die Gerichte die Trennlinie, indem sie von einer persönlichen Haftung des *directors* nur ausgingen, wenn er an der Begehung der unerlaubten Handlung persönlich teilgenommen oder sie in irgendeiner Weise authorisiert, gelenkt bzw. veranlaßt hatte.[765] Hierbei war es auch unerheblich, daß er u.U. den deliktischen Charakter nicht kannte, es sei denn, die entsprechende unerlaubte Handlung erforderte eine besondere Verschuldensform.[766]

In den letzten Jahren ist jedoch in der Rechtsprechung die Tendenz zu erkennen, eine persönliche Inanspruchnahme des Leitungsorgans an dem Kriterium der Verantwortungsübernahme (*assumption of responsibility*) auszurichten. Grundlage hierfür ist die Überlegung, daß nach dem erweiterten Grundsatz in *Hedley Byrne*[767] ein Schadenersatzanspruch für einen Vermögensschaden eine besondere Verbindung zwischen dem Schädiger und dem Geschädigten voraussetzt. Ein *director* erfüllt, gut oder schlecht, hingegen nur seine organschaftlichen bzw. vertraglichen Pflichten gegenüber der Gesellschaft und nicht gegenüber einem Dritten, mit welchem die Gesellschaft in rechtsgeschäftlichen Kontakt

---

764 Vgl. Salomon v Salomon & Co. Ltd. [1897] AC 22ff. (H.L.).

765 Rainham Chemical Works Ltd. v Belvedere Fish Guano Co. Ltd. [1921] 2 AC 465, 475f.; Performing Rights Society Ltd. v Cyril Theatrical Syndicate [1924] 1 KB 14, 15; (C.A.); Evans & Sons Ltd. v Spritebrand Ltd. [1985] 1 W.L.R. 317, 329: „a director of a company will [not] escape personal liability to third parties for torts which he has personally committed by his own hand merely because he committed the tort in the course of carrying out his duties as director of his company."; Mancetter Development Ltd. v Garmanson Ltd. [1986] 1 All ER 449, 449; Wah Tat Bank v Chan Cheng Kum [1975] 2 All ER 257, 260 (P.C.): „No doubt the fact that the respondent is chairman and managing director of HSC does not of itself make him personally liable in respect of that company's tortious act. As tort may be committed through an officer or servant of a company without the chairman or managing director being in any way implicated. [...] If however the chairman or the managing director procures or directs the commission of the tort he may be personally liable for the tort and the damage flowing from it." Vgl. auch Shapira, 20 The Company Lawyer (5) 1999, 130, 136; Fridman, 5 Canterburry Law Review 1992, 41, 42ff.

766 Fridman, 5 Canterbury Law Review 1999, 41, 46.

767 Hedley Byrne & Co. Ltd. v Heller & Partners Ltd. [1964] AC 465ff.

getreten ist.[768] Er ist nicht Partei des Vertrages mit dem Dritten. Entsprechend bedarf es einer anderen Sonderverbindung, welche das Beachtenmüssen von Sorgfaltspflichten gegenüber dem Dritten zur Folge haben würde. Eine solche aber kann nach Ansicht der Rechtsprechung darin gesehen werden, daß der Schädiger eine eigenständige Verantwortung[769] gegenüber dem Geschädigten übernommen habe, wobei bei der Beurteilung hierüber ein objektiver Maßstab Anwendung finden müsse.[770] So konnte z.B. in *Fairline Shipping Corp v Adamson* von einer Verantwortungsübernahme ausgegangen werden, da der *director* in einem nicht auf dem Briefpapier der Gesellschaft geschriebenen Brief der Geschädigten den Eindruck vermittelt hatte, er werde persönlich für die ordnungsgemäße Vertragserfüllung Sorge tragen.[771] In der Entscheidung *Trevor Ivory Ltd. v Anderson* ging hingegen der New Zealand Court of Appeal nicht von einer eigenen Verantwortungsübernahme des alle Geschäftsanteile haltenden *directors* aus, als dieser, basierend auf seiner Erfahrung, einer Obstplantage ein zu starkes Unkrautvernichtungsmittel empfohlen hatte, so daß die gesamte Ernte vernichtet wurde. Vielmehr erfolgte die Empfehlung im Rahmen der normalen Geschäftstätigkeit bzw. im Namen der Gesellschaft und die Inkorporierung lasse darauf schließen, daß eine persönliche Haftung nicht gewollt war.[772] Diese Argumentation hätte jedoch zur Folge, daß den Gesellschafter-Geschäftsführern von Einmann-Gesellschaften unter dem Deckmantel der Inkorporierung ein besonderer Schutz zugute kommen würde.

Ein weitere Erörterung erfuhr die Sonderverbindungsproblematik in dem weithin beachteten Fall *Williams v Natural Life Health Foods Ltd.*, mit welchem sich letztendlich das House of Lords zu befassen hatte. Hintergrund der Entscheidung war eine mißglückte Unternehmensgründung im Rahmen einer Franchise - Beziehung, wobei der Franchisegeber (*National Life Health Foods Ltd.*) im Vorfeld des Vertragschlusses gegenüber den Franchisenehmern in einer

768 Wilson v Lord Bury [1880] 5 QB 518, 525ff, 536; Clark v Urquhart [1930] AC 28, 53; Re Winchman Shipbuilding, Boiler and Salt Co. [1878] 9 Ch 322, 328f.; Pennington, Directors' Personal Liability, S. 174.

769 Williams v Natural Life Health Foods Ltd. [1998] 1 W.L.R. 830, 835ff (H.L.): „It is not sufficient that there should have been a special relationship with the [the company] [...] a director of a contracting company may only be held liable where it is established by evidence that he assumed personal liability"; vgl. auch schon Henderson v Merrett Syndicates Ltd. [1995] 2 AC 145ff. (H.L.); White v Jones [1995] 2 AC 207ff. (H.L.); Spring v Guardian Assurance plc. [1995] 2 AC 296ff. (H.L.).

770 Williams v Natural Life Health Foods Ltd. [1998] 1 W.L.R. 830, 836 (H.L.).

771 [1975] QB 180, 191.

772 [1992] 2 N.Z.L.R. 517ff.; hierzu kritisch Fridman, 5 Canterbury Law Review 1992, 41, 56ff.

Werbebroschüre auf die erprobte persönliche Sachkunde des *directors* verwiesen hatte. Nach der Auflösung der insolventen Gesellschaft verklagten die Franchisenehmer den *director* der Franchisegeberin, obwohl dieser zu keiner Zeit an den Vertragsverhandlungen oder der Erstellung der, wie sich später herausstellen sollte, unzutreffenden Finanzkalkulationen teilgenommen hatte. Sowohl der High Court[773] als auch der Court of Appeal[774] verurteilten den *director* zur Zahlung von Schadenersatz. Hierbei stützte der Court of Appeal seine Entscheidung hauptsächlich auf die Überlegung, daß der *director* seine in der Broschüre erwähnte Erfahrung in der Zeit vor der Bestellung zum *director* von *National Life Health Foods Ltd.* gewonnen hatte.[775] Daher habe er eine über die Funktion des *directors* hinausgehende persönliche Verantwortung für die gegebene Falschinformation übernommen.[776]

Das House of Lords urteilte jedoch in seiner Entscheidung, daß der *director* nicht persönlich haftbar sei, da der Hinweis auf seine persönliche Sachkunde vielmehr nach einem objektiven Maßstab dem typischen Verhalten eines *directors* in einer Einmann-Gesellschaft entspreche.[777] So besitze der Gesellschafter-Geschäftsführer einer Einmann-Gesellschaft fast immer die für die Funktion des Betriebes erforderlichen Schlüsselqualifikationen. Auch spreche der Umstand, daß er diese vor Inkorporierung der Gesellschaft erworben hatte, nicht für eine persönliche Übernahme der Verantwortung. Es hätte daher nicht vernünftigerweise davon ausgegangen werden können, daß der *director* eine eigenständige Verantwortung übernommen hatte.[778] Ferner seien keine eindeutigen Hinweise erkennbar gewesen, daß die Kläger auf eine persönliche Verantwortung des *directors* vertraut hätten.

. Zusammenfassend ist daher im Bereich der deliktischen Haftung festzuhalten, daß sich eine persönliche Inanspruchnahme eines *directors* nicht schon allein aus

773 [1996] 1 BCLC 288ff.

774 [1997] 1 BCLC 131ff. (C.A.).

775 [1997] 1 BCLC 131, 152 (C.A.): "a company director is only to be held personally liable for the company's negligent misstatements if the plaintiffs can establish some special circumstances setting the case apart from the ordinary."

776 [1997] 1 BCLC 131, 153 (C.A.): „the relevant knowledge and experience was entirely his qua Mr. Mistlin, and not his qua director. Indeed I would go so far as to say that, in reality, Mr. Mistlin held himself out as personally responsible"; hierzu kritisch Grantham, C.L.J. 1997, 259, 262.

777 Williams v Narural Life Health Foods Ltd.[1998] 1 W.L.R. 830, 836, 838 (H.L.)

778 Williams v Natural Life Health Foods Ltd. [1998] 1 W.L.R. 830, 835 (H.L.): „reasonable [...] reliance".

der Organstellung an sich ergibt.[779] Vielmehr ist eine persönliche Haftung auf wenige Ausnahmen beschränkt. So können *directors* nur dann persönlich haftbar gemacht werden, wenn besondere Umstände gegen die Vermutung der alleinigen Haftung der Gesellschaft sprechen. Solche besonderen Umstände sind jedoch insbesondere dann anzunehmen, wenn der *director* über seine Funktion als *directors* hinaus auch noch objektiv erkennbar persönlich die Verantwortung übernimmt (*assumption of resonsibility*).

IV. Gesetzlich geregelte Haftungstatbestände

Wie oben dargestellt, ist der Pflichtenkreis der englischen Leitungsorgane gegenüber Dritten klein.[780] *Directors* haben zwar im Vorfeld der Insolvenz auch die Interessen der Gesellschaftsgläubiger zu berücksichtigen (vgl. s. 214 Insolvency Act 1986), jedoch haben sie grundsätzlich nicht die Möglichkeit, selbst gegen Verstöße hiergegen gerichtlich vorzugehen. Der Gesetzgeber hat jedoch einige wenige Fälle vorgesehen, welche eine direkte persönliche Außenhaftung der *directors* zum Schutze des Rechtsverkehrs zur Folge haben.

1. Mißbrauch der Gesellschaftsform

Vor Einführung von ss. 216, 217 Insolvency Act 1986 wurden kleinere insolvente Gesellschaften häufig von einem dem *director* nahestehenden *liquidator* im Stillen abgewickelt, ohne daß die Gläubiger ihre Forderungen anmelden, geschweige denn realisieren konnten. Im Anschluß daran wurde das Unternehmen mit der gleichen oder einer ähnlichen Firma erneut inkorporiert („*phoenix-syndrome*") und konnte entsprechend ohne Gläubigerforderungen die Geschäfte fortsetzen.[781] Seit 1986 ist es nunmehr Personen, die in den letzten 12 Monaten in einer wegen Insolvenz aufgelösten Gesellschaft die Funktion des *directors* ausübten, verboten, für die nächsten fünf Jahre als *director* einer

---

779 Rainham Chemical Works Ltd. v Belvedere Fish Guano Co. Ltd. [1921] 2 AC 465, 476; Pennington, *directors*' Personal Liability, S. 174f.; Prime/Scanlan, The Law of Private Limited Companies, S. 103.

780 Vgl. auch Re Winchman Shipbuilding, Boiler and Salt Co. [1878] 9 Ch 322, 328ff.; Wilson v Lord Bury [1880] 5 QB 518, 525ff, 536; Clark v Urquhart [1930] AC 28, 53; Multinational Gas and Petrochemical Co. v Multinational and Petrochemical Services Ltd. [1983] Ch 258, 288.

781 Davies, Gower's Principles of Modern Company Law, S. 155f. mit dem Hinweis, daß die Folgegesellschaft häufig vom liquidator das Geschäft und die Aktiva der ursprünglichen Gesellschaft unter Wert erwarb.

Gesellschaft tätig zu werden, welche diesselbe oder eine ähnliche Firma wie die aufgelöste Gesellschaft führt.[782] Bei Zuwiderhandlung haftet der *director* persönlich neben der Gesellschaft für alle Schulden der neu gegründeten Unternehmung.[783]

2. *Direktorentätigkeit entgegen einer Untersagungsverfügung*

Personen, die aufgrund eines Gerichtsbeschlusses (*disqualification order*) nach dem Company Directors Disqualification Act 1986 von einer Tätigkeit als *director* einer Gesellschaft ausgeschlossen sind und dennoch eine solche wieder aufnehmen, haften den Gesellschaftsgläubigern persönlich und gesamtschuldnerisch[784] zusammen mit der Gesellschaft. Hierbei umfaßt die Haftung alle Verbindlichkeiten der Gesellschaft, die während ihrer unzulässigen Direktorentätigkeit begründet wurden[785], wobei sich die Inanspruchnahme nicht nur auf vertragliche Verbindlichkeiten beschränkt.[786]

3. *Haftung aufgrund fehlerhafter Zeichnung von Wertpapieren*

Nach s. 349 (4) Companies Act 1985 ist eine persönliche Inanspruchnahme eines *directors* möglich, wenn er bei der Unterzeichnung oder dem Unterzeichnenlassen von Wechseln, Schecks, Schuldverschreibungen und dergleichen die Vertretung der Gesellschaft nicht hinreichend deutlich gemacht hat.[787] Hierbei genügt es, daß die vollständige und richtige Firma nicht in lesbarer Weise erscheint, unabhängig davon, ob beim Empfänger ein Irrtum erregt wurde oder nicht.[788] So gilt z.B die Bezeichnung der Gesellschaft als unvollständig, wenn sie

---

782 s. 216 Insolvency Act 1986.

783 s. 217 Insolvency Act 1986.

784 s. 15 (2) Company Directors Disqualification Act 1986; siehe auch ss. 1 und 2 Civil Liability (Contribution) Act 1978 zur Möglichkeit eines Gesamtschuldnerausgleichs.

785 s. 15 Company Directors Disqualification Act 1986.

786 Pennington, Directors' Personal Liability, S. 177, 187f.

787 Vgl. Atkins v Wardle [1889] 5 T.L.R. 734, 734 (C.A.); Civil Service Co-operative Society v Chapman [1914] 30 T.L.R. 679, 679f.; Scottish & Newcastle Breweries Ltd. v Blair [1967] S.L.T. 72ff.; British Airways Board v Parish [1979] 2 Lloyd's Rep. 361, 363f.; Blum v OCP Repartition [1988] BCLC 170ff.; a. A. Oshkosh B'Gosh Inc. v Dan Marbel Inv Ltd. [1989] BCLC 507, 508f. (C.A.); kritisch auch Milman, Palmer's In Company (4) 1997, 1, 2.

788 Scottish & Newcastle Breweries Ltd. v Blair [1967] S.L.T. 72, 74; Lindsholst v Fowler [1988] BCLC 166ff. (C.A.); Rafsanjan Pistachio Producers v Reiss [1990] BCLC 352, 354ff.; siehe aber auch zur Arglisteinrede Durham Fancy Goods Ltd. v

durch "etc." abgekürzt wird[789] oder der Zusatz "limited" fehlt.[790] Hingegen haftet die Gesellschaft, wenn es offenkundig gewesen ist, daß die Gesellschaft die Verpflichtung aus dem Rechtsgeschäft treffen sollte.[791]

4. Haftung während der Gründungsphase

Bereits während der Gründungsphase besteht häufig die Notwendigkeit, Rechtsgeschäfte für die in der Gründung befindliche Gesellschaft zu tätigen. Vor der Inkorporierung der Gesellschaft haftet jedoch nur der sog. *promoter*, dem faktisch die Funktion eines *directors* zukommt.[792] Dieser ist rechtlich gesehen weder Organ noch Treuhänder oder Vertreter der Gesellschaft, da vor der Inkorporation noch keine Gesellschaft existiert.[793] So kennt das englische Recht nicht die Konstruktion der Vor-Gesellschaft des deutschen Gesellschaftsrechts, da die *private limited company* erst durch die Erteilung des *certificate of incorporation* entsteht.[794] Die Gesellschaft nimmt daher ihre Tätigkeit frei von Rechten und Pflichten auf.[795] Mithin wird - unabhängig von seinem Rechtsbindungswillen und Auftreten - nur der *promoter* Vertragspartner bei Geschäften in der Gründungsphase und folglich trägt auch nur er das Vertrags- und Haftungsrisiko.[796] Die sich daraus ergebende Problemlage der alleinigen Haftung des *promoters*, obwohl ihm nicht der wirtschaftliche Vorteil der Geschäfts-

---

Michael Jackson (Fancy Goods) Ltd. [1968] 2 QB 839, 846ff. und Blum v O.C.P. S.A. [1988] BCLC 170, 175.

789 Atkins v Wardle [1889] 5 T.L.R. 734, 734.

790 Penrose v Martyr [1858] E & B 499ff.; Blum v O.C.P. S.A. [1988] BCLC, 170ff.; siehe aber s. 27 (1) und (4) Companies Act 1985 mit dem Zugeständnis "limited" mit der Abkürzung "Ltd." sowie "public limited company" durch "plc." zu ersetzen. Ebenso wurde in Banque de l'Indochine et de Suez S.A. v Euroseas Group Finance Co. Ltd. [1981] 3 All ER 198, 201 festgestellt, daß das Kürzel "Co." für das Wort "Company" zulässig ist.

791 Croydon Hospital v Farley [1816] 6 Taunt. 467, 479ff.; Goldsmith (Sicklesmere) Ltd. v Baxter [1970] Ch 85, 93.

792 s. 36 Companies Act 1985; für die Haftung der directors einer public limited company siehe s. 117 (8) Companies Act 1985.

793 Neuling, Deutsche GmbH und englische private company, S. 55.

794 s. 13 (1) Companies Act 1985.

795 Kelner v Baxter [1866] LR 2 CP 174, 183; siehe auch Natal Land Co. Ltd. v Pauline Colliery Syndicate Ltd. [1904] AC 120, 126 mit der Feststellung, daß eine Gesellschaft den Vertrag im Rahmen einer Stellvertretung weder durchsetzen noch genehmigen kann, da der Vertretene bei Vertragschluß existent sein muß. Entsprechend entfällt auch eine Haftung nach den Grundsätzen der Vertretung ohne Vertretungsmacht (Phonogram Ltd. v Lane [1981] 3 All ER 182, 187f.).

796 Phonogram Ltd. v Lane [1981] 3 All ER 182, 187.

tätigkeit zufließt, wird in der englischen Wirtschafts- und Rechtspraxis sehr häufig durch die Verwendung von Gesellschaftsmänteln zur wirtschaftlichen Neugründung umgangen.[797] Entsprechend relativiert sich auch die Tatsache, daß nach der Grundkonzeption der alleinigen Haftung des *promoters* dieser keinen Freistellungsanspruch gegen die zukünftige Gesellschaft hat, sondern die Gesellschaft sich mangels Rechtsfähigkeit erst nach ihrer Inkorporation verpflichten kann, die in der Gründungsphase getätigten Geschäfte und Aufwendungen zu übernehmen.[798]

C) Rechtsvergleichende Bewertung und die Bedeutung für das Jahr-2000-Problem

Die Frage nach der Haftung eines Handlungsorgans gegenüber außenstehenden Dritten gewinnt insbesondere dann an Bedeutung, wenn die Gesellschaft mangels Haftungsmasse als Schuldner ausscheidet. Für den geschädigten Gläubiger bedeutet die Inanspruchnahme des Leitungsorgans dann zumeist die letzte Chance, einen endgültigen Forderungsausfall zu vermeiden.

I. Haftung bei der Vertretung

Beiden Rechtsordnungen ist es gemein, daß einzig das Leitungsorgan eine vertragliche Verpflichtung eingeht, wenn der Umstand der Vertretung der Gesellschaft nicht hinreichend deutlich gemacht wird.[799] Macht das Leitungsorgan hingegen hinreichend klar, daß es für die Gesellschaft auftritt, so ist zum Schutze des Rechtsverkehrs sowohl in Deutschland als auch in England grundsätzlich davon auszugehen, daß die Gesellschaft verpflichtet wird, selbst wenn im Innenver-

---

797 Neuling, Deutsche GmbH und englische private company, S. 63.

798 Melhando v The Porto Alegre, New Hamburgh and Brazilian Railway Co. [1874] LR 9 CP 503, 505ff.; vgl. aber Phonogram Ltd. v Lane [1981] 3 ALL ER 182, 187 mit der Möglichkeit der Haftungsbeschränkung durch die Vereinbarung einer befreienden Schuldübernahme für den Fall, daß die Gesellschaft die geschlossenen Verträge übernimmt und Neuling, Deutsche GmbH und englische private company, S.58 mit dem Hinweis auf die Möglichkeit der Haftungsbeschränkung, indem ein Rücktrittsrecht für den Fall vereinbahrt wird, daß die Gesellschaft bis zu einem bestimmten Zeitpunkt den Vertrag nicht übernommen hat.

799 Vgl. auch die von der deutschen Rechtsprechung entwickelten Grundsätze der Rechtsscheinhaftung und § 4 Abs. 2 i.V.m. § 35 Abs. 2 GmbHG mit dem Zeichnungserfordernis des GmbH-Rechtsformzusatzes sowie das vertrauensunabhängige englische Gegenstück für Schuldverschreibungen in s. 349 (4) Companies Act 1985.

hältnis eine Überschreitung der Vertretungsbefugnis festzustellen ist. Dieser Schutz des Rechtsverkehrs erfährt jedoch eine Einschränkung, wenn das Schutzbedürfnis entfällt. So wird die GmbH dann nicht verpflichtet, wenn der Geschäftsführer gegen seine innergesellschaftlichen Befugnisse handelt und dies der anderen Partei evident ist. Ebenso sieht das englische Gesellschaftrecht nur dann eine optionale Bindung der Gesellschaft nicht vor, wenn die Vertragspartei nicht gutgläubig handelte, was jedoch grundsätzlich vermutet wird.[800] Wird die Gesellschaft aus diesem Grunde nicht verpflichtet, so haftet in beiden Rechtsordnungen das Leitungsorgan persönlich, wenn nicht eine Genehmigung des zuständigen Organs oder Organteils erfolgt.

II. Haftung aus unerlaubter Handlung

Sowohl im deutschen als auch im englischen Recht befindet sich die unerlaubte Handlung eines Leitungsorgans im Spannungsfeld zwischen den gesellschaftsrechlichen und den deliktischen Grundsätzen. So ist beiden Rechtsordnungen gemein, daß zum einen nach den gesellschaftsrechtlichen Grundsätzen eine Haftungskonzentration in der Gesellschaft eintritt.[801] Zum anderen widerspricht dies jedoch den Grundsätzen der unerlaubten Handlung, wonach jede Person persönlich für ihr schädigendes Verhalten einzustehen hat.

Die englische Rechtsprechung löst dieses dogmatische Problem, wie zuletzt in *Williams v Natural Life Health Foods Ltd.*[802] durch das House of Lords bestätigt, indem sie bei der Bestimmung der persönlichen Leitungshaftung für eine unerlaubte Handlung an das Kriterium der persönlichen Verantwortungsübernahme (*assumption of responsibility*) anknüpft. Gleichwohl enthält sich die Rechtsprechung einer genauen Aussage, was unter diesem Kriterium zu verstehen ist, so daß es letztendlich einer Entscheidung des Einzelfalls überlassen ist, unter welchen Umständen von einer persönlichen Haftung ausgegangen werden kann.[803]

---

800 Mit Einführung der Gutglaubensvorschriften im englischen Kapitalgesellschaftsrecht relativierte sich daher auch im Außenverhältnis die Bedeutung des Gleichlaufs von Vertretungs- und Geschäftsführungsmacht sowie deren Bindung an den Unternehmensgegenstand (ultra-vires-doctrine).

801 Vgl. 13 Abs. 2 GmbHG bzw. Salomon v Salomon & Co Ltd. [1897] AC 22ff. (H.L.).

802 Williams v Natural Life Health Foods Ltd. [1998] 1 W.L.R. 830ff. (H.L.).

803 Vgl. auch die kritischen Aussagen von einzelnen Richtern: Lord Mustill in White v Jones [1995] 2 AC 207, 288 (H.L.) und Lord Roskill in Caparo plc. v Dickman [1990] 2 AC 605, 628 (H.L.): „find[ing] considerable difficulty in phrases such as „voluntary assumption of responsibility“ unless they are to be explaned as meaning no more than the existance of circumstances of which the law will impose a liability upon a person making the allegedly negligent statement to the person to whom the

Daher ist es auch nicht überraschend, daß sich Lord Steyn in *Williams v Natural Life Health Foods Ltd.* zur Auffangsfunktion des Rechts der unerlaubten Handlungen folgendermaßen äußert:

> „Coherence must sometimes yield to practical justice [...] while the present structure of English contract law remains intact, the law of tort, as the general law, has to fulfil an essential gap-filling role.“[804]

Von einer ausreichenden Leitung der unterinstanzlichen Gerichte sowie der Geschäftswelt kann daher nicht ausgegangen werden, da es letztendlich auf eine Einzelfallentscheidung hinauslaufen muß, unter welchen Umständen von einer persönlichen Haftung des Leitungsorgans gegenüber Dritten ausgegangen werden kann. Dies scheint aber auch nicht bezweckt, da aus den Entscheidungsgründen die Befürchtung eines Dammbruches hin zu einer extensiveren Leitungshaftung im Recht der unerlaubten Handlungen herauszulesen ist.[805]

Der gleiche Aspekt des effektiven Gläubigerschutzes hat auch den BGH in seiner „Baustoff“-Entscheidung bewogen, von einer persönlichen Haftung des Leitungsorgans auszugehen, obwohl es selbst an der rechtsverletzenden Handlung nicht teilgenommen und auch hiervon keine Kenntnis hatte. So obliege dem Geschäftsführer eine Garantenstellung zum Schutz fremder Rechtsgüter i.S.v. § 823 Abs. 1 BGB, die ihre Träger der Einflußsphäre der Gesellschaft überantwortet haben. Eine Garantenpflicht ergebe sich aus dem Umstand, daß der Geschäftsführer eine mit der „Zuständigkeit für Organisation und Leitung und der daraus erwachsenden persönlichen Einflußnahme auf die Gefahrenabwehr bzw. -steuerung verbundene persönliche Verantwortung“[806] gegenüber Außenstehenden übernommen habe. Diese sehr weit gehaltene Formulierung bietet ebenso wie der Wortlaut in *Williams v Natural Life Health Foods Ltd.* erhebliche Interpretationsmöglichkeiten und eine breite Angriffsfläche für Kritik. Dennoch wird in den Stellungnahmen zur „Baustoff“-Entscheidung des BGH häufig übersehen, daß der BGH den Anwendungsbereich einer „nach außen gekehrten Organisationshaftung“ auf die Verletzung von absolut geschützten Rechtsgütern i.S.v. § 823 Abs. 1 BGB beschränkt hat, welche der Gesellschaft anvertraut wurden.[807] Hierdurch ergibt sich eine erhebliche Einschränkung des Anwendungsbereichs. Innerhalb dieses Bereiches bleibt jedoch die Kritik, daß sich die Organisati-

---

statement is made; in which case the phrase does not help to determine in what circumstances the law will impose that liability or indeed, its scope.“

804 Williams v Natural Life Health Foods Ltd [1998] 1 W.L.R. 830, 837.

805 Vgl. Williams v Natural Life Health Foods Ltd. [1998] 1 W.L.R. 830, 838: „plethora of new tort claims“.

806 BGHZ 109, 297, 303.

807 Vgl. hierzu auch Groß, ZGR 3/1998, 551, 568.

onspflicht des Geschäftsführers gegenüber der Gesellschaft „automatisch“ und ohne besondere Begründung nach außen kehrt und letztendlich bereits die Stellung als Geschäftsführer den Ansatz für das Bestehen von drittschützenden Pflichten bildet. Eine solche besondere Begründung sieht das House of Lords in der selbständigen Verantwortungsübernahme des Leitungsorgans (*assumption of responsibility*). Diese Konstruktion bietet eine bessere Nachvollziehbarkeit im Hinblick auf die besonderen Umstände der Verpflichtung, verharrt jedoch dann ebenso bei einer allgemeinen Formulierung, ohne dem Rechtsverkehr bzw. unterinstanzlichen Gerichten leitende Kriterien an die Hand zu geben.

In beiden Rechtsordnungen hat man sich höchstrichterlich an die Leitungshaftung im Spannungsfeld zwischen Gesellschaft- und Deliktsrecht herangewagt. Letztendlich erkennen jedoch die obersten Gerichte in beiden Ländern, daß die verletzte Pflicht ursprünglich nur eine solche der Gesellschaft ist und daß es eine Frage des Einzelfalls bleiben muß, ob ein Leitungsorgan aus dem Schutz der Gesellschaft tritt und eine persönliche Haftung aufgrund eines eigenständigen Verpflichtungsgrundes aufzuerlegen ist. Es gilt daher länderübergreifend Lord Steyns Ausspruch zur Verwirklichung der materiellen Gerechtigkeit: „*coherence must sometimes yield to practical justice*“.[808] Der Eigenwert der Rechtssicherheit droht jedoch hierbei zu kurz zu kommen.

Aufgrund des eingeschränkten Anwendungsbereichs der „Organisationshaftung“ i.S.d. „Baustoff“-Entscheidung erscheint daher auch eine haftungsrechtliche Heranziehung durch die Gerichte im Zusammenhang mit dem Jahr-2000-Problem als wenig wahrscheinlich. Größer sind jedoch die Haftungsgefahren des deutschen Geschäftsführers bei der deliktischen Produzentenhaftung. So droht eine persönliche Inanspruchnahme, wenn umstellungsbedingte Funktionsfehler zu Personen- und Sachschäden führten. Reine Vermögensschäden sind hingegen über die außervertragliche Haftung nicht ersatzfähig.

Anknüpfungspunkt für die persönliche Inanspruchnahme eines Geschäftsführers ist grundsätzlich, daß dieser durch seine Organstellung - bei mehrköpfiger Geschäftsleitung innerhalb seines Aufgabenbereichs - die Gesamtverantwortung für die Sicherheit der Produktion und somit für die Vermeidung von Produktfehlern trägt.[809] Entsprechend haftet das Leitungsorgan, wenn es selbst schuldhaft ein fehlerhaftes Produkt in den Verkehr gebracht hat oder es trotz Kenntnis des Fehlers unterlassen hat, das Inverkehrbringen des Produktes zu verhindern, und aufgrund dieses Verhaltens ein Außenstehender einen Schaden an den durch § 823 Abs. 1 geschützten Rechtsgütern erleidet. Ein Unterlassen sowie eine Haftung bei mittelbarer Schadensverursachung setzen jedoch voraus, daß dem Ge-

---

808 Williams v Natural Life Health Foods Ltd [1998] 1 W.L.R. 830, 837.

809 BGH NJW 1990, 2560, 2564f.; NJW 1990, 976, 977f.

schäftsführer eine Rechtspflicht zum Handeln oblag. Eine solche Rechtspflicht kann in den Verkehrssicherungspflichten zu sehen sein, die im Produkthaftungsbereich die Konstruktions-, Fabrikations- sowie die Instruktions- und Produktbeobachtungs- mit den daraus sich ergebenden Folgenwarn- und Rückrufpflichten beinhalten.[810]

Im Hinblick auf den Jahr-2000-Fehler sind insbesondere die Konstruktions- und Produktbeobachtungspflicht von Bedeutung. Hierbei gebietet die Konstruktionspflicht, daß das Produkt nach dem Stand von Wissenschaft und Technik die gebotene Sicherheit gewährleistet. Ab welchem Zeitpunkt jedoch von Jahr-2000-Kompatibilität auszugehen war, ist weitgehend umstritten.[811] Es scheint sich jedoch in der Literatur eine h.M. herauszubilden, welche davon ausgeht, daß die Jahr-2000-Fähigkeit ab dem Jahr 1995 dem Stand von Wissenschaft und Technik entsprach. Ab diesem Zeitpunkt hatte daher ein Hersteller und seine Leitungsorgane sicherzustellen, daß das Produkt keine Jahr-2000-Fehlerhaftigkeit aufweist, welche einen Schaden an den von § 823 Abs. 1 BGB geschützten Rechtsgütern verursachen konnte. Doch selbst wenn das Produkt während der Produktion dem damaligen Stand der Wissenschaft und Technik entsprach, ist der Produzent weiterhin verpflichtet, im Rahmen der Produktbeobachtungspflicht, die von ihm in Verkehr gebrachten Produkte auf gefährliche Eigenschaften hin zu überwachen, die sich erst während der Anwendung zeigen.[812] Hierbei ist auch die voranschreitende Entwicklung von Wissenschaft und Technik zu berücksichtigen.[813] Zeigte daher die Produktbeobachtung, daß aufgrund fehlender Jahr-2000-Fähigkeit Schäden[814] möglich waren, so waren entsprechend der Art und Höhe des Schadenspotentials geeignete Gegenmaßnahmen durchzuführen. Solche konnten darin gesehen werden, daß die Anwender auf das Problem beim Jahrtausendwechsel und die möglichen Schäden hingewiesen und ggf. über Fehlerbehebungsmöglichkeiten informiert wurden. Bestand jedoch wie z.B. bei medizini-

---

810 BGH NJW 1995, 1286ff.; BGH DB 1994, 526f.; BGH NJW 1992, 560, 561.

811 Klett/Redelfs, RIW 1999, 2, 8: ab 1995; ebenso Haase, Das Jahr 2000 in der EDV, S. 177; Hohmann, NJW 1999, 521, 525 mit der Ansicht, daß auch in- und ausländiche technische Normen, Qualitätsstandards von Konkurrenzprodukten und die neuesten wissenschaftlichen Erkenntnisse zu berücksichtigen sind. Daher plädiert er für den 1.1.1990. Das bisher einzige veröffentlichte deutsche Urteil zum Jahr-2000-Problem des LG Leipzig, NJW 1999, 2975ff. verweist zwar auf die 1988 erlassene ISO 8601 und die DIN 5008 aus dem Jahr 1992, läßt ansonsten aber die Frage offen.

812 BGH NJW 1987, 1009, 1011; ZIP 1994, 213, 214.

813 BGH BB 1981, 1048ff.; BGH BB 1989, 2429ff.

814 Für eine Darstellung der möglichen Schadensszenarien vgl. u.a. Schneider/Hartmann, CI 1998, 181, 182.

schen Apparaten der Intensivmedizin ein Sicherheitsrisiko für Leben und Gesundheit, so konnte es erforderlich gewesen sein, das Produkt zurückzurufen.[815]

Durch die Produzentenhaftung des § 823 Abs. 1 BGB erfahren alle dort genannten absolut geschützten Güter einen Schutz, wobei im Zusammenhang mit dem Jahr-2000-Problem dem Eigentumsschutz eine besondere Bedeutung zukommt.[816] Abgesehen von einer Substanzbeeinträchtigung ist hierbei ein besonderes Augenmerk auf die Beeinträchtigung der Gebrauchstauglichkeit zu richten. Insbesondere beim Einbau bzw. der Installation von Komponenten und Software in Maschinen und Anlagen oder von einzelnen Maschinen und Anlagen in komplexe Fertigungsstraßen bzw. -prozesse stellt sich die Frage, ob durch den Einbau eines nicht Jahr-2000-fähigen Teils oder Programms eine Eigentumsverletzung i.S.v. § 823 Abs. 1 BGB eingetreten war. Hierzu vertritt der BGH in feststehender Judikatur, daß es ausreicht, daß die Gebrauchstauglichkeit der Gesamtsache, in die ein fehlerhaftes Einzelteil eingebaut wurde, „nicht nur geringfügig beeinträchtigt“ wurde.[817] Führte daher die Jahr-2000-Unfähigkeit einer Einzelkomponente bzw. der Jahr-2000-bedingte Verlust oder die Veränderung von Daten dazu, daß Maschinen oder Anlagen in ihrer Gebrauchstauglichkeit nicht nur geringfügig beeinträchtigt wurden, so kann hierin eine Eigentumsverletzung nach § 823 Abs. 1 BGB gesehen werden.[818] Nach ständiger Rechtsprechung ist jedoch zu beachten, daß nur die Schäden ersetzt werden, die nicht eine „Stoffgleichheit“ mit dem Jahr-2000-Fehler aufweisen, da durch § 823 Abs. 1 BGB nur das Inte-

---

815 Vgl. BGH NJW 1990, 2560, 2564ff.; OLG Karlsruhe NJW-RR 1995, 594, 597; BGH BB 1994, 2307f.; LG Hamburg, VersR 1994, 299f.; vgl. aber auch BGH ZIP 1994, 213, 217 und BGH NJW-RR 1995, 342, 343 zu möglichen Rückrufpflichten bei erheblichen Sachschäden; eine unbedingte Pflicht zur kostenfreien Gefahrenbeseitigung (Reparatur) nehmen Sommerlad, BB-Beil. 1997, 5, 9 und Mayer, DB 1985, 319, 321ff. an; vermittelnd hierzu Bartsch, CR 1998, 193, 197 und Hohmann, NJW 1999, 521, 525 mit dem Vorschlag, einer Reparaturpflicht nur bei hohen Risiken, insbesondere bei Gesundheits- und Lebensgefahr, wobei stets auch die Verhältnismäßigkeit und die Verantwortlichkeit des Herstellers Berücksichtigung finden müsse.

816 Vgl. aber auch BGH BB 1977, 1419f.; BGH NJW 1983, 812ff.; BGHZ 86, 152ff.; BGH NJW 1992, 41f. zum betriebsbezogen Eingriff in den eingerichteten und ausgeübten Gewerbebetrieb.

817 BGH NJW-RR 1995, 342, 342f.; BGH NJW 1998, 1942, 1942 (Leitsatz): „Werden bei der Anfertigung einer neuen Sache die dazu dienenden einwandfreien Teile des Herstellers durch ihre Verbindung mit den hierzu bestimmten, jedoch mangelhaften Teilen eines Zulieferers unbrauchbar, so tritt bereits im Zeitpunkt der Verbindung eine Verletzung des Eigentums an den zuvor unversehrten Bestandteilen ein.“

818 Vgl. zu Daten und Programmen BGH NJW 1996, 2924, 2926, BGH CR 1993, 681, 683; OLG Karlsruhe NJW 1996, 200, 201.

gritäts-, jedoch nicht das Äquivalenzinteresse einen Schutz erfährt.[819] Der Mangelunwert, welcher der fehlerhaften Gesamtsache von Anfang an anhaftet, ist daher als Minderwert (Äquivalenz!) nicht ersatzfähig. So sind die Kosten der unmittelbaren Fehlerbeseitigung nicht erfaßt, während der Ausfallschaden aufgrund des Stillstands der Maschinen oder Anlagen abgedeckt ist.[820]

Da es sich bei dem Jahr-2000-Fehler um einen Konzeptionsmangel handelt, muß die Verteidigung des „Ausreißers" ins Leere gehen. Dennoch kann die persönliche Verantwortlichkeit für Produktschäden entfallen, die auf Fehlern von Zulieferteilen beruhen, die trotz der durchgeführten und gebotenen Kontrollen nicht erkennbar waren.[821] Hatte der ordnungsgemäß ausgesuchte Zulieferer basierend auf seiner besonderen fachlichen Erfahrung und Einrichtungen diese Prüfung bereits vorgenommen, so konnte sogar die Pflicht zu eigenen Kontrollen entfallen.[822] Auch wurde im vorangegangenen Kapitel zur Haftung gegenüber der Gesellschaft darauf hingewiesen, daß spätestens ab Ende 1997 mit einer allgemeinen Kenntnis der Datumsproblematik bei sämtlichen Leitungsorganen zu rechnen war. Entsprechend traf den Geschäftsführer auch ab diesem Zeitpunkt die Verpflichtung, die Beachtung der Verkehrssicherungspflichten in seinem Ressort sicherzustellen. Die Frage der Übertragung der Grundsätze der „Baustoff"-Entscheidung auf die deliktische Produkthaftung erübrigt sich daher im Zusammenhang mit dem Jahr-2000-Problem.

III. Haftung bei Aussagen des Leitungsorgans

Wie zuvor dargelegt, kann sich in England eine persönliche Inanspruchnahme des *directors* aus unerlaubter Handlung nur aus den vom House of Lords entwikkelten Grundsätzen zur persönlichen Verantwortungsübernahme ergeben. Übernahm das Leitungsorgan daher objektiv erkennbar über seine Funktion als *director* hinaus auch als Einzelperson eine persönliche Gewähr für das Vorhandensein von Jahr-2000-Kompatibilität oder die Gefahrlosigkeit eines Produktes, und stellte sich dies als unwahr heraus, so ist an ein *„negligent/fraudulent misstate-*

---

819 Ständige Rechtsprechung, vgl. nur BGH NJW 1977, 379ff; BGH NJW 1983, 810ff.; BGH NJW 1983, 812ff.; BGH NJW 1992, 1225ff.; BGH NJW 1992, 1678ff.; BGH NJW 1996, 2224ff.

820 Vgl. Merkel, NJW 1987, 358, 359; Steffen, VersR 1988, 977, 979f.

821 Vgl. BGH NJW 1968, 247ff.; BGH NJW 1976, 46, 47; OLG Karlsruhe NJW-RR 1995, 594ff.; vgl. zu evtl. Mitwirkungspflichten der Gesamthersteller und Zulieferer OLG Köln NJW-RR 1993, 1528ff.; OLG Köln NJW-RR 1993, 1529ff.

822 BGH NJW 1975, 1827, 1828; OLG Köln VersR 1990, 863, 863f.; vgl. aber BGH NJW 1994, 3349, 3350.

ment" und die sich daraus ergebenden Haftungsfolgen zu denken.[823] Dies könnte z.B. der Fall sein, wenn Banken im Vertrauen auf die persönliche Verantwortungsübernahme des *directors* zur rechtszeitigen Jahr-2000-Kompatibilität des Betriebsapparates der Gesellschaft ein Darlehen gewährt haben. Ähnliches gilt auch im Verhältnis zu Kunden und Lieferanten, wenn sich diese auf die persönliche Verantwortungsübernahme des *directors* bei Fragen der Jahr-2000-Kompabilität und der damit zusammenhängenden Produktsicherheit objektiv haben verlassen können und dies auch taten. Entscheidende Bedeutung wird daher dem Umstand zukommen, ob der *director* eine eigenständige Verantwortung gegenüber dem Geschädigten übernommen hat und dieser darauf in seiner Entscheidung vertraute.

Die vom House of Lords entwickelte Konstruktion der eigenständigen Verantwortungsübernahme hat ein Element der Übereinkunft, welches es zumindest funktional dem Vertragsrecht annähert. Da das englische Recht jedoch im Vertragsrecht dem Erfordernis der Gegenleistung (*consideration*) eine besondere Bedeutung zumißt und über keine Rechtsfigur verfügt, welche den Schutz von allgemeinen vorvertraglichen Pflichten zum Inhalt hat[824], war die aus dem Recht der unerlaubten Handlungen abgeleitete eigenständige Rechtskonstruktion der „*assumption of responsibility*" nötig.[825] Eine ähnlich systematische Lücke wurde in Deutschland durch die Konstruktion der Haftung aus Verschulden bei Vertragsschluß (c.i.c.) geschlossen, so daß den Geschäftspartner bestimmte Sorgfaltspflichten beim Vertragsschluß treffen. In besonders gelagerten Fällen kann diese vorvertragliche Pflicht auch den Geschäftsführer treffen. Im Zusammenhang mit dem Jahr-2000-Problem ist an eine persönliche Haftung des Geschäftsführers für ein Verschulden bei Vertragsschluß in der Fallkonstellation zu denken, daß er im Rahmen von Vertragsverhandlungen persönlich dafür Gewähr geleistet hat, daß das zu liefernde Produkt Jahr-2000-Kompatibilität aufweist. Voraussetzung hierfür ist jedoch, daß er über das bei der Anbahnung von Geschäftsbeziehungen übliche Verhandlungsvertrauen hinaus in besonderem Maß Vertrau-

823 Vgl. Hedley Byrne & Co. Ltd. v Heller & Partners Ltd. [1964] AC 463ff. für die unerlaubte Handlung des „negligent misstatement" und Williams Natural Life Health Foods [1998] W.L.R. 830ff. (H.L.) für die persönliche Inanspruchnahme des directors.

824 Walford v Miles [1992] 2 AC 128, 138.

825 Vgl. hierzu auch Grantham/Ricket, 62 The Modern Law Review 1999, 133, 136 und Lord Steyn in Williams v Natural Life Health Foods Ltd [1998] 1 W.L.R. 830, 837.

en für sich persönlich in Anpruch genommen hat und hierdurch eine von ihm persönlich ausgehende Gewähr für die Jahr-2000-Kompatibilität geboten hat.[826]

Neben einer persönlichen Verantwortungsübernahme kann sich eine Haftung des Geschäftsführers auch aus § 826 BGB ergeben. So haftet der Geschäftsführer, wenn er dem Vertragspartner beim Abschluß oder der Fortführung des Vertrages unbekannte Umstände nicht offenbarte, die der anderen Partei nach Treu und Glauben mitgeteilt werden mußten, weil deren Entscheidung wesentlich davon abhing.[827] Die Rechtsprechung hat diese Grundsätze bisher bei unterlassener Aufklärung über die schlechte Vermögenslage der Gesellschaft und bei der Vermittlung von Terminoptionsgeschäften angewandt. Eine Ausweitung auf die Jahr-2000-Problematik ist möglich. So verstieß es gegen die Regeln des Geschäftsverkehrs und des kaufmännischen Anstands, wenn ein Geschäftsführer von der fehlenden Jahr-2000-Kompatibilität seiner Produkte wußte bzw. ab allgemeiner Kenntnis Ende 1997 keine entsprechenden Prüfungen durchführte, und dennoch die Geschäftspartner nicht über diesen Umstand aufklärte.[828]

IV. Haftung bei finanziellen Schwierigkeiten der Gesellschaft

Im Zusammenhang mit der Jahresumstellung konnten sich auch haftungsrechtlich unter dem Stichwort der Unterkapitalisierung Probleme ergeben haben. So lag es in der Natur des Problems, daß weite Teile eines Unternehmens in Mitleidenschaft gezogen werden konnten und sich hierdurch erhebliche Funktionsstörungen im Betriebsablauf haben ergeben können. Entsprechend waren umfangreiche, aber auch kapitalintensive Bestands- und Funktionsprüfungen mit anschließenden Problemlösungen erforderlich. Diese finanzierungsintensiven Vorbereitungen und Maßnahmen mußten jedoch die bei einer Gesellschaft m.b.H. sehr häufig anzutreffende unzureichende Eigenkapitalausstattung noch erheblich verschärfen. Ferner könnte sich als Folge des Jahr-2000-Problems ergeben, daß sich Gesellschaften erheblichen Schadenersatzforderungen ausgesetzt sehen bzw. Produktionsausfälle und daraus folgende Ertragseinbrüche finanziell zu verkraften haben.

---

826 Vgl. BGH NJW 1997, 3227, 3228 und Strittmatter, BB 1999, 2621, 2622, 2625 zu einer Informationspflicht bei einem Wissensgefälle zwischen Lieferant und Abnehmer; hierzu Spindler, DB 1999, 1991, 1996f. mit dem Hinweis, daß von einem Informationsungleichgewicht ab dem Zeitpunkt nicht mehr auszugehen war, ab dem von jeder Geschäftsleitung erwartet werden konnte, daß sie über das Jahr-2000-Problem Kenntnis hatte.

827 Vgl. BGH NJW 1962, 1099; Kiethe, DStR 1993, 1298, 1301.

828 Vgl. BGH GmbHR 1994, 464, 465; ZIP 1985, 1506, 1508; Lutter/ Hommelhoff § 43 Rdnr. 36.

Abgesehen von der nominellen Unterkapitalisierung (Zuführung von Fremd- statt Eigenkapital), welche im Rahmen dieser Abhandlung keine Erörterung finden kann, tritt in diesem Zusammenhang insbesondere die materielle Unterkapitalisierung von Gesellschaften in den Blickpunkt. Hiervon ist auszugehen, wenn zu wenig Kapital im Verhältnis zum Geschäftsvolumen und den Geschäftsrisiken der Gesellschaft vorhanden ist. Sowohl das englische als auch das deutsche Gesellschaftsrecht begegnen dieser gläubigergefährdenden Situation durch die haftungsrechtliche Heranziehung des Leitungsorgans.[829] Dies geschieht im englischen Recht im Rahmen der *fraudulent* und *wrongful trading*-Vorschriften der ss. 213f. Insolvency Act 1986, während die deutsche Rechtsprechung Schutz vor wirtschaftlich funktionsuntüchtigen Gesellschaften im Rahmen der §§ 823, 826 BGB und nach den Grundsätzen der Haftung bei Vertragsschluß (c.i.c.) gewährt.

So ist von einer persönlichen Haftung des Geschäftsführers aus c.i.c. auszugehen, wenn er persönliches Vertrauen in Anspruch nimmt und die Geschäftspartner hierbei bewußt falsch über die wirtschaftliche Lage der Gesellschaft informiert. Hingegen ist die positive Aufklärungspflicht über die Zahlungsunfähigkeit und Überschuldung der Gesellschaft heute ausschließlich über die Haftung aus Insolvenzverschleppung nach § 823 Abs. 2 BGB i.V.m. § 64 GmbHG erfaßt.[830] Ähnliches muß bei der Verletzung der Aufklärungspflicht über die wirtschaftliche Situation der Gesellschaft auch für den hierbei zur c.i.c.-Haftung parallel laufenden[831] Anspruch aus § 826 BGB gelten. Eine weitere Einschränkung der Anwendbarkeit des § 826 BGB folgt auch aus der neueren Rechtsprechung zum Schaden der Neugläubiger: Handelt es sich um einen Kontrahierungsschaden von Neugläubigern bei der Konkursverschleppung, so kommt es nun nicht mehr auf einen Schädigungsvorsatz an, da der Schaden der Neugläubiger bereits bei Fahrlässigkeit nach § 823 Abs. 2 BGB i.V.m. § 64 Abs. 1 GmbHG eine Entschädigung erfährt.[832]

Im englischen Recht wird der Schutz der Gläubiger vor unterkapitalisierten Gesellschaften insbesondere durch s. 214 Insolvency Act 1986 erreicht, da ab dem Zeitpunkt, in dem die Gesellschaft in finanzielle Schwierigkeiten gerät, die

---

829 Eine beschränkte „Haftung“ der Gesellschafter ergibt sich jedoch nach den Grundsätzen der nominellen Unterkapitalisierung durch die Umqualifizierung von Fremd- zu haftendem Eigenkapital (eigenkapitalersetzende Darlehen). Eine solche Umqualifizierung ist dem englischen Recht fremd (Salomon v Salomon [1887] AC 22ff.). Vgl. aber auch die Überlegungen in der deutschen Literatur, die Gesellschafter bei materieller Unterkapitalisierung in Anspruch zu nehmen, hierzu ein kurzer Überblick in Neuling, Deutsche GmbH und englische private company, S. 152f. m.w.N.

830 Lutter, GmbHR 1997, 329, 330.

831 Vgl. Westermann/Mutter, DZWir 1995, 184, 191.

832 BGHZ 126, 181, 193; Roth/Altmeppen § 43 Rdnr. 32.

directors umfassend die Interessen der Gläubiger zu berücksichtigen haben. Führt ein *director* die Geschäfte der Gesellschaft weiter, obwohl abzusehen war, daß die Liquidation wegen Überschuldung nicht mehr abwendbar war, so kann der *director* auf Antrag des *liquidators* auf eine angemessene Ausgleichszahlung in das Gesellschaftsvermögen in Anspruch genommen werden. Bei der Bestimmung des in die Liquidationsmasse einzuzahlenden Betrages sind die englischen Gerichte frei.[833] Da s. 214 Insolvency Act 1986 jedoch Kompensationscharakter hat, geht die Entscheidung zumeist dahin, daß die Gläubiger in das Gesellschaftsvermögen den Schaden ersetzt bekommen, den sie dadurch erlitten haben, daß der *director* weiter Geschäfte tätigte, obwohl er wußte, daß die Insolvenz aufgrund Überschuldung unabwendbar war.[834] Ein direkter Anspruch der Neugläubiger gegen den *director* in Höhe ihres individuellen Ausfallschadens ist dem englischen Recht im Gegensatz zum deutschen Recht hingegen fremd. So bezweckt das englische Recht hierdurch eine gleichmäßige Befriedigung der Gläubiger, während es nach der Rechtsprechung des BGH zu einem Wettlauf der Neugläubiger kommen kann.

Ebenso ist dem englischen Recht eine mit dem deutschen Recht vergleichbare Pflicht zur Stellung eines Antrages zur Eröffnung des Insolvenzverfahrens unbekannt. So obliegt es nicht dem *director*, die Liquidation bei Überschuldung einzuleiten, sondern er hat sich „nur" eines gläubigerschädigenden Verhaltens zu enthalten. Beide Rechtsordnungen eröffnen den Leitungsorganen jedoch einen gewissen Entscheidungsspielraum bei der Bestimmung der Notlage der Gesellschaft und somit beim zeitlichen Anfang der ihnen übertragenen Pflichten.[835] Dies zeigt sich sowohl in England als auch in Deutschland in Form der Fortbestehungsprognose, welche das Leitungsorgan abzugeben hat und ab/bei dessen negativen Beurteilung ihn dann die zuvor beschriebenen gläubigerschützenden Pflichten treffen.

---

833 s. 214 (1) Insolvency Act 1986.

834 Davies, Gower's Principles of Modern Company Law, S. 155.

835 Vgl. Re Produce Marketing Consortium Ltd. (No. 2) [1989] BCLC 520ff.; BGH GmbHR 1998, 981, 982; vgl. auch Uhlenbruck, GmbHR 1996, R 53, R 53: In der Praxis ergeben sich häufig Schwierigkeiten, da der Geschäftsführer trotz auseichender Liquidität den Antrag auf Eröffnung des Konkursverfahrens stellen muß, wenn die Aktiva nicht mehr alle Verbindlichkeiten abdecken. So wird ein betriebswirtschaftlich ausgebildeter Geschäftsführer Probleme damit haben, daß die betriebswirtschaftlich optimale Finanzstruktur der Gesellschaft unter dem Gesichtspunkt des Gläubigerschutzes durchaus den Tatbestand der Überschuldung erfüllen kann.

Sowohl das deutsche GmbH-Recht als auch das englische Gesellschaftsrecht sehen Regelungen vor, welche eine Person von der Tätigkeit als Geschäftsführer bzw. *director* ausgeschließen. Während § 6 Abs. 2 S. 3 und 4 GmbHG[836] jedoch nur einen Ausschluß normiert, greift das englische Company Directors Disqualification Act 1986 wesentlich stärker in die Rechtsstellung der jeweils betroffenen Person ein. Dies ergibt sich aus dem dieser Norm zugrundeliegenden Rechtsgedanken der Allgemeinprävention und seinem starken regulatorischen sowie disziplinarischen Charakter. Neben der Möglichkeit einer Untersagung der Direktorentätigkeit bis zu 15 Jahren besteht daher die Möglichkeit, den gegen dieses Verbot handelnden *director* mit der Gesellschaft zusammen für die Verbindlichkeiten der Gesellschaft haften zu lassen, welche während seiner unzulässigen Direktorentätigkeit begründet wurden. Ein solche persönliche Inanspruchnahme ist dem GmbH-Gesetz fremd. Auch läßt sich im deutschen Recht eine Haftung nicht aus § 823 Abs. 2 BGB i.V.m. 145c StGB herleiten, da hierfür ein Verstoß gegen ein Berufsverbot Voraussetzung, das ein Strafgericht angeordnet hat. Zuwiderhandlungen gegen Verbote, die sich gesetzlich als Folge einer Verurteilung ergeben oder die von Verwaltungsbehörden erlassen worden sind, fallen nicht unter § 145c StGB.[837]

Eine sich durch s. 15 Company Directors Disqualifation Act 1986 ergebende persönliche Haftung gewinnt jedoch zumeist erst eine eigenständige Bedeutung, wenn die Gesellschaft selbst insolvent ist. Eine ähnlich allgemeinpräventive und rechtsverkehrsschützende Wirkung kommt der Haftungsvorschrift s. 216 Insolvency Act 1986 für den Mißbrauch der Gesellschaftsform (*phoenix-syndrom*) zu. Hiernach dürfen *directors* einer liquidierten Gesellschaft für die Dauer von fünf Jahren nach Auflösung der Gesellschaft nicht eine Direktorentätigkeit bei einer Gesellschaft aufnehmen, welche dieselbe oder eine ähnliche Firma wie die aufgelöste Gesellschaft führt. Bei Zuwiderhandlung haftet der *director* für alle Verbindlicheiten der neu gegründeten Unternehmung. Eine solche Spezialnorm ist in Deutschland jedoch nicht nötig, da dem Phänomen der sog. „phoenix-Gesellschaften" durch bereits vorhandene Normen begegnet werden kann. So hatte der BGH einen Fall zu entscheiden, in welchem der Gesellschafter-Geschäftsführer die Gesellschaft „auslaufen" ließ und bereits vor dem masselosen

836 § 6 Abs. 2 S. 3 GmbHG normiert einen absoluten Ausschließungsgrund für inländische Insolvenzstraftaten (§§ 283-283d StGB), während S. 4 einen relativen Ausschließungsgrund für den Umstand bestimmt, daß einer Person die Ausübung eines Berufs, Berufszweigs, Gewerbes oder Gewerbezweigs durch gerichtliches Urteil oder durch vollziehbare Entscheidung einer Verwaltungsbehörde untersagt wird.

837 Vgl. Schönke/Schröder, § 145c Rdnr. 3.

Konkurs eine neue Gesellschaft gründete. Diese übernahm das Anlagevermögen der alten Gesellschaft und begann identische Geschäfte mit denselben Mitarbeitern in denselben Geschäftsräumen.[838] Der BGH urteilte, daß ein solches Verhalten in der Endphase der alten Gesellschaft mit den Bestimmungen der §§ 25 HGB, 419 BGB[839] und den Anfechtungsregeln des § 3 Abs. 1 AnfG und § 31 KO[840] zu begegnen sei.

VI. Gründungshaftung

Die Wirtschaftspraxis erfordert es, daß bereits in der Gründungsphase einer Gesellschaft bestimmte Geschäfte für die entstehende Gesellschaft durchgeführt und Verbindlichkeiten eingegangen werden. Sowohl der englische als auch der deutsche Gesetzgeber sehen jedoch eine Rechtsfähigkeit der begründeten, aber noch nicht eingetragenen Gesellschaft nicht vor, sondern gehen prinzipiell von der persönlichen Haftung der für die werdende Gesellschaft handelnden Personen aus. Um dieser unbillig erscheinenden Haftungskanalisierung auf die Handelnden zu begegnen, enwickelte die deutsche Rechtsprechung zusätzlich die Rechtsfigur der Vor-Gesellschaft, welche als *sui generis* eigenständig Rechte und Pflichten bis zu Eintragung der Gesellschaft übernimmt und sie dann an die eingetragene Gesellschaft überleitet. Diese automatische Rechte- und Pflichtenüberleitung von der Vor-Gesellschaft auf die Gesellschaft ist dem englischen Gesellschaftsrecht hingegen aufgrund des fehlenden autonomen Rechtsträgers vor der Eintragung fremd.

Zusätzlich zu der Konstruktion der Vor-Gesellschaft bewirken u.a. die von der deutschen Rechtsprechung entwickelten Grundsätze zur sog. Verlustdekkungshaftung der Gesellschafter, daß den Gläubigern neben den Handelnden auch noch die Gesellschafter, wenn auch nur indirekt, als Haftungsadressaten zur Verfügung stehen.[841] Dem englischen Gesellschaftrecht ist eine solche Ver-

838 BGH ZIP 1996, 637; gefolgt durch OLG München GmbHR 1998, 285, 286; vgl. auch BGH NJW 1996, 1283, 1284.

839 Aufgehoben zum 1.1.1999 durch EGInsO 33 Nr. 16.

840 Nun § 133 InsO.

841 Die frühere Rechtsprechung der unmittelbaren Haftung der Gesellschafter gegenüber den Gläubigern auf die Differenz zur satzungsmäßigen Einlage wurde letztendlich durch BGH ZIP 1997, 679ff. (vgl. auch BGH NJW 1997, 1507ff.)insoweit geändert, daß an die Stelle der auf die Einlage beschränkten Außenhaftung eine unbeschränkte pro-rata-Innenhaftung getreten ist. Der Gläubiger einer nicht zur Eintragung gelangten Vor-Gesellschaft muß sich daher zuvor einen Titel gegen die Vor-Gesellschaft beschaffen um anschließend nach § 879 ZPO in die Verlustdekkungsansprüche der Vor-Gesellschaft gegen ihren Gesellschafter vollstrecken zu können.

lustdeckungshaftung der Gesellschafter unbekannt, jedoch kommt dort der Nutzung von Gesellschaftsmänteln in der Gründungsphase eine besondere Bedeutung zu.[842] Funktional ist die Verwendung bereits eingetragener Gesellschaften der Konstruktion der deutschen Vor-Gesellschaft gleichzusetzen. Faktisch erfährt hierdurch das Haftungsrisko des *promoters* einen Ausschluß. So tritt der Handelnde nicht mehr als haftender *promoter* einer entstehenden Gesellschaft auf, sondern vertritt eine bereits bestehende Gesellschaft, was für die Gläubiger aber auch ein mehr an Rechtssicherheit (Vertrags- und Haftungskontinuität) bedeutet. Rechtstechnisch gesehen umgeht aber die englische Wirtschafts- und Rechtspraxis die mit der rechtlichen Gründung einhergehenden Probleme, während die deutsche Rechtsprechung nach den neueren Entscheidungen des BGH zur Verlustdeckungshaftung eine faktische Haftungsfreistellung des Handelnden nur dadurch erreicht, daß der nach § 11 Abs. 2 GmbHG in Anspruch genommene Geschäftsführer im Rahmen des Regresses gegen die Gesellschaft bzw. die Gesellschafter vorgeht.[843]

Beide Rechtssysteme gelangen daher bei der Haftung des Handelnden auf unterschiedlichem Wege zu einem vergleichbaren und billigen Ergebnis. Im Ergebnis bleibt jedoch ein erheblicher Unterschied unter dem Gesichtspunkt des Gläubigerschutzes. In Deutschland haben die Gläubiger einer nicht zur Eintragung gelangten Vor-Gesellschaft zwar einige prozessuale Hürden bis zum Forderungsausgleich zu meistern, indem sie zuerst einen Titel gegen die Vor-Gesellschaft erlangen müssen, um anschließend nach § 879 ZPO in die Verlustdeckungsansprüche der Vor-Gesellschaft gegen ihre Gesellschafter vollstrekken zu können. Letztendlich ist jedoch ein umfassender Gläubigerschutz gewährleistet. Anders ist die Lage in England zu beurteilen. Hier stehen den in der Gründungsphase kontrahierenden Gläubigern nur die Mantelgesellschaften mit keinem gesetzlich vorgeschriebenen Mindestkapital und einer fehlenden Gesellschafterhaftung als Haftungsadressaten zur Verfügung. Dieser Umstand findet auch kaum Relativierung darin, daß in England eine gewisse Verbesserung der Gläubigerstellung durch die Einführung der „wrongful-trading"-Vorschriften nach s. 214 Insolveny Act 1986 erreicht wurde, da der Ausgleich nur auf den Ersatz des Quotenschadens geht.

---

842 Vgl. Neuling, Deutsche GmbH und englisch private company, S. 63.

843 Zwar ist nach BGHZ 117, 323, 326, 331 auch in Deutschland die Mantelverwendung zulässig, jedoch würde es den Rahmen dieser Abhandlung sprengen, Ausführungen über die Problematik der wirtschaftlichen Neugründung im deutschen Kaitalgesellschaftsrecht zu machen. Vgl. hierzu aber ausführlich Peters, Der GmbH-Mantel als Gesellschaftsrechtliches Problem und Lutter, JuS 1998, 1073ff.

Kapitel III.
Haftungserleichterungen und -freistellung für Leitungsorgane

§ 1 Haftungserleichterungen und -freistellung in Deutschland

Der GmbH-Geschäftsführer sieht sich, wie oben dargestellt, einer sehr großen Anzahl von persönlicher Haftungsansprüchen ausgesetzt. So stellt sich der Pflichtenkreis aus der Organstellung des GmbH-Geschäftsführers als kaum abgrenzbar dar und ergibt sich meist nur aus einer Betrachtung und Bewertung des jeweiligen Einzelfalls. Darüber hinaus trägt der GmbH-Geschäftsführer bei eventuellen gerichtlichen Auseinandersetzungen zumindest eine teilweise Beweislast, so daß die Möglichkeit seiner persönlichen Inanspruchnahme als sehr weitgehend zu beurteilen ist. Entsprechend stellt sich die Frage, ob und inwieweit eine Beschränkung der Haftung in Form der Haftungserleichterung bzw. -freistellung möglich ist.[844] Zur Realisierung des Ziels der Haftungsbeschränkung stehen vielfältige Varianten zur Verfügung. So kann zunächst eine faktische Enthaftung durch Arbeitsteilung in Frage kommen. Doch ist auch zu überlegen, ob die vom BAG entwickelten Grundsätze der Haftungsmilderung bei Arbeitnehmern im Hinblick auf den Geschäftsführer Anwendung finden können. Ferner erscheint eine Enthaftung durch Weisung eines anderen Gesellschaftsorgans sowie durch haftungsbeschränkende Vereinbarungen oder nachträglichen Verzicht möglich. Aber auch die Möglichkeit, das Risiko durch den Abschluß einer Organhaftpflichtversicherung auf Dritte überzuwälzen, ist zu berücksichtigen.

A) Haftungserleichterung durch Arbeitsteilung

Durch eine zulässige und wirksame Geschäftsverteilung innerhalb eines mehrköpfigen Leitungsorgans verändern sich die originären Leitungspflichten in Überwachungspflichten hinsichtlich der Zweck- und Rechtmäßigkeit der von

---

844 Zur Problematik des innergesellschaftlichen Haftungsausgleichs bzw. Freistellung von zivilrechtlichen Ansprüchen Dritter vgl. u.a. Bastuck, Enthaftung des Managements, S. 102ff.; Scholz/Schneider, § 43 GmbHG, Rdnr. 249ff.; Ihlas, Organhaftung und Haftpflichversicherung, S. 182ff. m.w.N.; zur Wirkung von gesellschaftsinternen Haftungserleichterungen und -freistellungen auf die Ansprüche Dritter vgl. Grünwald, Die deliktische Außenhaftung des GmbH-Geschäftsführers für Organisationsdefizite, S. 188ff. m.w.N.

dem zuständigen Leitungsorgan getroffenen Maßnahmen. Zwar handelt es sich technisch gesehen nur um eine Wandlung der Pflichten, jedoch ist faktisch hierin eine Verminderung des Haftungsrisikos des einzelnen überwachenden Organmitglieds zu sehen. Handelt ein Geschäftsführer innerhalb seiner Ressortzuständigkeit entgegen seiner Pflichten, so kann dies den übrigen Organmitgliedern weder nach § 831 BGB[845] noch nach § 278 BGB[846] zugerechnet werden, vorausgesetzt sie sind ihren Überwachungspflichten sorgfaltsgemäß nachgekommen.

B) Haftungserleichterungen für Arbeitnehmer

Die Rechtsprechung des BAG hat in Gestalt der Dreistufenlehre in bestimmten Fällen die Haftung von Arbeitnehmern für Schäden, die diese bei der Ausübung ihrer beruflichen Tätigkeit verursachten, beschränkt, wobei hierfür zunächst der Begriff der sogenannten „gefahrgeneigten Arbeit" verwendet wurde.[847] Das Kriterium der „gefahrgeneigten Arbeit" hat sich jedoch für eine klare Abgrenzung als zu ungenau erwiesen, so daß nunmehr von Seiten der Zivilgerichte wie auch des BAG die Grundsätze der Haftungsmilderung für Arbeitnehmer auf jede betriebliche Tätigkeit ausgedehnt wurden.[848] Da aber die Haftung des GmbH-Geschäftsführers nicht auf seiner Stellung als Arbeitnehmer begründet ist, sondern aus seiner gesellschaftsrechtlichen Organfunktion hergeleitet wird, ist eine - auch entsprechende - Anwendung der Grundsätze der Arbeitnehmerprivilegierung abzulehnen.[849] So steht der Geschäftsführer aufgrund seiner Organstellung

845 Es fehlt zwischen den Geschäftsführern das für die Eigenschaft eines Verrichtungsgehilfen notwendige Über-Unterordnungsverhältnis, vgl. Palandt/Thomas, BGB, § 831 Rdnr. 6.

846 Der Unternehmensträger, und nicht die übrigen Geschäftsführer, bedient sich des zuständigen Geschäftsführers zur Erfüllung der in Frage stehenden Aufgabe, Palandt/Heinrichs, § 278 Rdnr. 6.

847 BAG GS, NJW 1995, 210, 210ff. mw.N.

848 BAG GS, NJW 1995, 210, 212f.

849 BGH, WM 1975, 467, 469; Schaub, DStR 1992, 985, 987; Heisse, Die Beschränkung der Geschäftsführerhaftung, S. 59ff..; Haas, Geschäftsführerhaftung und Gläubigerschutz, S. 294f.; Bastuck, Enthaftung des Managements, S. 80ff.; Baumbach/Hueck/Zöllner § 43 Rdrn. 9; Lutter/Hommelhoff § 43 Rdnr. 2; Rowedder/Koppensteiner § 43 Rdnr. 7 m.w.N.; a.A. Pullen, BB 1984, 989, 990f.; differenzierend Kust, WM 1980, 758, 762; Köhl, DB 1996, 2597, 2600ff.; vgl auch Scholz/Schneider § 43 Rdrn. 183: Ablehnung einer Haftungsbeschränkung, aber Annahme der Haftungserleichterung, wo eine unterschiedliche Behandlung von Geschäftsführer und Arbeitnehmer weitgehend ungerechtfertigt wäre, also die Pflichtverletzung nicht in unmittelbarem Zusammenhang mit der Unternehmensleitung,

im Mittelpunkt der unterschiedlichsten Interessen (u.a. Gesellschafter-, Gläubiger-, Arbeitnehmerinteressen), welche im Wege des Sorgfalts- und Pflichtenmaßstabs des „ordentlichen Geschäftsmannes" einen Ausgleich finden. Entsprechend haftet der GmbH-Geschäftsführer bei der Erfüllung seiner „unternehmerischen" Pflichten, im Gegensatz zum „ordentlichen" Arbeitnehmer, selbst bei einer leicht fahrlässigen Pflichtverletzung.

C) Haftungsbefreiung durch Weisung

Wie schon in Kapitel I. dargelegt, ist der GmbH-Geschäftsführer nach § 37 Abs. 1 GmbHG in allen Bereichen der Unternehmensleitung an die Weisungen der Gesellschafter gebunden.[850] Das Weisungsrecht der Gesellschafter korrespondiert somit mit der Folgepflicht des Geschäftsführers.[851] Führt der Geschäftsführer daher eine Maßnahme aufgrund einer weder nichtigen noch anfechtbaren Weisung durch, so kann hierin keine Pflichtverletzung mit einer daraus folgenden Schadensersatzpflicht des Geschäftsführers gesehen werden. Er agiert hier nur als Ausführungsorgan eines Beschlusses der Gesellschaft. Ferner entfällt eine persönliche Inanspruchnahme, wenn bestimmte Vorhaben durch einen Beschluß der Gesellschafter oder anderer zur Weisung befugter Kontrollorgane (Aufsichtsrat bzw. Beirat) im voraus gebilligt werden.[852] Zu den Voraussetzungen einer rechtmäßigen Weisung und der daraus resultierenden Haftungsfreistellung wird auf die Ausführungen zu dem Punkt „Befolgung von Weisungen der Gesellschafter" verwiesen.

D) Haftungsbeschränkende Vereinbarungen

Im Recht der Aktiengesellschaften ergibt sich aus § 93 Abs. 4 S. 3 AktG, daß die Haftung der Vorstandsmitglieder nicht im voraus ausgeschlossen oder beschränkt

---

dem typischen Verantwortungsbereich des Geschäftsführers, erfolgte (z.B.Unfall mit PKW auf einer Diensfahrt).

850 Hachenburg/Mertens § 43 Rdnr. 71 auch mit dem Hinweis, daß die Weisung eines oder mehrerer Mehrheitsgesellschafter, anders als die des Alleingesellschafters, einer Weisung kraft Gesellschafterbeschlusses nicht gleichsteht. Andernfalls würden die Mitwirkungsrechte der Minderheitsgesellschafter in unzulässiger Weise beeinträchtigt werden.

851 BGHZ 31, 258, 278; OLG Düsseldorf, ZIP 1984, 1476, 1478, Scholz/Schneider § 37 Rdnr. 30 m.w.N.

852 BGHZ 93, 146, 148; 95, 330, 340; 122, 333, 336; Scholz/Schneider § 43 Rdnr. 95f.; Thümmel, DB 1995, 2461, 2462ff.

werden darf. Im GmbH-Recht besteht hingegen Uneinigkeit, ob haftungsbeschränkungende Vereinbarungen in der Satzung der Gesellschaft, durch Gesellschafterbeschluß oder durch Individualvereinbarung zwischen der Gesellschaft und dem Geschäftsführer im voraus möglich sind. § 43 Abs. 3 GmbHG sieht die h.M als zwingend an, da diese Norm den Schutz der Gläubiger bezweckt.[853] Der zwingende Charakter der Haftung aus § 43 Abs. 2 i.V.m. Abs. 1 GmbHG ist hingegen weitgehend umstritten und in der Diskussion zeigen sich viele Abweichungen im Detail.[854] So wird zum einen die Ansicht vertreten, die Haftung des GmbH-Geschäftsführers könne nicht gemindert, sondern nur verschärft werden. Für eine zwingende Regelung des § 43 Abs. 1 und 2 spreche die Stellung des GmbH-Geschäftsführers als Verwalter fremden Vermögens. Die Pflichten des GmbH-Geschäftsführers gewährleisten die Wahrung der Interessen aller Gesellschafter, insbesondere der Minderheitsgesellschafter, sowie die Interessen des allgemeinen Rechtsverkehrs.[855] Zum anderen argumentieren die Vertreter der Gegenmeinung, daß sich aus dem Wortlaut des § 43 GmbHG eine zwingende Geltung nicht ergebe. So wird angeführt, daß der Sorgfaltsmaßstab herabgesetzt werden und die Haftung für Fahrlässigkeit erlassen werden dürfe.[856] Eine vorhe-

853 Vgl. Rowedder/Koppensteiner § 46 Rdnr. 4; Lutter/Hommelhoff § 43 Rdnr. 2 Ebenroth/Lange, GmbHR 1992, 69, 76; Reese, DStR 1995, 532, 536.

854 Vgl. auch die verwandte Problematik der Disponsibilität von Verjährungsfristen. So kommt nach Lutter/Hommelhoff § 43 Rdnr. 23 wegen des zwingenden Charakters von § 225 S. 1 BGB neben einer Verlängerung der Verjährungsfrist durch den Gesellschaftsvertrag bzw. den Anstellungsvertrag auch keine Verkürzung in Betracht; a.A. Baumbach/Hueck/Zöllner § 43 Rdnr. 41; Rowedder/Koppensteiner § 43 Rdnr. 51; vgl. hierzu jedoch auch den Hinweis von Scholz/Schneider § 43 Rdnr. 207; Baumbach/Hueck/Zöllner § 43 Rdnr. 31; Hachenburg/Mertens § 43 Rdnr. 95, daß eine Verkürzung der Verjährungsfrist faktisch darin gesehen werden kann, daß die Gesellschaft im Wege des Verzichts oder Vergleichs über den Ersatzanspruch verfügt.

855 Lutter/Hommelhoff § 43 Rdnr. 2; Rowedder/Koppensteiner Rdnr. 4; Ebenroth/Lange, GmbHR 1992, 69, 76; Bastuck, Enthaftung des Mangements, S. 92; siehe auch die amtliche Begründung zum Entwurf eines GmbH-Gesetzes von 1891 (Bundesrats-Drucks. 1891, Bd. II, Nr. 94, S. 78) mit der folgenden Begründung zu der entsprechenden Vorschrift (im Entwurf noch § 44): „Ein geringerer Maßstab darf an die Verantwortlichkeit derselben nicht gelegt werden, zumal es sich dabei nicht bloß um die Interessen der Gesellschafter, sondern auch um diejenigen der Gesellschaftsgläubiger handelt. Der Entwurf gestattet deshalb auch keine Abschwächung der gesetzlichen Diligenzpflicht durch den Gesellschaftsvertrag".

856 Scholz/Schneider § 43 Rdnr. 185 zusätzlich für eine Möglichkeit der Begrenzung auf eine angemessene Haftungshöhe, aber für einen Ausschluß der Einschränkung der Haftung bei Pflichten, die dem Geschäftsführer gerade im Interesse Dritter, insbesondere im Interesse der Gläubiger auferlegt wurden; vgl. hierzu auch Heisse, Die Beschränkung der Geschäftsführerhaftung, S. 152 Baumbach/Hueck/Zöllner

rige Haftungserleichterung müsse möglich sein, wenn die Gesellschaft auf schon entstandene Ersatzansprüche gegen den Geschäftsführer ausdrücklich oder im Wege der Entlastung verzichten könne. Außerdem sei nicht jede Norm, die auch Gläubigerinteressen diene, schon deshalb als zwingend anzusehen. So seien die Gläubiger bereits durch die zwingende Vorschrift des § 43 Abs. 3 GmbHG, die die Erhaltung des Stammkapitals bezweckt, ausreichend geschützt. Des weiteren dürfen, abgesehen von der Vorschrift des § 43 Abs. 3 GmbHG, nicht nur einseitig die Interessen der Gläubiger und Minderheitsgesellschafter eine Berücksichtigung finden, sondern auch die Interessen des in einem Risikoumfeld handelnden Geschäftsführers.

E) Entlastung

Unter dem Begriff der Entlastung ist die einseitige körperschaftliche Erklärung der Billigung der bisherigen sowie der Vertrauensbeweis in die künftige Geschäftsführung durch die Gesellschafterversammlung zu verstehen.[857] Die Entlastung hat zur Folge, daß Ersatzansprüche gegen den Geschäftsführer nicht mehr geltend gemacht werden können, sofern die Vorkommnisse, aus denen Sanktionen gegen den Geschäftsführer hergeleitet werden, zum Zeitpunkt der Beschlußfassung bei sorgfältiger Prüfung durch die Gesellschafter erkennbar waren.[858] Hierbei kommt der in § 46 Nr. 5 GmbHG vorgesehenen Entlastung im Gegensatz zum Aktienrecht eine für die Praxis bedeutungsvolle Präklusionswirkung zu, wobei ihre Geltung durch den Umfang des Rechenschaftsberichts[859] bestimmt wird und nicht für indisponible Ersatzansprüche gilt.[860] Somit entfaltet die Entlastung

---

§ 43 Rdnr. 2: kein Ausschluß für grobe Fahrlässigkeit und Beschränkung nur durch Satzung; Schaub, DStR 1992, 985, 987: Beschränkung der Abdingbarkeit nur aus § 43 Abs. 3 GmbHG und §§ 276 Abs. 2 und 225 BGB; Roth/Altmeppen, § 43 Rdnr. 50: Haftungsmilderung auch im Anstellungsvertrag nach Mehrheitsbeschluß; Reese, DStR 1995, 532, 536; Fleck, GmbHR 1974, 224, 229; vgl. auch Köhl, DB 1996, 2597, 2598 und Haas, Geschäftsführerhaftung und Gläubigerschutz, S. 295ff. m.w.N.

857 Scholz/Schneider § 43 Rdnr. 88; Baumbach/Hueck/Zöllner § 46 Rdnr. 26; Rowedder/Koppensteiner § 43 Rdnr. 35; Hachenburg/Hüffer § 46 Rdnr. 55; vgl. auch Hachenburg/Mertens § 43 Rdnr. 87 zur Möglichkeit konkludenter Genehmigung.

858 Ebenroth/Lange, GmbHR 1992, 69, 75; Fleck, WM 1994, 1957, 1962.

859 BGH, WM 1976, 736, 737.; Fleck, WM 1994, 1957, 1962 m.w.N.

860 Ebenroth/Lange, GmbHR 1992, 69, 75; Lutter/Hommelhoff § 43 Rdnr. 22; Baumbach/Hueck/Zöllner § 43 Rdnr. 26 mit dem Hinweis auf die Ersatzansprüche aus §§ 43 Abs. 3, 9b Abs. 1, 57 Abs. 4, 64 Abs. 2 GmbHG; zu der juristischen Konstruktion des Wegfalls von Ersatzansprüchen durch die Entlastung siehe Schmidt, ZGR 1978, 425, 429ff. und Scholz/Schmidt § 46 Rdnr. 90f.

nur dann ihre haftungsbefreiende Wirkung, wenn sich die den Anspruch begründende Information aus dem Rechenschaftsbericht, den vorgelegten Unterlagen oder positiver Kenntnis ergibt.[861] Ferner führt ein nichtiger bzw. anfechtbarer Entlastungsbeschluß nicht zur Präklusionswirkung.[862] Lange Zeit war es hingegen umstritten, ob dem GmbH-Geschäftsführer ein Anspruch auf Entlastung zukommt.[863] Mit der Entscheidung des Bundesgerichtshofs vom 20. Mai 1985 wurde der Streit jedoch im Sinne der Ablehnung dieses Anspruches weitgehend entschieden.[864]

F) Verzicht, Erlaß, Vergleich bzw. Generalbereinigung

Im Gegensatz zur Entlastung gehen der Verzicht, Erlaß, Vergleich, bzw. die Generalbereinigung von der Existenz von Ersatzansprüchen aus oder sie werden zumindest für möglich gehalten.[865] Somit geht es bei diesen Rechtsgeschäften, zu denen die Gesellschafterversammlung nach § 46 Nr. 5 GmbHG die Annex-Kompetenz besitzt[866], um die Beseitigung von Ersatzansprüchen der Gesellschaft gegenüber ihrem Geschäftsführer in Form eines negativen Schuldanerkenntnisses oder eines Erlaßvertrags i.S.v. § 397 Abs. 1 BGB.[867] Entsprechend unterliegen sie als Rechtsgeschäfte den Regeln des BGB, so daß ein Wille zum Verzicht nur dann anzunehmen ist, wenn ein Ersatzanspruch sicher oder zumindest gewiß ist.[868] In einer Vereinbarung, wonach wechselseitige, aus welchem Rechtsgrund auch immer entstandene Ansprüche der Parteien erledigt seien (Generalbereinigung), werden im Rahmen des rechtlich Zulässigen auf sämtliche denkbaren Ersatzansprüche verzichtet.[869] Jedoch läßt eine solche Übereinkunft nicht auf einen gänzlich umfassenden Verzichtswillen der Gesellschaft schließen. Entsprechend

---

861 BGH, WM 1976, 736, 737.; BGHZ 97, 382, 389; Lutter/Hommelhoff § 46 Rdnr. 14; Scholz/Schmidt § 46 Rdnr. 93f.

862 Thümmel, Persönliche Haftung von Managern und Aufsichtsräten, S. 123.

863 Vgl. hierzu nur Ebenroth/Lange GmbHR 1992, 69, 75 m.w.N.

864 BGHZ 94, 324, 328ff. mit dem Verweis auf die theoretische Möglichkeit des GmbH-Geschäftsführers, negative Feststellungsklage hinsichtlich möglicher Ansprüche gegen ihn zu erheben; in diesem Sinne schon Schmidt, ZGR 1978, 425, 439ff.

865 Vgl. BGHZ 97, 382, 389; BGH, GmbHR 1998, 278, 278; Ebenroth/Lange, GmbHR 1992, 69, 76.

866 BGH, GmbHR 1998, 278, 278.

867 BGH, GmbHR 1975, 182, 183; Schaub, DStR 1992, 985, 988.

868 Ebenroth/Lange, GmbHR 1992, 69, 76; Scholz/Schmidt § 46 Rdnr. 103; Rowedder/Koppensteiner § 43 Rdnr. 36.

869 BGHZ 97, 382, 389.

sind Ersatzansprüche aus vorsätzlicher Pflichtverletzung, die der Gesellschaft unbekannt waren, nicht Teil der Vereinbarung.[870] Weitere Grenzen ergeben sich aus den zwingenden Gläubigerschutzvorschriften. Anders als in § 93 Abs. 4 S. 3 AktG gibt es im GmbH-Recht hingegen keinen ausdrücklichen Minderheitenschutz und auch keine Zeitschranke, so daß die Verfügungsbefugnis der Gesellschafter nicht entsprechend eingeschränkt wird.[871]

G) Organhaftpflichtversicherung

Neben den oben dargestellten Haftungsfreistellungen und -erleichterungen besteht jedoch auch die Möglichkeit, ein haftungsrelevantes Verhalten des Leitungsorgans im Rahmen einer gesellschaftsfinanzierten Organhaftpflichtversicherung zu versichern. Dieser Versicherungstyp hat seinen Ursprung im US-amerikanischen Versicherungsmarkt[872] und verzeichnet neuerdings auch in Deutschland ein reges Wachstum.[873] Inhalt der Versicherung ist die Regulierung von reinen Vermögensschäden, während Personen- und Sachschäden von der Betriebshaftpflichtversicherung abgedeckt werden, in welcher der Geschäftsführer mitversichert ist.[874]

Mit der Deregulierung des Versicherungsmarktes und dem Wegfall der aufsichtsrechtlichen Genehmigungspflicht von Allgemeinen Versicherungsbedin-

870 BGH WM 1985, 1443, 1444; BGH, NJW 1986, 585, 586; Hachenburg/Mertens § 43 Rdnr. 19ff.; Brandes, WM 2000, 217, 225.

871 Hachenburg/Mertens § 43 Rdnr. 86; vgl. aber BGHZ 65, 15: Der Verzichtsbeschluß der Mehrheit der Gesellschafter kann im Einzelfall treuwidrig sein, und daher Ersatzansprüche oder das Anfechtungsrecht der Minderheitsgesellschafter gegen die Mehrheit eröffnen.

872 Vgl. nur Lattwein/Krüger, VW 1997, 1366, 1366; aber auch Ihlas, Organhaftung und Haftpflichtversicherung, S. 47 und Hendricks, VW 1994, 1548, 1549 mit dem Hinweis auf die weltweit ersten Bemühungnen in dieser Richtung im Jahr 1895 durch den Allgemeinen Deutschen Versicherungsverein mit seiner „Haftpflichtversicherung für Aufsichtsräte“.

873 Schilling, VW 1999, 1074, 1074: „Innerhalb von wenigen Jahren hat sich das Prämienvolumen von 10 auf 100 Mill DM vervielfacht.“; ders. auch auf S. 1074 mit einigen Gründen für die steigende Verbreitung dieses Versicherungstyps; vgl. auch derselbe auf S. 74 und Hucke, DB 1996, 2267, 2268ff. mit Pro und Contra Argumenten.

874 Sieg, VersR 1996, 1210, 1211; Schneider/Ihlas, DB 1994, 1123, 1123; Ihlas, Organhaftung und Haftpflichtversicherung, S. 46; Reese, DStR 1995, 688, 693; Maser/Sommer, BB 1996, 65, 74; Frisch, Haftungserleichterungen für GmbH-Geschäftsführer nach dem Vorbild des Arbeitsrechts, S. 65ff. m.w.N.; vgl. auch § 151 Abs. 1 S. 1 VVG; Ziff. 1.1 AVB AVG.

gungen durch das 3. Durchführungsgesetzes/EWG zum VAG entstanden auf dem Versicherungsmarkt ab Juli 1994 eine Vielzahl von Organhaftpflichtversicherungen mit ebensovielen unterschiedlichen allgemeinen Vertragsbedingungen. Entsprechend schwierig gestaltet sich eine generelle Darstellung dieses Themenkomplexes. Exemplarisch mögen daher einige der im Markt verwandten Allgemeinen Versicherungsbedingungen (AVB) Erwähnung finden. So entstanden zunächst aus den „Allgemeinen Versicherungsbedingungen zur Haftpflichtversicherung von Vermögensschäden“ (AVB VHV), dem Standardbedingungswerk der Berufshaftpflichtversicherung von Rechtsanwälten, Notaren und Maklern, die „Allgemeinen Bedingungen für die Vermögensschaden-Haftpflichtversicherung für Unternehmensleiter“ (AVBU 86).[875] Da diese aber erhebliche strukturelle Defizite aufwiesen, so z.B. einen Ausschluß für Ansprüche „im Zusammenhang mit unternehmerischen Fehlentscheidungen“[876], wurden von einem Versicherungunternehmen[877] sodann die „Allgemeinen Bedingungen zur Vermögensschaden-Haftpflichtversicherung für Organe und leitende Angestellte“ (AVB OLA 93) angeboten.[878] Im Januar 1997 verabschiedete dann aber der Gesamtverband der Deutschen Versicherungswirtschaft e.V. (GDV) die „Allgemeinen Versicherungsbedingungen für die Vermögensschaden-Haftpflichtversicherung von Aufsichtsräten, Vorständen und Geschäftsführern“ (AVB AVG), und so ist zu erwarten, daß sich diese Verbandsempfehlung als Standardbedingungswerk durchsetzen wird.[879]

Allen neueren Organhaftpflichtversicherungen ist jedoch gemein, daß ein schuldhaftes Fehlverhalten des Leitungsorgans Versicherungsschutz genießt, wenn durch dessen Organtätigkeit ein Vermögensschaden entsteht, für den es persönlich von der Gesellschaft[880] oder Außenstehenden in Anspruch genommen

875 Schneider/Ihlas, DB 1994, 1123, 1125; Ihlas, Organhaftung und Haftpflichtversicherung, S. 54ff.

876 Vgl. § 4 Abs. 2 d) AVBU 86.

877 CHUBB Insurance Company of Europe S.A.; Direktion für Deutschland; CHUBB Market Letter Juli 1993.

878 Ihlas, Organhaftung und Haftpflichtversicherung, S. 55f.; für einen tabellarischen Vergleich der AVBU 86, AVB OLA 93 und Vermögensschaden-Rechtsschutz VRB siehe Hendricks, VW 1994, 1548, 1551.

879 Vgl. aber auch u.a die überarbeiteten AVB OLA 98 der CHUBB Insurance Company of Europe S.A., Direktion Deutschland sowie die „Allgemeinen Versicherungsbedingungen für die Vermögensschaden-Haftpflichtversicherung von Organen juristischer Personen“ (AVB O) der Allianz-Versicherungs-AG.

880 Zu dem Meinungsstreit über dogmatische Probleme bei der Gewährung von Versicherungsschutz im Innenverhältnis und die Gefahr von Mißbräuchen vgl. Thümmel/Sparberg, DB 1995, 1013, 1018f.; Schneider/Ihlas, DB 1994, 1123, 1126f.; Frisch, Haftungserleichterungen für den GmbH-Geschäftsführer nach dem Vorbild des Arbeitsrechts, S. 69ff.; vgl. aber auch Ziff. 1.3 AVB AVG, welche Manipula-

wird.[881] Hierbei beinhaltet diese von der Gesellschaft finanzierte[882] Versicherung neben der Rechtsschutzkomponente auch die Befriedigung begründeter Schadensersatzansprüche.[883] Häufig ist in den Versicherungspolicen auch die Klausel zu finden, daß Vermögensschäden des versichernden Unternehmens ersetzt werden, soweit eine Enthaftungen im Innenverhältnis in Form der Entlastung, des Vergleichs, Verzichts oder Haftungserleichterungen durchgeführt wurde.[884] Aus der Natur der Versicherung ergibt sich, daß das Aufgabeverbot nach § 67 Abs. S. 3 VVG keine Anwendung finden kann.

Da sich die Folgen eines Fehlverhaltens des Leitungsorgans zumeist erst nach Monaten und Jahren zeigen, ist im Gegensatz zum allgemeinen Haftpflichtversicherungsrecht eine Besonderheit der Geschäftsführerhaftpflichtversicherung, daß alle Schäden versichert sind, die während des Versicherungszeitraums geltend gemacht werden („claim-made-principle).[885] Entsprechend werden im Gegensatz zu anderen Haftpflichtversicherungen zumeist auch Ansprüche erfaßt, die auf einem Fehlverhalten vor Vertragsschluß basieren.[886] Dies hat aber zur Folge, daß sich der Versicherungsträger vor Vertragsschluß über das zu versichernde Risiko

---

tions- und Kollusionsgefahren bei Innenansprüchen dadurch begegnen will, daß bei einer AG Ansprüche nur auf Veranlassung der Hauptversammlung erhoben werden dürfen (sog. Öffentlichkeitsklausel); hierzu Lattwein/Krüger, VW 1997, 1366, 1368 mit dem Hinweis, daß der GDV e.V. bei anderen Gesellschaftsformen (insbesondere bei der GmbH) eine Klausel empfiehlt, welche einen Anspruch nur zuläßt, wenn sich das Unternehmen von dem entsprechenden Leitungsorgan trennt oder es verklagt (sog. Trennung- oder Gerichtsklausel).

881 Vgl. Heitmann, VW 1999, 1076, 1080; Sieg, VersR 1996, 1210, 1212; Reese, DStR 1995, 688, 693; Maser/Sommer, BB 1996, 65, 74; Hucke, DB 1996, 2267, 2268; vgl. auch § 149 VVG; Ziff. 1.1, 5.7 AVB AVG.

882 Vgl. §§ 74ff. VVG.

883 Schneider/Ihlas, DB 1994, 1123, 1125; Thümmel/Sparberg, DB 1995, 1013, 1017; Kein Verfasser, WM 1999, 58, 59.

884 Heitmann, VW 1999, 1076, 1081; vgl. auch u.a Ziff. 4.1 AVB AVG.

885 Vgl. Heitmann, VW 1999, 1076, 1081 auch mit dem Hinweis, daß es in teilweiser Durchbrechung des allgemeinen „claims-made-Prinzips“ auch Versicherungstypen mit einer Nachhaftungsfrist gibt. Dieser Vertragstyp wird nun auch in England angeboten, vgl. hierzu Flesch, VW 1999, 1183, 1183; vgl. auch Ziff. 3.3 AVB AVG mit der Möglichkeit, eine Nachhaftung zu vereinbaren, wenn der Versicherer den Vertrag nicht verlängert.

886 Vgl. aber Ziff. 3.1 AVB AVG mit dem Versicherungsschutz nur für Pflichtverletzungen, welche während der Dauer des Versicherungsvertrages begangen wurden; gegen eine solche von den AVB AVG verwendete Kombination des Schadenereignisprinzips („claims-made“) mit dem Verstoßprinzip aber § 2 Nr. 1 und 2 AVB OLA 93; jedoch Ziff. 3.2 AVB AVG mit der Möglichkeit der Rückwärtsversicherung von unbekannten Pflichtverletzungen bei Wechsel des Versicherers; hierzu Lattwein/Krüger, VW 1997, 1366, 1370.

im Besonderen informieren muß. Im Rahmen einer Risikoeinschätzung kommt daher einer Bewertung der Geschäftsstruktur, der Geschäftsberichte sowie der seitens der Antragsteller zu beantwortenden Fragebögen eine herausragende Bedeutung zu.[887]

Eine allgemeine versicherungsmäßige Abdeckung des vollständigen Haftungsrisikos des Leitungsorgans wird jedoch nicht angeboten, so daß die einzelnen Versicherungspolicen zahlreiche Ausschlüsse aufweisen.[888] So enthalten alle am Markt vertretenen Versicherungstypen grundsätzlich einen Ausschluß von Schäden, die auf vorsätzlichem Verhalten oder einer wissentlichen Pflichtverletzung beruhen.[889] Daneben enthalten viele Policen Ausschlüsse im Bereich der Umwelt- und Produkthaftung sowie wegen unzureichenden Versicherungsschutzes, um im letzteren Fall nicht der Organhaftpflichtversicherung die Funktion einer allumfassenden „Superversicherung" zukommen zu lassen. [890]

Ferner sehen die meisten Versicherungen eine Selbstbeteiligung durch die versicherten Personen oder Gesellschaften in unterschiedlicher Höhe vor.[891] Um zu vermeiden, daß ein Gesellschafter-Geschäftsführer sich den sog. echten Eigenschaden über eine Versicherung ersetzen läßt, umfaßt der Versicherungsschutz bei der Innenhaftung nicht den Teil des Schadenersatzanspruches, welcher der Quote der Beteiligung an der Gesellschaft entspricht.[892] Des weiteren verfügen die meisten Policen über eine maximale Deckungssumme pro Versicherungszeitraum, um eine Eingrenzung der bei der Organhaftung häufig anzutreffenden Frequenzproblematik zu erreichen.[893]

---

887 Vgl. Heitmann, VW 1999, 1076, 1081.

888 Vgl. u.a. Thümmel/Sparberg, DB 1995, 1013, 1017; Schneider/Ihlas, DB 1994, 1123, 1127f. mit Beispielen für Ausschlüsse; a.A. Schilling, VW 1999, 1074, 1075.

889 Heitmann, VW 1999, 1076, 1081; Thümmel/Sparberg, DB 1995, 1013, 1018; Hendricks, VW 1994, 1548, 1549; Schneider/Ihlas, DB 1994, 1123, 1127; vgl. auch §§ 61, 152 VVG und u.a. Ziff. 5.1 AVB AVG.

890 Heitmann, VW 1999, 1076, 1081; Lattwein/Krüger, VW 1997, 1366, 1372f.; Sieg, VersR 1996, 1210, 1212; vgl. u.a. Ziff. 5.3, 5.4 und 5.9 AVB AVG; hierzu Lattwein/Krüger, VW 1997, 1366, 1372.

891 Vgl. Heitmann, VW 1999, 1076, 1081; Sieg, VersR 1996, 1210, 1212; vgl. u.a Ziff. 4.3 AVB AVG.

892 Sieg, VersR 1996, 1210, 1212; Reese, DStR 1995, 688, 693; Heitmann, VW 1999, 1076, 1081 mit dem Hinweis, daß einige Vertragstypen eine Gesellschaftsbeteiligung bis zu 10 % unberücksichtigt lassen; vgl. aber u.a Ziff. 4.2 AVB AVG.

893 Thümmel/Sparberg, DB 1995, 1013, 1017; vgl. u.a. Ziff. 4.3, 4.4 und 4.6 AVB AVG

H) Bedeutung für das Jahr-2000-Problem

Das Verhalten eines Geschäftsführers im Bezug auf die Erfordernisse, die der Datumswechsel für ein Unternehmen mit sich brachte, bietet vielfältige Haftungsmöglichkeiten, wie die vorangegangenen Kapitel gezeigt haben. Annähernd ebenso zahlreich sind jedoch auch die Möglichkeiten, eine Haftungserleichterung oder -freistellung zu erreichen. Entsprechend hatte der Geschäftsführer im Vorfeld die Möglichkeit, die von ihm zu veranlassenden Maßnahmen zur Erreichung der Jahr-2000-Kompatibilität des Unternehmens durch einen Gesellschafterbeschluß „absegnen" zu lassen. Voraussetzung einer wohlinformierten und haftungsbefreienden Entscheidung war jedoch, daß er die Gesellschafter hinreichend über die zu treffenden Maßnahmen und deren Effektivität im Hinblick auf die Erreichung des Projektzieles unterrichtet hatte. Umstritten ist hingegen, ob im GmbH-Recht, im Gegensatz zum Aktienrecht, die Möglichkeit besteht, im Anstellungsvertrag bzw. in der Satzung die allgemeine Haftung des Geschäftsführers individuell einzuschränken. Im Hinblick auf die faktische Haftungsminderung durch Geschäftsverteilung ist jedoch festzuhalten, daß die Bedeutung des Jahr-2000-Problems für die Funktionfähigkeit und Liquidität des Unternehmens es nicht zuließ, daß sich ein Leitungsorgan hinter Zuständigkeitsregeln verstecken konnte. Zwar konnte und sollte es nicht jede Aufgabe selbst erfüllen, jedoch hatte es sicherzustellen, daß es selbst sowie seine Organkollegen stets über den Stand des Umstellungsprojektes ausreichend informiert waren. Dies stellt sich in Anbetracht der Bedeutung des Umstellungsprojektes als eine zentrale Leitungsaufgabe dar.

Nach Eintritt des Schadensfalles bleibt dem Leitungsorgan die Möglichkeit im Rahmen der Entlastung bzw. in der Form des Verzichts, Erlasses oder Vergleichs eine Enthaftung gegenüber der Gesellschaft zu erreichen. Besteht zugunsten des Geschäftsführers eine Organhaftpflichtversicherung, so ist auch auf diesem Wege die persönliche Inanspruchnahme des Leitungsorgans durch die Gesellschaft oder Dritte zu vermeiden. Durch den Ausschluß von Sach- und Personenschäden kommt eine Versicherungsdeckung jedoch nur in Betracht, wenn durch das Verhalten der versicherten Person eine Jahr-2000-bedingte Betriebsunterbrechung zu einem reinen Vermögensschaden der Gesellschaft oder Dritter geführt hat. Durch die Beschränkung auf reine Vermögensschäden entfällt auch eine Deckung für eine Haftung aus Organisationsverschulden im Außenverhältnis, da durch § 823 Abs. 1 BGB ein reiner Vermögensschaden keine Sanktionierung erfährt. Ferner sind Ausschlüsse für Ansprüche aus Produzentenhaftung üblich.

Allen AVB liegen die „Allgemeinen Versicherungsbedingungen für die Haftpflichtversicherung" (AHB) und, falls diese keine Regelung vorsehen, die

§§ 149ff. VVG zugrunde.[894] Entsprechend ergibt sich z.B. aus § 1 Nr. 1 und § 4 Abs. 1 Nr. 1 AHB, daß keine Deckung für Ansprüche aus willentlichen Haftungsübernahmen wie einer persönlichen Zusicherung, Garantie oder Bürgschaft gewährt wird.

Von erheblicher Bedeutung im Zusammenhang mit dem Jahr-2000-Problem ist es, auf die vertragsindividuellen Regelungen zum Zeitpunkt der relevanten Pflichtverletzung zu achten, da es hier erhebliche Unterschiede gibt. So sind z.B von den AVB AVG des GDV e.V. nur diejenigen Plichtverletzungen versicherungstechnisch abgedeckt, „welche während der Dauer des Versicherungsvertrages begangen wurden". Es ist also sehr genau zu untersuchen, wann die fehlerhafte unternehmerische Entscheidung getroffen wurde, welche zu einem Jahr-2000-bedingten Schaden geführt hat. Wiederum kommt somit einer ausreichenden Entscheidungs- und Überwachungsdokumentation, insbesondere im Hinblick auf die Beweisproblematik[895], eine nicht unerhebliche Bedeutung zu. Fraglich bleibt aber bei einem Pflichtenverstoß durch Unterlassen, wann der Zeitpunkt des Unterlassens angesetzt werden kann. Maßstab kann hierbei aber der zeitliche Vergleich bei der positiven Pflichtenerfüllung sein. Entsprechend sollte der letztmögliche Zeitpunkt zur pflichtgemäßen Bewältigung des betriebsindividuellen Umstellungsprojektes als Richtwert bei der Frage dienen, ob der Pflichtenverstoß „während der Dauer des Versicherungsvertrages begangen wurde".

Bei Abschluß bzw. der Erneuerung der Versicherung war zu berücksichtigen, daß der Versicherungsnehmer nach § 16 VVG dem Versicherungsträger alle ihm bekannten Umstände mitzuteilen hatte, die Einfluß auf den Vertragsabschluß mit dem Versicherungsnehmer hätten haben können. Insoweit hatte jeder Versicherungsnehmer seit dem Zeitpunkt der allgemeinen Kenntnis der Jahr-2000-Problematik Ende 1997 den Versicherungsträger über die damit zusammenhängenden betrieblichen Haftungsrisiken aufzuklären. Des weiteren ist eine Rücktrittsmöglichkeit gegeben, wenn der Versicherungsträger dem Unternehmen einen Fragebogen zur Eruierung von Gefahrumständen und zur Risikoeinschätzung zukommen ließ, und der Versicherungsnehmer Umstände mit Gefahrerheblichkeit arglistig verschwieg, obwohl nach ihnen auch nicht ausdrücklich gefragt wurde.[896]

Enthalten die Versicherungspolicen nicht ausdrückliche Jahr-2000- oder Datenverarbeitungsfehlfunktionsausschlüsse, so könnte sich ein subjektiver Risikoausschluß aus dem in allen AVB vorgesehenen und in §§ 61, 152 VVG und § 4

894 Vgl. auch die allgemeinen Vorschriften in § 1ff. VVG.

895 Vgl. hierzu u.a. BGH VersR 1967, 769ff.

896 § 18 VVG; hierzu Prölls/Martin/Prölls, VVG, § 18 Anm. 2); vgl. auch die Anfechtungsmöglichkeit nach § 22 VVG.

Abs. 2 Nr. 1 AHB geregelten Vorsatzausschluß ergeben.[897] So wird der Versicherer für einen Versicherungsfall leistungsfrei, wenn das versicherte Leitungsorgan zumindest den Erfolg als möglich vorausgesehen hatte, gleichwohl aber dem Schadenseintritt mit Gleichgültigkeit entgegensah, ohne die ihm möglichen und zumutbaren gefahrmindernden oder -verhindernden Maßnahmen zu treffen.[898] Entsprechend ist im Hinblick auf die Jahr-2000-Problematik das Hauptaugenmerk auf ein bedingt vorsätzliches Handeln[899] durch Unterlassen zu lenken, wobei jedoch in Anbetracht der Beschränkung auf vorsätzliches Handeln nach § 152 VVG der Abgrenzung zur bewußten Fahrlässigkeit eine besondere Bedeutung zukommt.[900] Angesichts der zahlreichen und vielfältigen weltweiten Hinweise und Veröffentlichungen zur Jahr-2000-Problematik, kann aber davon ausgegangen werden, daß jeder Geschäftsführer zumindest ab Ende 1997 ansatzweise über das Auswirkungspotential des Jahr-2000-Problems auf ein Unternehmen und hierdurch ggf. auch auf Dritte unterrichtet war.[901] Entsprechend mußte der Geschäftsführer ab Ende 1997 davon ausgehen, daß die Problematik der Datumsumstellung sich auch auf das eigene Unternehmen negativ auswirken konnte. Folglich hatte er pflichtgemäß[902] das betriebsinterne Schädigungspotential zu ermitteln und ggf. individuell auf sein Unternehmen und den Markt abgestimmte, dem Unternehmen mögliche und zumutbare Gegenmaßnahmen einzuleiten, durchzuführen, zu überwachen und abzuschließen. Die Beurteilung der dem Unternehmen möglichen und zumutbaren Gegenmaßnahmen enzieht sich jedoch einer schemaartigen Darstellung, so daß es einzig auf die Betrachtung des Einzelfalls hinausläuft.

Noch schwieriger fällt letztendlich aber die Abgrenzung zwischen bedingtem Vorsatz und bewußter Fahrlässigkeit. Denn für einen Haftungsausschluß ist es

---

897 Vgl. auch den zumeist verwandten Risikoausschluß für „wissentliche Pflichtverletzungen“ wie z.B. in Ziff. 5.1 AVB AVG.

898 BGH VersR 1954, 591, 591; 1964, 916, 916; 1976, 649, 649ff.; Prölls/Martin/Voit, VVG, § 152 Anm. 1).

899 OLG Saarbrücken VersR 1993, 1004, 1005; OLG Hamm VersR 1985, 726, 727; Römer/Langheid, VVG, § 152 Rdnr. 3: bedingter Vorsatz reicht für die Anwendung des Ausschlußtatbestandes aus.

900 Zur Abgrenzung des bedingten Vorsatzes von bewußter Fahrlässigkeit vgl. BGH VersR 1954, 591, 591; OLG Köln VersR 1978, 265, 265f.; OLG Hamm VersR 1987, 88, 88.

901 Vgl. auch zur Beweislast des Versicherungsunternehmens zum Nachweis des Vorsatzes Späte, Haftpflichtversicherung, § 4 Rdnr. 209 und Römer/Langheid, VVG, § 152 Rdnr. 9: Vorsatznachweis indiziell durch Rückschluß aus dem objektiven Tatbestand.

902 Vgl. die in Kapitel I. und II. gemachten Ausführungen zur Organisationspflicht aus der Organstellung, dem Anstellungsvertrag sowie Delikt; hierzu Späte, Haftpflichtversicherung, § 4 Rdnr. 210; Römer/Langheid, VVG, § 152 Rdnr. 7.

nach § 61, 152 VVG Voraussetzung, daß der möglich vorgestellte Erfolgseintritt billigend in Kauf genommen wurde. Wurde jedoch darauf vertraut, daß kein Schaden eintreten werde, so findet bei bewußter Fahrlässigkeit § 152 VVG keine Anwendung.[903] Durch den Vorsatzausschluß entfiel gleichwohl schon im Vorfeld die Versicherungsmöglichkeit für Schäden, die auf einer Verletzung von u.a. § 826 BGB oder eines Schutzgesetzes i.S.v. § 823 Abs. BGB beruhen, da bei diesen Normen ein vorsätzliches Handeln vorausgesetzt wird.

Besondere Bedeutung gewinnt in Versicherungsfragen aber auch die Frage der Beweislast. So hat das Versicherungsunternehmen den Beweis zu erbringen, daß das Leitungsorgan[904] den Schadeneintritt für möglich vorausgesehen hat, es dennoch aber, die Schadensfolgen billigend in Kauf nehmend, unterlassen hat, geeignete Gegenmaßnahmen zu treffen.[905] Hierbei mußte das Leitungsorgan die Folgen jedoch nicht in allen Einzelheiten vorausgesehen haben.[906] Wurden Maßnahmen im Zusammenhang mit der Jahr-2000-Problematik im Unternehmen durchgeführt, so kann davon ausgegangen werden, daß ein Schadenseintritt für möglich gehalten wurde. Des weiteren hat das Versicherungsunternehmen detailliert zu beweisen, daß die entsprechenden Gegenmaßnahmen möglich und zumutbar, jedoch ungenügend gewesen sind, um den Schaden zu vermeiden oder zu vermindern. Naturgemäß wird dies dem Versicherungsunternehmen in Anbetracht der Komplexität der Jahr-2000-Problematik schwer fallen, zumal sich die nötigen Informationen in der Sphäre des Unternehmens befinden. Gleichwohl trifft den Versicherungsnehmer die Obliegenheit, zur Aufklärung des Sachverhalts beizutragen.[907]

§ 2 Haftungserleichterungen und -freistellung in England

Wie in Deutschland sind auch in England Leitungsorgane vielfältigen Pflichten im Rahmen ihrer Tätigkeit und einer sich daraus ergebenden persönlichen Inan-

---

903 Zur Abgrenzung des bedingten Vorsatzes von bewußter Fahrlässigkeit vgl. BGH VersR 1954, 591, 591; Köln VersR 1978, 265, 265f.; OLG Nürnberg VersR 1981, 1123, 1123f.; OLG Hamm VersR 1987, 88; Späte, Haftpflichtversicherung, § 4 Rdnr. 199f.

904 Vgl. zur Repräsentantenproblematik BGH VersR 1986, 541, 541f.; 1993, 828ff.; 1996, 1229ff.

905 Vgl. BGH VersR 1954, 591, 591; 1986, 962, 963; 1989, 583, 584; 1986, 254, 254; Prölls/Martin/Voit, VGG, § 152 Anm. 1); Lattwein/Krüger, VW 1997, 1366, 1371f.

906 Vgl. OLG Saarbrücken, VersR 1993, 1004, 1005f.; Römer/Langheid, VVG, § 152 Rdnr. 4.

907 Vgl. §§ 6 Abs. 3, 34 VVG.

spruchnahme ausgesetzt. Entsprechend stellt sich in diesem Zusammenhang auch in diesem Land häufig die Frage nach den Möglichkeiten, die sich aus einem Verstoß gegen diese Pflichten ergebende Haftung eines *director*s zu beschränken oder gänzlich auszuschließen.

A) Haftungsbeschränkende Vereinbarungen und s. 310 Companies Act 1985

I. Grundsätzliches

Im Hinblick auf eine vorherige vertragliche Haftungsbefreiung oder einen Freistellungsanspruch des Leitungsorgans gegenüber der Gesellschaft hat der englische Gesetzgeber eine eindeutige Regelung in s. 310 Companies Act 1985 getroffen.[908] Als Reaktion auf *Re City Equitable Fire Insurance Co.*, wo den *director*s eine sehr weitgehende Enthaftung in den *articles of association* zugute kam, wurde auf eine Empfehlung des Greene Committee[909] die Enthaftung des *directors* durch Bestimmungen in der Satzung oder dem Anstellungsvertrag verbo-

---

908 s. 310 Companies Act 1985:
„(1) This section applies to any provision, whether contained in a company's articles or in any contract with the company ot otherwise, for exempting any officer of the company or any person (whether an officer or not) employed by the company as auditor from, or indemnifying him against, any liability which by virtue of any rule of law would be otherwise attach to him in respect of any negligence, default, breach of duty or breach of trust of which he may be guilty in relation to the company.
(2) Except as provided by the following subsection, any such provision is void.
(3) This section does not prevent a company -
(a) from purchasing and maintaining for any such officer or auditor insurance against any such liability, or
(b) from indemnifying any such officer or auditor against any liability incurred by him-
(i) in defending any proceedings (whether civil or criminal) in which judgment is given in favour or he is acquitted, or
(ii) in connection with any application under section 144 (3) or (4) (acquisition by shares by innocent nominee) or section 727 (general power to grant relief in case of honest and reasonable conduct) in which relief is granted to him by the court."
Unter dem Begriff „officer" sind nach s. 744 Companies Act 1985 alle directors, managers oder der secretary zu verstehen.

909 The Committee on the Company Law Amendment, Report, paragraph 46: „We consider that this type of article gives a quite unjustifiable protection to directors. [...] the position is one which in our opinion calls for an alteration of the law."

ten.[910] Ferner sind alle Vereinbarungen nichtig, die den Pflichtenkreis des *directors* und den Verschuldensmaßstab reduzieren oder die Leitungsorgane von Ansprüchen Dritter freistellen.[911] Hingegen erlaubt das Gesetz, daß die Gesellschaft dem *director* die Prozeßkosten erstattet, die dieser zur erfolgreichen Verteidigung aufwenden mußte.[912] Im Gegenzug kann die Satzung der Gesellschaft aber auch bestimmen, daß die Haftung des *director*s unbegrenzt ist.[913]

II. Verhältnis von s. 310 Companies Act 1985 zu treuepflichtändernden Satzungsklauseln

Ein weiteres Problem war lange Zeit das Verhältnis von s. 310 Companies Act 1985 zu Satzungsklauseln, welche die Treuepflichten des *director*s verändern.[914] In Frage kamen hierbei insbesondere Bestimmungen in Bezug auf mögliche Interessenkonflikte des *directors*.[915] Diese Streitfrage wurde jedoch durch Vinelott J in *Movitex v Bulfield* dahingehend entschieden, daß solche Klauseln nicht gegen s. 310 verstoßen.[916]

B) Release

Die nachträgliche Befreiung (*release*) von der gesellschaftsinternen Organhaftung ist jedoch im englischen Gesellschaftsrecht grundsätzlich erlaubt.[917] So kann

---

910 Pasban/Cambell/Birds, 26 Anglo-American Law Review 1997, 461, 470f; Cranston, Journal of Business Law 1992, 197, 205; Law Commission, Company Directors: Regulating Conflicts of Interest and Formulating a Statement of Duties - A Consultation Paper, S. 251f.; vgl. auch hierzu Neuberger J in Burgorgne v London Borough of Waltham Forest [1997] BCC 347, 358 der feststellte daß das Verbot nur Vereinbarungen zwischen dem director und der Gesellschaft, aber nicht mit Dritten, wie z. B. der Mutter- oder einer Tochtergesellschaft umfaßt.

911 Vgl. Pasban/Cambell/Birds, 26 Anglo-American Law Review 1997, 461, 475.

912 s. 310 (3) Companies Act 1985; vgl. auch Art. 118, Table A, Companies Act 1985.

913 Brumwell/Mallet, GmbHR 1995, 647, 649.

914 Vgl. Rogerson, in: Rider (Hrsg.), The Realm of Company Law, S. 93, 95ff.; Passmore, 16 The Company Lawyer 1995, 243, 244; Parkinson, Journal of Business Law 1981, 335ff.; Gregory, 98 The Law Quaterly Review 1982, 413ff.; Morse, Charlesworth & Morse, Company Law, S. 365; Farrar, Farrar's Company Law, S. 425f.

915 Siehe z.B. Art. 85, Table A, Companies Act 1985.

916 [1988] BCLC 403ff.

917 Turnbull/Edwards, 134 Solicitors Journal 1990, 768, 768; Pennington, Directors' Personal Liability, S. 100f.; Law Commission, Company Directors: Regulating Conflicts of Interest and Formulating a Statement of Duties - A Consultation Paper,

die Gesellschaft durch das *board* auf Ersatzansprüche gegen den entsprechenden *director* vertraglich verzichten, in dem sie eine mit ihrem Stempel versehene Urkunde (*deed of release*) ausfertigt, die die Verpflichtung zum Inhalt hat, ihren *director* nicht zu verklagen. Voraussetzung hierfür ist jedoch, daß der entsprechende *director* zuvor die anderen Organmitglieder umfassend über den Pflichtenverstoß aufgeklärt hat.[918] Ferner ist eine rechtsgeschäftliche Befreiung von Ersatzansprüchen nur dann wirksam, wenn dem *board of directors* hierzu die Kompentenz in der Satzung übertragen wurde[919], die Entscheidung im Interesse der Gesellschaft ist[920] und der *director* eine entsprechende Gegenleistung (*consideration*) erbringt, wobei der Begriff der Gegenleistung sehr weit gefaßt ist.[921] So genügt auch das Versprechen einer entgeltlichen Gegenleistung zur Vertragswirksamkeit.[922] Entsprechend reicht nach den Grundsätzen der *equity* auch auf Seiten der Gesellschaft schon das bloße Versprechen, sie werde den *director* nicht in Haftung nehmen für eine Haftungsbefreiung aus, vorausgesetzt der *director* hat auf diese Aussage vertraut.[923]

In Ermangelung einer speziellen Regelung im Companies Act 1985 ist durch die englische Rechtsprechung entschieden worden, daß auch die Gesellschafterversammlung auf demselben technischen Wege den *director* durch einen Mehrheitsbeschluß von der persönlichen Inanspruchnahme durch die Gesellschaft befreien kann.[924] Dem englischen Gesellschaftsrecht ist jedoch eine generelle Ent-

---

S. 253; Kritisch hierzu jedoch Pasban/Cambell/Birds, 26 Anglo-American Law Review 1997, 461, 474 und Rogerson, in: Rider (Hrsg.), The Realm of Company Law, S. 93, 95 mit dem Hinweis, daß auch eine nachträgliche Enthaftung im Widerspruch zu s. 310 Companies Act 1985 stehen könne, jedoch häufig damit begründet werde, daß sie im Interesse der Gesellschaft sei, da hierdurch Prozesse verhindert würden, die nicht von der Mehrheit der Anteilseigner unterstützt werden.

918 Pennington, Directors' Personal Liability, S. 101.

919 Turnbull/Edwards, 134 Solicitors Journal 1990, 768, 768; Law Commission, Company Directors: Regulating Conflicts of Interest and Formulating a Statement of Duties - A Consultation Paper, S. 253; vgl. hierzu auch Gray v New Augarita Porcupine Mines Ltd. [1952] 3 DLR 1, 13.

920 Turnbull/Edwards, 134 Solicitors Journal 1990, 768, 768.

921 Nach Cranston, Journal of Business Law 1992, 197, 199 ist eine Gegenleistung jedoch nur im Fall von common law duties und nicht bei Treuepflichten nötig.

922 Neuling, Deutsche GmbH und englische private company, S. 133.

923 Pennington, Directors' Personal Liability, S. 101; Neuling, Deutsche GmbH und englische private company, S. 133; Cranston, Journal of Business Law 1992, 197, 199.

924 Hogg v Cramphorn Ltd. [1967] Ch 254ff.; Pavlides v Jensen [1956] Ch 565ff.; aber Einschränkungen in Cook v Deeks [1916] 1 AC 554, 564ff; siehe auch Pennington, Directors' Personal Liability, S. 101f.; Holt, Britisches Gesellschaftsrecht, AG 1973, 183, 187; Barlow, British Company Law and Practice (12) 1997, 2, 2f.; ss. 35 (3) und 35 (5) Companies Act 1985: Bei einem Verhalten entgegen der Bestim-

lastung, wie sie im deutschen GmbH-Recht vorgesehen ist, unbekannt.[925] Hintergrund für die Annahme eine Haftungsbefreiung durch die Gesellschaft ist, wie auch im deutschen Recht, die Auffassung, daß eine Gesellschaft ihr Leitungsorgan auch von der persönlichen Inanspruchnahme befreien kann, wenn sie die Möglichkeit hat, es auf Schadensersatz zu verklagen.[926]

C) Ratification

Eine nachträgliche Enthaftung bei der Verletzung von Treuepflichten[927] als auch bei einem Verstoß gegen die Sorgfaltspflichten[928] kann auch faktisch durch die nachträgliche Genehmigung des Verhaltens (*ratification*) durch die Mehrheit der Gesellschafter eintreten.[929] Ebenso ist auch schon im Vorfeld möglich, eine Zustimmung der Gesellschafterversammlung zu erlangen.[930] Obwohl es im Hinblick auf die Wirkung zwischen einem förmlichen *release* und einer *ratification* vordergründig kaum einen Unterschied zu geben scheint, gibt es bestimmte Situationen, in denen sich die Unterschiede offenbahren. So bietet bei einem Wechsel der Anteilsmehrheit und in der Insolvenz nur ein förmlicher *release* ausreichenden Schutz vor persönlicher Inanspruchnahme durch die neue Mehrheit der Anteilseigner oder den *liquidator*.[931] Der Ersatzanspruch gegen das Leitungsorgan wird durch die Genehmigung (*ratification*) durch die Gesellschafter rechtstechnisch

---

mungen im memorandum und den articles ist eine außerordentliche Beschlußfassung nötig.

925 Triebel/Hodgson/Kellenter/Müller, Englisches Handels- und Wirtschaftsrecht, S. 273.

926 Neuling, Deutsche GmbH und englische private company, S. 133.

927 Bamford v Bamford [1970] Ch 212, 238; Hogg v Cramphorn [1967] Ch 254, 271f.; Davies, Gower's Principles of Modern Company Law, S. 646ff.: Ratification jedoch nicht mit einfacher Mehrheit beim Mißbrauch von Gesellschaftsvermögen, da alle Gesellschafter einen Anteil am Vermögen der Gesellschaft haben; ebenso Cranston, Journal of Business Law 1992, 197, 200.

928 Pavlides v Jensen [1956] Ch 565, 576; vgl. auch Daniels v Daniels [1978] Ch 406, 409; Davies, Gower's Principles of Modern Company Law, S. 648 Fn. 94.

929 North-West Transportation Co. Ltd. v Beatty [1887] 12 App Cas 589, 593 (P.C.); Regal (Hastings) Ltd. v Gulliver [1967] 2 AC 134, 150; Bamford v Bamford [1970] Ch 212, 238 durch Harman LJ: „[ratification is] a perfectly good 'whitewash' of that which up to that time was a voidable transaction."; vgl. auch Art. 53, Table A, Companies Act 1985.

930 Regal (Hastings) Ltd. v Gulliver [1967] 2 AC 134, 150, vgl. auch Davies, Gower's Principles of Modern Company Law, S. 645; Cranston, Journal of Business Law 1992, 197, 198.

931 Cranston, Journal of Business Law 1992, 197, 200.

gesehen nicht vernichtet. Vielmehr ist nach der *majority rule* eine gerichtliche Geltendmachung von Ersatzansprüchen durch einzelne Gesellschafter nicht mehr möglich, sobald die Mehrheit der Gesellschafter das in Frage stehende Vorgehen des *director*s durch einen Mehrheitsbeschluss gebilligt hat.[932] Die Frage nach der Schutzrichtung der Pflichten der *director*s führt auch zu der Feststellung, daß das *board of director*s grundsätzlich nicht selbst durch eine *ratification* das Verhalten von Mitgliedern dieses Leitungsorgans genehmigen oder ihm vorher zustimmen kann.[933] Ferner ist der Weg der nachträglichen Legitimierung nicht eröffnet, wenn im Falle einer mißbräuchlichen Verwendung von Gesellschaftsvermögen der betroffene *director* die Mehrheit der Stimmen repräsentiert, da dies einem Geschenk der Gesellschaft an den *director* gleichkommen würde.[934]

Voraussetzung für eine wirksame Zustimmung oder Genehmigung ist hingegen, daß die Gesellschafterversammlung über alle erheblichen Umstände aufgeklärt wurde.[935] Auch kann ein Verhalten, das strafrechtliche Bedeutung hat[936] oder gegen gesetzliche Bestimmungen verstößt[937] nicht im nachhinein durch Vertrag oder einen Beschluß der Anteilseigner genehmigt werden. Ferner hat eine Haftungsbefreiung durch Vertrag oder Gesellschafterbeschluss dann keine Wirkung, wenn die Gesellschaft sich in der Insolvenz befindet und hierdurch Gläubigerinteressen in der folgenden Liquidation beeinträchtigt werden.[938]

---

932 Vgl. auch Pennington, Directors' Personal Liability, S. 102; Rogerson, in: Rider (Hrsg.), The Realm of Company Law, S. 93, 95.

933 Law Commission, Company Directors: Regulating Conflicts of Interest and Formulating a Statement of Duties - A Consultation Paper, S. 247; a.A. Privy Council in Queensland Mines v Hudson [1978] 52 ALJR 399ff. für den Fall aber, daß die beiden Anteilseigner im board of directors vertreten waren.

934 Cook v Deeks [1916] 1 AC 554, 564 (P.C.); siehe auch die Diskussion in Davies, Gower's Principles of Modern Company Law, S. 646f. zur Frage der Bestätigungsmöglichkeit bei einem Mißbrauch von Gesellschaftsvermögen.

935 Bamford v Bamford [1970] Ch 212, 238 (C.A.); Baillie v Oriental Telephone and Electric Company Ltd. [1915] 1 Ch 503, 516ff.

936 Dine, 20 The Company Lawyer 1999, 190, 191; Cranston, Journal of Business Law 1992, 197, 200

937 Cranston, Journal of Business Law 1992, 197, 201f., es sei denn, die gesetzliche Bestimmung sieht ausdrücklich eine ratification vor.

938 Kinsela v Russel Kinsela Pty Ltd (in liq) [1986] 4 NSWLR 722, 730; West Mercia Safetywear v Dodd [1988] 1 WLR 250, 252f.; Re DKG Contractors Ltd. [1990] BCC 903, 908; vgl. auch Davies, Gower's Principles of Modern Company Law, S. 645

D) Freistellung durch Gerichtsbeschluß

Als Korrelat zu dem strengen vorherigen Enthaftungsverbot in s. 310 Companies Act 1985 ist s. 727 Companies Act 1985 zu verstehen, wonach die Gerichte einen *director* auf Antrag ganz oder teilweise von der persönlichen Inanspruchnahme befreien können, wenn es geboten (“*ought fairly to be excused*”) erscheint.[939] Jedoch ist dem *director* diese Möglichkeit nur bei Streitfällen im Verhältnis zwischen ihm und der Gesellschaft, in der er die Organtätigkeit innehat oder innehatte, eröffnet.[940] Eine Befreiung kommt nach s. 727 Companies Act 1985 in Frage, wenn der Richter davon überzeugt ist, daß der *director* redlich und angemessen (“*honestly and reasonably*”) gehandelt hat und wenn die Gesamtheit der Umstände eine Haftungsbefreiung fairerweise nahelegt. Hingegen ist ein Befreiung ausgeschlossen für Geschäfte, in denen ein Interessenkonflikt[941] oder ein Verstoß gegen s. 214 Insolvency Act 1986 bzw. s. 15 Company Directors Disqualification Act 1986 vorlag.[942] In der Praxis hat diese Norm hingegen kaum Bedeutung erlangt, da es zumeist einen widersprüchlichen Charakter hat, zum einen von einer Pflichtverletzung auszugehen, zum anderen aber dann festzustellen, daß der *director*, und hier insbesondere der *executive director*, redlich und angemessen gehandelt hat, so daß die Umstände es fairerweise gebieten, ihn aus der Haftung zu entlassen.[943] Der Vollständigkeit halber sei aber noch darauf hingewiesen, daß ein *director* auch schon vor einer gegen ihn gerichteten Klage die Entscheidung des Gerichtes anrufen kann.[944]

---

939 s. 727 wurde wie schon s. 310 Companies Act 1985 durch das Greene Committee angeregt.

940 Colin Passmore, 16 The Company Lawyer (8) 1995, 243, 244; Customs and Excise Commissioners v Hedon Alfa Ltd. [1981] QB 818, 824 (C.A.).

941 Pennington, Directors' Personal Liability, S. 100.

942 Vgl. Customs and Excise Commissioners v Hedon Alpha Ltd. [1981] QB 818ff.; Re Produce Marketing Consortium Ltd. [1989] 1 WLR 745, 750ff.: Eine subjektive Beurteilung im Rahmen von s. 727 Companies Act 1985 würde der objektiven Beurteilung in s. 214 Insolvency Act zuwiderlaufen.

943 Rogerson, in: Rider (Hrsg.), The Realm of Company Law, S. 93, 104; Milman, Palmer's Company (2) 1999, 1, 2, mit dem Hinweis auf den nicht veröffentlichten Fall Re Brian D. Pierson Contractors Ltd. [1999]; vgl. auch Re Duckwari plc. [1997] 2 BCLC 713, 722 und die sehr aufschlußreiche Entscheidung in Re D'Jan of London Ltd. (1994) 1 BCLC 561, 564 durch Hoffman LJ: Die Tatsachen, daß der director zwar fahrlässig, jedoch „understandably“ gehandelt hatte sowie selbst einen Verlust beim Wert seiner Anteile hinnehmen mußte, eröffnete in diesem Fall die Anwendung von s. 727 Companies Act 1985.

944 s. 727 (2) Companies Act 1985.

E) *D&O-Versicherung (Directors' and Officers' Liability Insurance)*

I. Grundsätzliches

Aufgrund des strengen Enthaftungsverbots in s. 310 Companies Act ist es nicht überraschend, daß im Bereich der Außenhaftung die aus den Vereinigten Staaten stammende D&O-Versicherung (*Directors' and Officers' Liability Insurance*) in England eine gesteigerte Verbreitung gefunden hat.[945] Der Versicherungsschutz zeigt sich hierbei in zweierlei Form.[946] So versichert sich die Gesellschaft zum einen gegen Forderungen des Leitungsorgans aus zulässigen Freistellungsvereinbarungen, wobei es sich zumeist um die Kosten einer erfolgreichen Rechtsverteidigung handelt (*Corporate Reimbursement Coverage*). Zum anderen besteht Versicherungsschutz zugunsten des *director*s bei haftungsbegründendem Verhalten im Rahmen seiner Tätigkeit, wenn eine Freistellung durch die Gesellschaft nicht erlangt wurde (*Personal Coverage*).[947] Der Versicherungsschutz besteht hierbei auf einer „*claims made basis*", wonach der Versicherungsträger einen Schaden abdeckt, welcher im Versicherungszeitraum geltend gemacht wird.[948] Keine Berücksichtigung findet hierbei der Zeitpunkt des Schadenseintritts.[949] Entsprechend wird das versicherungsnehmende Unternehmen bei Vertragsschluß einer genauen Risikountersuchung unterworfen, welche in geringerem Umfang bei der jährlichen Vertragserneuerung eine Wiederholung erfährt.[950] Bei der Frage des

---

945 Law Commission, Company Directors: Regulating Conflicts of Interest and Formulating a Statement of Duties - A Consultation Paper, S. 253 mit dem Hinweis, daß das Prämienaufkommen im Vereinigten Königreich im Jahr 1997 c.a. £ 300 Mio. umfaßte; Pennington, Directors' Personal Liability, S. 96f.; Turnbull/Edwards, 134 Solicitors Journal 1990, 768, 769; Pasban/Cambell/Birds, 26 Anglo-American Law Review 1997, 461, 489f.

946 Finch, The Modern Law Review 1994, 880, 898; Bell, The Insurance Institute of London Journal 1998, 11, 18; Barlow, British Company Law and Practice (12) 1997, 2, 3; Turnbull/Edwards, 134 Solicitors Journal 1990, 768, 769.

947 Neuling, Deutsche GmbH und englische private company, S. 134.

948 Vgl. Kyrou, 72 The Law Institute Journal (4) 1998, 54, 59 mit dem Hinweis, daß ein director nur dann von dem Versicherungsschutz umfaßt ist, solange er die Organstellung innehat. Entsprechend wird geraten, daß der director für den Fall des Ausscheidens die Gesellschaft vertraglich verpflichtet, den Versicherungsschutz für ihn beizubehalten.

949 Finch, The Modern Law Review 1994, 880, 898; vgl. aber Jeffrey W. Stempel, A Mixed Bag for Chicken Little: Analysing year 2000 Claims and Insurance Coverage, 48 Emory Law Journal (1999), 169, 207 mit dem Hinweis, daß viele Policen auch ein Ausschlußdatum „retroactive date" haben, welches den Rückwärtszeitraum begrenzt.

950 Zu den Einzelheiten vgl. Finch, The Modern Law Review 1994, 880, 900f.

Umfanges der Haftung und den Haftungsausschlüssen ist jedoch festzustellen, daß in England keine allgemein gültigen Vertragsbedingungen vorhanden sind, so daß nur ein Einblick in die allgemein gängigen Begriffe gegeben werden kann. So ist unter dem haftungsbegründendem Verhalten („*a wrongful act*") zumeist jeder tatsächliche oder vermutete Vertragsbruch, jede Pflichtverletzung, jede haftungsbegründende Handlung, jeder Irrtum, jede Vernachlässigung, jedes Unterlassen, jede Falschaussage sowie jede in die Irre führende Aussage oder der Bruch von Zusagen zu verstehen, wobei sich die einzelnen Definition der Versicherer jedoch leicht unterscheiden.[951]

Stärker aber noch als der Umfang der Haftung sind die Versicherungsausschlüsse einer individualvertraglichen Vereinbarung unterworfen. Ebenso muß sich der Versicherungsvertrag innerhalb der allgemeinen Grenzen der Privatautonomie halten.[952] So beinhalten alle Versicherungspolicen auch weitgehende Haftungsausschlüsse wie z.B. für vorsätzliche Schädigungshandlungen[953] und Handlungen, die als Straftaten zu beurteilen sind.[954] Darüber hinaus sind in den meisten Versicherungen aber auch Haftungsausschlüsse für Umweltschäden, Produktschäden, Körperverletzung, Sachbeschädigung, Urheberrechtsverletzung und Geldstrafen enthalten, um nur einige Beispiele zu nennen.[955] Erwähnung sollte aber auch finden, daß manche dieser Ausschlußtatbestände von dem Versicherungsschutz anderer Versicherungsarten, wie z.B. der Berufshaftpflicht- oder der Produkthaftpflichtversicherung abgedeckt sind.

---

951 Vgl. Barlow, British Company Law and Practice (12) 1997, 2, 3; Finch, The Modern Law Review 1994, 880, 898f.; Bell, The Insurance Institute of London Journal 1998, 11, 18.

952 Turnbull/Edwards, 134 Solicitors Journal 1990, 768, 769.

953 Beresford v Royal Insurance Company Ltd. [1938] AC 585, 595 (H.L.) durch Atkin LJ: „[... on] ordinary principles of insurance law an assured cannot by his own deliberate act cause the event upon which the insurance money is payable."; vgl. auch Turnbull/Edwards, 134 Solicitors Journal 1990, 768, 769f.

954 Beresford v Royal Insurance Company Ltd. [1938] AC 585, 603 (H.L.) durch Macmillan LJ: „[...] no Court ought to enforce stipulations tending to induce the commission of a crime."; vgl. auch Pennington, Directors' Personal Liability, S. 97; Finch, The Modern Law Review 1994, 880, 898; Pasban/Cambell/Birds, 26 Anglo-American Law Review 1997, 461, 490.

955 Vgl. im einzelnen Barlow, British Company Law and Practice (12) 1997, 2, 3; Turnbull/Edwards, 134 Solicitors Journal 1990, 768, 768f.; Finch, The Modern Law Review 1994, 880, 898.

II. Verhältnis von s. 310 Companies Act 1985 zu gesellschaftsfinanzierten D&O-Versicherungen

Lange Zeit war es jedoch heftig umstritten, ob die Haftungsfreistellung des Leitungsorgans durch die von der Gesellschaft gezahlte Versicherung mit dem in s. 310 Companies Act 1985 enthaltenen Enthaftungsverbot zu vereinbaren war.[956] Mit der Verabschiedung von s. 137 (1) Companies Act 1989 wurde jedoch durch einen Zusatz zu s. 310 Companies Act 1985 festgestellt, daß die D&O-Versicherung mit ihren zwei Varianten mit dem Enthaftungsverbot in s. 310 Companies Act 1985 zu vereinbaren ist.[957]

F) Bedeutung für das Jahr-2000-Problem

Auch in England bietet das Verhalten eines Geschäftsführers im Bezug auf die Erfordernisse, die der Datumswechsel für ein Unternehmen brachte, vielfältige Haftungsmöglichkeiten wie die vorangegangenen Kapitel gezeigt haben. Jedoch waren die Möglichkeiten, schon im Vorfeld eines Schadensfalles eine Enthaftung zu erreichen durch die Regelungen in s. 310 Companies Act 1985 als äußerst begrenzt zu beurteilen. So bestanden angesichts dieser strengen Vorschrift nur die Alternativen entweder zu einem bestimmten Verhalten des *directors* oder Projekt im Vorfeld von der Gesellschafterversammlung die Zustimmung zu erhalten oder zugunsten des *directors* eine D&O-Versicherung abzuschließen, wobei jedoch auf ausdrückliche Jahr 2000- oder Datenverarbeitungsfehlfunktionsausschlüsse hinzuweisen ist. Ist hingegen aufgrund des Jahr-2000-Problems ein Schadensfall eingetreten, so eröffnen sich auch in England zahlreiche Enthaftungsmöglichkeiten. So kann zunächst die Gesellschaft durch ihr hierzu ermächtigtes *board* oder die Gesellschafterversammlung von Ersatzansprüche aufgrund von individuell festgestellten Pflichtverletzungen in Form einer individualvertraglichen Freistellung (*deed of release*) entbinden. Auch ist an eine „einfache" Genehmigung (*ratification*) eines pflichtwidrigen Verhaltens zu denken, wobei jedoch zu beachten ist, daß eine solche Genehmigung keine Wirkung gegenüber dem *liquidator* entfaltet.

---

956 Law Commission, Company Directors: Regulating Conflicts of Interest and Formulating a Statement of Duties - A Consultation Paper, S. 253; siehe hierzu im einzelnen Habetha, Direktorenhaftung und gesellschaftsfinanzierte Haftpflichtversicherung, S. 166ff.

957 310 (3) (a) Companies Act 1985; vgl. zu den Gründen HC Deb vol. 158, cols 1174ff. (26 October 1989) und HL Deb vol. 512, cols 1997ff. (9 November 1989); Finch, The Modern Law Review 1992, 179, 211.

Angesichts der weltweiten Publizität des Jahr-2000-Problems und der damit einhergehenden Verpflichtungen zur Vorbereitung des Unternehmens erscheint es als unwahrscheinlich, daß ein Gericht eine Enthaftung nach s. 727 Companies Act 1985 vornehmen wird. So kann in einer fehlenden oder unzureichenden Vorbereitung auf ein ggf. existenzbedrohendes Ereignis kein Verhalten gesehen werden, welches als „redlich und angemessen" (*honestly and reasonably*) noch als „verständlich"[958] einzustufen ist.

So bleibt als letztes Enthaftungsinstrument die D&O-Versicherung. Doch auch in England ist in diesem Versicherungszweig eine Unzahl von unterschiedlichen Vertragswerken vorzufinden, so daß eine sorgfältige Prüfung der einzelnen Vertragsklauseln unumgänglich ist. Im Zusammenhang mit dem Jahr-2000-Problem könnten von Bedeutung sein, daß Versicherungspolicen in England jeweils nur eine Geltungsdauer von einem Jahr haben. Mithin ist davon auszugehen, daß die Versicherungsunternehmen bei Vertragsanbahnungen oder -verlängerungen ein besonderes Augenmerk auf die betriebsinternen Vorbereitungen auf den Jahrtausendwechsel gesetzt haben. Entsprechend gingen die Versicherungsnternehmen nur dann eine vertragliche Bindung ein, wenn das zu versichernde Leitungsorgan ausreichende Vorkehrungen zur Erreichung der Jahr-2000-Kompatibilität des Unternehmens und seines Ablaufes getroffen hatte. Waren sie hiervon nicht überzeugt, so ist anzunehmen, daß ausdrückliche Jahr-2000- oder Datenverarbeitungsfehlfunktionsausschlüsse Eingang in den Vertrag gefunden haben bzw. ein Versicherungsschutz generell abgelehnt wurde, da die fehlende Vorbereitung beim Jahr-2000-Problem auch auf generelle Leitungs- und Organisationsdefizite schließen ließ.

In diesem Zusammenhang sind auch die sog. „prior claims and circumstances" Ausschlüsse zu nennen, welche einen Deckungsausschluß bewirken, wenn der *director* bei Vertragsschluß von Umständen Kenntnis hatte, bei denen die Wahrscheinlicheit bestand, daß sie Ersatzansprüche herbeiführen würden.[959] Auf die Umstellungsproblematik bezogen, würde dies zur Folge haben, daß der Versicherungsschutz entfiele, falls der *director* bei Vertragschluß schon gewußt hätte, daß das Unternehmen nicht rechtzeitig zum Datumswechsel die Umstellung abgeschlossen haben würde und von dritter Seite schon Ersatzansprüche angekündigt wurden. Eine gewisse Nähe zum Betrugsausschluß läßt sich nicht bestreiten. Doch auch die allgemeinen Grundsätze des Vertragsrechts sind im Rahmen des Jahr-2000-Problems zu berücksichtigen. So kann z.B. ein Versicherungsunternehmen bei falschen oder ungegenügenden Angaben (*misrepresenta-*

958 Hoffmann LJ in Re D'Jan of London Ltd. [1994] 1 BCLC 561, 564.
959 Vgl. differenzierend Stempel, 48 Emory Law Journal 1999, 169, 210, 224f.

tion) zur Wirkung des Jahr-2000-Problems auf das Unternehmen vom Vertrag zurückzutreten.

Von besonderer Bedeutung bei der Jahr-2000-Problematik sind hingegen die Ausschlüsse für Vorsatz und wissentliche Pflichtverletzungen („*wilful breach of duty*").[960] Ein *director* könnte daher keinen Versicherungsschutz genießen, wenn er es entgegen seinen Pflichten wissentlich bzw. grob fahrlässig unterließ, das Auswirkungspotential des Jahr-2000-Problems auf das Unternehmen zu untersuchen oder dies aber getan hatte und es dann unterließ, die entsprechenden Gegenmaßnahmen zu veranlassen, überwachen und abzuschließen. So entschied schon Romer J in *Re City Equitable Fire Insurance Co. Ltd.* „*[that a director is not guilty of a wilful neglect or default], unless he knows that he is committing, and intends to commit, a breach of his duty, or is recklessly careless in the sense of not caring whether his act or ommission is or is not a breach of duty*".[961] Folgt man dieser Rechtsprechung, so wäre auch eine wissentliche Pflichtverletzung bei grob fahrlässiger Unkenntnis anzunehmen. Ob angesichts der Tatsache, daß die Umstellungsproblematik aufgrund des großen weltweiten Medienechos seit geraumer Zeit allgemein bekannt, noch von einem einfach fahrlässigen Verhalten ausgegangen weden kann, ist fraglich.

Da sich die D&O-Versicherungen in England grundsätzlich nach dem reinen „claims-made"-Prinzip richten, kommt es in England nur auf den Zeitpunkt der Schadensmeldung an, wobei jedoch darauf zu achten ist, ob im Hinblick auf den Zeitpunkt des Pflichtverstoßes eine Rückwirkungsgrenze (*retroctive date*) vereinbahrt wurde. Eine ganz entscheidende Bedeutung kommt jedoch dem angloamerikanischen Spezifikum zu, daß die D&O-Versicherung nur Außenhaftungsansprüche abdeckt. Dies und die Tatsache, daß alle D&O-Versicherungen Ausschlüsse für Produkt- und Sachschäden sowie für Körperverletzungen enthalten, beschränken den Anwendungsbereich der D&O-Versicherung für Jahr-2000 bedingte Schäden weitgehend auf Vermögensschäden Dritter.

§ 3 Rechtsvergleichende Bewertung

Fast alle Rechtsysteme beinhalten Mechanismen zum Schutz von Leitungsorganen, so auch das deutsche und englische. Stets liegt aber einem marktwirtschaftlich orientierten Rechtsystem der Gedanke zugrunde, sowohl den nötigen Rah-

960 Vgl. Kyrou, 72 The Law Institute Journal (4) 1998, 54, 57f.; Stempel, 48 Emory Law Journal 1999, 169, 209, 219ff.

961 [1925] 407, 434; vgl. auch Gould v Mount Oxide Mines Ltd. [1916] 22 CLR 490ff.; Adami v Maison de Luxe Ltd. [1924] 35 CLR 143ff.

men zum freien unternehmerischen Handeln zu bieten als auch kontrollierend effektive Sanktionsmöglichkeiten für Pflichtverletzungen an die Hand zu geben. Dieses Spannungsfeld zeigt sich insbesondere bei haftungsbefreienden Vereinbarungen. So ist zum einen dem Leitungsorgan ein Freiraum zu bieten, in dem es unternehmerisch handeln kann und durch die Rechtsfiguren des „unternehmerischen Ermessensspielraumes“ und der „*business judgement rule*“ eine Beschreibung gefunden hat. Zum anderen zeigen diese Rechtsfiguren aber auch vorbestimmte Grenzen, wo ein haftungsrelevantes Verhalten einsetzt. Diese Differenzierung würde jedoch an Bedeutung verlieren, wenn ein Leitungsorgan durch haftungsausschließende oder -beschränkende Vereinbarungen eine persönliche Inanspruchnahme nicht mehr fürchten bräuchte. Der insbesondere im Kapitalgesellschaftsrecht verankerte Gedanke der treuhänderischen Bindung des Leitungsorgans würde eine Aushöhlung erfahren und die verhaltenssteuernde Wirkung der dem Organ auferlegten Pflichten entfallen. Entsprechend lehnen beide Rechtsordnungen Freistellungsvereinbarungen im Vorfeld ab, obwohl es in Deutschland im Hinblick auf die GmbH auch Stimmen gibt, die diese entgegen dem zuvor Ausgeführten zulassen wollen.

Beiden Rechtssystemen ist auch gemeinsam, daß im Rahmen einer effektiven Geschäftsführung eine Aufgabendelegation möglich sein muß, welche sich durch die Wandelung von der Leitungs- zur Überwachungspflicht faktisch als haftungsbeschränkend erweist. Ebenso finden sowohl im englischen als auch im deutschen Recht arbeitnehmerspezifische Haftungserleichterungen beim Leitungsorgan keine Anwendung. Dies wird von deutscher Seite mit der unternehmergleichen interessenausgleichenden Organfunktion des Geschäftsführers begründet, so daß eine Übertragung der Arbeitnehmerprivilegierung auf das Leitungsorgan nicht in Frage kommt. In England hingegen verwarf das *House of Lord* im Jahr 1957 die Frage nach einer generellen Arbeitnehmerprivilegierung, so daß sich die Frage nach der Übertragbarkeit auf Leitungsorgane erst gar nicht stellt.[962]

Eine Besonderheit des englischen Prozeßrechtes ist hingegen die ausdrückliche Haftungsfreistellung durch Gerichtsbeschluß nach s. 727 Companies Act 1985. Zieht man jedoch die Anzahl der bisher entschiedenen Fälle in Betracht, so ist der Bedeutungsgehalt dieses prozessualen Instrumentes als minimal zu beurteilen, zumal auch die Normierung von s. 727 Companies Act 1985 durch dasselbe Committee angeregt wurde, welches als Reaktion auf *Re City Equitable Fire Insurance Co. Ltd.* die Verabschiedung von s. 310 Companies Act 1985 empfohlen hatte. Mithin drängt sich eine rein kompensatorische Intention auf. Doch bei der Zustimmung zu und der Genehmigung des Verhaltens von Leitungsorganen ist erneut eine Übereinstimmung zwischen den beiden Rechtsordnungen ge-

---

962 Vgl. Kapitel I, § 2, B).

geben. So ist beiden Systemen gemein, daß letztendlich die Mehrheit der Gesellschafter ein bestimmtes Verhalten legitimieren kann, wenn nicht der Gläubigerschutz hierdurch eine Einschränkung erfährt. Doch im Detail lassen sich Unterschiede insoweit erkennen, daß durch die starke Betonung des Kapitalerhaltungsgrundsatzes im deutschen GmbH-Recht die Gläubigerschutzvorschriften bereits während des solventen Geschäftsbetriebes starke Beachtung finden und somit eine Enthaftung verhindern, wohingegen sie im englischen *company law* erst in der Insolvenzphase verfügungsbeschränkend wirken. Auch bezieht sich die dem deutschen Recht eigene Rechtsfigur der Entlastung nicht auf zuvor festgestellte Pflichtverstöße, sondern umfaßt alle Pflichtverstöße, die sich aus den der Entscheidung zugrundeliegenden Unterlagen herleiten lassen. Bei arglosen Gesellschaftern ist somit die Hürde zur Erreichung einer Enthaftung für einen Geschäftführer niedriger gelegt, als für einen *director*, da dieser stets für eine Enthaftung umfassend über einen Pflichtenverstoß informieren muß. Dies ausgleichend kann aber im englischen Gesellschaftsrecht das hierzu ermächtigte *board of directors* eine förmliche Enthaftung (*deed of release*) gewähren, wenn dies im Interesse der Gesellschaft ist, wobei ein subjektiver Maßstab Anwendung findet.

Versagt eine Gesellschaft einem Leitungsorgan die Enthaftung bzw. Freistellung oder ist sie hierzu finanziell nicht in der Lage, stellt sich die D&O-Versicherung als letztes Mittel dar, eine persönliche Inanspruchnahme des Organmitglieds zu vermeiden. Ein Vergleich der in Deutschland und England verwendeten D&O-Versicherungen zeigt, daß weitgehend übereinstimmende Vertragsklauseln, insbesondere bei den Ausschlüssen, Verwendung finden. Ein entscheidender Unterschied ist jedoch festzustellen: Während in Deutschland sich ein Leitungsorgan neben Außenhaftungsansprüchen auch gegen Innenhaftungsansprüche im Rahmen einer D&O-Police versichern kann, ist diese Möglichkeit in England auf Ansprüche aus der Außenhaftung beschränkt.[963] Diese Beschränkung hat ihren Ursprung in drei US-amerikanischen Versicherungsschutzfällen aus den Jahren 1985 und 1986, in denen die D&O-Versicherungsträger jeweils Deckungsschutz in Höhe von $ 60,4 Mio. (Bank of America), $ 32, 5 Mio. (Chase Manhattan Bank) und $ 75 Mio. (Seafirst Corporation) gewähren mußten.[964] So waren zu dieser Zeit in den Vereinigten Staaten Innenhaftungsansprüche nicht ausdrücklich von der D&O-Deckung ausgeschlossen. Als aber in den zuvor erwähnten Fällen Zahlungen geleistet werden mußten, nahm als Folge die amerikanische Versicherungswirtschaft Ansprüche der Gesellschaft gegen das Leitungs-

---

963 Vgl. Pasban/Cambell/Birds, 26 Anglo-American Law Review 1997, 461, 478: „[...] an examination of the nature of the director's conduct and the purpose behind civil liability challenges this approach, reasoning that such insurance is contrary to public policy in virtually all cases".

964 Vgl. Ihlas, Organhaftung und Haftpflichtversicherung, S. 39f., 260f.

organ ausdrücklich aus dem Versicherungsschutz (*insured v. insured exclusion*). Die englischen Versicherer folgten sogleich. Es bleibt folglich abzuwarten, wann ähnliche Entscheidungen der deutschen Gerichte die hier anbietenden Versicherer dazu zwingen werden, die Deckung für Innenhaftungsansprüche zu streichen, zumal diese überwiegend als Haftungsfälle in Frage kommen. Im Hinblick auf den teilweisen Unterschied beim zeitlichen Umfang des Versicherungsschutzes ist festzustellen, daß die Bedeutung der Tatsache, daß in Deutschland in den Musterbedingungen des GDV e.V. eine Kombination des Anspruchserhebungsprinzip (*claims-made*) mit dem Verstoßprinzip erfolgt, eine gewisse Relativierung durch die in englischen D&O-Policen zum Teil vertretene Rückwirkungsgrenze (*retroactive date*) erfährt.

Aufgrund der in den Jahren 1996 und 1997 gemachten Vorschläge der englischen Law Commission, D&O-Versichrungen zumindest für große Unternehmen obligatorisch zu machen sowie die Rechte von Minderheitsanteilseignern durch direkte Klagemöglichkeiten zu stärken,[965] ist zu erwarten, daß der D&O-Versicherung trotz ihrer weitgehenden Deckungsausschlüsse eine noch stärkere Rolle im Geschäftsleben Englands zukommen wird. Eine ähnliche Entwicklung ist auch in Deutschland zu erwarten. Bei Unternehmen von kleinerer und mittlerer Größe ist jedoch ein größerer Zuwachs kaum wahrscheinlich, da die Versicherungsprämien insbesondere bei fortschreitender Erweiterung der Haftung weiter steigen werden und somit für mittelständische Unternehmen kaum erschwinglich sind.[966] Dennoch kann die allgemeine Verbreitung von D&O-Versicherungen dazu beitragen, daß insbesondere die bisher gezeigte Zurückhaltung bei der Inanspruchnahme von Leitungsorganen von mittelständischen Unternehmen abnimmt, da durch die Publizität die Möglichkeit der persönlichen Haftung stärker in den Vordergrund rückt. Letztendlich tritt aber mit der Verbreitung der D&O-Versicherung eine Verlagerung des Risikos von der Organperson auf die Allgemeinheit der Kunden ein, da die Prämien bei der Kostenkalkulation der Gesellschaft Berücksichtigung finden. Ebenso ist diese Entwicklung aus rechtspolitischen Gründen kritisch zu betrachten, da mit der Versicherungslösung, neben der Relativierung des Disziplinierungscharakters der dem Leitungsorgan auferlegten Pflichten,[967] die bloße Symptombekämpfung in den Vorder-

---

965 Law Commission Report, Shareholder Remedies - Report, S. 85ff; Law Commission, Shareholder Remedies - A Consultation Paper, S. 152ff.; vgl. auch Barlow, British Company Law and Practice (12) 1997, 2, 3.

966 Alternativ bieten sich hier dann aber zumindest die wesentlich erschwinglicheren Rechtsschutzversicherungen an; zu deren Vorzügen vgl. Ihlas, Organhaftung und Haftpflichtversicherung, S. 63ff.

967 Vgl. auch Hendricks, VW 1994, 1548, 1553 zu dem Argument, daß über die haftungsfreistellende Wirkung der Versicherung Nachlässigkeiten in der Unterneh-

grund tritt und die grundsätzliche Verbindung von Leitungsmacht und Verantwortung eine weitere Aushöhlung erfährt.

mensführung provoziert werden: Dieses Argument könne nicht überzeugen, da sich kein Unterschied zu anderen versicherten Tätigkeiten ergebe; zu anderen Pro und Contra Argumenten im Hinblick auf den Abschluß einer Organhaftpflichtversicherung vgl. Hucke, DB 1996, 2267, 2268ff.

Kapitel IV.
Die prozessuale Behandlung von Pflichtverletzungen durch Leitungsorgane

Hat ein Mitglied der Geschäftsführung gegen seine gesetzlichen oder vertraglichen Pflichten verstoßen und ist hierdurch ein Schaden entstanden, so stellt sich die Frage, ob Schadenersatzansprüche gegen diesen Haftungsadressaten geltend gemacht werden können. Entsprechend ist zu untersuchen, welche Möglichkeiten für die jeweiligen Anspruchsinhaber bestehen, ihre Rechte geltend machen zu können, wobei insbesondere die Durchsetzung der Gesellschaftsansprüche eine genauere Untersuchung erfahren wird.

§ 1 Die prozessuale Behandlung von Pflichtverletzungen durch Leitungsorgane in Deutschland

A) Ansprüche der Gesellschaft

Von erheblicher praktischer Bedeutung für die Geltendmachung von Ersatzansprüchen gegenüber dem Geschäftsführer ist die Verteilung der Darlegungs- und Beweislast. So lautet der Grundsatz hierzu, daß der Anspruchsteller sämtliche Voraussetzungen seines Anspruches darlegen und ggf. auch beweisen muß. Hinsichtlich der Innenhaftung des GmbH-Geschäftsführers müßte daher die Gesellschaft den Schaden durch die schuldhafte Pflichtverletzung des Geschäftsführers darlegen und beweisen. Obwohl es im geltenden GmbHG an einer § 93 Abs. 2 S. 2 AktG entsprechenden Regelung fehlt, kommt eine entsprechende Beweislastumkehr nach allgemeiner Ansicht jedoch auch hier zur Anwendung, da es sich für die Anspruchstellerin häufig als schwierig gestaltet, an entscheidungsrelevante Informationen zu gelangen.[968] Der Geschäftsführer muß sich daher nach allgemeiner Auffassung vom Vorwurf, pflichtwidrig und schuldhaft gehandelt zu haben, durch den Vortrag entsprechender Tatsachen entlasten, wohingegen das Unternehmen Tatsachen vortragen muß, aus denen sich ergibt, daß das Verhalten

---

968 BGH, NJW 1963, 46; BGH, WM 1985, 1293, 1293; Lutter/Hommelhoff § 43 Rdnr. 21; Hachenburg/Mertens § 43 Rdnr. 66; v. Gerkan, ZHR 154 (1990) 39, 42; Fleck, GmbHR 1997, 237, 237; Roth/Altmeppen § 43 Rdnr. 44: sehen in der Analogie den Ausdruck des allgemeinen Geschäftsführungsgrundsatzes für alle Geschäftsbesorger, daß der Mandatar einer Rechenschaftspflicht unterliegt; Scholz/Schneider § 43 Rdnr. 168 m.w.N.

des Geschäftsführers bei der Gesellschaft zu einem Schaden geführt hat.[969] Ausgehend von einigen Urteilen des BGH[970] folgern hingegen Teile der Literatur, daß die Geschäftsführung nur die Darlegungs- und Beweislast für fehlendes Verschulden, hingegen nicht für die fehlende Pflichtwidrigkeit ihres Handelns oder Unterlassens trägt.[971] Diese Meinung wird jedoch von weiten Teilen der Literatur abgelehnt, wobei u.a. darauf hingewiesen wird, daß die einschlägigen Zeilen der zur Untermauerung herangezogenen Urteile in *obiter dicta*[972] behandelt wurden.[973] Neben dem Umstand, daß nur in Einzelfällen Tatsachen streitig sind und somit der Schwerpunkt der rechtlichen Aufarbeitung zumeist in der rechtlichen Würdigung eines unstreitigen Verhaltens zu sehen ist, bleibt zusätzlich festzuhalten, daß zwischen den beiden Ansichten auch eine Annäherung festzustellen ist. So hat die Rechtsprechung im Hinblick auf die Pflichtverletzung die Voraussetzungen an den Sachvortrag der Gesellschaft herabgesetzt, wenn es um bestimmte Vorgänge im Verantwortungsbereich des Geschäftsführers geht, wie z.B. um einen buchungsmäßigen Fehlbestand.[974] Hintergrund hierfür ist, daß die Art

---

969 BGH, WM 1991, 281, 282; BGH, WM 1992, 223, 224; OLG Hamm, ZIP 1995, 1263, 1265; v. Gerkan, ZHR 154 (1990), 39; Baumbach/Hueck/Zöllner § 43 Rdnr. 24; Scholz/Schneider § 43 Rdnr. 168; Rowedder/Koppensteiner § 43 Rdnr. 34.

970 BGH, BB 1980, 1344; 1345; vgl. auch BGH, DB 1985, 2291, 2291; BGH, ZIP 1992, 108, 108f.

971 Fleck, GmbHR 1974, 224, 224; Lutter/Hommelhoff § 43 Rdnr. 21, Heisse, Die Beschränkung, S. 47ff.

972 Ausführungen im Urteil, welche nicht Teil der Entscheidungsgründe (ratio decidendi) sind.

973 Heermann, ZIP 1998, 761, 766, Goette, ZGR 1995, 648, 649ff.; v. Gerkan, ZHR 154 (1990), 39, 49ff.; Rowedder/Koppensteiner § 43 Rdnr. 34 m.w.N.; Scholz/Schneider § 43 Rdnr. 168 mit dem Hinweis, daß die Umkehr der Beweislast auch hinsichtlich der objektiven Pflichtwidrigkeit aus der allgemeinen Regel folgt, daß derjenige, der zu bestimmten Tätigkeiten verpflichtet ist, im Zweifel wegen seiner Sachnähe zu beweisen hat, daß sein Verhalten auch der Sorgfalt eines ordentlichen Geschäftsmannes entsprach. Vgl. auch Fleck, GmbHR 1997, 237, 237 mit der Ausführung, daß es nicht verwundere, daß die Frage nach der Beweislast für das pflichtwidrige Organhandeln nur in obiter dicta behandelt worden sei. So stelle sich in den angeführten Entscheidungen meist die Frage der Beweislast nicht, da sowohl die Verhaltensnorm als auch sämtliche Tatsachen, aus denen ihre Verletzung hergeleitet wird, festgestanden hätten und nur noch die Berechtigung dieses Vorwurfes zu prüfen gewesen sei.

974 Scholz/Schneider § 43 Rdnr. 168, 170; Frisch, Haftungserleichterungen, S.30; Goette, ZGR 1995, 648, 673f. mit vermittelndem Konzept: Die Gesellschaft muß darlegen und beweisen, daß ihr ein Schaden durch ein möglicherweise pflichtwidriges Verhalten des Geschäftsführers entstanden ist; zustimmend Hachenburg/Mertens § 43 Rdnr. 66; Fleck, GmbHR 1997, 237, 239; bezweifelnd Heermann, ZIP 1998, 761,766 mit eigenem Modell abgestufter Darlegungs- und Beweislast, das den unternehmerischen Handlungsspielraum, der Leitungsorganen zuzubilligen

eines behaupteten Schadens so stark für das Vorliegen eines pflichtwidrigen Verhaltens sprechen kann, daß eine weitergehende Darlegung nicht verlangt wird.[975] Keine Beweislastumkehr tritt jedoch bei der Verletzung von im Gesetz ausdrücklich erwähnten Sonderpflichten des Geschäftsführers ein.[976] Beruft sich der Geschäftsführer auf eine haftungsbefreiende Weisung oder Zustimmung der Gesellschafter, so hat er auch diese zu beweisen.[977]

I. Geltendmachung durch die Gesellschaft

Da die Gesellschafter einer GmbH im Gegensatz zur AG wesentlich größere Gestaltungs- und Einwirkungsmöglichkeiten haben, wird die Geltendmachung von Ansprüchen der Gesellschaft gegen ihren Geschäftsführer von einem Gesellschafterbeschluß abhängig gemacht.[978] Hierbei ist der Beschluß eine materielle Anspruchsvoraussetzung[979] und setzt eine ausreichend genaue Beschreibung der dem Geschäftsführer vorgeworfenen Pflichtverletzung voraus.[980] Hingegen hat aus Gründen der Interessenkollision die in § 35 GmbHG normierte Vertretungsmacht der Geschäftsführer keine Geltung für Prozesse der Gesellschaft mit einem Geschäftsführer. In diesem Falle wird die Gesellschaft durch den Aufsichtsrat vertreten (§ 52 Abs. 1 GmbHG, 112 AktG).[981] Ist ein solcher nicht vorhanden, haben die Gesellschafter eine spezielle Vertretung der Gesellschaft zu bestimmen, welche sich aus dem Kreise der Gesellschafter, Geschäftsführer, Beiräte oder Außenstehenden rekrutiert.[982]

---

ist, berücksichtige; Gehrlein, NJW 1997, 1905ff. ebenfalls mit vermittelnder Konzeption: Die Beweislast obliegt dem Geschäftsführer, wenn die Pflichtwidrigkeit auf eine von ihm eigenverantwortlich wahrzunehmende Maßnahme zurückzuführen ist, wohingegen die Gesellschaft bei der Verletzung von Kontrollpflichten die Beweislast trifft.

975 BGH, WM 1980, 1190, 1190; BGH, WM 1985, 1293f.; vgl. hierzu v. Gerkan, ZHR 154 (1990), 39, 46f.; Fleck, GmbHR 1997, 237, 239f.

976 Thümmel, Persönliche Haftung von Managern und Aufsichtsräten, S. 86.

977 Lutter/Hommelhoff § 43 Rdnr. 23; Heidelberger Kommentar/Fichtelmann § 43 Rdnr. 54.

978 § 46 Nr. 8 GmbHG.

979 BGHZ 28, 355, 359;BGHZ 97, 382, 390; BGH BB 1975, 578; Baumbach/Hueck/Zöllner § 43 Rdnr. 20, § 46 Rdnr. 40; Roth/Altmeppen § 43 Rdnr. 36.

980 OLG Düsseldorf DB 1994, 2610, 2610.

981 Vgl. zum Klagrecht des GmbH-Aufsichtsrats gegen die Geschäftsführung Geißler, GmbHR 1998, 1114ff.; Vgl. auch zur Pflicht des Aufsichtsrats, mögliche Regreßansprüche gegen den Vorstand einer AG zu prüfen und zu verfolgen BGH ZIP 1998, 883ff. „ARAG/Garmenbeck."

982 Vgl. § 46 Nr. 8 GmbHG; Thümmel, DB 1995, 2461, 2464; Roth/Altmeppen § 46 Rdnr. 47ff. m.w.N. und dem Hinweis, daß § 46 Nr. 8 GmbHG nach der ratio der

II. Geltendmachung durch den Insolvenzverwalter

Im Gegensatz zu der Geltendmachung durch einen bestellten Vertreter der Gesellschaft kann der Insolvenzverwalter im Rahmen des Insolvenzverfahrens ohne einen vorherigen Gesellschafterbeschluß die Ansprüche der Gesellschaft gegen den Geschäftsführer geltend machen (vgl. § 92 InsO).[983]

III. Durchsetzung der Geltendmachung durch den Gesellschafter

1. Anfechtungs- und Feststellungsklage

Lehnt die Mehrheit der Gesellschafter es ab, einen Ersatzanspruch der Gesellschaft gegen einen Geschäftsführer geltend zu machen, so können Minderheitsgesellschafter einen Geltendmachungsbeschluß nach § 46 Nr. 8 GmbHG über eine Anfechtungsklage verbunden mit einer positiven Feststellungsklage erzwingen. Voraussetzung hierfür ist ein treuwidriges Verhalten der Gesellschaftermehrheit, welches gegeben sein kann, wenn das Vorliegen des Ersatzanspruches plausibel oder wahrscheinlich ist und die Ablehnung der Geltendmachung entgegen der Verbandsinteressen, willkürlich bzw. ohne ausreichenden Sachgrund erfolgte.[984]

2. Actio pro socio bzw. societate/Gesellschafterklage

a) Grundsätzliches

Führt jedoch auch eine Anfechtungs- und Beschlußfeststellungsklage nicht dazu, daß die Ansprüche der Gesellschaft gegen den Geschäftsführer geltend gemacht werden, so stellt sich die Frage, ob der einzelne Gesellschafter die Befugnis hat, die Ansprüche gegen den Geschäftsführer gerichtlich durchzusetzen. Hierbei ist jedoch eine strenge Unterscheidung zwischen der Geltendmachung eigener Mitgliedschaftsrechte und der Geltendmachung von Ansprüchen des Verbands anzustellen. Die Problemstellung der Geltendmachung von Verbandsansprüchen durch einen Gesellschafter führt hingegen zu der Frage der Zulässigkeit der *actio pro socio* im GmbH-Recht.

Vorschrift nicht bei Prozessen mit ausgeschieden Geschäftsführern gelten solle. a.A. Thümmel, Persönliche Haftung von Managern und Aufsichtsräten, S. 96, 89; vgl. zu §§ 52 Abs. 1 GmbHG i.Vm 112 AktG Baumbach/Hueck/Zöllner § 46 Rdnr. 43; Scholz/Schmidt § 46 Rdnr. 165; Scholz/Schneider § 43 Rdnr. 209; Lutter/Hommelhoff § 46 Rdnr. 26.

983 Baumbach/Hueck/Zöllner § 43 Rdnr. 20.

984 Baumbach/Hueck/Zöllner § 43 Rdnr. 21.

Die *actio pro socio* hat ihren Ursprung im Recht der Personengesellschaften.[985] So ist im Personengesellschaftsrecht schon lange anerkannt, daß ein Gesellschafter die aus der Mitgliedschaft entspringenden Ansprüche der Gemeinschaft gegen andere Gesellschafter geltend machen kann. Probleme ergaben sich jedoch bei der Übertragung auf die Kapitalgesellschaften. So obliegt im Kapitalgesellschaftsrecht die Verfolgung der aus der Mitgliedschaft entspringenden Ansprüche der Gesellschaft gegenüber ihren Gesellschaftern nach der gesetzlichen Kompetenzverteilung grundsätzlich den vertretungsberechtigten Leitungsorganen.[986] Seit der Anerkennung von gesellschaftsvertraglichen Beziehungen[987] zwischen den Gesellschaftern ist der Rechtsgedanke der *actio pro socio* hingegen auch im GmbH-Recht akzeptiert.[988] Machen die Leitungsorgane ohne einen sachlichen Grund die Rechte der Gesellschaft nicht geltend oder befaßt sich die Gesellschafterversammlung nicht mit einem entsprechenden Beschlußantrag, so hat nunmehr nach den Grundsätzen der *actio pro socio* ein jeder Gesellschafter im Rahmen eines effektiven Minderheitenschutzes das Recht, auf Leistung an die Gesellschaft zu klagen.[989]

Gleichwohl herrscht im Hinblick auf die Rechtsnatur der *actio pro socio*[990] ein reger Meinungsstreit. Jedoch geht die überwiegende Meinung in Rechtsprechung und Literatur davon aus, daß mit der Gesellschafterklage im eigenen Namen Ansprüche der Gesellschaft gegen Mitgesellschafter geltend gemacht wer-

985 Vgl. hierzu nur BGHZ 10, 91, 102; 25, 47, 49.

986 Vgl. §§ 35, 37 GmbHG.

987 Zu dem Meinungsstreit zur rechtlichen Grundlage der actio pro socio Vgl. nur Schanbacher, AG 1999, 21, 26 m.w.N.

988 BGH WM 1975, 1152, 1154 für Konzernsachverhalte; BGH WM 1982, 928, 928; BGH AG 1990, 458, 459; OLG Düsseldorf DB 1993, 2474, 2474; OLG Köln GmbHR 1993, 816, 816; Scholz/Emmerich § 13 Rdnr. 43; Scholz/Schmidt § 46 Rdnr. 161; Baumbach/Hueck/Hueck § 13 Rdnr. 32; Hachenburg/Raiser § 14 Rdnr.36ff.; Eickhoff, Die Gesellschafterklage im GmbH-Recht, S. 21; Grunewald, Die Gesellschafterklage in der Personengesellschaft und der GmbH, S. 66ff.; Gehrlein, ZIP 1993, 1525ff.; Lutter, AcP 180 (1980), 84, 135ff.; zurückhaltend Schanbacher, AG 1999, 21, 21f. mit Hinweisen auf Widersprüchlicheiten in der Rechtsprechung des BGH der letzten Jahrzehnte.

989 Vgl. Scholz/Emmerich § 13 Rdnr. 43a; Lutter, AcP 180 (1980), 84, 132; Lutter/Hommelhoff § 13 Rdnr. 8; Baumbach/Hueck/Hueck § 13 Rdnr. 33; zu anderen dogmatische Begründungen Hachenburg/Raiser § 14 Rdnr. 37; vgl. auch BGH NJW 1985, 2830f. zur Möglichkeit der Modifikation oder Abbedingung der Gesellschafterklage im Gesellschaftsvertrag.

990 Zur Terminologie vgl. Lutter/Hommelhoff, § 13 Rdnr. 2; Schmidt, GesR, S. 631 Fn.142 m.w.N.

den, so daß der klagende Gesellschafter in gewillkürter Prozeßstandschaft handelt.[991]

Da die Grundlage der *actio pro socio* die fremdnützige Mitgliedschaft als solche ist, können mit dieser Klageform alle Ansprüche der Gesellschaft gegenüber ihren Gesellschaftern geltend gemacht werden, die im Gesellschaftsverhältnis ihre Begründung finden.[992] In Frage kommen hier u.a. Unterlassungsansprüche, Ansprüche auf Zahlung der Stammeinlage (§ 9 GmbHG) aber auch auf Rückzahlung von kapitalersetzenden Darlehen (§ 32b GmbHG), verdeckten Gewinnausschüttungen (§ 30 GmbHG) sowie wegen Schmälerung des Stammkapitals (§ 31 GmbHG). Ist der Gesellschafter auch noch Geschäftsführer (Gesellschaftergeschäftsführer), so kann sich auch ein Schadenersatzanspruch wegen der Verletzung organschaftlicher Pflichten ergeben, soweit die verletzte Organpflicht zugleich auch auf dem Gesellschaftsverhältnis beruht.[993] Dies ist der Fall, wenn eine treuwidrige Einflußnahme auf die Geschäftsführung der Gesellschaft festgestellt werden kann.[994] So ist dann jede Überschreitung des Geschäftsführungsrahmens im Verhältnis zu den Mitgesellschaftern als Verletzung der mitgliedschaftlichen Pflichten zu begreifen.[995] Mithin könnte ein Gesellschafter im eigenem Namen Ersatzansprüche der Gesellschaft geltend machen, die auf einer ordnungswidrigen Unternehmensleitung des Gesellschaftergeschäftsführers beruhen.

Aus dem Schutzzweck der *actio pro socio* ergibt sich hingegen auch, daß der Adressatenkreis über die Gesellschafterstellung hinaus ausgedehnt werden muß, um einen effektiven Rechtsschutz gegen Mißbrauchstatbestände zu gewährleisten.[996] Daher ist auch im Konzernverbund die Klage eines Gesellschafters gegen

---

991 BGH WM 1986, 1201f.; BGH NJW 1990, 2627, 2628; BGH, ZIP 1991, 582, 583; OLG Köln GmbHR 1993, 816, 816; OLG Düsseldorf ZIP 1994, 619, 621; Baumbach/Hueck/Hueck § 13 Rdnr. 33; Scholz/Schmidt § 46 Rdnr. 161; Lutter/Hommelhoff § 43 Rdnr. 26; Lutter, ZHR 153 (1989), 446, 463; Schmidt, GesR, S.633ff.; Berger, ZHR 149 (1985), 599, 603f., 613; v Gerkan, ZGR 1988, 441, 445; Happ, Die GmbH im Prozeß, S. 50; a.A.: Klagerecht aus eigenem Recht: Hachenburg/Raiser § 14 Rdnr. 39, 44; Zöllner, ZGR 1988, 392, 437 o. 402ff.; Roth/Altmeppen § 13 Rdnr. 37; Rowedder/Koppensteiner § 43 Rdnr.43 m.w.N.; Gehrlein, ZIP 1993, 1525, 1525f., 1530.

992 Differenzierend Hachenburg/Raiser § 14 Rdnr. 40ff.; Zöllner, ZGR 1988, 392, 402ff.

993 Lutter/Hommelhoff § 13 Rdnr. 5; Gehrlein, ZIP 1993, 1525, 1526; v Gerkan, ZGR 1988, 392, 441, 445f.

994 Scholz/Emmerich § 13 Rdnr.46.

995 Gehrlein, ZIP 1993, 1525, 1526, 1529; Zöllner, ZGR 1988, 392, 408; Raiser, ZHR 153 (1989), 1, 25; Lutter, AcP 180 (1980), 84, 139.

996 Happ, Die GmbH im Prozeß, S. 51; vgl. aber auch Schmidt, GesR, S 645 mit dem Hinweis, daß eine Geltendmachung von Ansprüchen der Gesellschaft gegen Dritte

den beherrschenden Gesellschafter eines Mitgesellschafters zulässig, wenn dieser den Mitgesellschafter zu einem schadensverursachendem Verhalten veranlaßt hat.

b) Subsidiarität der Gesellschafterklage

Wie schon oben dargelegt, unterliegt nach § 46 Nr. 8 GmbHG der Gesellschafterversammlung die Geltendmachung von Ersatzansprüchen, die der Gesellschaft aus der Gründung oder Geschäftsführung gegen Gesellschafter oder Geschäftsführer zustehen.[997] Hierbei verfügen die Gesellschafter über einen Ermessensspielraum, der einer gerichtlichen Inhaltskontrolle weitgehend entzogen ist.[998] Ob diese gesetzliche Zuständigkeitsordnung auch im Falle der Gesellschafterklage zum Tragen kommt oder ob es zu diesem Grundsatz Ausnahmen gibt, ist ebenfalls umstritten. Die Rechtsprechung und weite Teile der Literatur vertreten jedoch die Ansicht, daß sich der klagende Gesellschafter aufgrund der Entscheidungsprärogative der Gesellschaftermehrheit sowie der verbandsinternen Treuepflicht vor einer Klageerhebung ernsthaft und mit Nachdruck darum zu bemühen hat, einen entsprechenden Beschluß nach § 46 Nr. 8 GmbHG herbeizuführen.[999] Mithin hat er die Mitgesellschafter ausreichend zu informieren, sich mit ihnen zu beraten sowie ihnen Gelegenheit zur Entscheidung zu geben, ob der Schaden durch die Gesellschaft geltend gemacht werden soll. Einen treuwidrig abgelehnten Gesellschafterbeschluß muß er dann grundsätzlich zunächst im Wege der Anfechtungsklage in Verbindung mit einer positiven Beschlußfeststellungsklage angehen.[1000] Diese Voraussetzung hat hingegen auch zur Folge, daß einer späteren

---

nicht möglich ist, da zum Schutze des Rechtsverkehrs die Organisationsverfassung der Gesellschaft gewahrt bleiben muß.

997 Zum Regelungszweck vgl. BGHZ 28, 355, 357; siehe auch das Initiativrecht in § 50 GmbHG.

998 Vgl. BGHZ 28, 355, 357; OLG Düsseldorf, GmbHR 1995, 232, 232 (Ablehnung einer Geltendmachung, da Offenlegung von Gesellschaftsinterna gegenüber Dritten befürchtet wurde); Lutter/Hommelhoff § 46 Rdnr. 21 (Ablehnung einer Geltendmachung wegen zu befürchtender Beeinträchtigung des Vertrauensverhältnisses unter den Organmitgliedern).

999 Lutter/Hommelhoff § 43 Rdnr. 26.

1000 Vgl. BGH WM 1982, 928, 929; BGH GmbHR 1990, 343, 344; OLG Köln GmbHR 1993, 816, 816; Baumbach/Hueck/Hueck § 13 Rdnr. 34a; Lutter/Hommelhoff § 13 Rdnr. 4; Rowedder/Koppensteiner § 43 Rdnr. 44; Zöllner, ZGR 1988, 392, 409f.; Eickhoff, Die Gesellschafterklage im GmbH-Recht, S. 122ff.; Sänger, GmbHR 1997, 112, 121; vgl. auch Roth/Altmeppen § 13 Rdnr. 40 mit der Ansicht, daß Anfechtungs- und Beschlußfeststellungsklagen Anwendungsfälle der actio pro socio seien; a.A. Hachenburg/Raiser § 14 Rdnr. 43, 45; Raiser, ZHR 153 (1989), 1, 18ff. mit der Ansicht, daß die Zuständigkeit der Gesellschafterversammlung nach § 46

Gesellschafterklage auf Leistung an die Gesellschaft der Erfolg verwehrt ist, wenn der Gesellschafter es versäumt hat, einen anfechtbaren einer Klage entgegenstehenden Gesellschafterbeschluß fristgerecht anzufechten.[1001]

c) Ausnahmen zum Grundsatz der Subsidiarität

Der Grundsatz der Subsidiarität der Gesellschafterklage kann jedoch für den Fall eine Durchbrechung erfahren, daß ein Tätigwerden des an sich zuständigen Organs aufgrund eines Interessenkonfliktes nicht erwartet werden darf. So kann ausnahmsweise der Weg der vorherigen Beschlußanfechtung für die Minderheit als „unzumutbar" angesehen werden.[1002] Eine *actio pro socio* ist daher schon frühzeitig zulässig, wenn eine Klage der Gesellschaft „undurchführbar", durch den Schädiger selbst vereitelt worden oder in Folge der Machtverhältnisse in der Gesellschaft so erschwert ist, daß es für den betroffenen Gesellschafter ein unzumutbarer Umweg wäre, müßte er die Gesellschaft erst zu einer Haftungsklage zwingen [...]"[1003] Dies ist z.B. der Fall, wenn der Minderheitsgesellschafter einen Entlastungs- oder Verzichtsbeschluß der Gesellschaftermehrheit erfolgreich angefochten hat und sich diese dennoch weigert, den Geschäftsführer gerichtlich zu belangen.[1004] Ferner gilt es als „unzumutbar" wenn aufgrund der Umstände nicht zu erwarten ist, daß die Geschäftsleitung trotz eines die Klage fordernden Gesellschaftsbeschlusses entgegen § 37 Abs. 1 GmbHG nicht die notwendigen Schritte zur gerichtlichen Durchsetzung einleiten wird.[1005] So ist nicht auszuschließen, daß eine Geltendmachung von Ersatzansprüchen gegen einen (ausgeschiedenen) Geschäftsführer ein eigenes Mitverschulden erkennen läßt, welches sich nicht gerade initiativfördernd auswirkt.

Nr. 8 GmbHG und das Einzelklagerecht der Gesellschafter selbständig nebeneinander stehen würden, eine Beschlußfassung sei daher nicht nötig; vom Ergebnis gleich Gehrlein, ZIP 1993, 1525, 1525.

1001 Roth/Altmeppen § 13 Rdnr. 44 mit dem Hinweis auf die analoge Anwendung der Anfechtungsregeln in § 243ff. AktG; vgl. auch Bender, DB 1998, 1900ff. zur Möglichkeit der Schiedsklage gegen Gesellschafterbeschlüsse und der Wahrung der Anfechtungsfrist.

1002 BGH WM 1982, 928, 929; BGH ZIP 1991, 582, 583: Entbehrlichkeit der Beschlußfassung nach § 46 Nr.8 GmbHG bei Zweimann-Gesellschaft; vgl. auch Scholz/Schmidt § 43 Rdnr. 161, 153.

1003 BGH WM 1982, 928, 929; OLG Düsseldorf GmbHR 1994, 172, 173; vgl. auch Roth/Altmeppen § 13 Rdnr. 45; Baumbach/Hueck/Hueck, § 13 Rdnr. 34a; zur zweigliedrigen GmbH BGH ZIP 1991, 582, 583.

1004 Lutter/Hommelhoff, § 43 Rdnr. 26; vgl. auch OLG Stuttgart ZIP 1995, 378, 380.

1005 BGH NJW 1990, 2627, 2628; OLG Düsseldorf ZIP 1994, 619, 621; OLG Düsseldorf GmbHR 1996, 689, 696; Lutter/Hommelhoff, § 13 Rdnr. 4; Baumbach/Hueck/Hueck § 13 Rdnr. 34a.

Handelt es sich bei dem in Anspruch Genommenen um einen Anteilseigner der Gesellschaft (Gesellschaftergeschäftsführer), so ist dieser zwar bei der Beschlußfassung nach § 46 Nr. 8 GmbHG über eine Geltendmachung von Ersatzansprüchen aus dem Organverhältnis vom Stimmrecht ausgeschlossen.[1006] Doch auch durch den Ausschluß vom Stimmrecht oder ein Ausscheiden aus der Funktion des Leitungsorgans kann durch die gebliebene „Nähe" zu den (ehemaligen) Kollegen im Organgremium oder Gesellschaftern eine Geltendmachung der Verbandsansprüche faktisch ausgeschlossen sein. Nutzt dieser daher direkt oder indirekt seinen Einfluß zu der Gesellschaftermehrheit, um eine pflichtwidrige Untätigkeit der Gesellschafterversammlung oder einen Beschluß herbeizuführen, welcher von sachwidrigen Motiven geleitet ist bzw. ist nicht zu erwarten, daß eine Geltendmachung gegenüber dem Geschäftsführer nach einer erfolgreichen Anfechtung erfolgt, so ist eine sofortige Gesellschafterklage berechtigt.[1007] Mithin ist ein besonderes Augenmerk auf die tatsächliche Einflußverteilung in der Gesellschaft zu richten. Eine detaillierte Festlegung von Mißbrauchsfällen verbietet sich.

d) Fremdgeschäftsführer

Besonders uneinheitlich gestalten sich die Ansichten über die Anwendung der *actio pro socio* gegen Geschäftsführer, die keinen Gesellschafterstatus haben, sog. Fremdgeschäftsführer.[1008] Grundlage für die Anwendung der *actio pro socio* im GmbH-Recht ist die Überlegung, daß sich aus der unter den Gesellschaftern bestehenden Treueverbindung eine Sonderrechtsbeziehung ergibt. Das Klagerecht eines Gesellschafters im Rahmen einer *actio pro socio* setzt also die Verletzung seiner Mitgliedschaftsrechte voraus. Mithin wird auch eine Schadenersatzpflicht des Gesellschaftergeschäftsführers wegen der Verletzung organschaftlicher Pflichten angenommen, wenn die verletzte Organpflicht zugleich auch auf dem Gesellschaftsverhältnis beruhte.[1009] Entsprechend ist jede Überschreitung des Geschäftsführungsrahmens bzw. eine ordnungswidrige Geschäftsführung im

---

1006 § 47 Abs. 4 GmbHG.

1007 Vgl. aber Eickhoff, Die Gesellschafterklage, S. 285f. mit der Ansicht, daß in diesem Falle entsprechend § 147 Abs. 3 AktG das Registergericht einen besonderen Vertreter bestellen solle.

1008 Vgl. aber die Rechtslage in der AG mit der gesetzlich normierten Klagemöglichkeit gegen den Vorstand nach §§ 309 Abs. 4, 310 Abs. 4, 317 Abs. 4, 318 Abs. 4 AktG.

1009 Lutter/Hommelhoff § 13 Rdnr. 5.

Verhältnis zu den Mitgesellschaftern als Verletzung der mitgliedschaftlichen Pflichten zu begreifen.[1010]

Bei einem Fremdgeschäftsführer besteht jedoch gerade keine auf der Mitgliedschaft beruhende Sonderverbindung mit dem klagenden Gesellschafter.[1011] Dennoch wird auch von Stimmen in der Literatur eine Anwendung der *actio pro socio* auf den Fremdgeschäftsführer befürwortet. Als Argument wird angeführt, daß man beim Haftungsrisiko nicht zwischen einem Fremdgeschäftsführer und einem Gesellschaftergeschäftsführer unterscheiden dürfe. So müsse für alle Geschäftsführer das gleiche Recht gelten.[1012] Dies unterstützend wird als Beispiel der Fall angeführt, daß ein Geschäftsführer eine minimale Beteiligung an der GmbH erwirbt. Eine nur auf dem Erwerb der Beteiligung beruhende Vergrößerung des Haftungsrisikos in seiner Funktion als Geschäftsführer könne jedoch nicht hingenommen werden.[1013]

e) Kosten

Hinsichtlich der Kosten ist festzuhalten, daß im Falle eines Obliegens des klagenden Gesellschafters dieser aus dem Rechtsinstitut der „Geschäftsführung ohne Auftrag" gegen die Gesellschaft einen Erstattungsanspruch hat, soweit die unterlegene Partei nicht die Kosten erstattet.[1014]

1010 Gehrlein, ZIP 1993, 1525, 1526, 1529; Zöllner, ZGR 1988, 392, 408; Raiser, ZHR 153 (1989), 1, 25; Lutter, AcP 180 (1980), 84, 139; Grunewald, Die Gesellschafterklage, S. 90.

1011 Vgl. BGH WM 1982, 928, 928; Scholz/Emmerich § 13 Rdnr. 44: Zwischen dem Geschäftsführer und dem Gesellschafter bestehe keine gesellschaftsrechtliche Beziehung; Roth/Altmeppen, § 43 Rdnr. 37; Baumbach/Hueck/Hueck, § 13 Rdnr. 34: Ein rechtspolitisches Anliegen rechtfertige nicht eine weitergehende Durchbrechung der Zuständigkeitsordnung des GmbH-Rechts; Bastuck, Enthaftung des Managements, S. 75; Zöllner, ZGR 1988, 392, 409; Kowalski, ZIP 1995, 1315, 1316; Lutter/Hommelhoff, § 13 Rdnr. 5 jedoch für Ausnahme, wenn die verletzte Organpflicht zugleich mitgliedschaftliche Pflicht ist; Thümmel, Persönliche Haftung von Managern und Aufsichtsräten, S. 97.

1012 Grunewald, Die Gesellschafterklage, S. 89f., 96; Eickhoff, Die Gesellschafterklage, S.191f.; v. Gerkan, ZGR 1988, 441, 448; Raiser, ZHR 153 (1989) 1, 12f.,25f. sieht die organisationsrechtliche Grundlage für die Gesellschafterklage in diesem Fall in dem Ineinandergreifen von Bestellungsakt, Anstellungsvertrag und Satzung; ebenso Hachenburg/Raiser § 14 Rdnr. 46; Rowedder/Koppensteiner § 43 Rdnr.42f.; Lutter/Hommelhoff § 43 Rdnr.11; Scholz/Schmidt § 46 Rdnr. 161; wohl auch OLG Köln GmbHR 93, 816ff. jedoch nicht in den Entscheidungsgründen.

1013 Grunewald, Die Gesllschafterklage, S. 90.

1014 Lutter/Hommelhoff § 13 Rdnr. 7; Hachenburg/Raiser § 14 Rdnr. 45; Rowedder/Koppensteiner § 43 Rdnr. 45 für eine analoge Anwendung von § 247 AktG; a.A. Baumbach/Hueck/Hueck § 13 Rdnr. 34a.

B) Ansprüche der Gesellschafter

Neben der oben dargestellten Geltendmachung von Verbandsansprüchen gegen Mitgesellschafter und Geschäftsführer (*actio pro socio*) stehen einem Gesellschafter auch Klagemöglichkeiten gegen den Verband wegen einer Verletzung seiner „individuellen" Rechte (Vermögens-, Auskunfts-, Austritts- und Mitwirkungsrechte) zu. So kann er im Rahmen von Gestaltungs- und Feststellungsklagen z.B. Ansprüche auf gesetzes- und satzungsgemäße Gesellschafterbeschlüsse sowie auf kompetenzkonformes Verhalten von anderen Gesellschaftsorganen gegenüber der Gesellschafterversammlung durchsetzen.[1015] Das Klagerecht folgt hierbei aus der Beeinträchtigung seiner Mitgliedschaft im Verband. Dies bedeutet hingegen nicht, daß dem Gesellschafter ein umfassender aus der Mitgliedschaft fließender unmittelbarer Anspruch auf gesetzes- und satzungskonformes Verhalten der Geschäftsführung zukommt.[1016] Vielmehr muß ein Verstoß gegen den Kern des Mitgliedschaftsrechts festgestellt werden, wie es z.B. der Fall bei der unzulässigen Ausschaltung der Hauptversammlung ist.[1017] Jedoch ist im GmbH-Recht auch zu beachten, daß sich die Gesellschafter gegen einen bevorstehenden Eingriff in die Kompetenzen der Gesellschafterversammlung mit Hilfe des Weisungsrechts wehren können.[1018]

Eine Geltendmachung von eigenen Individualschäden eines Gesellschafters ist im Rahmen von Leistungsklagen unproblematisch, sofern zwischen ihm und dem in Anspruch genommenen Geschäftsführer eine Rechtsbeziehung besteht, die durch ein schädigendes Verhalten des Geschäftsführers eine Verletzung erfahren hat. Jedoch stellt nicht jede Verminderung des Verbandsvermögens zugleich eine Beeinträchtigung der Mitgliedschaft dar.[1019] Eine Entwertung der Mitgliedschaft als Reflex einer Veränderung des Gesellschaftsvermögens reicht allein nicht aus. Zwar schlägt sich der Schaden des Anteilseigners zumeist in der Entwertung seiner Anteile an der Gesellschaft nieder. Hierbei handelt es sich jedoch nur um einen Reflex des bei der GmbH eingetretenen Schadens. Eine Inanspruchnahme des Geschäftsführers für diesen Schaden würde hingegen zu einer doppelten Haftung des Unternehmensleiters neben der Innenhaftung gegenüber

---

1015 Vgl. BGHZ 83, 122, 133ff.; Zöllner, ZGR 1988, 392, 425ff.; Wiedemann, Organverantwortung und Gesellschafterklagen, S. 54f.

1016 Zöllner, ZGR 1988, 392, 415, 422.

1017 BGHZ 83, 122, 133ff.

1018 Abeltshauser, Leitungshaftung im Kapitalgesellschaftsrecht, S. 430.

1019 RGZ 158, 248, 255; BGHZ 94, 55, 58; Scholz/Schneider § 43 Rdnr. 216; Hachenburg/Mertens § 43 Rdnr. 105, Reese, DStR 1995, 532, 536; Schaub, DStR 1992, 1021, 1023; Reuter, in: Festschrift für Lange, S. 707, 717; Mertens, in: Festschrift für Fischer, 461, 469.

der Gesellschaft führen, so daß bei reinen Reflexschäden nur eine Klage auf Leistung an die Gesellschaft in Frage kommt.[1020]

C) Ansprüche Außenstehender

Grundsätzlich steht es einzelnen Gläubigern oder geschädigten Dritten offen, ihre in Kapitel II. erwähnten Außenhaftungsansprüche direkt gegen den Geschäftsführer geltend zu machen. Darüber hinaus können die Gläubiger der Gesellschaft nach Erwirkung eines vollstreckungsfähigen Titels gegen die GmbH in deren Schadenersatzansprüche gegen den Geschäftsführer vollstrecken, in dem sie diese pfänden und sich zur Einziehung überweisen lassen.[1021] Sodann kann der Geschäftsführer in einem zweiten Verfahren in Anspruch genommen werden, wenn dieser zur Zahlung nicht bereit ist.

Um diese komplizierte Vorgehensweise zu umgehen, vertreten hingegen einige Autoren die Ansicht, daß das im Aktienrecht entwickelte Verfolgungsrecht der Gläubiger (§§ 62 Abs. 2, 93 Abs. 5 S. 1, 116, 117 Abs. 5, 309 Abs. 4 S. 3, 310 Abs. 4, 317 Abs. 4, 318 Abs. 4 AktG) auch im Fall der masselosen bzw. gelöschten GmbH gelten solle, wobei jedoch eine Beschränkung auf die „unverzichtbaren" Ansprüche der GmbH vorgenommen werden müsse.[1022] Diese Vorgehensweise wird jedoch von der überwiegenden Meinung in Rechtsprechung und Literatur abgelehnt.[1023]

Eine direkte Inanspruchnahme kann einem Geschäftsführer aber auch aus der versicherungsrechtlichen Legalzession nach § 67 VVG drohen. Hiernach gehen bei fehlendem Regreßverzicht[1024] Schadenersatzansprüche des Versicherungsnehmers gegen Dritte in dem Umfang auf den Versicherer über, in dem jener den Schaden ersetzt.

1020 Vgl. BGHZ 65, 15ff.; BGH AG 1987, 126, 128; BGH NJW 1988, 413, 415; Rowedder/Koppensteiner § 43 Rdnr. 40f.; Thümmel/Sparberg, DB 1995, 1013, 1016; Felix, DStZ 1987, 455, 460.

1021 Vgl. §§ 828ff. ZPO.

1022 Vgl. Roth/Altmeppen § 43 Rdnr. 34.

1023 BGH, NJW 1725, 1730; Hachenburg/Mertens § 43 Rdnr. 99 auch mit dem Hinweis auf den nicht umgesetzten § 75 Abs. 6 RegE 1971, der eine dem § 93 Abs. 5 AktG ähnliche Regelung für das GmbHG vorsah; Scholz/Schneider, § 43 Rdnr. 209; Rowedder/Koppensteiner, § 43 Rdnr. 46.

1024 Vgl. Armbrüster, BB 1998, 1376, 1377f. m.w.N.

D) Die Bedeutung für das Jahr-2000-Problem

Ein Großteil der potentiellen Ansprüche im Hinblick auf ein Fehlverhalten von Leitungsorganen bei der Datumsumstellung ist im Bereich der Innenhaftung anzusiedeln. Daher obliegt es primär der Gesellschaft, Ersatzansprüche gegen das verantwortliche Leitungsorgan geltend zu machen, wobei ihr auch die geltenden Darlegungs- und Beweisgrundsätze zugute kommen. Voraussetzung hierfür ist eine entsprechende Beschlußfassung der Gesellschafterversammlung. Wollen sich jedoch die Gesellschafter weiterhin die Dienste des Geschäftsführers sichern, so ist nicht davon auszugehen, daß sie eine das Vertrauensverhältnis zwischen Gesellschaftern und Geschäftsleitung trübende Inanspruchnahme des verantwortlichen Leitungsorgans beschließen werden. Eine andere Beurteilung könnte hingegen erfolgen, wenn durch das Fehlverhalten eine für die Gesellschaft existenzbedrohende Lage eingetreten und daher eine Abberufung bzw. Entlassung des Geschäftsführers erfolgt ist.

Übt der Geschäftsführer direkt oder indirekt Einfluß auf die Gesellschaftermehrheit aus und wird hierdurch treuwidrig seine persönliche Inanspruchnahme nicht beschlossen, so ist im Rahmen des Minderheitenschutzes an eine Beschlußanfechtung bzw. positive Feststellungsklage durch einen Minderheitsgesellschafter oder aber an die Möglichkeit einer Gesellschafterklage zu denken. Stets ist aber zu beachten, daß die innergesellschaftliche Zuständigkeitsordnung in der GmbH gebietet, daß ein Gesellschafterbeschluß, einen Anspruch (noch) nicht geltend zu machen oder einen Verzicht zu erklären, zu akzeptieren ist, sofern hierfür anerkennenswerte Gründe gegeben sind und die Schranken des Rechtsmißbrauchs nicht überschritten werden.[1025] So darf der Minderheitenschutz nicht dazu führen, daß das Mehrheitsprinzip ausgehebelt wird, indem einzelne Gesellschafter den gesetzlich vorgesehenen gesellschaftsinternen Entscheidungsprozeß umgehen. Da ein Mißbrauch jedoch nur im Rahmen einer Einzelfallbetrachtung festgestellt werden kann, entzieht sich dieser Aspekt einer generellen Beurteilung im Zusammenhang mit der Jahr-2000-Problematik.

Aufgrund der zuvor dargestellten strukturellen Defizite erscheint eine Geltendmachung von Gesellschaftsansprüchen nur im Falle eines ausgeschiedenen Fremdgeschäftsführers wahrscheinlich. Eine andere Beurteilung hat jedoch zu erfolgen, wenn die Gesellschaft aufgrund ihrer naturbedingten unzureichenden Eigenkapitaldecke die Eröffnung des Insolvensverfahren beantragen muß. Im Rahmen dieses Verfahrens trifft dann den Insolvenzverwalter die Pflicht, Ansprüche

1025 Vgl. OLG Köln NJW-RR 1994, 616 m.w.N.

der Gesellschaft zu realisieren, um hiermit die im Insolvenzverfahren zur Verfügung stehende Masse zu vergrößern.[1026]

Sollten Gesellschafter ein über den Reflexschaden hinausgehenden Schaden aufgrund einer ungenügenden bzw. unterlassenen Betriebsanpassung haben, so können sie diesen direkt gegen den Geschäftsführer im Rahmen einer Leistungsklage geltend machen. Ebenso verhält es sich mit Jahr-2000-bezogenen Ansprüchen von Außenstehenden. Ein besonderes Risiko droht jedoch einem aus dem Jahr-2000-Problem der Gesellschaft gegenüber haftenden Geschäftsführer auch von den Gläubigern der Gesellschaft. So können diese nach Erwirkung eines vollstreckungsfähigen Titels gegen die GmbH in deren Schadenersatzansprüche gegen den Geschäftsführer vollstrecken, in dem sie diese pfänden und sich zur Einziehung überweisen lassen.[1027] Sodann kann der Geschäftsführer in einem zweiten Verfahren in Anspruch genommen werden, wenn dieser zur Zahlung nicht bereit ist.

§ 2 Die prozessuale Behandlung von Pflichtverletzungen durch Leitungsorgane in England

A) Ansprüche der Gesellschaft

Grundsätzlich obliegt auch im englischen Recht die gerichtliche Geltendmachung der Gesellschaftsansprüche dem *board of directors* als dem zentralen Leitungsorgan.[1028] Entsprechend ergibt sich auch hier ein Interessenkonflikt, wenn das *board of directors* die Zuständigkeit besitzt, Verbandsansprüche gegen das Gesamtgremium oder einzelne Mitglieder des *board of directors* durchzusetzen. Im Falle der Insolvenz hat zwar der *liquidator* das Recht und die Pflicht, die Ersatzansprüche der Gesellschaft für diese geltend zu machen,[1029] jedoch gilt dies nicht für den Fall einer solventen Gesellschaft. Dieses Durchsetzungsdefizit bei solventen Gesellschaften im Blick, kommt letztendlich auch der einzelne Anteilseigner in Betracht, die Ansprüche der Gesellschaft gerichtlich durchzusetzen (*derivative action*).

Eine unbeschränkte Klagemöglichkeit eines Anteilseigners wurde jedoch von den englischen Gerichten nicht aufgegriffen, da eine Flut von Prozessen be-

---

1026 § 92 InsO.
1027 Vgl. §§ 828ff. ZPO.
1028 Vgl. Art. 70, Table A, Companies Act 1985.
1029 Vgl. u.a. Ferguson v Wallbridge [1935] 3 D.L.R. 66ff. (P.C.); Fargo Ltd. v Godfroy [1986] 1 W.L.R. 1134ff.

fürchtet wurde.[1030] Statt dessen wurden sehr restriktive Kriterien für die der deutschen funktional ähnlichen Prozeßstandschaft[1031] einzelner Anteilseigner entwikkelt, ohne jedoch die Möglichkeit einer Klagebefugnis generell auszuschließen.[1032] Diese Kriterien sind allgemein unter der Bezeichnung der *"rule in Foss v Harbottle"* bekannt.

*I. Die allgemeine "**rule in Foss v Harbottle**"*

Die *"rule in Foss v Harbottle"* hat zwei grundsätzliche Aussagen. So stellt sie zum einen fest, daß grundsätzlich die Gesellschaft die richtige Klägerin ist, wenn es um ein Verhalten geht, aufgrund dessen die Gesellschaft und hierdurch dann auch mittelbar der Anteilseigner einen Schaden erlitten hat. Diese Feststellung entstammt dem im Jahr 1843 entschiedenen Fall *Foss v Harbottle*[1033], in welchem das Gericht zweien Minderheitsgesellschaftern nicht erlaubte, für die Gesellschaft die *directors* und *promoters* zu verklagen, welche Grundstücksgeschäfte zum Nachteil der Gesellschaft getätigt hatten. Das Gericht entschied, daß die Gesellschaft als die Anspruchsinhaberin selbst die Klage vorzubringen habe (*„proper plaintiff rule“*), außer es beständen dringende Gründe für eine Ausnahme von dieser grundlegenden Regel, auf welche noch später einzugehen ist.[1034]

Zum anderen fällt unter die *"rule in Foss v Harbottle"* auch die Grundregel, die unter dem Begriff *„majority rule“* bekannt ist und in dem vier Jahre später entschiedenen Fall *Mozley v Alston*[1035] entwickelt wurde. Hiernach ist von einer Klagemöglichkeit eines einzelnen Anteilseigners für ein die Gesellschaft schädigendes Verhalten nicht auszugehen, wenn eine einfache Mehrheit der Anteilseigner (*ordinary resolution*) die Maßnahme genehmigen kann.[1036] Sehr treffend stellte auch Mellish LJ in *MacDougall v Gardiner* fest:

1030 Gray v Davies [1973] 8 Ch App 1035, 1051; Davies, Gower's Principles of Modern Company Law, S. 659.

1031 Vgl. ehemals Order 15, Rule 12 A (1) Rules of the Supreme Court (RSC), nun ab 26.4.1999 ersetzt durch die Civil Procedure Rules (CPR).

1032 Für eine ausführliche Darstellung vgl. Sealy, in: Pettet (Hrsg.), Company Law in Change, S. 1ff.

1033 [1843] 67 ER 189ff.; vgl. auch die Zusammenfassung in Edwards v Halliwell [1950] 2 All ER 1064, 1066ff.

1034 Foss v Harbottle [1843] 67 ER 189, 203; vgl. auch Edwards v Halliwell [1950] 2 All ER 1064, 1066; Prudential Assurance Co. Ltd. v Newman Industries Ltd. (No.2) [1982] 1 Ch 204, 210.

1035 [1847] 1 Ph 790ff.

1036 Vgl. auch Edwards v Halliwell [1950] 2 All ER 1064, 1066f.; Barrett v Duckett [1995] 1 BCLC 243, 249f.; zur „special resolution“ vgl. ss. 9 (1), 378 (2) Companies Act 1985.

"[...] if the thing complained of is a thing which in substance the majority of the company are entitled to do [...] there can be no use in having litigation about it, the ultimate end of which is only that a meeting has to be called, and then ultimately the majority gets its wishes."[1037]

Prinzipiell hat sich ein Anteilseigner somit mit der Erlangung der Mitgliedschaft im Verband dem Mehrheitswillen zu unterwerfen. Die Vorzüge dieses Grundsatzes liegen auf der Hand, da unnötige und rein quärulatorische Prozesse bei solchen Pflichtverletzungen der *directors* vemieden werden, welche durch eine nachträgliche Genehmigung der Mehrheit der Gesellschafter ihre Legitimation verlieren würden. Mithin erfährt durch die Respektierung des Mehrheitswillens der kollektive Entscheidungsbildungsprozeß der Gesellschaft eine Anerkennung.

Handelt es sich jedoch um ein (nicht mit einfacher Mehrheit) genehmigungsfähiges Verhalten, wie z.B. die Veruntreuung von Gesellschaftsvermögen sowie *ultra vires*-[1038] oder illegale Handlungen, so findet die *„majority rule“* keine Anwendung.[1039] Es stellt sich nun die Frage, wem in diesen Fällen das Initiativrecht für Klagen gegen *directors* zukommt. Grundsätzlich versucht die *„rule in Foss v Harbottle“*einen Ausgleich zwischen der Bewahrung der kollektiven Entscheidungsfindung und der pflichtgemäßen Verfolgung von Pflichtverletzungen zu finden.[1040] Entsprechend müßte auch bei einer nicht genehmigungsfähigen Pflichtverletzung das *board of directors* als grundsätzlich zuständiges Organ über eine Klage gegen den entsprechenden *director* entscheiden.[1041] Handelt ein *director* hingegen pflichtwidrig, so müßte er theoretisch gegen sich selbst vorge-

---

1037 [1875] 1 Ch 13, 25; vgl. auch Prudential Assurance Co. Ltd. v Newman Industries (No. 2) [1982] Ch 204, 210: „an individual shareholder cannot bring an action in the courts to complain of an irregularity in the conduct of the company's internal affairs if the irregularity is one which can be cured by the vote of the company in general meeting.“; vgl. auch Lutter, ZGR 1998, 191, 192: „Mehrheit ist Mehrheit und damit basta.“

1038 Nach der Neufassung von s. 35 (3) Companies Act 1985 ist nun eine Genehmigung von gegen den Gesellschaftszweck gehender Rechtsgeschäfte (ultra vires) durch eine special resolution (vgl. ss. 9 (1), 378 (2) Companies Act 1985) möglich. Vgl. hierzu auch Farrar, Farrar's Company Law, S. 433f. m.w.N.; vgl. zu der extrem weiten Interpretation des Gesellschaftszwecks Kapitel II., § 2, B), II mit der Folge, daß Rechtsgeschäfte kaum noch als „ultra vires“ einzuordnen sind.

1039 Vgl. auch Edwards v Halliwell [1950] 2 All ER 1064, 1066ff. mit vier Kategorien, bei denen die „rule in Foss v Harbottle“ keine Anwendung finden solle: (1)Personal actions, (2) actions relating to ultra vires/illegal transactions, (3) actions relating to transactions which require a special majority, and (4) actions relating to transactions which constitute fraud on the minority; bestätigt durch Prudential Assurance Co. Ltd. v Newman Industries Ltd. (No. 2 [1982] Ch 204, 210f.

1040 Davies, Gower's General Principles of Modern Company Law, S. 676.

1041 Vgl. Art. 70, Table A, Companies Act 1985.

hen. Sind zusätzlich auch evtl. vorhandene *Co-directors* aus Solidarität oder Furcht vor eigener Haftung nicht bereit, eine Haftung des entsprechenden *directors* durchzusetzen, ist die Hauptversammlung dazu berufen, gerichtliche Schritte gegen den *director* einzuleiten.[1042] Übt der *director* hingegen eine direkte[1043] oder indirekte Kontrolle über die Gesellschafterversammlung aus, so ist auch das zweite zur Entscheidung über eine Prozeßführung befugte Organ nicht zu einer objektiven Entscheidung fähig. Die Folge hiervon wäre, daß die Gesellschaftermehrheit im Zusammenspiel mit den *directors* die Gesellschaft und damit auch die Minderheitsgesellschafter ungestraft schädigen könnten.

Dieses Schutzdefizit erkennend, wurden von der englischen Rechtsprechung im Rahmen der *equity* zwei Grundsätze entwickelt, die es einem Minderheitsgesellschafter erlauben, die Dominanz der *„majority rule"* zu durchbrechen und Ansprüche der Gesellschaft im Rahmen einer *derivative action* geltend zu machen:[1044]

II. Derivative Action - Ausnahmen von der "rule in Foss v Harbottle"

Um eine *derivative action* zu ermöglichen, muß der entsprechende Anteilseigner neben der Beachtung der Grundsätze der equity auch darlegen, daß (1) eine starke Benachteiligung der Minderheit vorliegt *(fraud on the minority)*, und (2) daß der Anspruchsgegner eine Kontrolle ausübt, die eine Klage der Gesellschaft selbst verhindert (*wrongdoer control*).[1045]

1042 Sealy, Cambridge Law Journal 1989,26, 28; ders., Cases and Materials in Company Law, S. 508; Parkinson, in: Corporate Power and Resposibility, S. 237, 239; Farrar, Farrar's Company Law S. 367; vgl. auch Xuereb, Rights of Shareholders, S. 74 und die Notzuständigkeit der Hauptversammlung entsprechend s. 385 (4) Companies Act 1985.

1043 Das englische Gesellschaftrecht kennt nicht den Ausschluß eines „befangenen" Gesellschafters von der Ausübung des Stimmrechts. Vgl. hierzu North-West Transportation Co. Ltd. v Beatty [1887] 12 App Cas 589ff. (P.C.); Burland v Earle [1902] AC 83ff. (P.C.).

1044 Wallersteiner v Moir (No.2) [1975] QB 373, 390f. (C.A.); Barrett v Duckett [1995] 1 BCLC 243, 250 (C.A.); Xuereb, Rights of Shareholders, S. 169; Davies, Gower's Principles of Modern Company Law, S. 666: Um eine Rechtskrafterstreckung auf die Gesellschaft zu erreichen, tritt diese formal neben dem Schädiger auf der Beklagtenseite auf.

1045 Farrar, Farrar's Company Law, S. 435f, auch mit dem Hinweis, daß der Kläger nach dem Equityprinzip mit „clean hands" gehandelt haben muß und keine andere gerichtliche Abhilfemöglichkeit möglich sein darf; vgl. auch Nurcombe v Nurcombe [1985] 1 WLR 370, 376: „[...] procedural device for enabling the court to do justice to a company controlled by miscreant directors or shareholders."

1. Voraussetzungen

a) Treuewidrige Benachteiligung der Minderheit – "Fraud on the minority"

Unter dem Begriff "*fraud*" ist nicht nur der festgelegte Tatbestand des *fraud* nach *common law* gemeint, sondern ein Verhalten im weiteren Sinne, welches den treuewidrigen Mißbrauch von Macht zum Inhalt hat.[1046] So wurde in *Burland v Earle* die Umstände, bei denen von einer treuewidrigen Benachteiligung der Minderheit auszugehen ist, wie folgt beschrieben:

> "... where the majority are endeavouring directly or indirectly to appropriate to themselves money, property or advantages which belong to the company or in which other shareholders are entitled to participate ..."[1047]

Nach der *„rule in Foss v Harbottle"* und der *„majority rule"* kommen hier jedoch nur Handlungen und Unterlassungen in Betracht, die nicht von der Gesellschaftermehrheit genehmigt werden können. Dieselbe Überlegung, welche der Entscheidung zugrunde liegt, ob ein Verhalten genehmigungsfähig ist, findet jedoch auch Anwendung bei der Feststellung des "*fraud on the minority*".[1048] Somit wird mit der Festlegung, daß eine Handlung oder ein Unterlassen nicht genehmigungsfähig ist, auch zugleich eine Bewertung vorgenommen, daß die Minderheit durch eine Genehmigung treuwidrig benachteiligt wurde. Entsprechend liegt die Mehrzahl der entschiedenen Fälle zum Begriff des "*fraud on the mino-*

1046 Estmanco (Kilner House) Ltd. v Greater London Council [1982] 1 All ER 437, 445; Prudential Assurance Co. Ltd. v Newman Industries Ltd. (No. 2) [1982] Ch 204, 211: „There is an exemption to the rule where what has been done amounts to fraud and the wrongdoers are themselves in control of the company. In that case the rule is relaxed in favour of the aggrieved minority shareholders' action on behalf of themselves and all others. The reason for this is that, if they were denied that right, their grievance could never reach the court because wrongdoer themselves, being in control, would not allow the company to so."

1047 [1902] AC 83, 93 (P.C.); vgl. auch Atwool v Merryweather [1867] LR 5 Eq 464ff. für den Verkauf von überteuerten Sachen an die Gesellschaft; Cook v Deeks [1916] 1 AC 554ff. für das treuwidrige Ausnutzen von Geschäftschancen und Menier v Hooper's Telegraph Works [1874] 9 Ch App 350ff. für das Unterlassen des gerichlichen Regresses gegen eine Körperschaft, an der der Mehrheitsgesellschafter beteiligt war.

1048 Vgl. Esmanco (Kilner House) Ltd. v Greater London Council [1982] 1 W.L.R. 2, 11: „[...] no doubt one day the courts will distill from the exceptions some guiding principle that is wide enough to comprehend them all and yet narrow enough to be practicable and workable. It may be that the test may come to be whether an ordinary resolution of the shareholders could validly carry out or ratify the act in question [...]."

rity" auch bei der Veruntreuung des Gesellschaftsvermögens (*misappropriation of the company's assets*).[1049]

Von "*fraud on the minority*" kann aber nicht ausgegangen werden, wenn der Schädiger nicht selbst unmittelbar durch die Pflichtverletzung davon profitiert. Entsprechend fällt die bloße Verletzung der Sorgfaltspflicht durch einen *director*, auch wenn dies grob fahrlässig geschieht, nicht unter die Ausnahme, und die Möglichkeit einer *derivative action* ist nicht eröffnet.[1050] Zum anderen spricht aber schon alleine die bloße rechtliche Möglichkeit, ein fahrlässiges Verhalten des *directors* zu genehmigen, gegen eine Anwendung der Ausnahme von der *„majority rule"*.

b) Kontrolle des Anspruchsgegners – "wrongdoer control"

Des weiteren hat der Minderheitsgesellschafter darzulegen, daß die Gesellschaft faktisch nicht in der Lage ist, die Verbandsansprüche durchzusetzen, da der entsprechende *director* direkt oder indirekt die Stimmenmehrheit in der Hauptversammlung in sich vereint.[1051] Bei der Bestimmung, ob Anspruchgegner Kontrolle über Entscheidungsfindungsorgane ausüben, hat sich über die reine Mehrheit der Stimmrechte in den letzten Jahren eine weite Begriffsbestimmung einer *de facto*-Kontrolle durchgesetzt, so daß auch schon die „Wohlgesonnenheit" anderer Anteilseigner als Kontrolle angesehen wird.[1052] Zwar bietet diese weite Interpretation die Möglichkeit, auf die Situation des jeweiligen Einzelfalles einzugehen, jedoch erfolgt dies auf Kosten der Rechtssicherheit. Der Grundsatz der *de facto*-

---

1049 Vgl. Cook v Deeks [1916] 1 AC 554ff. (P.C.); Menier v Hooper's Telegraph Works [1874] 9 Ch App 350ff. (C.A.); Foster v Foster [1916] 1 Ch 532, 534.

1050 Pavlides v Jensen [1956] Ch 565, 576: Verkauf eines Bergwerkes im Wert von £ 1.000.000 zum Preis von £ 180.000; vgl. aber auch Daniels v Daniels [1978] Ch 406, 414 für den Fall, daß die directors durch den Sorgfaltsverstoß auch noch einen persönlichen Vorteil erlangen: „To put up with foolish directors is one thing, to put up with directors who are so foolish that they make a profit of £ 115.000 odd at the expenses of the company is something entirely different."

1051 Vgl. Barrett v Duckett [1995] 1 BCLC 243, 250 (C.A.).

1052 Vgl. zur Interpretation des Begriffs „Kontrolle" Pavlides v Jensen [1956] Ch 565, 577 mit dem Bezug auf die Mehrheit der Stimmen; ebenso schon Burland v Earle [1902] AC 83, 93 (P.C.); Alexander v Automatic Telephone Co. [1900] 2 Ch 56, 59 (C.A.); Mason v Harris [1879] 11 Ch 97, 108; aber mit einer wesentlich weiteren Interpretation Prudential Assurance Co. Ltd. v Newman Industries Ltd. (No. 2 [1982] Ch 204, 219: „A broad spectrum extending from an overall absolute majority of votes at one end to a majority of votes on the other end made up of those likely to be cast by the delinquent himself plus those voting with him as a result of influence or apathy." Vgl. auch Davies, Gower's General Principles of Modern Company Law, S. 674 mit dem Hinweis auf das „proxy voting system".

Kontrolle erfuhr jedoch wiederum durch die Entscheidung *Smith v Croft (No. 2)* eine Relativierung, die als zusätzliche Voraussetzung einer *derivative action* nun auch das Erfordernis verlangte, daß nicht die Mehrheit der unabhänigen Anteilseigner eine gerichtliche Verfolgung ablehnen.[1053] Ob sich diese Einschränkung als gefestigte Rechtsprechung erweist, bleibt abzuwarten.[1054]

2. *Verfahrenskosten*

Bis zu der Entscheidung *Wallersteiner v Moir*[1055] trug der im Wege einer *derivative action* klagende Anteilseigner jedoch auch das Kostenrisiko der gerichtlichen Geltendmachung der Gesellschaftsansprüche, so daß sich hierdurch ein weiteres faktisches Hindernis bei der Anspruchsrealisierung ergab. Mit der im Jahr 1975 erlassenen Entscheidung wurde jedoch festgestellt, daß der klagende Anteilseigner in jedem Verfahrensstadium beantragen kann, daß die Gesellschaft ihn von allen mit der Klage verbundenen Kosten freistellt oder diese erstattet.[1056] Das Gericht entscheidet sodann aufgrund einer objektiven Prüfung der Erfolgsaussichten, wobei auch Zweckmäßigkeitserwägungen angestellt werden, und erläßt gegebenenfalls eine sog. *Wallersteiner order*.[1057]

3. *Reformvorschläge*

Die Möglichkeit, einer zugangsvereinfachten und „entschlackten" *derivative action* wurde in der Vergangenheit schon häufig erörtert.[1058] Doch erst durch ein Consultation Paper[1059] der Law Commission zu den prozessualen Möglichkeiten von Anteilseignern und den dazugehörigen Abschlußbericht[1060] ist in letzter Zeit Bewegung in die Beurteilung der bisherig gültigen Regeln gekommen. So empfahl die Law Commission eine gesetzlich verankerte *derivative action.*, deren

---

1053 [1988] Ch 114, 185f.; vgl. zu der Entscheidung Davies, Gower's General Principles of Modern Company Law, S. 674ff.

1054 Vgl. aber auch Law Commission, Shareholder Remedies, A Consultation Paper No. 142, 1996, S. 166; Law Commission, Shareholder Remedies - Report, Law Com No. 246, S. 96.

1055 [1975] 1 QB 373ff. (C.A.).

1056 Wallersteiner v Moir (No. 2) [1975) 1 QB 373, 391f., 404f. (C.A.); vgl. hierzu auch Davies, Gower's Principles of Modern Company Law, S. 667.

1057 Wallersteiner v Moir (No. 2) [1975) 1 QB 373, 392, 403f. (C.A.).

1058 Vgl. auch Art. 16ff. des Entwurfs der 5. EU-Strukturrichtlinie (OJC 321/9 vom 12. Dezember 1991), die jedoch seit 1972 in der Beratung ist.

1059 Law Commission, Shareholder Remedies, A Consultation Paper No. 142, 1996.

1060 Law Commission, Shareholder Remedies - Report, Law Com No. 246.

Anwendungsbereich wesentlich erweitert werden sollte. So würde der neue Anwendungsbereich folgende Bereiche abdecken:

> „actual or threatened act or omission involving (a) negligence, default, breach of duty or breach of trust by a director of the company, or (b) a director putting himself in a position where his personal interests conflict with his duties to the company."[1061]

Bei der Zulässigkeit der Klage würde jedoch das Gericht neben einer summarischen Prüfung der Erfolgsaussichten auch nach freiem Ermessen zu berücksichtigen haben, ob (a) die Klage im Interesse der Gesellschaft ist[1062], (b) das Verhalten durch die Gesellschaftermehrheit genehmigt wurde oder die Möglichkeit hierfür besteht[1063], (c) ob die Gesellschafterversammlung einen Beschluß gefaßt hat, die Sache nicht gerichtlich zu verfolgen[1064] und (d), ob alternative Rechtsmittel zur Verfügung stehen.[1065] Des weiteren sei (e) die Meinung eines vom Schädiger unabhänigen Gesellschafters einzuholen.[1066] Es bleibt abzuwarten, ob die Vorschläge der Law Commission zur *derivative action* eine gesetzliche Umsetzung erfahren.[1067]

III. Misfeasance-Verfahren

Neben der Klage im Namen der Gesellschaft und den Verfahren nach ss. 213f. Insolvency Act 1986 steht dem *liquidator* in der Abwicklungsphase der Gesell-

---

1061 Law Commission, Shareholder Remedies - Report, S. 85; Law Commission, Shareholder Remedies - A Consultation Paper, S. 152ff.

1062 Law Commission, Shareholder Remedies - Report, S. 93; Law Commission, Shareholder Remedies - A Consultation Paper, S. 164f.

1063 Law Commission, Shareholder Remedies - Report, S. 93ff.; Law Commission, Shareholder Remedies - A Consultation Paper, S. 165f.

1064 Law Commission, Shareholder Remedies - Shareholder Remedies - Report, S. 95.

1065 Law Commission, Shareholder Remedies - Report, S. 96f.; Law Commission, Shareholder Remedies - A Consultation Paper, S. 167.

1066 Law Commission, Shareholder Remedies - Report, S. 96; Law Commission, Shareholder Remedies - A Consultation Paper, S. 166; vgl. hierzu auch Smith v Croft (No. 2) [1988] Ch 114, 185f.

1067 Vgl. auch kritische Stimmen: u.a. Boyle, Amicus Curiae (6) 1998, 13f.; Davies, Gower's Principles of Modern Company Law, S. 676ff.; Farrar, Farrar's Company Law, S. 439ff.; Ferran, Company Financial and Insolvency Law Review 1998, 235ff.; Lowry, 18 The Company Lawyer (8) 1998, 247ff.; Riley, 18 The Company Lawyer (8) 1997, 260ff.; Sugarman, 18 The Company Lawyer (8) 1997, 226ff. (Teil 1) und 274ff. (Teil 2); ders., Palmer's In Company (6) 1997, 1ff; ders. Palmer's In Company (4) 1998, 1ff.; vgl. aber auch DTI, Shareholder Remedies, S.1ff.

schaft auch das sog. *misfeasance*-Verfahren offen.[1068] So haben der *liquidator*, aber auch der *official receiver* sowie die Gläubiger nach s. 212 Insolvency Act 1986[1069] die Möglichkeit, bei Pflichtverletzungen eines *directors*[1070] im Rahmen eines vereinfachten, verkürzten und zumeist schriftlichen Verfahrens (*summary procedure*) einen Antrag bei Gericht zu stellen, daß die entsprechenden *directors* Schadenersatz an die Gesellschaft zu leisten bzw. veruntreutes Vermögen an die Gesellschaft zurückzugewähren haben.[1071] Hierbei gilt die Ersatzpflicht zur Vergrößerung der Verteilungsmasse für jede Treue- oder Sorgfaltspflichtverletzung der *directors*[1072], wobei nach der Neufassung in s. 212 Insolvency Act 1986 nun kaum Streit mehr darüber besteht, ob ein fahrlässiges Verhalten auch unter jener Vorschrift eine Sanktion erfahren kann.[1073] Einem *director* steht es jedoch auch in diesem Verfahren offen, eine gerichtliche Enthaftung über s. 727 Companies Act zu erreichen.[1074]

B) Ansprüche der Gesellschafter

I. Personal Action

Im Rahmen der Sonderrechtsverbindung zwischen dem Anteilseigner und der Gesellschaft kann der Anteilseigner mit der *personal* (auch *individual or direct*) *action* die Verletzung eines eigenen Mitgliedschaftsrechtes, wie z.B. Vermögens-

---

1068 Sealy/Milman, Annotated Guide to the Insolvency Legislation, S. 242; Snaith, The Law of Corporate Insolvency, S. 534; Goode, Principles of Corporate Insolvency Law, S. 461 zum Verhältnis von s. 212 zu ss. 213f. Insolvency Act 1986.

1069 Früher s. 631 Companies Act 1985.

1070 s. 212 (1) (a) Insolvency Act 1986 i.V.m. s. 744 Companies Act 1985.

1071 s. 212 (3) (a) und (b) Insolvency Act 1986.

1072 s. 212 (1) Insolvency Act 1986: „[...] has misapplied or retained, or become accountable for, any money or other property of the company, or been guilty of any misfeasance or breach of any fiduciary duty or other duty in relation to the company.“; vgl. auch Pennington, Directors' Personal Liability, S. 207; Davies, Gower's Principles of Modern Company Law, S. 670.

1073 Re D'Jan of London Ltd [1994] BCLC, 561, 562; Re Windsor Steam Coal Co. (1901) Ltd. [1929] 1 Ch 151, 167; Re London and General Bank Ltd [1895] 2 Ch 166, 172; Milman/Durrant, Corporate Insolvency: Law and Practice, S. 231; Sealy/Milman, Annotated Guide to the Insolvency Legislation, S. 242; Snaith, The Law of Corporate Insolvency, S. 534; a.A. Re B. Johnson & Co. (Builders) Ltd. [1955] Ch 634ff. (Der Grund für diese Enscheidung liegt aber wohl an dem Wortlaut der alten Fassung im Companies Act: „breach of trust„).

1074 Re Welfab Engineers Ltd. [1990] BCLC 833, 838.

und Teilnahmerechte geltend machen.[1075] Die *„rule of Foss v Harbottle"* findet keine Anwendung, da kein Recht der Gesellschaft eine Verletzung erfahren hat.[1076] *Personal actions* sind hingegen nicht zur Durchsetzung von Schadensersatzansprüchen geeignet, sondern werden hauptsächlich zur Drchsetzung von Unterlassungsansprüchen gegenüber der Gesellschaft herangezogen, wenn eine Verletzung des Verbandsinnenrechts droht.[1077] Dies gilt auch, wenn das beanstandete Verhalten der Leitungsorgane zugleich die Verletzung einer Treuepflicht gegenüber der Gesellschaft darstellt, denn im Vordergrund steht der Eingriff in das Mitgliedschaftsrecht.[1078] Mitgliedschaftsrechte der einzelnen Anteilseigner ergeben sich insbesondere aus der Satzung, dem Gesetz oder aus eigenständige Vereinbarungen der Anteilseigner untereinander, wobei jedoch Verletzungen der Bestimmungen der Satzung häufig im Vordergrund stehen.[1079] Jedoch sollte in diesem Zusammenhang Erwähnung finden, daß der Anwendungsbereich der *personal action* durch die häufige Beschreitung der prozessualen Alternative in s. 459 Companies Act 1985 minimalisiert wurde.[1080]

II. Unterdrückungsverbot – ss. 459ff. Companies Act 1985

1. Grundsätzliches

Das der mitgliedschaftlichen Treuepflicht entspringende Verfahren nach s. 459 (1) Companies Act 1985[1081] bietet insbesondere in kleineren Gesellschaften eine Möglichkeit, die strengen Anforderungen der *„rule in Foss v Harbottle"* zu umgehen.[1082] So kann ein Minderheitsanteilseigner gerichtliche Hilfe erbitten, wenn

---

1075 Quin & Axtens Ltd. v Salomon [1909] 1 Ch 311, 318; vgl. zur Unterscheidung zwischen mitgliedschaftlichen und nichtmitgliedschaftlichen Rechten Hickman v Kent or Romney Marsh Sheep-Breeders' Association [1915] 1 Ch 881, 897; zur Verletzung von corporate membership rights und ihrer Unterwerfung unter die „majority rule" vgl. Davies, Gower's Principles of Modern Company Law, S. 662ff.

1076 Farrar, Farrar's Company Law, S. 434; Sealy, Cases and Materials in Company Law, S. 517.

1077 Re A Company (No. 005136 of 1986) [1987] BCLC 82, 84: „The true basis of the action is an alleged infringement of the petitioners's individual rights as a shareholder."; vgl. auch Habetha, Direktorenhaftung und gesellschaftsfinanzierte Haftpflichtversicherungen, S. 121f.

1078 Vgl. nur Re A Company (No. 005136 of 1986) [1987] BCLC 82, 84.

1079 Farrar, Farrar's Company Law, S. 434f. auch mit dem Hinweis auf den umstrittenen Umfang der Mitgliedsschaftsrechte und die Rechtsprechung hierzu im Einzelfall.

1080 Farrar, Farrar's Company Law, S. 435.

1081 Früher s. 210 Companies Act 1948.

1082 s. 459 Companies Act 1985: „A member of a company may apply to the court by petition for an order [...] on the ground that the company's affairs are being or have durch die Geschäfte der Gesellschaft bzw. das Verhalten ihrer Organe oder der Mitgesellschafter die Interessen einzelner Anteilseigner in ihrer Stellung als Anteilseigner unfair beinträchtigt werden.[1083] Bei der Bestimmung der berücksichtigungsfähigen Interessen der Anteilseigner verfolgen die englischen Gerichte einen weiten Interpretationansatz, der über die Rechte der Anteilseigner nach der Satzung und Gesetzgebung hinausgeht.[1084] So finden auch die rechtmäßigen Erwartungen der Mitglieder hinsichtlich der Führung der Geschäfte, wie sie sich aus der Natur der Gesellschaft sowie Vereinbarungen und dem Verständnis zwischen den Mitgliedern ergibt, Berücksichtigung.[1085] Naturgemäß können solche personen- und beziehungsabhängigen Erwägungen aber nur bei kleineren *private companies* Berücksichtigung finden, in denen zwischen den Anteilseignern eine über die Treuepflicht hinausgehende Beziehung besteht. Sie werden häufig auch als *quasi-partnerships* bezeichnet.[1086] Ebenso ergibt sich aber aus einem so weiten Anwendungsbereich, daß der Antragsteller häufig komplexe Vorkommnisse

---

been conducted in a manner which is unfairly prejudicial to the interests of its members [...].“ Vgl. auch Hoffman LJ in Re D. Harrison & Sons plc. [1994] BCC 475, 488f.: „Enabling the court in an appropriate case to outflank the rule in Foss v Harbottle was one of the purposes of the section.“

1083 Vgl. hierzu auch Re A Company (No 004475 of 1982) [1983] Ch 178, 189; Re A Company (No 005685 of 1988) [1989] BCLC 427, 437ff.; R & H Electric Ltd. v Haden Bill Electrical Ltd. [1995] 2 BCLC 280ff.; vgl. auch die Reformvorschläge der Law Commission (Law Commission, Shareholder Remedies - Report, S. 12ff., 30f.), die im Kern aber nur den Umfang und die Länge des Verfahrens zum Inhalt haben, jedoch auch bestimmte widerlegbare Vermutungen für Beeinträchtigungen von Minderheitsgesellschaftern vorsehen; nach Walters, 20 The Company Lawyer (5) 1999, 138, 143 scheint die englische Regierung die Vorschläge umsetzen zu wollen.

1084 Prentice, Oxford Journal of Legal Studies, (8) 1988, S. 55, 66; Ebrahimi v Westbourne Galleries [1973] AC 360, 379: „the ‘just and equitable’ provision [...] does, as equity always does, enable the court to subject the exercise of legal rights to equitable considerations; considerations, that is, of a personal character arising between one individual and another, which make it unjust, or inequitable, to insist on legal rights, or to exercise them in a particular way.“

1085 Farrar, Farrar's Company Law, S. 447 m.w.N.; vgl. aber insbesondere Ebrahimi v Westbourne Galleries Ltd. [1973] AC 360, 379; Re Saul D Harrison & Sons plc. [1995] 1 BCLC 14, 18ff. (C.A.) und Re Astec (BSR) plc. [1999] BCC 59, 86f.; Hoffmann J in Re Posgate & Denby (Agencies) Ltd. [1987] BCLC 8, 14: „The ‘superimposition of equitable considerations’ requires, he said, something more. [...] Section 459 enables the court to give full effect to the terms and understandings on which the members of the company became associated but not to rewrite them.“ Vgl. auch Lutter, ZGR 1998, 191, 198 mit dem Hinweis auf fünf Hauptanwendungsfälle m.w.N.

1086 Ebrahimi v Westbourne Galleries Ltd. [1973] AC 360, 379.

zur Begründung vorlegen wird, deren gerichtliche Ermittlung und Aufarbeitung sich als sehr zeitintensiv darstellen.[1087]

Der bei der Beurteilung anzuwendende Maßstab orientiert sich daran, ob ein vernünftiger Beobachter, die Folgen des in Frage stehenden Verhaltens als unfaire Beeintrachtigung der Interessen des Antragstellers ansehen würde.[1088] Entsprechend ist festzustellen, daß die englischen Gerichte mit der inhaltlichen Beurteilung von Managementinterna ihre über Jahrhunderte beibehaltene Ablehnung aufzugeben scheinen. Hierbei ist aber nicht zu erwarten, daß die Befassung der Gerichte über ein bloßes Korrektiv von Extremsituation hinausgehen wird.[1089]

2. *Anwendbarkeit zur Durchsetzung von Verbandsansprüchen?*

Bei der Bestimmung der Rechtsfolgen einer solchen Treuepflichtverletzung der Gesellschafter untereinander ist das Gericht frei in der Gestaltung,[1090] hat jedoch nach s. 461 (2) (c) Companies Act 1985 auch explizit die Möglichkeit

> "[to] authorise civil proceedings to be brought in the name and on behalf of the company by such person or persons and on such terms as the court may direct."

Entsprechend ist auch hier an ein Verfahren zu denken, welches einen Verbandsanspruch gegen einen *director* durchsetzen kann. So kann sich ein schwerwiegendes schädigendes Verhalten der Unternehmensleitung, welches treuwidrig von der Mehrheit gedeckt wird, als Interessenbeeinträchtigung eines Minder-

1087 Roberts/Poole, 1 The Journal of Business Law 1999, 38, 41; vgl. auch Halberstam/Turner, Countdown to 2000, S. 136 Fn. 8 mit dem Hinweis, daß in Re Elgindata Ltd. [1991] BCLC 950ff. die Kosten einer 43 Tage andauernden Anhörung sich auf £ 320.000 beliefen, während die zu übertragenden Anteile im Rahmen einer „share purchase order“ später mit £ 24.600 bewertet wurden.

1088 Vgl. auch Re R A Noble & Sons (Clothing) Ltd. [1983] BCLC 273, 290 mit dem Hinweis, daß das Verhalten des Antragstellers ebenso Berücksichtigung findet; Re Elgindata Ltd [1991] BCLC 959, 993ff.; Re Macro (Ipswich) Ltd [1994] 2 BCLC 354, 404; Re Saul D Harrison & Sons plc. [1995] 1 BCLC 14, 20 (C.A.).

1089 Vgl. Davies, Gower's Principles of Modern Company Law, S. 735f.; Lutter, ZGR 1998, 191, 197, 199: "[Die englischen Gerichte] setzen nicht ihre Vorstellung von Geschäftsführung durch, sondern sagen nur: So geht es nun wirklich nicht.“

1090 s. 461 (1) Companies Act 1985; vgl. auch Farrar, Farrar's Company Law, S. 453f. mit dem Hinweis, daß die meisten Anträge [obwohl ein solcher nicht gestellt zu werden braucht] auf Übernahme der Anteile (share purchase orders) des Minderheits- durch den Mehrheitsgesellschafter lauten.

heitsgesellschafters darstellen.[1091] Es stellt sich folglich die Frage, in welchem Verhältnis ss. 459ff. Companies Act 1985 und die *derivative action* stehen, da eine Beschreitung der ss. 459ff. Companies Act 1985 im Fall der pflichtwidrigen Unternehmensleitung zu einer Umgehung der strengen Voraussetzungen der *derivative action* führen würde. Diese Frage hat hingegen noch keine abschließende Klärung erfahrung.[1092] Es ist jedoch zweifelhaft, ob ein gerichtlich angeordnetes Verfahren im Rahmen von ss. 459ff. Companies Act 1985, welches in den Rechtsfolgen einer *derivative action* gleichkommt, die strengen gerichtlich entwickelten Voraussetzungen der *derivative action* „durch die Hintertür" außer Kraft setzen würde.[1093] Zwar führte Lord Hoffman in *Re D. Harrison & Sons plc.* aus, daß es einer der Absichten von ss. 459ff Companies Act 1985 sei *„[to enable] the court in an appropriate case to outflank the rule in Foss v Harbottle*"[1094] Jedoch ist nicht anzunehmen, daß er mit dieser Aussage gerade für einen durch ss. 459ff. Companies Act 1985 erreichten Schadensersatzanspruch den Weg bereiten wollte. Vielmehr war mit ss. 459ff. Companies Act 1985 ein Rechtsmittel bezweckt, welches in verbandsinternen Streitigkeiten, in welchen es um originäre Gesellschafterrechte bzw. -interessen geht, zwischen den Anteilseignern eine positive Regelung schafft bzw. ein Unterlassen anordnet.[1095] Die in der Praxis vorherrschende Rechtsfolge ist daher die gerichtlich angeordnete Anteilsübernahme des beklagten Gesellschafters (*share purchase order*), welche in der Rechtsfolge hingegen auch auf eine dem Schadenersatz ähnliche Entschädi-

---

1091 Vgl. Re Elgindata Ltd. [1991] BCLC 959, 993: „[...] in an appropriate case it is open to the court to find that serious mismanagement of a company's business could constitute a conduct that is unfairly prejudicial to the interests of the minority shareholder."; Re Macro (Ipswich) Ltd. [1994] 2 BCLC 354, 405ff.

1092 Vgl. Davies, Gower's Principles of Modern Company Law, S. 737ff.; Boros, Minority Shareholders' Remedies, S. 158ff. mit dem Hinweis auf den bisher einzigen überlieferten Fall in Bezug auf einen Pflichtverstoß eines directors im Commonwealth, welcher in Australien entschieden wurde (Re Overton Holdings Pty Ltd. [1985] W.A.R. 224ff.).

1093 Ansatzweise Re Charnley Davies Ltd. (No. 2) [1990] BCLC 760, 784; vgl. auch Davies, Gower's Principles of Modern Company Law, S. 738f.; Sterling, 50 Modern Law Review 1987, 468, 481; vgl. auch Prentice, 8 Oxford Journal of Legal Studies 1988, 55, 67ff.; Habetha, Direktorenenhaftung und gesellschaftsfinanzierte Haftpflichtversicherung, S. 128f.; Farrar, Farrar's Company Law, S. 439 mit der berechtigten Frage, warum ein Antragsführer nach s. 459ff. Companies Act 1985 eine „Prozeßstandschaft" für die Gesellschaft begehre solle, wenn er direkt selbst durch s. 459ff. Companies Act 1985 gerichtliche Hilfe erlangen könne; zuversichtlich jedoch Neuling, Deutsche GmbH und englische private compnay, S. 89f.

1094 [1994] BCC 475, 488f.

1095 s. 461 (2) (a), (b) Companies Act 1985.

gung des Antragstellers hinausläuft, da das Gericht bei der Preisfeststellung die unfaire Beeinträchtigung berücksichtigt.[1096]

So hat sich das sehr flexible Verfahren nach ss. 459ff Companies Act 1985 in den letzten Jahren insbesondere bei kleineren Gesellschaften zu einem effektiven Mittel entwickelt, das Verhalten der Leitungsorgane und Mehrheitsgesellschafter gegenüber Minderheitsgesellschaftern einer gerichtlichen Kontrolle zu unterwerfen.[1097] Zahlreiche Entscheidungen in diesem Bereich haben zu einer gewissen Disziplinierung der Mehrheitsgesellschafter in kleineren Gesellschaften geführt. Da in solchen Gesellschaften aber auch häufig zumindest der Mehrheitsgesellschafter eine Direktorentätigkeit begleiten oder erheblichen Einfluß auf Leitungsorgane ausüben, wirken sich die auf die Gesellschafter zielenden Entscheidungen der Gerichte auch indirekt auf das Verhalten der *diretors* aus, auch wenn ss. 459ff. Companies Act 1985 nicht eine direkte Regreßmöglichkeit gegen *directors* zu eröffnen scheint.

C) Bedeutung für das Jahr-2000-Problem

Im englischen Recht fällt es grundsätzlich in die Kompetenz des *board*, Ansprüche der Gesellschaft geltend zu machen, die auf einem schädigenden Fehlverhalten eines *directors* im Zusammenhang mit der Jahr-2000-Problematik beruhen. Handelt ein *director* hingegen pflichtwidrig, so müßte er theoretisch selbst gegen sich vorgehen. Sind zusätzlich auch evtl. vorhandene *co-directors* aus Solidarität oder Furcht vor eigener Haftung nicht bereit, eine Haftung des verantwortlichen *directors* durchzusetzen, ist die Hauptversammlung dazu berufen, gerichtliche Schritte gegen den *director* einzuleiten.[1098] Übt der *director* hingegen eine direkte[1099] oder indirekte Kontrolle über die Gesellschafterversammlung aus, so ist auch das zweite zur Entscheidung über eine Prozeßführung befugte Organ nicht

1096 Xuereb, Rights of Shareholders, S. 185; vgl. hierzu auch Ebrahimi v Westbourne Galleries Ltd. [1973] AC 360ff. (H.L.).

1097 Vgl. aber auch die Möglichkeit einer „winding-up-order on the just and equitable ground“ nach s. 122 (1) (g) Insolvency Act 1986.

1098 Sealy, (1989) Cambridge Law Journal 26, 28; ders., Cases and Materials in Company Law, S. 508; Parkinson, in: Corporate Power and Resposibility, S. 237, 239; Farrar, Farrar's Company Law S. 367; vgl. auch Xuereb, Rights of Shareholders, S. 74 und die Notzuständigkeit der Hauptversammlung entsprechend s. 385 (4) Companies Act 1985.

1099 Das englische Gesellschaftrecht kennt nicht den Ausschluß eines „befangenen“ Gesellschafters von der Ausübung des Stimmrechts. Vgl. hierzu North-West Transportation Co. Ltd. v Beatty [1887] 12 App Cas 589ff. (P.C.); Burland v Earle [1902] AC 83ff. (P.C.).

zu einer objektiven Entscheidung fähig. Doch auch die Frage, ob im Hinblick auf das Jahr-2000-Problem und die Durchsetzung von Schadenersatzansprüchen gegenüber einem *director* der Anwendungsbereich eine *derivative action* eröffnet sein könnte, ist nach heutiger Rechtslage zu verneinen. Zwar können fehlende oder ungenügende Vorbereitungsmaßnahmen auf die Datumsumstellung als schwere Managementdefizite angesehen werden, jedoch wird es im Zusammenhang mit dem Jahr-2000-Problem schwerfallen, ein die Mehrheit bevorteilendes Fehlverhalten darzulegen, zumal auch Sorgfaltspflichtverstöße durch die Gesellschaftermehrheit genehmigungsfähig sind. Eine andere Beurteilung ergäbe sich auch nicht bei einer Umsetzung der Reformvorhaben der Law Commission, da die Genehmigungsfähigkeit stets als Hindernis einer Gesellschafterklage bestehen bleibt.

So hat die solvente Gesellschaft nur dann eine Chance, von einem *director* einen Ausgleich für durch ihn verursachte Schäden zu erhalten, wenn er aus seinem Amt ausgeschieden ist und/oder die anderen *directors* bereit sind, ihren (ehemaligen) Kollegen persönlich in Anspruch zu nehmen. Liegt diese Bereitschaft nicht vor, so ruht die Entscheidung, ob im Zusammenhang mit der Jahrtausendproblematik Ersatzansprüche gegen das verantwortliche Leitungsorgan geltend gemacht werden sollen, letztendlich bei der Hauptversammlung, wobei der Grundgedanke des Minderheitenschutzes keine Berücksichtigung findet.

Eine stärkere Beachtung des Minderheitenschutzes könnte sich aber im Rahmen von ss. 459ff. Companies Act 1985 in bestimmten Fallkonstellationen im Zusammenhang mit der Jahr-2000-Prolematik ergeben. So kann ein Minderheitsanteilseigner gerichtliche Hilfe erbitten, wenn durch die Geschäfte der Gesellschaft bzw. das Verhalten ihrer Organe oder der Mitgesellschafter die Interessen einzelner Anteilseigner in ihrer Stellung als Anteilseigner unfair beinträchtigt wurden.[1100] Als Interessenbeeinträchtigung eines Minderheitsgesellschafters kann sich auch ein schwerwiegendes schädigendes Verhalten der Unternehmensleitung, welches treuwidrig von der Mehrheit gedeckt wird, darstellen.[1101] Entsprechend wurde auch schon in dem Fall *Re Elgindata Ltd.* die Möglichkeit ange-

1100 Vgl. auch Re A Company (No 004475 of 1982) [1983] Ch 178, 189; Re A Company (No 005685 of 1988) [1989] BCLC 427, 437ff.; R & H Electric Ltd. v Haden Bill Electrical Ltd. [1995] 2 BCLC 280ff.; vgl. auch die Reformvorschläge der Law Commission (Law Commission, Shareholder Remedies -Report, S. 12ff., 30f.), die im Kern aber nur den Umfang und die Länge des Verfahrens zum Inhalt haben, jedoch auch bestimmte widerlegbare Vermutungen für Beeinträchtigungen von Minderheitsgesellschaftern vorsehen.

1101 Vgl. Re Elgindata Ltd. [1991] BCLC 959, 993: „[...] in an appropriate case it is open to the court to find that serious mismanagement of a company's business could constitute a conduct that is unfairly prejudicial to the interests of the minority shareholder."; Re Macro (Ipswich) Ltd. [1994] 2 BCLC 354, 405ff.

dacht, daß eine Interessenbeeinträchtigung darin gesehen werden kann, daß der von der Mehrheit gestellte und unterstützte *director* inkompetent ist: „ *[...] in an appropriate case it is open to the court to find that serious mismanagement of a company's business could constitute a conduct that is unfairly prejudicial to the interests of the minority shareholder.*“[1102] Jedoch weist das Gericht in diesem Fall auch darauf hin, daß bei der Beurteilung von Managementmaßnahmen äußerste Zurückhaltung geboten ist. So reiche eine schlechte Unternehmensführung alleine nicht aus.[1103] Entsprechend griff der Einwand des Mißmanagements in *Re Elgindata Ltd.* nicht durch. Anders kann jedoch die Beurteilung erfolgen, wenn durch das erhebliche Mißmanagement ein größerer Schaden entstanden ist und die Minderheit hierdurch entgegen dem Grundsatz von Treu und Glauben beeinträchtigt wurde. Denkbar wäre dies in der Situation, daß die Minderheit mehrmals im Vorfeld auf die Jahr-2000-Problematik und das Auswirkungspotential auf das Unternehmen hingewiesen hatte, und die Geschäftsleitung und Mehrheit der Anteilseigner es dennoch abgelehnt haben, entsprechend ausreichende Vorbereitungsmaßnahmen durchzuführen.

Zwar kann, wie der Fall *Re Elgindata Ltd.* zeigt, die für englische Gerichte sensible Beurteilung von Unternehmensentscheidungen theoretisch zu einer in s. 461 (2) Companies Act 1985 vorgesehenen Rechtsfolge führen, jedoch würde dies nach der heutigen Rechtslage zu einer Umgehung der strengen Anforderungen der *derivative action* führen. Demzufolge kann auch im Zusammenhang mit der Jahr-2000-Problematik nicht davon ausgegangen werden, daß eine Anerkennung eines direkten Schadenersatzanspruch gegen die Unternehmensführung über ss. 459ff. Companies Act 1985 erfolgen wird.

Wie auch schon im deutschen Recht erscheint im Zusammenhang mit der Jahr-2000-Problematik eine gerichtliche Geltendmachung von Ersatzansprüchen gegen ein Leitungsorgan nur bei insolventen Gesellschaften erfolgversprechend. So trifft im Insolvenzverfahren den *liquidator* die Pflicht, Verbandsansprüche geltend zu machen, um hierdurch die Verteilungsmasse zu erhöhen. Hierbei kommt ihm aus prozessualer Sicht auch das summarische „*misfeasance*“-Verfahren zugute, so daß er, aber auch die Gläubiger der Gesellschaft, im Rahmen eines vereinfachten, verkürzten und zumeist schriftlichen Verfahrens Verbandsansprüche gegen den entsprechenden *director* durchsetzen können.

Stehen den Gesellschaftern oder Außenstehenden persönliche Ansprüche gegen einen *director* aus der Jahr-2000-Problematik zu, so können sie diese gerichtlich geltend machen.

1102 [1991] BCLC 959, 993f; vgl. auch Re Macro (Ipswich) Ltd. [1994] 2 BCLC 354, 405ff.

1103 Re Elgindata Ltd. [1991] BCLC 959, 994ff.

§ 3 Zusammenfassung und rechtsvergleichende Bewertung

Erwachsen den Anteilseignern oder Außenstehenden eigene Ansprüche gegen das Leitungsorgan, so haben diese sowohl nach der deutschen als auch nach der englischen Rechtsordnung ein direktes Klagerecht gegen das Leitungsorgan. Beide Rechtsordnungen gehen auch von der Möglichkeit aus, daß Gesellschafter durch Handlungen der Geschäftsführung bzw. anderer Anteilseigner in eigenen Mitgliedschaftsrechten verletzt werden können, wobei die individuellen Schutz- und Teilhaberechte der Anteilseigner in beiden Ländern vergleichbar sind. In der deutschen Rechtsordnung werden gesellschaftsinterne Konflikte zumeist mit Hilfe von Anfechtungs-, Feststellungs-, Unterlassungs- und Leistungsklagen gelöst. Die englische Rechtsordnung hingegen gewährt im Gegensatz zur deutschen für eine Verletzung des Verbandsinnenrechts keinen individuellen Schadenersatz, sondern nur einen Unterlassungsanspruch gegenüber der Gesellschaft oder strebt einen Ausgleich mit Hilfe von ss. 459ff. Companies Act 1985 an.

Grundsätzlich ist aber sowohl in Deutschland wie auch in England eine Pflichten- und Haftungskonzentration auf die Gesellschaft festzustellen. Hierbei ist beiden Rechtsordnungen gemein, daß grundsätzlich die Gesellschaft für die Geltendmachung von Verbandsansprüchen die Aktivlegitimation besitzt, wobei die Durchsetzung jeweils durch das Leitungsgremium (Geschäftsführung bzw. *board*) erfolgt. Geht es hingegen um Ersatzansprüche der Gesellschaft gegenüber den Mitgliedern eben jener Leitungsgremien, so ist jeweils die Hauptversammlung für die Geltendmachung zuständig. Bei der GmbH und abgeschwächt auch bei der *private limited company* unterliegen Organisation und wirtschaftliche Betätigung jedoch auch häufig in erheblichem Maße dem (un-)mittelbaren Einfluß der Anteilseigner, so daß hierdurch die Gefahr besteht, daß die Gesellschaftermehrheit durch Einflußnahme auf die Geschäftsführung die gesellschaftsbezogenen Interessen der Minderheitsgesellschafter beeinträchtigt.[1104] Machen daher die nach der Gesellschaftsverfassung berufenen Organe gesellschaftsinterne Ersatzansprüche treuwidrig nicht geltend, so sind andere Mechanismen zum Ausgleich dieses Durchsetzungsdefizits berufen. Sowohl in Deutschland als auch in England haben sich daher funktional vergleichbare Rechtsbehelfe (*actio pro socio* bzw. *derivative action*) entwickelt, mit deren Hilfe ein einzelner Gesellschafter im eigenen Namen verbandsinterne Ersatzansprüche geltend machen kann.

Zwischen beiden Rechtsordnungen besteht aber Einigkeit, daß der kollektive Entscheidungsbildungsprozeß einer Gesellschaft nicht eine leichtfertige Aushebelung erfahren darf. Ein absolutes Mitgliedschaftsrecht auf rechtmäßiges Ver-

---

1104 Vgl. Schanbacher, AG 1999, 21, 21f.

bandshandeln, welches zu einer allgemeinen Rechtmäßigkeitskontrolle der Geschäftsführung führen würde, stünde der notwendigen unternehmerischen Handlungsfreiheit der Unternehmensleitung entgegen und würde eine effiziente und erfolgreiche Geschäftsführung erschweren. In Deutschland erfährt das Mehrheitsprinzip daher nur durch die mitgliedschaftliche Treuepflicht und den aus dem Demokratieprinzip folgenden Minderheitenschutz eine Einschränkung. Entsprechend hat ein grober Machtmißbrauch eine Unbeachtlichkeit des Mehrheitsprinzips zur Folge. Voraussetzung ist jedoch, daß die Mehrheit zuvor die Gelegenheit hatte, sich ausreichend zu informieren und zu einer rechtmäßigen Entscheidung nach § 46 Nr. 8 GmbHG zu kommen. Wurde der Beschluß sorgfalts- bzw. treuwidrig gefaßt, so ist zunächst im Rahmen des „Zumutbaren" mit Hilfe des Anfechtungsrechts eine gerichtliche Überprüfung anzustreben.

Zwar ist ein direkt betroffener Gesellschafter in Deutschland nach § 47 Nr. 4 GmbHG von der Ausübung des Stimmrechts ausgeschlossen, jedoch bietet dies keinen effektiven Schutz bei indirekter Einflußnahme, wo im englischen Recht erst der Minderheitenschutz einzusetzen scheint. Das englische Recht eröffnet einen Gesellschafterrechtsbehelf nur, wenn die einfache Gesellschaftermehrheit ein Verhalten der Geschäftsführung nicht genehmigen könnte. Ist diese Voraussetzung nicht erfüllt, dann ist einer Gesellschafterklage auf Schadenersatz an die Gesellschaft der Weg verbaut. Daher scheitert die „abgeleitete" Gesellschafterklage in England sehr häufig an ihrem eingeschränkten Anwendungsbereich und den zuvor dargestellten restriktiven Zulassungsvoraussetzungen. Hinzu kommt, daß zum Nachweis der Prozeßführungsbefugnis bei der *derivative action* ein sehr aufwendiges Vorverfahren vorgeschalten ist. So hat der klagende Anteilseigner im Rahmen der Zulässigkeitsprüfung die Voraussetzungen einer *derivative action prima-facie* darzulegen. Im Ergebnis sind die Erfolgschancen einer *derivative action* daher als sehr gering einzuschätzen.

Eine andere Beurteilung ergäbe sich auch nicht bei einer Umsetzung der Reformvorhabens der Law Commission. Zwar wäre ein zunächst weiter Anwendungsbereich der *derivative action* gegeben, da sie bei jedem Pflichtverstoß eines *directors* möglich sein solle. Substantiell ist hingegen kaum eine Verbesserung zu erwarten, da die Genehmigungsfähigkeit stets als Hindernis einer Gesellschafterklage und somit eines effektiven Minderheitenschutzes bestehen bliebe. So wären auch weiterhin grob fahrlässige und zum Teil sehr schadensintensive Pflichtverletzungen von einem effektiven Minderheitenschutz ausgeschlossen.

Allgemein anerkannt ist, daß ein effektiver Minderheitenschutz nicht rechtsmißbräuchlich eingesetzt werden darf. Fraglich ist jedoch, ob eine Beschränkung durch das Mehrheitsprinzip gerechtfertigt ist, denn dem Konzept der Mehrheit haftet ja gerade die potentielle Gefahr des Machtmißbrauchs an. Wenn demzufolge die *derivative action* nur bei einem nicht mit einfacher Mehrheit genehmigungsfähigen Verhalten eingreift, so ist der Mißbrauch durch die einfache Mehrheit der Anteilseigner aus dem eigentlich zu gewährenden Schutz herausgenommen. Der Minderheitschutz greift mithin nicht in den Situationen, in denen die Gefahr einer Benachteiligung der Minderheit am vordergründigsten besteht. Dies hat zur Folge, daß im englischen Recht eine Gesellschafterklage nur bei wenigen festgelegten, den Schädiger unmittelbar bereichernden Pflichtverletzungen eröffnet ist. In England erfährt daher durch die Hinnahme des (potentiellen) Mehrheitswillens der kollektive Entscheidungsbildungsprozeß der Gesellschaft eine absolute Anerkennung. Anders jedoch die Rechtslage bei der *actio pro socio* im deutschen GmbH-Recht. Hier greift der Minderheitenschutz unabhängig von der Art der Pflichtverletzung und dem potentiellen Willen der Mehrheit. Voraussetzung ist nur der Mißbrauch durch die Gesellschaftermehrheit. So gilt in Deutschland der Minderheitenschutz absolut. Dieser scheinbare Vorteil findet jedoch darin seine Relativierung, daß im Hinblick auf die *actio pro socio* im GmbH-Recht noch nicht von einer gefestigten Rechtsprechung ausgegangen werden kann. Abgesehen von der Tatsache, daß der BGH sich noch nicht eindeutig zur Zulässigkeit der Gesellschafterklage im GmbH-Recht geäußert hat, ist es noch als unklar anzusehen, ob auch ein Ersatzanspruch gegen einen (Fremd-) Geschäftsführer durchgreifen würde.

Der Grund für die absolute Anerkennung des Mehrheitsprinzips in England ist in der Jahrhunderte alten äußersten Zurückhaltung der englischen Gerichte zu sehen, sich nicht in verbandsinterne Streitigkeiten einzumischen. Doch wenn nun, wie in Kapitel I. dargelegt, in Rechtsprechung und Gesetzgebung unter Berücksichtigung des unternehmerischen Gestaltungsspielraums eine stärkere Verantwortlichkeit von Leitungsorganen Bedeutung gewinnt, müssen auch effektive Durchsetzungsmechanismen zur Seite gestellt werden. Aufgrund der bedingten Anwendungsfähigkeit der *derivative action* trat das Verfahren nach ss. 459ff. Companies Act 1985 in Kraft. Jedoch bietet dieser Rechtsbehelf nur theoretisch einen Ausweg aus dem Durchsetzungsdefizit bei der Geltendmachung von verbandsinternen Ersatzansprüchen. So zeigt die Gerichtspraxis, daß mit Hilfe dieses Verfahrens zwar indirekt verhaltenssteuernd eingegriffen werden kann, hingegen bietet es keinen effektiven Rechtsbehelf bei der Durchsetzung von gesellschaftsinternen Ersatzansprüchen, wenn die organisationsrechtlichen Durchsetzungsmechanismen nicht greifen.

Von der Konzeption erscheint daher das deutsche Recht besser zur Durchsetzung von Schadenersatzansprüchen gegen Leitungsorgane geeignet zu sein, obwohl die englischen Gerichte in der Bestimmung der Rechtsfolgen (vgl. s. 461 (1) Companies Act 1985) häufig völlig frei in der Gestaltung sind, da dem englischen Zivilprozeßrecht eine Bindung an die gestellten Anträge fremd ist. Dieser extrem weite Gestaltungsspielraum erfährt dann aber häufig durch die dogmatische Rückwärtsgewandtheit der englischen Judikatur eine Selbstbeschränkung, welche den tatsächlich ausgeübten Gestaltungsspielraum wiederum hinter die Möglichkeiten der deutschen Rechtsprechung abfallen läßt. Diese Aussage relativierend ist aber dann auch wieder festzustellen, daß eine im Fall von ss. 459 Companies Act 1985 gerichtlich verfügte *share purchase order* häufig ein praktikableres Mittel zur Zufriedenstellung eines benachteiligten Minderheitsgesellschafters in einer *private limited company* darstellt, als wenn ein Schadenersatzanspruch gegen einen der Anteilsmehrheit nahestehenden *director* zugesprochen wird und hierdurch das funktionsnotwendige verbandsinterne Vertrauensverhältnis einen schwerwiegenden Schaden nimmt.

Bezogen auf die persönliche Haftung von Leitungsorganen ist letztendlich mit einer Inanspruchnahme nur dann zu rechnen, wenn der nicht mit der Anteilsmehrheit „verbundene" Verantwortliche als Geschäftsführer aus der Gesellschaft ausscheidet oder sich die Gesellschaft im Insolvenzverfahren befindet und der Insolvenzverwalter bzw. *liquidator* deren Ersatzansprüche geltend macht. Hierbei steht ihm und den Gläubigern (!) in England das summarische *misfeasance*-Verfahren zur Verfügung, welches eine beschleunigte Durchsetzung von Verbandsansprüchen gegen den *director* zur Massevergrößerung zum Inhalt hat. Ein solches Verfahren ist in Deutschland unbekannt, erklärt sich jedoch aus der Tendenz des derzeit noch gültigen englischen Rechts, eine Sanktion von Pflichtverletzungen weitgehend erst im Insolvenzstadium zuzulassen.[1105] Vom praktischen Aspekt darf jedoch nicht übersehen werden, daß der Insolvenzverwalter bei seiner Arbeit auf die Mitwirkung des detailkenntnisreichen Leitungsorgans angewiesen ist,[1106] so daß er sich sehr genau überlegen wird, ob er die „Informationsquelle" gerichtlich in Anspruch nimmt. Als ein weiteres Hindernis ist in England auch die ungeklärte Rechtslage hinsichtlich der Kostenübernahme anzusehen. So ist es nicht die Gesellschaft, sondern nach s. 238 (2) Insolvency Act 1986 der *liquidator* persönlich, der den Antrag zur Inanspruchnahme des Leitungsorgans stellt. Entsprechend fallen auch ihm etwaige Kosten anheim, welche dieser jedoch der Gesellschaft wiederum als vorrangige Forderung[1107] anmelden kann. Die Entscheidung *Re M C Bacon (No. 2)*[1108] stellte jedoch im Jahr 1991 fest, daß der bisher gängige Rückgriff im zu entscheidenden Fall nicht möglich sei. Zwar bestätigte sechs Jahre später der Court of Appeal in *Katz v McNally*[1109] in einem anders gelagerten Fall die alte Praxis, jedoch besteht aufgrund der unterschiedli-

1105 Vgl. ss. 213f. Insolvency Act 1986.
1106 Vgl. §§ 101 Abs. 1, 97 Abs. 1 InsO; hierzu Uhlenbruck, GmbHR 1999, 390, 395ff. m.w.N.
1107 Vgl. ss. 115, 175 (1) Insolvency Act 1986.
1108 [1991] Ch 127ff.
1109 [1997] BCC 784 (C.A.).

chen Sachverhalte weiterhin Unsicherheit hinsichtlich der Kostenübernahme, da die Richter sich einer allgemeinen Beurteilung in ihrem Urteil enthielten.[1110]

Letztendlich ist festzuhalten, daß in beiden Rechtsordnungen die Mechanismen zur Durchsetzung der verbandsinternen Ersatzansprüche an strukturellen Defiziten leiden. Daher stehen in England zur Zeit die Rechtsbehelfe der Anteilseigner in einer Phase der Überprüfung und es bleibt abzuwarten, wie die Reformvorhaben voranschreiten werden. Doch auch in Deutschland sind noch viele Fragen im Zusammenhang mit der *actio pro socio* im GmbH-Recht offen und es wäre wünschenswert, wenn sich die deutschen Gerichte der ihnen gestellten Aufgabe der Klarstellung nicht verschließen. Durch die weite Definition des Mißbrauchstatbestandes ist es nötig, daß die Gerichte anhand von praktikablen Kriterien oder untereinander stimmigen Einzelfällen der auf diesem Gebiet herrschenden Rechtsunsicherheit ein Ende bereiten. Abschließend ist aber auch anzuregen, gerade bei Gesellschaften von kleiner und mittlerer Größe die außergerichtlichen Streitbeilegungsmechanismen (Alternative Dispute Resolutions) zu stärken, wie es in Deutschland ansatzweise durch die Reform des Schiedsgerichtsrechts und in England durch den Woolf Report[1111] von 1996 angedacht wurde.

1110 Vgl. auch Wise, Solicitors Journal 1998, 860, 860 mit dem Hinweis, daß persönliche Garantien bzw. Bürgschaften der Gläubiger die Unsicherheit der liquidators beseitigen könnten; Milman, Palmer's In Company (8) 1995, 1, 1 und Schulte, 20 The Company Lawyer (3) 1999, 80, 81; Re Oasis Merchandising Services Ltd. Ward v. Aitken [1997] 1 BCLC 689ff.: s. 214 Insolvency Act 1986 sei kein "asset of the company", so daß liquidators weder die Kosten einer erfolglosen Klage aus der Masse bestreiten können noch ihr Klagerecht "verkaufen" können. Haben sie keinen individualvertraglichen Rückgriff auf die Gläubiger, so haften sie letztendlich für die Kosten persönlich. Vgl. aber auch Milman's Hinweis auf S. 2 zur Conditional Fee Agreements Order 1995 (S.I. 1995 No. 1674).

1111 HMSO, Access to Justice, 1996, 1ff.

Schlußbemerkung

Mit der prinzipiellen Trennung von Kapital und Führung im Recht der korporationsrechtlichen Organisationsformen trat die grundsätzliche Frage des Interessenausgleichs zwischen Leitungsorgan, Gesellschaftern, Gläubigern, allgemeinem Rechtsverkehr etc. in den Vordergrund. Im Schnittfeld all dieser Interessen steht das Leitungsorgan und hat für den entsprechenden Ausgleich zu sorgen. So ist es nicht verwunderlich, daß Unternehmensleiter einer fast unüberschaubare Anzahl von Pflichten gegenüberstehen. Die Darstellung eines Teiles dieser Pflichten war Inhalt der vorliegenden Arbeit.

Zusammenfassend ist festzustellen, daß sich in beiden Rechtsordnungen die Haftungssituation des Leitungsorgans in den letzten Jahren erheblich verschärft hat. So droht, insbesondere in Deutschland, eine Verlagerung des unternehmerischen Risikos auf diejenige Person, der konzeptionell durch die Trennung von Führung und Kapital nur eine verwaltende Funktion zukommt. Dies wird anhand der geschichtlichen Entwicklung der Leitungshaftung in England eindrücklich aufgezeigt. Doch auch die englische Jurisprudenz sieht zunehmend die Notwendigkeit, den Unternehmensleiter auch haftungsrechtlich in das zuvor erwähnte Schnittfeld der widerstreitenden Interessen einzubinden. Ein wichtiger Schritt waren hierbei die Einführung des Company Directors Disqualification Act 1986 und des Insolvency Act 1986. Rechtspolitisch gesehen reagierte der englische Gesetzgeber hiermit auf einen nicht mehr hinnehmbaren Zustand der Gefährdung von Gläubigern und des allgemeinen Rechtsverkehrs. Aus vergleichbarer Motivationslage entwarf auch der BGH ein Geflecht von gläubigerschützenden Pflichten. Diese an sich begrüßenswerte Intention darf hingegen nicht dazu führen, daß die prinzipielle Haftungskonzentration gegenüber der Gesellschaft (§ 43 Abs. 2 BGB) faktisch eine Aushebelung erfährt, wie es auch in der „Baustoff"-Entscheidung des BGH rechtsdogmatisch anklingt.

Beide Rechtsordnungen haben ein in sich geschlossenes System von Pflichten der Leitungsorgane herausgebildet, auch wenn sich im Rahmen dieser Untersuchung gewisse Differenzen bei der Schutzintensität herausgestellt haben. So ist es z.B. im Hinblick auf die rechtliche Beurteilung eines „Leitungsversagens" bei der Vorbereitung auf das Jahr-2000-Problem von erheblicher Bedeutung, ob sich ein *director* mit dem Hinweis entschuldigen kann, er habe nicht das nötige Wissen und Können zur Vermeidung von Schäden gehabt. Die Ergebnisse der rechtsvergleichenden Bewertung sowie die sich aus dem Datumswechsel ergebenden haftungsrechtlichen Konsequenzen für ein Leitungsorgan lassen sich in den folgenden Kurzbeschreibungen zusammenfassen:

Die Haftung des Leitungsorgans gegenüber der Gesellschaft

Sowohl im deutschen als auch im englischen Kapitalgesellschaftsrecht obliegen dem Leitungsorgan aus seiner Stellung als Verwalter fremden Vermögens besondere Sorgfalts- und Treuepflichten gegenüber der Gesellschaft. Dem englischen Recht ist hingegen eine dem § 43 GmbHG vergleichbare gesetzliche Festlegung der allgemeinen Sorgfaltspflichten fremd. Vielmehr waren es die englischen Gerichte, welche den Pflichteninhalt und -umfang eines *directors* in Anlehnung an die Stellung des *trustee* festlegten. Dementsprechend hat ein *director* einem subjektiven Sorgfaltsmaßstab zu entsprechen, während ein GmbH-Geschäftsführer nach § 43 Abs. 2 GmbHG einen objektiven Standard zu beachten hat. Beide Rechtssysteme haben eine für die jeweilige Rechtsordnung folgerichtige und historisch gewachsene Entwicklungen genommen. Die Vorstellung der englischen Rechtsprechung, daß ein *director* nur „sein Bestes geben müsse", ist jedoch in den letzten Jahren durch die Professionalisierung der Wirtschaft, angrenzende Gesetzgebung, die Rechtsprechung eines einflußreichen Richters und letztendlich durch die englische Literatur unter erhebliche Kritik geraten. Eine vollständige Hinwendung zu einem objektiven Sorgfaltsmaßstab gilt als wahrscheinlich.

Einem objektiven Standard entsprechend hatte angesichts des Auswirkungspotentials des Jahr-2000-Problems auf ein Unternehmen ein *director* bzw. Geschäftsführer innerhalb seines Unternehmens für ein wirkungsvolles Jahr-2000-Risikomanagement zu sorgen. Bei der Ausgestaltung waren objektive Kriterien heranzuziehen, so daß die getroffenen Entscheidungen unter Beachtung der nun vom BGH entworfenen Kriterien zum unternehmerischen Ermessensspielraum zu akzeptieren waren. Dementsprechend haben die Grundsätze der *business judgement rule* bei einer Anerkennung des objektiven Sorgfaltsmaßstabes in England Anwendung zu finden. Dem Jahr-2000-Problem könnte beim vollständigen Übergang zu einem objektiven Sorgfaltsmaßstab und der flankierenden Anerkennung der *business judgement rule* eine katalytische Wirkung zukommen.

In Zusammenhang mit der Datumsumstellung trafen die Leitungsorgane beider Länder auch vergleichbare Pflichten im Bereich der Rechnungslegung. Ein Verstoß gegen Treuepflichten ergab sich vordergründig bei der Umstellungsproblematik nicht. Jedoch ist festzustellen, daß die englische Rechtsprechung, das Defizit im Sorgfaltspflichtbereich kompensierend, sich eingehend mit den Treuepflichten eines Leitungsorgans gegenüber der Gesellschaft auseinandergesetzt hat.

Die Haftung des Leitungsorgans gegenüber Gesellschaftern und Außenstehenden

Beide Rechtsordnungen gewähren den Verbandsmitgliedern individuelle Teilhabe-, Schutz- und Vermögensrechte. Die Beachtung dieser Rechte obliegt jedoch der Gesellschaft an sich, so daß bei einer Verletzung das Leitungsorgan grundsätzlich gegenüber den Gesellschaftern nicht als Haftungsadressat in Frage kommt. Zwar erkennen die zwei Rechtssysteme an, daß der Mitgliedschaft ein deliktischer Schutz zukommt, doch nur die deutsche Rechtsprechung geht den weiteren Schritt, bei schweren Eingriffen in die Mitgliedschaft einen Schadenersatzanspruch zu gewähren, welcher nicht einem Reflexschaden oder reinen Vermögensschaden entspricht.

Sowohl im deutschen als auch im englischen Recht befindet sich die unerlaubte Handlung eines Leitungsorgans im Spannungsfeld zwischen den gesellschaftsrechtlichen und den deliktischen Grundsätzen. Während die englische Rechtsprechung bei der deliktsrechtlichen Leitungshaftung an das Kriterium der persönlichen Verantwortungsübernahme (*assumption of responsibility*) anknüpft, greift der BGH auf eine Garantenpflicht aus der „Zuständigkeit für Organisation und Leitung" zurück, die er jedoch auf die der Gesellschaft anvertrauten Rechtsgüter i.S.v. § 823 BGB beschränkt. Im Hinblick auf das Jahr-2000-Problem konnte sich daher in England eine Haftung aus einer persönlichen Gewähr des Leitungsorgans für Jahr-2000-Kompatibilität ergeben. Vergleichbares gilt im deutschen Recht bei der Heranziehung der c.i.c.-Vertreterhaftung. Aber auch schon die unterlassene Aufklärung über erkannte oder fahrlässig unerkannte Kompatibilitätsmängel konnte in Deutschland gegen den kaufmännischen Anstand verstoßen und eine persönliche Inanspruchnahme aus § 826 BGB zur Folge haben. Darüber hinaus besteht ein nicht zu unterschätzendes Haftungsrisiko aus der deliktischen Produzentenhaftung.

Doch im Zusammenhang mit der Jahresumstellung konnten sich auch unter dem Stichwort der Unterkapitalisierung Haftungsprobleme ergeben. Beide Rechtsordnungen begegnen dieser gläubigergefährdenden Situation durch die haftungsrechtliche Heranziehung des Leitungsorgans. Während die deutsche Rechtsprechung Schutz vor wirtschaftlich funktionsuntüchtigen Gesellschaften über die Insolvenzverschleppungshaftung nach § 823 Abs. 2 BGB i.V.m. § 64 GmbHG gewährt, greift man in England auf die funktional vergleichbare Haftung aus s. 213f. Insolvency Act 1986 zurück. Zusätzlich kann in England ein Verstoß gegen die Pflichten aus den *wrongful* und *fraudulent trading*-Vorschriften zum Verbot der weiteren Organtätigkeit führen.

Die Wirtschaftspraxis erfordert es, daß bereits in der Gründungsphase eines Unternehmens bestimmte Geschäfte für die entstehende Gesellschaft getätigt werden. In England wie auch in Deutschland trifft in dieser für das Jahr-2000-Problem weniger bedeutsamen Phase die für die werdende Gesellschaft handelnde Person die Haftung für die eingegangenen Verbindlichkeiten. Das Risiko des Handelnden relativiert sich jedoch in Deutschland durch die zusätzliche Haftung der Vor-Gesellschaft als *sui generis* und die Verlustdeckungshaftung der Gesellschafter. In England erfährt die persönliche Inanspruchnahme des *promoters* durch die Verwendung von Gesellschaftsmänteln eine faktische Aufhebung.

Haftungserleichterungen und -freistellungen für Leitungsorgane

Beide Rechtsordnungen enthalten vergleichbare Mechanismen zum Schutz der Leitungsorgane. Hierbei greifen jedoch die enthaftenden Maßnahmen jeweils erst nach der Pflichtverletzung, um nicht die verhaltenssteuernde Wirkung der dem Organ auferlegten Pflichten zu konterkarieren. Ähnliche Überlegungen werden häufig gegen die Verwendung von D&O-Versicherungen geltend gemacht, welche sowohl in Deutschland als auch in England, eine zunehmende Verbreitung erfahren. Aufgrund der vielfältigen und weitgehenden Deckungsausschlüsse ist jedoch in beiden Ländern nicht zu erwarten, daß sich im Hinblick auf das Jahr-2000-Problem für ein Leitungsorgan eine Haftungsübernahme für reine Vermögensschäden durch den Versicherer ergibt. Abgesehen von der Tatsache, daß Binnenansprüche in England nicht unter den Schutz einer D&O-Versicherung fallen, können in beiden Rechtsordnungen die Gesellschafter stets den Unternehmensleiter aus der Haftung gegenüber der Gesellschaft entlassen, soweit nicht Gläubigerschutzinteressen betroffen sind.

Die prozessuale Behandlung von Pflichtverletzungen durch Leitungsorgane

Bei der prozessualen Behandlung von Pflichtverletzungen durch Leitungsorgane ergibt sich im wesentlichen, daß bei Jahr-2000-bedingten Pflichtverletzungen in beiden Rechtsordnungen eine Durchsetzung von Ersatzansprüchen der Gesellschaft nur möglich erscheint, wenn das betroffene Leitungsorgan aus dem Unternehmen ausgeschieden ist. Doch auch der Insolvenzverwalter bzw. *liquidator* kann Binnenansprüche gegenüber dem Unternehmensleiter geltend machen. Verbleibt hingegen der Geschäftsführer bzw. *director* im Unternehmen und/oder wird von der Mehrheit der Anteilseigner geschützt, so stehen einem Minderheitsgesellschafter nur in Deutschland Mechanismen zur Durchsetzung von verbandsinternen Ersatzansprüchen für Sorgfaltspflichtverletzungen zur Verfügung. Um nicht zu einer Umgehung des kollektiven Entscheidungsfindungsprozesses zu gelangen, ist die Darlegung eines Rechtsmißbrauchs durch die Mehrheit der Gesellschafter Voraussetzung. Ihre eigenen Ansprüche können Gesellschafter sowie Außenstehende ohne Beschränkungen geltend machen.

Aus dieser rechtlichen Beurteilung der Leitunghaftung im Zusammenhang mit dem Jahr-2000-Problem ergibt sich abschließend auch die Hoffnung auf eine positive Nebenwirkung der komplexen Anforderungen, die der Datumswechsel an ein Leitungsorgan stellte. So ist zu hoffen, daß neben möglichen haftungsrechtlichen Folgen die enorme Publizität dieses Ereignisses den Geschäftsführern und *directors* den Pflichtenumfang eines Leitungsorgans eindrücklich in Erinnerung gerufen hat. Denn gerade in kleineren und mittelständischen Unternehmen ist die Unkenntnis über die mit der Organstellung einhergehenden Pflichten am weitesten verbreitet.

Literaturverzeichnis

(Werden mehrere Erscheinungsorte genannt, so wird jeweils nur der erste erwähnt)

Abeltshauser, Thomas E.: Leitungshaftung im Kapitalgesellschaftsrecht, Köln, Berlin, Bonn, München 1998, zugl.: Gießen, Univ., Habil.-Schr., 1994

Altmeppen, Holger: Haftung der Geschäftsleiter einer Kapitalgesellschaft für Verletzung von Verkehrssicherungspflichten, ZIP 1995, 881ff.

—: Ungültige Vereinbarungen zur Haftung von GmbHG-Geschäftsführern - zugleich Besprechung von BGH-Urteil vom 15.11.1999 - II ZR 122/98, DB 2000, 261ff.

—: Haftung der Gesellschafter einer Personengesellschaft für Delikte, NJW 1996, 1017ff.

—: Probleme der Konkursverschleppungshaftung, ZIP 1997, 1173ff.

—: Die Auswirkungen des KonTraG auf die GmbH, ZGR 1999, 291ff.

Anderman, Steven D.: Labour Law: Management Decisions & Workers' Rights, 2. Auflage, London 1993

American Law Institute: Principles of Corporate Governance, Analysis and Recommendations, St. Paul, M.N. 1994

Arden, Dame Mary: Codifying Directors' Duties, in: Rawlings, Richard (Hrsg.), Law, society and economy, centenary essays for the London School of Economics and Political Science 1895-1995, Oxford 1997, S. 91ff.

Armbruster, Christian: Schutz der GmbH und ihrer Gesellschafter/Geschäftsführer vor einem Rückgriff durch Sachversicherer, BB 1998, 1376ff.

Bar v., Christian: Zur Struktur der Deliktshaftung von juristischen Personen, ihren Organen und ihren Verrichtungsgehilfen, in: Festschrift für Zentaro Kitagawa, Berlin 1992, S. 279ff.

Barlow, John: Avoiding the risks of the boardroom table, Company Law Newsletter (12) 1997, 2f.

Barnard, Jayne: The three-legged stool of corporate governance reform, amicus curiae (13) 1999, 12ff.

Bartl, Harald: „Jahr-2000-Problem“ und Anwenderpflichten, NJW 1999, 2144ff.

Bartl, Harald/Fichtelmann, Helmar/Schlarb, Eberhard/Schulze, Hans-Jürgen: Heidelberger Kommentar zum GmbH-Recht, 4. Auflage, Heidelberg 1998

Bartsch, Michael: Software und das Jahr 2000, Haftung und Versicherungsschutz für ein technisches Großproblem,Baden-Baden 1998, zugl.: Karlsruhe, Univ., Diss., 1998

—: Software und das Jahr 2000, CR 1999, 193ff.

Bastuck, Burkhard: Enthaftung des Managements: corporate indemnification im amerikanischen und deutschen Recht, Köln 1986, zugl.: Bonn, Univ., Diss., 1995

Bauer, Jobst - Hubertus/Gragert, Nicola: Der GmbH-Geschäftsführer zwischen Himmel und Hölle, ZIP 1997, 2177ff.

Baumbach, Adolf/Hueck, Alfred/Bearbeiter: GmbH-Gesetz: Gesetz betreffend die Gesellschaften mit beschränkter Haftung, 15. Auflage, München 1988

Belcher, Alice: Regulation by the Market: The Case of the Cadbury Code and Compliance Statement, Journal of Business Law 1995, 321ff.

Bell, P.R.: Year 2000 - Apocalypse soon, a PI insurer's view, The Insurance Institute of London Journal 1998, 11ff.
Bender, Gregor: Schiedsklagen gegen Gesellschafterbeschlüsse im Recht der Kapitalgesellschaften nach der Neuregelung des Schiedsverfahrensrechts, DB 1998, 1900ff.
Berger, Christian: Die actio pro socio im GmbH-Recht, ZHR 149 (1985), 599ff.
Biletzki, Gregor C.: Die deliktische Haftung des GmbH-Geschäftsführers für fehlerhafte Buchführung, ZIP 1997, 9ff.
Binge, Christoph: Gesellschafterklagen gegen Maßnahmen der Geschäftsführer in der GmbH, Köln 1994, zugl.: Tübingen, Univ., Diss., 1993
Block, Dennis J./Barton, Nancy E./Radin, Stephen A.: The Business Judgement Rule: fiduciary duties of corporate directors, 3. Auflage, Englewoods Cliffs, N.J.1989
Board of Trade: Great Britain, Report of the Company Law Amendent Committee, (1925-1926), Cmd 2657
Bork, Reinhard: Haftung des GmbH-Geschäftsführers wegen verspäteten Konkursantrags, ZGR 1995, 505ff.
Boros, Elizabeth J.: Minority Shareholder's Remedies, Oxford 1995
Bourne, Nicholas: Essential Company Law, 1. Auflage, London 1994
Boyle, Anthony: Shareholder Remedies: the final report, amicus curiae (6) 1998, 13f.
Brandes, Helmut: Die Rechtsprechung des Bundesgerichtshofs zur GmbH, WM 2000, 217ff.
Brandner, Erich: Haftung des Gesellschafter/Geschäftsführers einer GmbH aus culpa in contrahendo, in: Festschrift für Winfried Werner, Berlin 1984, S. 53ff.
Brebeck, Frank/Herrmann, Dagmar: Zur Forderung des KonTraG-Entwurfs nach einem Frühwarnsystem und zu den Konsequenzen für die Jahres- und Konzernabschlußprüfung, WPg 1997, 381ff.
Bremer, Jürgen: Auswirkungen des „KonTraG" auf Aufsichtsräte und vergleichbare Gremien in einer GmbH, GmbHR 1999, 116ff.
Brumwell, James/Mallet, Nick: Haftungssituationen in der private limited company im Vereinigten Königreich, GmbHR 1995, 647ff.
Brüggemeier, Gert: Organisationshaftung, AcP 191 (1991), 33ff.
Bundesaufsichtsamt für das Versicherungswesen: Jahr -2000-Problem, VerBAV 1998, 183ff.
Bundesministerium für Wirtschaft und Technologie: Datum 2000, Sonderveröffentlichung in: Die Welt vom 16.12.1998
Bühler, Christoph: Zur (Rechtschein-) Haftung einer GmbH, GmbHR 1991, 356ff.
Canaris, Claus-Wilhelm: Die Haftung für fahrlässige Verletzung von Konkursantragspflicht nach § 64 GmbHG, JZ 1993, 649ff.
Cheffins, Brian R.: Company Law: Theory, Structure and Operation, Oxford 1997
Clark, R.C.: Corporate Law, Boston 1986
Clerk, John Frederic: Clerk & Lindsell on Torts, 17. Auflage, London 1995
Cohen, Hollace T.: Whitman Breed Abbott & Morgan LLP, New York City, Memorandum vom 13. April 1998, Year 2000 - The Millenium Bug
Collin, P.H.: Dictionary of Law, 2. Auflage, Teddington/Middlesex 1993
Committee on the Company Law Amendment: Great Britain, Report of the Committee on the Company Law Amendment (1925-1926), Cmnd 2657
Committee on the Finacial Aspects of Corporate Governance: Great Britain, Report of the Committee on the Finacial Aspects of Corporate Governance (report with Code of Best Practice), London 1992

Company Law Committee.: Great Britain, Report of Company Law Committee (1962) Cmnd 1749
Company Law Review Steering Group: Modern Company Law, For a Competitive Economy, The Strategic Framework, A Consultation Document from the Company Law Review Steering Group, (1999), C 7779
Craswell, R.: Passing On the Costs of Legal Rules: Efficiency and Distribution in Buyer-Seller Relationships, 43 Stanford Law Review 1991, 361ff.
Davies, Paul L.: Gower's Principles of Modern Company Law, 6. Auflage, London 1997
Deakin, Simon/Morris Gillian S.: Labour Law, 2. Auflage, London 1998
Dine, Janet: Fiduciary duties as default rules, European influences and the need for caution in the use of economic analysis, 20 The Company Lawyer (4) 1999, 190ff.
Doran, N.J.L.: Transactions at an Undervalue and the Maintenance of Capital Principle, 12 The Company Lawyer (9) 1991, 169ff.
Dötsch, Bernd: Neue Informationstechnologien im Einsatz, VW 1998, 626f.
Dreher, Meinhard: Die persönliche Verantwortlichkeit von Geschäftsleitern nach außen und die innergesellschaftliche Aufgabenverteilung, ZGR 1992, 22ff.
—: Die Gründungshaftung bei der GmbH, DStR 1992, 33ff.
Dwight, Frederick: Liability of corporate directors, 17 Yale Law Journal (1907), 33ff.
Department of Trade and Industry (DTI): Shareholder Remedies, London 1998
Drygalla, Tim/Drygalla, Anja: Wer braucht ein Frühwarnsystem?, ZIP 2000, 297ff.
Ebenroth, Carsten/Lange, Knut Werner: Sorgfaltspflichten und Haftung des Geschäftsführers einer GmbH nach § 43 GmbHG, GmbHR 1992, 69ff.
Ebenroth, Carsten/Kräutter, Thomas: Die Eigenhaftung des GmbH-Geschäftsführers bei der Anlagevermittlung, BB 1990, 569ff.
Eickhoff, Andreas: Die Gesellschafterklage im GmbH-Recht: zur Durchsetzung von Ansprüchen der GmbH durch ihre Gesellschafter, Köln 1988, zugl.: Bonn, Univ., Diss., 1986/87
Eisenberg, M.E.: The duty of care and the business judgment rule in the American corporate law, 2 Company Financial and Insolvency Law Review 1997, 185ff.
Eisenhardt, Ulrich: Zum Problem der Haftung der Aufsichtsratsmitglieder von Aktiengesellschaft und GmbH gegenüber der Gesellschaft, Jura 1982, 289ff.
Europäische Kommission: Entwurf der 5. EU-Strukturrichtlinie, OJC 321/9 vom 12. Dezember 1991
Farrar, John H./Hannigan Brenda M./Furey, Nigel E/Wylie, Philip: Farrar's Company Law, 4. Auflage, London 1998
Farrar, John H.: The duty of care of company directors in Australia and New Zealand, in: Rider, Barry A.K. (Hrsg.),The Realm of Company Law: A collection of Papers in Honour of Professor Leonard Sealy SJ Berwin Professor of Corporate Law at the University of Cambridge, London 1998, S. 37ff.
Feiler, Jesse/Butler, Barbara: Die Jahr 2000 Umstellung, Düsseldorf 1998
Feingold, Stephen W.: The Millenium Bug From the Employer's Perspective, New York Law Journal vom 24. März 1998, S. 1
—: Legal Pitfalls of Correcting the Millenium Bug, 3 The Intellectual Property Strategist (12) 1997, S. 1
Felix, Günther: Die Risiken des GmbH-Geschäftsführers als Tätigkeitsfeld der Steuerberatung, DStZ 1987, 455ff.
Fenwick, William A./Glende, Spencer S.: The Year 2000 Problem - Legislative Responses, 15 The Computer Lawyer (10) 1998, 1ff.

Ferren, Eilis: Shareholder remedies: The Law Commissions Report, Company Financial and Insolvency Law Review (2) 1998, 235ff.
Finch, Vanessa: Company Directors: Who Cares About Skill and Care, 55 The Modern Law Review (2) 1992, 179ff.
—: Disqualification of Directors: A Plea for Competence, 53 The Modern Law Review (3) 1990, 385ff.
—: Personal Accountability and Corporate Control: The Role of Directors' and Officers' Liability Insurance, 57 The Modern Law Review 1994, 880ff.
Fleck, Hans-Joachim: Das Dienstverhältnis der Vorstandsmitglieder und Geschäftsführer in der Rechtsprechung des BGH, WM 1994, 1957ff.
—: Zur Beweislast für pflichtwidriges Organhandeln, GmbHR 1997, 237ff.
—: Zur Haftung des GmbH-Geschäftsführers, GmbHR 1974, 224ff.
Fleischer, Holger: Neue Entwicklungen im englischen Konzernrecht, AG 1999, 350ff.
Flume, Werner: Die Haftung des GmbH-Geschäftsführers bei Geschäften nach Konkursreife der GmbH, ZIP 1994, 337ff.
Fox, Mary Margaret: Directors' and officers' liability - coverage for Y2K, The International Journal of Insurance Law (7) 1999, 197ff.
Fridman, G H L: Personal Tort Liability of Company Directors, 5 Canterbury Law Review 1992, 41ff.
Frisch, Burkard: Haftungserleichterungen für GmbH-Geschäftsführer nach dem Vorbild des Arbeitsrechts, Berlin 1998, zugl.: Berlin, Freie Univ., Diss., 1996/1997
Garcia, John: The Law Commission's investigation into directors' duties, 19 The Company Lawyer (9) 1998, 279ff.
Galetke, Helmut: Die Verjährung der Schadensersatzansprüche der GmbH gegen ihren Geschäftsführer gemäß § 43 IV GmbHG, WiB 1997, 398ff.
Gehrlein, Markus: Die Gesellschafterklage und § 46 Nr. 8 GmbHG - ein ungelöstes Problem?, ZIP 1993, 1525ff.
—: Die Haftung in den verschiedenen Gründungsphasen einer GmbH, DB 1996, 561ff.
—: Beweislast für Sorgfaltspflichtverletzungen von Geschäftsleitern, NJW 1997, 1905ff.
Geißler, Markus: Klagerecht des GmbH-Aufsichtsrats gegen die Geschäftsführung, GmbHR 1998, 1114ff.
—: Strittige Restanten bei der Haftung des GmbH-Geschäftsführers aus culpa in contrahendo, ZIP 1997, 2184ff.
Gerkan, Hartwin v.: Die Gesellschafterklage, ZGR 1988, 441ff.
—: Die Beweislastverteilung beim Schadensersatzanspruch der GmbH gegen ihren Geschäftsführer, ZHR 154 (1990), 39ff.
Goette, Wulf: Zur persönlichen Haftung des Geschäftsführers einer GmbH gegenüber Dritten aus Geschäften, die nach Eintritt der Konkursreife mit ihnen geschlossen werden, DStR 1994, 1048ff.
—: Zur Verteilung der Darlegungs- und Beweislast der objektiven Pflichtwidrigkeit bei der Organhaftung, ZGR 1995, 648ff.
—: Die Haftung des GmbH-Geschäftsführers in der Rechtsprechung des BGH, DStR 1998, 1308ff.
Götz, Heinrich: Die Überwachung der Aktiengesellschaft im Lichte jüngerer Unternehmenskrisen, , AG 1995, 337ff.
Goode, Royston Miles: Principles of Corporate Insolvency Law, 2. Auflage, London 1997

Gordon, Mark L./Baker, Robert W., Jr.: Evaluating and Mitigating the Millenium Bug: A Lawyer's Toolkit for the Year 2000 Problem, 16 The Computer Lawyer (9) 1999, 13ff.
Götting, Horst-Peter: Die persönliche Haftung des GmbH-Geschäftsführers für Schutzverletzungen und Wettbewerbsverstöße, GRUR 1994, 6ff.
Grantham, Ross: Company Directors and Tortious Liability, The Cambridge Law Journal 1997, 259ff.
Grantham, Ross/Rickett, Charles: Directors' „Tortious" Liability: Contract, Tort or Company Law, 62 The Modern Law Review 1999, 133ff.
Gregory, Roger: The Scope of the Companies Act 1948 Section 205, 98 Law Quaterly Review 1982, 413ff.
Griggs, Lyndon/Lowry, John: Finding the Optimum Balance for the Duty of Care Owed by the Non-Executive Director, in: Macmillan Patfield, Fiona (Hrsg.), Perspectives on company law: 2, London 1997, S. 203ff.
Grooterhorst, Johannes: Die ARAG/Garmenbeck-Prozesse - eine Gesamtschau im Rückblick, ZIP 1999, 1117ff.
Groß, Werner: Deliktische Außenhaftung des GmbH-Geschäftsführers, ZGR 1998, 551ff.
Grunewald, Barbara: Die Gesellschafterklage in der Personengesellschaft und der GmbH, Tübingen 1990
—: Die Haftung von Organmitgliedern nach Deliktsrecht, ZHR 157 (1993), 451ff.
Grünwald, Michael: Die deliktische Außenhaftung des GmbH-Geschäftsführers für Organisationsdefizite, Baden-Baden 1999, zugl.: München, Univ., Diss., 1998
Guserl, Richard: Risiko-Management im industriellen Anlagengeschäft, ZfB 1996, 519ff.
Haas, Ulrich: Geschäftsführerhaftung und Gläubigerschutz: Unternehmerische Verhaltenspflichten des GmbH-Geschäftsführers zum Schutz Dritter, München 1997, zugl.: Regensburg, Univ., Habil.-Schr., 1996
—: Insolvenzantragsrecht und -pflicht in der GmbH, insbesondere des „faktischen Geschäftsführers" nach neuem Recht, DStR 1998, 1359ff.
—: Fragen zur Insolvenzverschleppungshaftung des GmbH-Geschäftsführers, NZG 1999, 373ff.
Haase, Peter: Das Jahr 2000 in der EDV: Bewältigung des Jahr 2000 Problems in ihrem Unternehmen, München 1998
Habetha, Joachim W.: Direktorenhaftung und gesellschaftsfinanzierte Haftpflichtversicherung: ein deutsch-englischer Rechtsvergleich vor dem Hintergrund des Binnenmarktes für Versicherungsleistungen, Heidelberg 1995, zugl.: Kiel, Univ., Diss., 1994
—: Deliktsrechtliche Geschäftsführerhaftung und gesellschaftsfinanzierte Haftpflichtversicherung, DZWir 1995, 272ff.
Hachenburg, Max/Bearbeiter: Großkommentar zum GmbH-Gesetz, 8. Auflage, Berlin 1997
Halberstam, Simon/Turner, Jonathan D.C.: Countdown to 2000, London 1998
Happ, Wilhelm: Die GmbH im Prozeß, Köln 1997
Haarmeyer, Hans/Wutzke, Wolfgang/Förster, Karsten: Handbuch zur Insolvenzordnung, 2. Auflage, München 1998
Hartmann, Wendelin: Das Jahr 2000 Problem - Herausforderungen für das Kreditgewerbe und die Deutsche Bundesbank, WM 1999, 839f.
Hartung, Wolfgang: Probleme bei der Feststellung der Zahlungsunfähigkeit, Wistra 1997, 1ff.

Heermann, Peter W.: Unternehmerisches Ermessen, Organhaftung und Beweislastverteilung, ZIP 1998, 761ff.
Heil, Ulf/Russenschuck, Viola: Die persönliche Haftung des GmbH-Geschäftsführers, BB 1998, 1749ff.
Heisse, Matthias: Die Beschränkung der Geschäftsführerhaftung gegenüber der GmbH, Köln 1988
Heitmann, Lars: Neueste Entwicklungen der Managerhaftung und die D&O-Versicherung, VW 1999, 1076ff.
Hendricks, Michael: Vermögensschaden Rechtsschutz gegen D&O, VW 1994, 1548ff.
Henze, Hartwig: Prüfungs- und Kontrollaufgaben des Aufsichtsrates in der Aktiengesellschaft, NJW 1998, 3309ff.
Hermann, Johannes: KonTraG: Keimzelle für ein ertragsorientiertes Risikomanagement?, VW 1999, 1069ff.
Heussen, Benno, Damm, Maximilian: Millenium Bug: Manager- und Beraterhaftung bei unterlassener Systemprüfung und Notfallplanung, BB 1999, 481ff.
Hicks, Andrew: Directors' Liability for Management Errors, 110 The Law Quaterly Review 1994, 390ff.
Hicks, Andrew/Goo, S.H.: Cases & Matrials on Company Law, 2. Auflage, London 1997
HMSO: Access to Justice, 1996
Hoffmann, Rt Hon Lord: The Fourth Annual Leonard Sainer Lecture: The Rt Hon Lord Hoffmann - The Company Director Today, 18 The Company Lawyer (7) 1997, 194ff.
Hohmann, Harald: Haftung des Softwareherstellers für das „Jahr-2000"-Problem, NJW 1999, 521ff.
Holt, W.B.P.: „Britisches Gesellschaftsrecht", AG 1973, 183ff.
Hommelhoff, Peter: Die Konzernleitungspflicht, Köln 1982
Hommelhoff, Peter/Mattheus, Daniela: Corporate Governance nach dem KonTraG, AG 1998, 249ff.
Hopt, Klaus J.: Aktionärskreis und Verbandsneutralität, ZGR 1993, 534ff.
Horn,Norber: Die Haftung des Vorstands der Aktiengesellschaft nach § 93 AktG und die Pflichten des Aufsichtsrats, ZIP 1997, 1129ff.
Höhn, Reinhard: Geschäftsleitung der GmbH: Organisation, Führung und Verantwortung, 2. Auflage, Köln 1995
Hörtnagl, Robert: Die GmbH in der Krise - Pflichten und Risiken für den Geschäftsführer, INF 1996, 528ff.
Hucke, Anja: Managerversicherung: Ein Ausweg aus den Haftungsrisiken?, DB 1996, 2267ff.
Hübner, Ulrich: Haftungsprobleme der technischen Kontrolle, NJW 1988, 441ff.
—: Managerhaftung: Rechtsgrundlagen und Risikopotentiale einer persönlichen Inanspruchnahme der Unternehmensleiter von Kapitalgesellschaften, München 1992
Ihlas, Horst: Organhaftung und Haftpflichtversicherung, Berlin 1997, zugl.: Darmstadt, Techn. Hochsch., Diss., 1996
Impelmann, Norbert: Die Haftung des GmbH-Geschäftsführers gegenüber Dritten, WiB 1994, 801ff.
Institut der Wirtschaftsprüfer: IDW Prüfungsstandards: Prüfung der EDV-Anpassung an den Jahrtausendwechsel (IDW PS 380; Stand 26.6.1998), WPg 1998, 666ff.
—: IDW-Rechnungslegungsstandard: Aufstellung des Lageberichts (IDW-RS HFA, Stand 26.6.1998), WPg 1998, 653ff.

—: Fachausschuß für Informationstechnologie: IDW Prüfungshinweise: Prüfungscheckliste zur EDV-Anpassung an den Jahrtausendwechsel (IDW PH 9.380), WPg 1998, 670ff.
—: Fachausschuß Recht: Entwurf einer Verlautbarung: Empfehlungen zur Überschuldungsprüfung bei Unternehmen, WPg 1995, 596ff.
—: Arbeitskreis Sanierung und Insolvenz, Empfehlungen zur Prüfung eingetretener oder drohender Zahlungsunfähigkeit bei Unternehmen, FN-IDW Nr. 11/1998, S. 569ff.
Jäger, Karl-Heinz: Die Zahlungsunfähigkeit nach geltendem und geplantem Insolvenzrecht, DB 1986, 1441ff.
Jefferson, Michael: Directors, controlling shareholders, employees and rights on insolvency, 19 The Company Lawyer (10) 1998, 307ff.
Jordan, C.: An International Survey of Companies Law in the Commonwealth, North America, Asia and Europe, DTI, London 1998
Jula, Rocco: Die Haftung von GmbH-Geschäftsführern und Aufsichtsräten, Berlin, Heidelberg 1998
—: Gestaltungsmöglichkeiten des Geschäftsführers einer GmbH i.G. zum Ausschluß oder zur Abschwächung der Handelndenhaftung, BB 1995, 1597ff.
Kein Verfasser: Directors - true or false?, 18 The Company Lawyer (5) 1997, 129
Kein Verfasser: Deckungsverbesserungen in der D&O-Versicherung, VW 1999, 1183
Kein Verfasser: David Atkinson MP put forward Bill Before Parliament called the Companies Bill, 2 Insurance Specialist (4) 1997, 46
Kein Verfasser: Höhere Ansprüche an die interne Revision, in: Frankfurter Allgemeine Zeitung vom 29.11.1999, S. 28
Kein Verfasser: President Clinton Signs Year 2000 Information Disclosure Act, 15 The Computer Lawyer (11) 1998, 29
Kein Verfasser: Die D&O-Polive: Notwendigkeit oder Quelle neuer Begehrlichkeiten?, VW 1999, 58f.
Kein Verfasser: „Jahr-2000-Problem“: BAV fordert Aktionsplan, VW 1998, 248
Keßler, Jürgen: Die deliktische Eigenhaftung des GmbH-Geschäftsführers, GmbHR 1994, 429ff.
Kiethe, Kurt: Die deliktische Eigenhaftung des Geschäftsführers der GmbH gegenüber Gesellschaftsgläubigern, DStR 1993, 1298ff.
Kindler, Peter: Unternehmerisches Ermessen und Pflichtenbindung, ZHR 162 (1998), 101ff.
Kion, Hans-Jürgen: Die Haftung des GmbH-Geschäftsführers, BB 1984, 864ff.
Kisker, Arnd: Die Struktur der deutschen GmbH im Vergleich zur Struktur der englischen Private Limited Company, Münster 1992, zugl.: Münster, Westfalen, Univ., Diss., 1992
Klett, Detlef/Redelfs, Kirsten: Millenium Bug: Ansprüche des Sofwareanwenders gegen Softwarelieferanten oder -hersteller, RIW 1999, 2ff.
Klumpp, Hans Hermann: Aktuelle Fragen der Haftung des Geschäftsführers, Renningen-Malms 1995
Knolmayer, Gerhard F.: Besitzt das Jahr 2000-Problem Konsequenzen für Rechnungslegung und Prüfung, in: Baetge, Jörg (Hrsg.), Euro-Umstellung und Jahr 2000-Problem, Vorträge der Jahre 1997-1998 vor dem Münsteraner Gesprächskreis Rechnungslegung und Prüfung e.V., S. 107ff.
Koch, Frank A.: Haftung der Unternehmensleitung für verspätete Datums- und Euroumstellung, ZIP 1998, 1748ff.

Köhl, Dietmar: Die Einschränkung der Haftung des GmbH-Geschäftsführers nach den Grundsätzen des innerbetrieblichen Schadensausgleichs, DB 1996, 2597ff.
Konzen, Horst: Geschäftsführung, Weisungsrecht und Verantwortlichkeit in der GmbH und GmbH & Co KG, NJW 1989, 2977ff.
Kort, Michael: Zur Eigenhaftung des GmbH-Geschäftsführers gegenüber privatrechtlichen Dritten, DB 1990, 921ff.
Kossen, Klaus C.: Haftung des Vorstands und des Aufichtsrats einer Aktiengesellschaft für Pflichtverletzungen, DB 1988, 1785ff.
Kowalski, Andre': Die Gesellschafterklage und § 46 Nr. 8 GmbHG - kein unlösbares Problem, ZIP 1995, 1315ff.
Krebs, Karsten/Klerx, Oliver: Die Haftungsverfassung der Vor-GmbH - BGH, NJW 1997, 1507, JuS 1998, 991ff.
Krebs, Peter/Dylla-Krebs, Corinna: Deliktische Eigenhaftung von Organen für Organisationsverschulden, DB 1990, 1271ff.
Kromschröder, Bernhard/Lück, Wolfgang: Grundsätze risikoorientierter Unternehmensüberwachung, DB 1998, 1573ff.
Kübler, Bruno M.: Die Konkursverschleppungshaftung des GmbH-Geschäftsführers nach der „Wende" des Bundesgerichtshofs - Bedeutung für die Praxis, ZGR 1995, 481ff.
Kuhl, Karin/Nickel, Johann-Peter: Risikomanagement im Unternehmen - Stellt das KonTraG neue Anforderungen an die Unternehmen?, DB 1999, 133ff.
Kuhn, Georg/Uhlenbruck, Wilhelm: Konkursordnung, Kommentar, 11. Auflage, München 1994
Kust, Egon: Zur Sorgfaltspflicht und Verantwortlichkeit eines ordentlichen und gewissenhaften Geschäftsleiters, WM 1980, 758ff.
Kühnel, Wolfgang/Ulbrich, Thomas: Instandhaltung und das Jahr 2000 im Maschinen- und Anlagenbau, BB 1998, 2585ff.
Kyrou, Emilios: The Year 2000 - Implications for Indemnities and Insurance for Directors, 72 The Law Institute Journal (4) 1998, 54ff.
Lamberti, Hermann J.: Das Jahr 2000 - Eine globale Herausforderung, WM 1999, 266
Lattwein, Alois/Krüger, Burkhard: D&O: Von der Ablehnung wegen Unmoral bis zum Verbandskonzept, VW 1997, 1366ff.
Law Commission: Company Directors: Regulating Conflicts of Interest and Formlating a Statement of Duties, Law Commission Consultation Paper No. 153, Scottish Law Commission Consultation Paper No. 105, The Stationary Office, London 1998
—: Shareholder Remedies, Law Commission Consultation Paper No. 142, The Stationary Office, London 1996
—: Shareholder Remedies, Law Commision No. 246, (1997, Cm 3769)
Lier, Monika: „Im Feuer des Haftungsrecht", VW 1998, 1755ff.
Lingemann, Stefan/Wasmann, Dirk: Mehr Kontrolle und Transparenz im Aktienrecht: Das KonTraG tritt in Kraft, BB 1998, 853ff.
Lowry, John P.: Regal (Hastings) fifty years on: breaking the bonds of the anciene regime?, 45 Northern Ireland Legal Quaterly 1994, 1ff.
—: Reconstructing shareholder action: a response to the Law Commission's consultation paper, 18 The Company Lawyer (8) 1998, 247ff.
Lück, Wolfgang: Der Umgang mit unternehmerischen Risiken durch ein Risikomanagementsystem und durch ein Überwachungssystem, DB 1998, 1925ff.

Lutter, Marcus: Vom formellen Mindestkapital zu materiellen Finanzierungsregeln im Recht der Kapitalgesellschaften, in: Festschrift für Stefan Riesenfeld, Heidelberg 1983, S. 165ff.
—: Zahlungseinstellung und Überschuldung unter der neuen Insolvenzordnung, ZIP 1999, 641ff.
—: Gefahren persönlicher Haftung für Gesellschafter und Geschäfts-: führer einer GmbH, DB 1994, 129ff.
—: Haftungsrisiken des Geschäftsführers einer GmbH, GmbHR 1997, 329ff.
—: Haftungsrisiken bei der Gründung einer GmbH, JuS 1998, 1073ff.
—: Zur persönlichen Haftung des Geschäftsführers aus deliktischen Schäden im Unternehmen, ZHR 157 (1993), 465ff.
—: Theoretische Mitgliedschaft, AcP 180 (1980), 84ff.
—: Die Funktion der Gerichte im Binnenstreit von Kapitalgesellschaften - ein rechtsvergleichender Überblick, ZGR 1998, 191ff.
—: Die Treuepflicht des Aktionärs, ZHR 153 (1989), 446ff.
Lutter, Marcus/Hommelhoff, Peter: GmbH-Gesetz: Kommentar, 14. Auflage, Köln 1995
M.-I., E.: Besondere Anforderungen an D&O-Versicherer, VW 1998, 1470
Mackenzie, Allan L.: A company director's obligation of care and skill, The Journal of Business Law 1982, 460ff.
Maser, Peter/Sommer, Alexander: Persönliche Haftung des GmbH-Geschäftsführers in der Insolvenz der Gesellschaft, BB 1996, 65ff.
Mayer, Kurt: Produkthaftung und Gefahrbeseitigungsanspruch (Stichwort „Rückrufpflicht"), DB 1985, 319ff.
Mayer, Frank M.: Jahrtausendwechsel: Risikovermeidung durch strukturierte Projektorganisation, RIW-Beil. (9) 1999, 13ff.
Medicus, Dieter: Deliktische Außenhaftung der Vorstandsmitglieder und Geschäftsführer, ZGR 1998, 570ff.
—: Zur Eigenhaftung des GmbH-Geschäftsführers aus Verschulden bei Vertragsverhandlungen, in: Festschrift für Ernst Steindorff, Berlin 1990, S. 725ff.
—: Die Außenhaftung des GmbH-Geschäftsführers, GmbHR 1993, 533ff.
—: Zur deliktischen Eigenhaftung von Organpersonen, in: Festschrift für Werner Lorenz, Tübingen 1991, S. 155ff.
—: Die interne Geschäftsverteilung und die Außenhaftung von GmbH-Geschäftsführern, GmbHR 1998, 9ff.
Meier, Albert/Budde, Wolfram Dieter: Rechte, Pflichten und Vernatwortlichkeit des Aufsichtsrats einer Aktiengesellschaft, DB 1974, 1271ff.
Merkel, Karlheinz: „Weiterfressende Mängel ohne Ende", NJW 1987, 358ff.
Mertens, Hans-Joachim: Die Geschäftsführerhaftung in der GmbH und das ITT-Urteil, in: Festschrift für Robert Fischer, Berlin 1979, S. 461ff.
Meyke, Rolf: Die Haftung des GmbH-Geschäftsführers, Köln 1998
—: Zivilprozessuale Aspekte der Haftung wegen Konkursverschleppung, ZIP 1998, 1179ff.
Milman, David: Personal liability of directors: aiding an enterprise culture, Palmer's In Company (2) 1999, 1f.
—: Directors Under Fire, Palmer's In Company (4) 1997, 1f.
—: Wrongful trading actions: smoke without fire, Palmer's In Company (8) 1995, 1f.
Milman, David/Durant, Chris: Corporate Insolvency: Law and Practice, London 1994

Mitchell, Vanessa: Company law reviews in Australia and the United Kingdom, 20 The Company Lawyer (4) 1999, 98ff.
Morse, Geoffrey: Charlesworth & Morse Company Law, 14. Auflage, London 1991
—: Palmer's Company Law, 25. Auflage, London 1992
Möllers, Thomas M.J.: Qualitätsmanagement, Umweltmanagement und Haftung, DB 1996, 1455ff.
Mutter, Stefan: Unternehmerische Entscheidungen und Haftung des Aufsichtsrats der Aktiengesellschaft, Köln 1994, zugl.: Tübingen, Univ., Diss., 1994
Müller, Gerd: Zur Haftung des Gesellschafter-Geschäftsführers aus culpa in contrahendo und aus § 64 Abs. 1 GmbHG, ZIP 1993, 1531ff.
Müsgen, Thomas K.: Die GmbH in Konkurs und Insolvenz, MittRhNotK 1997, 409ff.
Neuling, Jasper: Deutsche GmbH und englische private company; Monismus oder Dualismus im System des Kapitalgesellschaftsrechts, Köln 1997, zugl.: Heidelberg, Univ., Diss., 1996
Nickel, Friedhelm G.: Produktsicherheit und Produkthaftung, VersR 1998, 948ff.
Nolan, Richard: The Proper Purpose Doctrine and Company Directors, in: Rider, Barry A.K. (Hrsg.), The Realm of Company Law: A collection of Papers in Honour of Professor Leonard Sealy SJ Berwin Professor of Corporate Law at the University of Cambridge, London 1998, S. 1ff.
Ochs, Volker: Die Einpersonengesellschaft in Europa: Eine rechtsvergleichende Studie zum Recht der Einpersonen-GmbH in Deutschland, Frankreich, Italien und England, Baden-Baden 1997, zugl.: Saarbrücken, Univ., Diss., 1996/97
Ong, Kingsley T.W.: Disqualification of Directors: a faulty regime?, 19 The Company Lawyer (1) 1998, 7ff.
Palandt, Otto/Bearbeiter: Bürgerliches Gesetzbuch, 59. Auflage, München 2000
Parkinson, John E.: Corporate power and responsibility: issues in the theory of company law, 2. Auflage, Oxford 1996
—: The modification of directors' duties, The Journal of Business Law 1981, 335ff.
Pasban, Mohammad R./Cambell, Clare/Birds, John: The Protection of Corporate Directors in England and the US, 26 Anglo-American Law Review 1997, 461ff.
Passmore, Colin: Directors' Indemnities, 16 The Company Lawyer (8) 1995, 243ff.
Pennington, Robert R.: Directors' Personal Liability, London 1987
Peters, Brigitta: Der GmbH-Mantel als gesellschaftsrechtliches Problem, Köln 1989, zugl.: Bonn, Univ., Diss., 1989
Peus, Egon A.: Haftungsgefahren für GmbH-Geschäftsführer im laufenden Geschäftsbetrieb, besonders aufgrund öffentlich-rechtlicher Pflichtenstellung, DStR 1998, 684ff.
Phillips, David .M.: Principles of Corporate Governance: A Critique of Part IV, 52 George Washington Law Review 1984, 653ff.
Prentice, D.D.: Corporate Personality, Limited Liability and the Protection of Creditors, in: Grantham, Ross/Ricket, Charlie (Hrsg.),Corporate Personality in the Twentieth Century, Oxford 1998, S. 99ff.
—: The Theory of the Firm: Minority Shareholder Oppression: Sections 459-461 of the Companies Act 1985, 8 Oxford Journal of Legal Studies (1) 1988, 55ff.
Priester, Hans-Jachim (Hrsg.): Münchener Handbuch des Gesellschaftsrechts, Bd. 3, Gesellschaft mit beschränkter Haftung, München 1996
Prime T./Scanlan G.P.: The Law of Private Limited Companies, London 1996

Proctor, Giles/Miles, Lilian: Duty, accountability and the company law review, 20 The Company Lawyer (7) 1999, 233ff.
Prölls, Jürgen/Martin, Anton: Versicherungsvertragsgesetz, Kommentar,25. Auflage, München 1992
Pullen, Heinz-Jürgen: Anwendbarkeit der Grundsätze der gefahrgeneigten Arbeit auf den GmbH-Geschäftsführer, BB 1984, 989ff.
Raiser, Thomas: Das Recht der Gesellschafterklagen, ZHR 153 (1989), 1ff.
Ransiek, Andreas: Zur deliktischen Eigenhaftung des GmbH-Geschäftsführers aus strafrechtlicher Sicht, ZGR 1992, 203ff.
Reese, Jürgen: Die Haftung von „Managern" im Innenverhältnis, DStR 1995, 532ff.
—: Die Haftung von „Managern" im Außenverhältnis, DStR 1995, 688ff.
Remis, Shepard M.: Y2K Act doesn't go far enough, in: The Boston Globe vom 13.Juli 1999, S. 4
Reuter, Dieter: Die Mitgliedschaft als sonstiges Recht im Sinne des § 823 Abs.1 BGB, in: Festschrift für HermannLange, Stuttgart 1992, S. 707ff.
Riley, C.A.: The Law Commission's questionable approach to the duty of care and skill, 20 The Company Lawyer (6) 1999, 196ff.
—: The values behind the Law Commission's consultation paper, 18 The Company Lawyer (8) 1997, 260ff.
—: The Company Director's Duty of Care and Skill: The Case for an Onerous but Subjective Standard, 62 The Modern Law Review 1999, 697ff.
Rittner, Fritz: Die Verantwortung der Unternehmensleitung, JZ 1980, 113ff.
Roberts, Pauline/Poole, Jill: Shareholder Remedies - Efficient Litigation and the Unfair Prejudice Remedy, The Journal of Business Law (1) 1999, 38ff.
Rogerson, Pippa: Modification and Exclusion of Directors' Duties, in: Rider, Barry A.K. (Hrsg.), The Realm of Company Law: A collection of Papers in Honour of Professor Leonard Sealy SJ Berwin Professor of Corporate Law at the University of Cambridge, London 1998, S. 93ff.
Rosenberg, Eric J.: How to Negotiate a Y2K Remediation Contract, 16 The Computer Lawyer (8) 1999, 32f.
Roth, Günther H./Altmeppen, Holger: Gesetz betreffend der Gesellschaften mit beschränkter Haftung: (GmbHG), 3. Auflage, München 1997
Roth, Günther H.: Unterkapitalisierung und Haftung, ZGR 1993, 170ff.
Rowedder, Heinz/Bearbeiter: Gesetz betreffend die Gesellschaften mit beschränkter Haftung (GmbHG): Kommentar, 3. Auflage, München 1997
—: Zur Außenhaftung des GmbH-Geschäftsführers, in: Festschrift für Johannes Semler, Berlin 1993, S. 311ff.
Römer, Wolfgang/Langheid, Theo: Versicherungsvertragsgesetz, VVG, München 1997
Röhrig, R.: Das Jahr 2000 als unternehmensweite Herausforderung - Zertifizierung 2000, in: Verein Deutscher Ingenieure, Das Jahr-2000-Problem - Auswirkungen auf die Automatisierungstechnik, Düsseldorf 1998
Saage, Gustav: Die Haftung des Aufsichtsrates bei unternehmerischen Entscheidungen des Vorstandes nach dem AktG, DB 1973, 115ff.
Saenger, Ingo: Minderheitenschutz und innergesellschaftliche Klagen bei der GmbH, GmbHR 1997, 112ff.
Saitz, Bernd: Risikomanagement als umfassende Aufgabe der Unternehmensleitung, in: Saitz, Bernd (Hrsg.), Das Kontroll- und Transparenzgesetz: Herausforderungen und Chancen für das Risikomanagement, Wiesbaden 1999, S. 73ff.

Samson-Himmelstjerna, Marc v.: Persönliche Haftung der Organe von Kapitalgesellschaften, ZVglRWiss 89 (1990), 288ff.
Sandberger, Andreas: Die Außenhaftung des GmbH-Geschäftsführers, Baden-Baden 1997, zugl.: Tübingen, Univ., Diss., 1996
Schanbacher, Dietmar: Actio pro socio - zur Dogmatik der Gesellschafterklage, AG 1999, 21ff.
Scharpf, Paul: Die Sorgfaltspflichten des Geschäftsführers einer GmbH, DB 1997, 737ff.
Schaub, Bernhard: Die Haftung des Geschäftsführers einer GmbH gegenüber der Gesellschaft und den Gesellschaftern (Teil I), DStR 1992, 985ff.
—: Die Haftung des Geschäftsführers einer GmbH gegenüber der Gesellschaft und den Gesellschaftern (Teil II), DStR 1992, 1021ff
—: Die Haftung des GmbH-Geschäftsführers im Außenverhältnis (Teil II), DStR 1992, 1766ff.
Schilling, Joseph: Managerhaftung: Die Regulierung von Haftungsfällen in der D&O-Versicherung, VW 1999, 1074ff.
Schiessl, Maximilian: Die Wahrnehmung von Geschäftschancen der GmbH durch ihren Geschäftsführer, GmbHR 1988, 53ff.
Schindler, Joachim/Rabenhorst, Dirk: Auswirkungen des KonTraG auf die Abschlußprüfung (I), BB 1998, 1886ff.
Schmidt, Karsten: Gesellschaftsrecht, 3. Auflage, Köln 1997
—: Kein Abschied vom „Quotenschaden" bei der Insolvenzverschleppungshaftung!, NZI 1998, 9ff.
—: Außenhaftung und Innenhaftung bei der Vor-GmbH, ZIP 1996, 353ff.
—: Die Vereinsmitgliedschaft als Grundlage von Schadenersatzansprüchen, JZ 1991, 157ff.
—: Anmerkung zu BGH, Beschl. v. 20.9.1993-II ZR 292/91, NJW 1993, 2934ff.
—: Zur Durchgriffsfestigkeit der GmbH, ZIP 1994, 837ff.
Schmidt-Salzer, Joachim: Personeller Anwendungsbereich der Beweislastumkehr nach Gefahrbereichen in der deliktsrechtlichen Produkthaftung, NJW 1992, 2871ff.
—: Konkretisierung der strafrechtlichen Produkt- und Umweltverantwortung, NJW 1996, 1ff.
Schneider, Jochen/Hartmann, Matthias: Escrow - Probleme und Praxis angesichts des „Jahr 2000", CI 1998, 57ff.
Schneider, Uwe H.: Die Wahrnehmung öffentlich-rechtlicher Pflichten durch den GmbH-Geschäftsführer, in: Festschrift 100 Jahre GmbH-Gesetz, Köln 1992, S. 473ff.
Schneider, Uwe H., Ihllas, Horst: Die Vermögensschaden-Haftpflichtversicherung des Geschäftsführers einer GmbH, DB 1994, 1123ff.
Schnopfhagen, Richard: Produkthaftung in England, ZfRV 1993, 62ff.
Scholz, Franz/Bearbeiter: Kommentar zum GmbH-Gesetz, 8. Auflage, Köln 1993
Schönke, Adolf/Schröder, Horst: StGB, 25. Auflage, München 1997
Schüppen, Matthias: Aktuelle Fragen der Konkursverschleppung durch den GmbH-Geschäftsführer, DB 1994, 197ff.
Schulte, Richard: Enforcing wrongful trading as a standard of conduct for directors and a remedy for creditors: the special case of corporate insolvency, 20 The Company Lawyer (3) 1999, 80ff.
Scriba, Jürgen: Infektion in Zeile 16000, in: Der Spiegel 49/1998
Sealy, Len/Milman, David: Annotated Guide to the Insolvency Legislation, 5. Auflage, Bicester 1999

Sealy, Len S.: Directors' duties – an unnecesarry gloss, Cambridge Law Journal 1988, 175ff.
—: Company law – Power of the general meeting to intervene, Cambridge Law Journal 1989, 26ff.
—: Cases and Materials in Company Law, 5. Auflage, London 1996
—: Problems of Standing, Pleading and Proof in Corporate Litigation, in: Pettet, P.G. (Hrsg.) Company Law in Change: Current Legal Problems, London 1987, 1ff.
Shapira, G.: Liability for corporate agents: Williams v. Natural Life Ltd in the House of Lord, 20 The Company Lawyer (5) 1999, 130ff.
Sieg, Karl: Zur Außenhaftung des GmbH-Geschäftsführers und zu ihrer Deckung durch Versicherung, VersR 1996, 1210ff.
Sims, Dean/Robinson, Jeanne Minahan/McConnell, Christopher/Silo, Eileen/Shapiro, Jay/Wilbanks, Chad: Die Jahr 2000-Lösung, Bonn 1998
Sina, Peter: Voraussetzungen und Wirkungen der Delegation von Geschäftsführer-Verantwortung in der GmbH, GmbHR 1990, 65ff.
Smid, Stefan (Hrsg.): Insolvenzordnung (InsO), Kommentar, Stuttgart 1999
Snaith, Ian: The Law of Corporate Insolvency, London 1990
Sobich, Philip: Die Civil Procedure Rules 1999 - Zivilprozeßrecht in England, JZ 1999, 775ff.
Sommer, Christiane: Management Buy-Outs -Der eigene Herr, in: Manager Magazin, Februar 1999, 91ff.
Sommerlad, Klaus: Millenium Bug, BB-Beilage (18) 1997, 5ff.
Späte, Bernd: Haftpflichtversicherung, AHB-Kommentar, München 1993
Speyer, Edgar: Minority Report to the Report of the Company Law Amendment Committee (1906), Cd 3052
Spindler, Gerald: Der Jahr-2000-Fehler: Vertragsrechtliche Haftungsfragen des Softwareveräußerers, DB 1999, 1991ff.
Stapelfeld, Ait: Außenhaftung des Geschäftsführers bei Verletzung der Buchführungspflicht, GmbHR 1991, 94ff.
Stapledon, G.P.: The AWA Case: Non-Executive Directors, Auditors and Corporate Governance Issues in Court, in: Prentice, D.D./Holland, P.R.J. (Hrsg.), Contemporary Issues in Corporate Governance, Oxford 1993, S. 187ff.
Steffen, Erich: Die Bedeutung der „Stoffgleichheit" mit dem dem „Mangelunwert" für die Herstellerhaftung aus Weiterfresserschäden, VersR 1988, 977ff.
Stempel, Jeffrey W.: A Mixed Bag for Chicken Little: Analysing Year 2000 Claims and Insurance Coverage, 48 Emory Law Journal 1999, 169ff.
Sterling, M.J.: The Theory and Policy of Shareholder Actions in Tort, 50 Modern Law Review 1987, 468ff.
Strittmatter, Marc: Haftung und Erklärung zur Jahr 2000-Festigkeit, BB 1999, 2621ff.
Sugarman, David: Is company law founded on contract or public regulation? The Law Commission's paper on company directors, 20 The Company Lawyer (6) 1999, 162ff.
—: Reconceptualising company law: Reflections on the Law Commission's consultation paper on shareholder remedies: Part 1, 18 The Company Lawyer (8) 1997, 226ff.
—: Reconceptualising company law: Reflections on the Law Commission's consultation paper on shareholder remedies: Part 2, 18 The Company Lawyer (9) 1997, 274ff.
—: Shareholder Remedies and the Law Commission's Consultation Paper, Palmer's In Company (6) 1997, 1ff.

—: Shareholder Remedies: The Law Commission's Final Report, Palmer's In Company (4) 1998, 1ff.

Swycher, Nigel: Year 2000: A Review of Corporate Strategy, 9 International Company and Commercial Law Review (6) 1998, 155ff.

Terlau, Matthias: Das Jahr-2000-Problem und das Risikomanagement im Unternehmen, CR 1999, 284ff.

Thamm, Manfred: Die persönliche Haftung bzw. Verantwortlichkeit von Führungskräften und Mitarbeitern in Unternehmen, DB 1994, 1021ff.

The British Computer Society: The Year 2000, a practical guide for professionals & business managers, Vol. 2-4, Swindon, Wiltshire 1998/99

Thümmel, Roderich: Manager- und Aufsichtsratshaftung nach dem Referentenentwurf zur Änderung des AktG und des HGB, DB 1997, 261ff.

—: Persönliche Haftung von Managern und Aufsichtsräten, 2. Auflage, Stuttgart 1998

—: Manager- und Aufsichtsratshaftung nach dem Referentenentwurf zur Änderung des AktG und des HGB, DB 1997, 261ff.

Thümmel, Roderich C./Sparberg, Michael: Haftungsrisiken der Vorstände, Geschäftsführer, Aufsichtsräte und Beiräte sowie deren Versicherbarkeit, DB 1995, 1013ff.

Triebel, Volker/Hodgston, Stephen/Kellenter, Wolfgang/Müller, Georg: Englisches Handels- und Wirtschaftsrecht, 2. Auflage, Heidelberg 1995

Turnbull, Steven/Vanessa Edwards: Companies Act 1989: Directors' and Officers Liability Insurance, 134 Solicitors Journal 1990, 768ff.

Trockels, Friedrich: „Business Judgement Rule" and „Corporate Take-overs", AG 1990, 139ff.

Uhlenbruck, Wilhelm: Die Bedeutung des neuen Insolvenzrechts für GmbH-Geschäftsführer (I), GmbHR 1999, 313ff.

—: Die Bedeutung des neuen Insolvenzrechts für GmbH-Geschäftsführer (II), GmbHR 1999, 390ff.

—: Das neue Insolvenzrecht, Herne 1994

—: Die neue Insolvenzordnung (II), GmbHR 1995, 195ff.

—: Die Überschuldungsprüfung durch den GmbH-Geschäftsführer nach der Formel von der Quadratur des Kreises?, GmbHR 1996, R 53f.

—: Die Durchsetzung von Gläubigeransprüchen gegen eine vermögenslose GmbH und deren Organe nach geltendem und neuem Insolvenzrecht, ZIP 1996, 1641ff.

Vaughan, Emmett J.: Risk Management, New York 1997

Veit, Klaus-Rüdiger: Die Definition der Zahlungsunfähigkeit als Konkursgrund, ZIP 1982, 273ff.

Vogler, Matthias/Gundert, Martin: Einführung von Risikomanagementsystemen, DB 1998, 2377ff.

Vonnemann, Wolfgang: Organisations- und Informationspflichten der Unternehmensleitung einer AG oder GmbH im Zusammenhang mit dem Jahr-2000-Problem, DB 1999, 1049ff.

Wagner, Jürgen: Aufsichtsgremien im Gesellschaftsrecht, Stuttgart 1998

Walters, Adrian: Round up: company law: Directors' duties and shareholder remedies, 20 The Company Lawyer (5) 1999, 138ff.

Wardmann, Kevin: Directors, their duty to exercise skill and care: Do the provisions of the Company Directors Disqualification Act 1986 provide a basis for the establishment of a more objective standard, 15 Business Law Review 1994, 71ff.

Weber, J./Weißenberger, B.E./

Liekweg, A..: Risk Tracking and Reporting, Vallendar 1999
Wellkamp, Ludger: Die Eigenhaftung des GmbH-Geschäftsführers gegenüber Dritten, INF 1994, 210ff.
—: Ausweitung und Einschränkung der Eigenhaftung des GmbH-Geschäftsführers, DB 1994, 869ff.
Weimar, Robert/Grote, Klaus-Peter: Krisenmanagement in der GmbH, Wiesbaden 1998
Werder, Axel v.: Organisation der Unternehmensleitung und Haftung des Top-Managements, DB 1987, 2265ff.
Werder, Axel v./Feld, Christa: Sorgfaltanforderungen der US-amerikanischen Rechtsprechung an das Top Management, RIW 1996, 481ff.
Westermann, Harm Peter: Anmerkung zu BGH, Urt. V. 5.12.1989 - VI ZR 335/88, DNotZ 1991, 813ff.
Westermann, Harm Peter/Mutter, Stefan: Die Verantwortlichkeit von Geschäftsführern einer GmbH gegenüber Dritten, DZWir 1995, 184ff.
Westphalen, Fridrich Graf v./Langheid, Theo/Streitz, Siegfried: Der Jahr 2000 Fehler, Köln 1999
Wiedemann, Herbert: Organverantwortung und Gesellschafterklagen in der Aktiengesellschaft, Opladen 1989
Wilhelm, Jan: Das Innenhaftungskonzept geht in sich, DStR 1998, 457ff.
—: Konkursantragspflicht des GmbH-Geschäftsführers und Quotenschaden, ZIP 1993, 1833ff.
Wimmer, Klaus (Hrsg.): Frankfurter Kommentar zur Insolvenzordnung, Neuwied 1999
Wimmer, Richard: Die Haftung des GmbH-Geschäftsführers, NJW 1996, 2546ff.
Wise, Leslie M.: Directors running for cover, Solicitors Journal 1998, 860
Worthington, Sarah: The Duty to Monitor: A Modern View of the Director's Duty of Care, in: Macmillan Patfield, Fiona (Hrsg.), Perspectives on Company Law: 2, London 1997, S. 181ff.
Wright, Desmond: The Rights and Duties of Company Directors, London 1986
Xuereb, Peter G.: The Rights of Shareholders, Oxford 1989
Zöllner, Wolfgang: Die sogenannten Gesellschafterklagen im Kapitalgesellschaftsrecht, ZGR 1988, 392ff.

Kolibri 360 GmbH
Ferdinand-Jühlke-Straße 7
99095 Erfurt, Deutschland
produktsicherheit@kolibri360.de

Druck:
CPI Druckdienstleistungen GmbH
im Auftrag der
Kolibri 360 GmbH
Ferdinand-Jühlke-Str. 7
99095 Erfurt